Thomas Mann und die politische Neuordnung Deutschlands nach 1945

Thomas Mann und die politische Neuordnung Deutschlands nach 1945

Herausgegeben von
Anna Kinder, Tim Lörke und Sebastian Zilles

DE GRUYTER

ISBN 978-3-11-135633-4
e-ISBN (PDF) 978-3-11-070611-6
e-ISBN (EPUB) 978-3-11-070623-9

Library of Congress Control Number: 2021943980

Bibliografische Information der Deutschen Nationalbibliothek
Die Deutsche Nationalbibliothek verzeichnet diese Publikation in der Deutschen Nationalbibliografie; detaillierte bibliografische Daten sind im Internet über http://dnb.dnb.de abrufbar.

© 2023 Walter de Gruyter GmbH, Berlin/Boston
Dieser Band ist text- und seitenidentisch mit der 2022 erschienenen gebundenen Ausgabe.
Druck und Bindung: CPI books GmbH, Leck

www.degruyter.com

Inhalt

Anna Kinder, Tim Lörke und Sebastian Zilles
Einleitung —— 1

I Politisches Denken und politische Poetik

Jens Hacke
Münchner Konstellationen. Überlegungen zu Thomas Manns politischem Denken —— 9

Matthias Löwe und Kai Sina
Plurales Ich. Thomas Manns transatlantischer Demokratiebegriff —— 25

Doerte Bischoff
Thomas Mann und Weltliteraturkonzepte im Exil —— 45

II Intellektuelle Konstellationen des Exils

Tobias Boes
Zauberberg und Kriegsgefangene —— 63

Matthias Müller
Fluchtpunkt Niederlage. Thomas Mann und das Ende des Zweiten Weltkriegs —— 81

Philipp Lenhard
‚Welfare Collectivism'. Thomas Mann, das Institut für Sozialforschung und die deutsche Nachkriegsordnung —— 97

Dirk Kemper
Heinrich Manns Exilpublizistik zwischen Widerstand und politischer Zukunftsorientierung —— 113

Ester Saletta
Utopien im Spiegel. Der sozialdemokratische Humanismus von Thomas Mann und Giuseppe Antonio Borgese —— 139

III Deutsch-deutsche Aushandlungen

Anna Kinder
Thomas Mann und Schiller. ‚Deutscher Geist' 1955 —— 157

Claudio Steiger
„Ein Schriftsteller eben nur": Thomas Manns Sozialismus und ein Brief an Walter Ulbricht —— 167

Holger Pils
Im Zeichen von Erbe und Bündnis. Zum Thomas-Mann-Bild in der Presse der DDR und seiner theoretischen Grundlage —— 201

Yahya Elsaghe
Die Verfilmung des *Doktor Faustus*. Zur populärkulturellen Aneignung des Thomas Mann'schen Exilwerks —— 227

Informationen zu den Beiträger*innen —— 243

Anna Kinder, Tim Lörke und Sebastian Zilles
Einleitung

Als der Politikwissenschaftler Kurt Sontheimer im Jahr 2002 seine Studie *Thomas Mann und die Deutschen* rund vierzig Jahre nach der Erstpublikation nahezu unverändert wieder veröffentlichte, hatte sich nichts an seiner Einschätzung geändert, dass Thomas Mann zu den hellsichtigsten und wachsten politischen Intellektuellen seiner Zeit gehörte.[1] Der politische Teil des Werks steht in der Forschung freilich nicht völlig gleichberechtigt neben den Romanen und Erzählungen. Und doch sind es die politischen Texte und Interventionen Thomas Manns, die die Bundesrepublik Deutschland im Jahr 2016 – mithin am Vorabend von Donald Trumps Präsidentschaft – dazu bewogen, Thomas Manns Haus im kalifornischen Pacific Palisades zu erwerben und zu einem Ort des transatlantischen Gesprächs zu machen, an dem deutsche Wissenschaftler*innen in den USA zur Bedeutung und zum Wert der Demokratie forschen können. So wie Thomas Mann in der Zeit des Zweiten Weltkriegs als wichtigster Repräsentant der deutschen Gegner*innen des Nationalsozialismus wahrgenommen wurde, so wird das „Weiße Haus des Exils", wie es Bundespräsident Frank-Walter Steinmeier anlässlich der Eröffnung nannte, in seinem Namen fortgeführt: als Ort des Austauschs über die „großen Fragen unserer Zeit", die eminent politische Fragen sind.[2]

Während Thomas Mann auf diese Weise zu einer wichtigen Bezugsfigur des deutschen Selbstverständnisses als demokratischer Staat geworden ist, bleibt sein politisches Denken in manchen Aspekten und Phasen jedoch höchst umstritten. Jüngst erst hat Irmela von der Lühe in einem engagierten Essay Thomas Mann unter die Vordenker der Neuen Rechten eingereiht und den antiliberalen Zug seines Denkens herausgestrichen, der sich in der Zeit des Ersten Weltkriegs besonders in den *Betrachtungen eines Unpolitischen* niedergeschlagen habe.[3] Sie zählt die verschiedenen Aspekte auf, die Mann für eine heutige Neue Rechte anschlussfähig machen könnten: den nationalistischen Furor, die Behauptung der Überlegenheit der deutschen Kultur, die Ablehnung der Demokratie. In dieser Perspektive scheint es nur konsequent, Thomas Mann neben Intellektuelle zu stellen wie Arthur Moeller van den Bruck, Oswald Spengler, Martin Heidegger oder Carl Schmitt.

---
1 Sontheimer, Kurt: *Thomas Mann und die Deutschen*. Überarbeitete Neuauflage. München 2002.
2 https://www.vatmh.org/de/Geschichte-TMH.html (Zugriff am 24. Mai 2021).
3 von der Lühe, Irmela: „Thomas Mann. Vom unpolitischen Betrachter zum ‚Wanderredner der Demokratie'", https://gegneranalyse.de/personen/thomas-mann/#6 (Zugriff am 24. Mai 2021).

Macht man indes die Gegenprobe und schlägt im zweiten Band des im Verlag Antaios erscheinenden *Staatspolitischen Handbuchs* nach, entwickelt sich ein etwas differenzierteres Bild. Das *Staatspolitische Handbuch* wird herausgegeben vom Verein für Staatspolitik, dem das Institut für Staatspolitik zugehört, das seit 2020 vom Verfassungsschutz als rechtsextremer Verdachtsfall geführt und beobachtet wird. Der zweite Band des *Handbuchs* versammelt die „Schlüsselwerke", die zur geistigen und intellektuellen Orientierung einer heutigen Neuen Rechten dienen sollen – also eben jene Texte, die als anschlussfähig gelten und denen ein vordenkender Zug eignen soll, der mitunter freilich erst das Ergebnis einer Vereinnahmung darstellt. Dort resümiert Karlheinz Weißmann die *Betrachtungen eines Unpolitischen*, denen er einen „leicht resignativen Unterton" attestiert, ehe er zu dem Schluss kommt, in Thomas Manns Essay das Plädoyer für einen Volksstaat erkennen zu müssen, der dem „demokratischen Modell sehr weitgehend entsprechen" würde.[4] Die *Betrachtungen eines Unpolitischen* werden von einem Akteur der Neuen Rechten in ihrer Bedeutung für die antiliberale Bewegung deutlich relativiert. Auch die „Gegneranalyse" Irmela von der Lühes erkennt in Thomas Mann dann nach dem Ersten Weltkrieg einen Künstler mit einer „entschieden anti-völkischen, antifaschistischen Haltung".[5] Doch gerade dafür hat Thomas Mann die intellektuellen Grundlagen in der mühevollen und quälenden Arbeit an den *Betrachtungen eines Unpolitischen* gelegt, deren zuletzt geschriebene „Vorrede" den gesamten Essay unter eine besondere Spannung setzt. In der „Vorrede" zeigen sich die Ansätze zu einem auf Pluralismus angelegten Denken, das jegliche Wahrheitsansprüche dämpft und kenntlich macht als diskursive Positionen und Ergebnisse von Aushandlungsprozessen, die prinzipiell unabschließbar sind und einmal gefundene Positionen immer neu korrigieren können.[6] Wenn Thomas Mann in den *Betrachtungen eines Unpolitischen* die Demokratie ablehnt, dann nicht als politische Staatsform, die zu gestalten ist, sondern als Schreckbild einer moralisch allzu selbstgewissen Ideologie, die ihren eigenen Standpunkt als unhintergehbar setzt.[7]

---

[4] https://wiki.staatspolitik.de/index.php?title=Betrachtungen_eines_Unpolitischen (Zugriff am 24. Mai 2021).
[5] von der Lühe: Thomas Mann.
[6] Entsprechend entschieden hat Stefan Breuer, einer der besten Ideenhistoriker der sogenannten Konservativen Revolution, die Vereinnahmung Thomas Manns durch eine Neue Rechte zurückgewiesen: Breuer, Stefan: „Ein Mann der Rechten? Thomas Mann zwischen ‚konservativer Revolution', ästhetischem Fundamentalismus und neuem Nationalismus". In: *Politisches Denken. Jahrbuch* 1997, S. 119–140.
[7] Vgl. Lörke, Tim: „Verantwortung und Gesinnung. Thomas Mann, Heinrich Mann und die Annäherung an die Demokratie". In: *Thomas Mann Jahrbuch* 32 (2019), S. 71–81.

Grundsätzlich bleibt dabei das Problem bestehen, dass sich Thomas Manns politisches Denken nicht unbedingt an die festen, definierten Begriffe der politischen Theorie und den Begriffsgebrauch seiner Zeit hält. Er nähert sich dem Politischen, auf der begrifflichen Ebene, vergleichsweise unsystematisch und gewissermaßen freihändig. Im inhaltlichen Kern jedoch entwirft er früh ein festes Verständnis von einer demokratischen Gesellschaft, die auf Pluralismus und dem Ringen um das bessere Argument beruht. Die konkurrierenden Wahrheitsdeutungen der Teilbereiche moderner Gesellschaften (Kunst, Politik, Wirtschaft, Wissenschaft, Religion) nimmt Thomas Mann nicht als die bedrängende Konsequenz eines konservativ bis reaktionär beschworenen „Verlusts der Mitte"[8] wahr, sondern als die einzige Möglichkeit zur Gestaltung des menschlichen Miteinanders, das für ihn Demokratie oder Republik ausmacht. Zugegebenermaßen bleibt sein Ansatz dabei seiner bildungsbürgerlich-elitären Denkweise insofern treu, als er in Kunst und Künstler*in diejenigen Instanzen wahrnimmt, die politisches Denken reflektiert anleiten sollen.

Es macht die Signatur von Thomas Manns politischem Denken aus, dass darin Zeitdiagnose, Geschichtsphilosophie und Anthropologie miteinander verquickt werden. Die politische, kulturelle und soziale Moderne löst Suchbewegungen aus, die es schwierig machen, die Stellung des autonomen, bürgerlich-aufgeklärten Individuums inmitten einer pluralistisch verfassten Gesellschaft einfach zu bestimmen. In destruktiven Umwälzungsprozessen wurde das Alte als überholt verabschiedet, das Neue aber noch nicht gefunden. Mehr noch: Das Neue lässt sich auch nicht einfach finden, es muss vielmehr gemacht und gestaltet werden. Vor diese Herausforderung sehen sich die Figuren, aber auch die Texte Thomas Manns in politischer Hinsicht gestellt – ebenso wie auch der Autor als historische Person.[9]

Die Literatur wird für Thomas Mann zum Hilfsmittel, die Herausforderungen einer neuen Zeit anzunehmen. Es mag sein, dass die Welt unübersichtlich ist. Aber das heißt nicht, dass man der Unübersichtlichkeit hilflos gegenübersteht. Im gemeinsamen Gespräch, in der politischen Debatte liegt die Orientierung.

* * *

Der vorliegende Band geht auf zwei Tagungen zurück, die die verschiedenen Konstellationen nachzeichneten, in denen sich Thomas Manns politisches Den-

---

[8] So das von Hans Sedlmayr geprägte kulturkritische Schlagwort. Sedlmayr, Hans: *Verlust der Mitte. Die bildende Kunst des 19. und 20. Jahrhunderts als Symptom und Symbol der Zeit.* Salzburg/Wien 1948 u. ö.
[9] Dies hat überzeugend dargestellt: Ewen, Jens: *Erzählter Pluralismus. Thomas Manns Ironie als Sprache der Moderne.* Frankfurt/Main 2017.

ken im US-amerikanischen Exil weiterentwickelte und erprobte, um Möglichkeiten zu eröffnen, über die Neuordnung der Welt nach dem Weltkrieg nachzudenken. Die hier versammelten Beiträge bieten einen genauen Blick auf Thomas Mann in den Kontexten, die sein eigenes politisches Denken schärften, und lassen damit das Bild vom politischen Thomas Mann deutlicher hervortreten. Der amerikanische Thomas Mann ist in den letzten Jahren in wichtigen Studien untersucht und vorgestellt worden.[10] Wie wenig erforscht dieser Zeitraum in seinem Beziehungsreichtum trotzdem noch immer ist, beweisen die überraschenden Konstellationen und Nachwirkungen, denen die vorliegenden Aufsätze nachgehen. Die Welt im gemeinsamen Gespräch zu entwickeln, war schon die Idee, der Thomas Mann in den 1920er Jahren verstärkt nachging, als er den Traum eines paneuropäischen Staats verfolgte. Umso näher rückte dieser Wunschtraum in den amerikanischen Jahren, als es in den vielfältigen Gesprächen um die Frage nach einer neuen politischen Ordnung ging. Gerade diese Gespräche und Auseinandersetzungen mit den Ideen anderer führen Thomas Manns Bild von der Demokratie als produktivem Pluralismus vor Augen: als gelebte Praxis im Exil und später als Wachsamkeit angesichts der Entwicklungen der Nachkriegszeit.

* * *

Die Herausgeber*innen haben die schöne Pflicht, für all die Hilfe zu danken, die ihnen im Vorfeld beider Tagungen und bei der Erstellung des Manuskripts zuteilgeworden ist.

Für das Gelingen sowie die Förderung der Tagung in Marbach („Thomas Mann und die politische Neuordnung Deutschlands nach 1945", Februar 2019) und die Drucklegung dieses Bandes gilt großer Dank einerseits dem Deutschen Literaturarchiv Marbach, für die Unterstützung bei der Organisation im Vorfeld und vor Ort insbesondere Birgit Wollgarten, andererseits der Deutschen Thomas Mann-Gesellschaft, die, wie stets bei den Unternehmungen aus dem Umfeld des Jungen Forums Thomas Mann, schnell und unkompliziert ihren Einsatz zugesichert hat.

Die Hamburger Tagung wurde erst ermöglicht durch die große und bereitwillige Unterstützung von Doerte Bischoff und ihren Mitarbeiter*innen, besonders Andreas Lohrer. Großzügig geholfen bei den Vorbereitungen und der

---

10 Vgl. zum ersten Überblick Abel, Angelika: *Thomas Mann im Exil. Zum zeitgeschichtlichen Hintergrund der Emigration.* München 2003; Vaget, Hans Rudolf: *Thomas Mann, der Amerikaner. Leben und Werk im amerikanischen Exil 1938–1952.* Frankfurt/Main 2011; Detering, Heinrich: *Thomas Manns amerikanische Religion. Theologie, Politik und Literatur im kalifornischen Exil.* Frankfurt/Main 2012; Boes, Tobias: *Thomas Mann's War. Literature, Politics, and the World Republic of Letters.* Ithaca/London 2019.

Durchführung haben uns Michael Eggerstedt, Oliver Fischer und Gabriele Werner und überhaupt die Thomas Mann-Gesellschaft Hamburg e.V.

Für die umsichtige Unterstützung bei der Redaktion der Beiträge danken wir Birke Bödecker, Dîlan C. Çakir, Andràs Lempel und Jasmin Wahl. Die letzten Arbeiten am Manuskript wurden unterstützt durch die sorgfältige und engagierte Mitarbeit von Matthias Kählert.

Allen Personen und Institutionen, die diesen Band erst ermöglicht haben, sei ausdrücklich und herzlich gedankt!

* * *

Gewidmet ist dieser Band Bernd Hamacher, der im Frühjahr 2018 viel zu früh verstorben ist. Bernd Hamacher gehörte zu den renommiertesten Thomas Mann-Forschern, die nicht nur im engen Kreis gelehrter Wissenschaftler*innen wahrgenommen werden, sondern auch mit den Leser*innen leicht ins Gespräch kommen. Lange Jahre war er Mitglied des Kreises junger Thomas Mann-Forscher (heute Junges Forum Thomas Mann); als Sprecher des Kreises und später als Beisitzer im Vorstand der Deutschen Thomas Mann-Gesellschaft setzte er sich unermüdlich dafür ein, in der Forschung neue Wege zu beschreiten. Zur Hamburger Tagung hatte er noch einladen können. Seine souveräne Kenntnis der Texte Thomas Manns, aber auch der Forschung, konnte Bernd Hamacher produktiv machen für innovative Einblicke, die sowohl die großen Themen Thomas Manns betrafen als auch neue und überraschende Perspektiven zu eröffnen wussten. Seine Stimme fehlt der Thomas Mann-Forschung heute, und als Mensch fehlt er erst recht.

* * *

Wir danken Marcus Böhm und Eva Locher von De Gruyter für die Kontaktaufnahme sowie die Bereitschaft, den Band in das Verlagsprogramm aufzunehmen.

Ein letztes Wort gilt der Darstellung von Gender und Diversität: Die Herausgeber*innen haben sich entschieden, den Genderstern nur dort zu benutzen, wo sein Einsatz das historische Szenario nicht verfälscht.

Anna Kinder, Tim Lörke und Sebastian Zilles

I Politisches Denken und politische Poetik

Jens Hacke
Münchner Konstellationen. Überlegungen zu Thomas Manns politischem Denken

Man kann kaum sagen, dass das politische Denken Thomas Manns unterforscht ist. Thomas Mann war ein politischer Intellektueller, seine Publizistik seit dem Ersten Weltkrieg kreist in weiten Teilen um das Verhältnis der Deutschen zur Politik, und niemand, der sich im zwanzigsten Jahrhundert mit der Frage des deutschen Sonderwegs beschäftigt hat, kommt um Thomas Mann herum, angefangen mit dem Großessay über „Friedrich den Großen und die deutsche Politik" und den *Betrachtungen*, über die republikanische Wende in der Weimarer Republik, den engagierten politischen Einsatz im Exil bis hin zu den Nachkriegsschriften („Deutschland und die Deutschen"). Allein der Umfang und die Sorgfalt des essayistischen Werks widersprechen all jenen Stimmen, die Thomas Mann als politischen Dilettanten oder (nach der berühmten von Golo Mann stammenden Wendung) als ‚unwissenden Magier' abstempeln wollen.[1]

Dieser Vorwurf wurde bereits von Zeitgenossen erhoben: Weimars kritische Linke hatte Thomas Mann stets als Bourgeois abqualifiziert und seine Rede vom Sozialen oder gar vom Sozialismus kaum ernst genommen; seine ersten öffentlich stillen Exiljahre wurden ihm vorgeworfen, und nach 1945 verübelte man ihm, dass er sich nicht mehr für eine dauerhafte Rückkehr nach Deutschland entscheiden wollte. In den Arbeiten von Klaus Harpprecht oder Manfred Görtemaker erhält man keinen günstigen Eindruck von Thomas Mann als politischem Denker;[2] in den 1970er Jahren war er aus Sicht einer kritischen Literaturwissenschaft ‚ein toter Hund', völlig aus der Zeit gefallen und allenfalls von antiquarischem Interesse, um den Niedergang des Bürgertums zu besichtigen.[3] Die jüngeren Forschungen von Hermann Kurzke, Hans Rudolf Vaget, Heinrich Detering und Reinhard Mehring haben diese Einseitigkeiten deutlich korrigiert und tragen zu einer differen-

---

[1] Hermann Kurzke hat mit Recht darauf hingewiesen, dass der beeindruckend große Raum, den die politische Publizistik im Werk Thomas Manns einnimmt, gegen eine Marginalisierung des Politischen spricht. Vgl. Kurzke, Hermann: „Das Leben als Kunstwerk. Geständnisse eines Thomas-Mann-Biographen". In: *Kursbuch* 148 (2002), S. 127–137, hier S. 135–136.
[2] Vgl. Harpprecht, Klaus: *Thomas Mann. Eine Biographie*. Reinbek 1995; Görtemaker, Manfred: *Thomas Mann und die Politik*. Frankfurt/Main 2005.
[3] Vgl. etwa Arnold, Heinz Ludwig (Hg.): *Text + Kritik. Sonderband: Thomas Mann*. 2. Aufl. München 1980, darin zum politischen Denken exemplarisch der Beitrag von Boehlich, Walter: „Zu spät und zu wenig. Thomas Mann und die Politik". In: ebd., S. 45–60.

zierten Würdigung von Thomas Mann als politischem Intellektuellen bei.[4] In diesem Umfeld ist auch der folgende Beitrag zu situieren.

Zwei Aspekte, die zu einer harschen Verurteilung Manns beitragen, bleiben genauer besehen erstaunlich: Zum einen wird das politische Denken von Thomas Mann (insbesondere von einem Historiker wie Görtemaker) kaum kontextualisiert, das heißt in Bezug zu den zeitgenössischen Diskursen gesetzt, sondern stets nur aus sich selbst heraus interpretiert – mit der erwartbaren Pointe, dass es Widersprüchlichkeiten, Positionswechsel und Inkonsistenzen gibt. Die Frage, ob er als Demokrat bezeichnet werden kann, lässt dabei einen merkwürdig ahistorischen Maßstab erkennen – so als ob die Demokratie zeitlosen Werten unterliege. Zum anderen wird Manns demokratische Überzeugung grundsätzlich angezweifelt und als unvollkommene Konversion interpretiert, welche die im Kern konservativ-elitären Anschauungen unangetastet lässt.

Die beliebteste Quelle zur Desavouierung seines politischen Denkens scheint das Tagebuch zu sein. Hier werden vielfältige Belege dafür aufgefunden, dass er privatim doch stets Demokratieskeptiker geblieben sei.[5] Persönliche Aufzeichnungen, die das Abgründige ausloten, dienen als Beweis dafür, dass er lediglich eine öffentliche Rolle spielte und dass der Wille zur Weltgeltung und zur Repräsentanz die eigentliche Triebfeder seines intellektuellen Engagements gewesen sei. Dass Thomas Mann sein Schwanken auch noch selbst reflektierte und damit offenlegte, wird gegen ihn verwendet. Am berühmtesten ist eine Tagebuchaufzeichnung vom 27. November 1937, die diesem Selbstzweifel Ausdruck verleiht: „Vormittags an dem amerik. Vortrag. Demokratischer Idealismus. Glaube ich daran? Denke ich mich nicht nur hinein wie in eine Rolle? Es ist jedenfalls gut, diese Welt zu erinnern."[6] Aufschlussreich scheint, dass dieser Nachsatz – „Es ist jedenfalls gut, diese Welt zu erinnern" – selten mitzitiert wird,[7] macht er doch deutlich, dass Thomas Mann von seiner eigenen Stimmung, seinem Vorgefühl

---

4 Zur neuen Perspektivierung Manns vgl. vor allem Kurzke, Hermann: *Thomas Mann. Das Leben als Kunstwerk. Eine Biographie.* München 1999; Detering, Heinrich: *Thomas Manns amerikanische Religion. Theologie, Politik und Literatur im kalifornischen Exil.* Frankfurt/Main 2012; Vaget, Hans Rudolf: *Thomas Mann, der Amerikaner. Leben und Werk im amerikanischen Exil, 1938–1952.* Frankfurt/Main 2011; Mehring, Reinhard: *Das „Problem der Humanität". Thomas Manns politische Philosophie.* Paderborn 2003.
5 Eine eingehende Analyse der Tagebücher nimmt vor Meyer, Martin: *Tagebuch und spätes Leid. Über Thomas Mann.* München 1999. Vgl. außerdem Mayer, Hans: *Thomas Mann.* Frankfurt/Main 1980, S. 451–501.
6 Mann, Thomas: *Tagebücher 1937–1939.* Hg. v. Peter de Mendelssohn. Frankfurt/Main 1980, S. 135.
7 Vgl. etwa Vaget, *Thomas Mann, der Amerikaner*, S. 66 (hier übrigens fälschlich in den Januar 1937 datiert); Lahme, Tilmann: *Die Manns. Geschichte einer Familie.* Frankfurt/Main 2015, S. 144.

oder einer wie auch immer gearteten intellektuellen Identität absieht, um sich in den Dienst der Sache zu stellen. Thomas Mann hat nie einen Hehl daraus gemacht, „einzig und allein durch die Umstände" ins Politische getrieben worden zu sein – sehr gegen seine Natur und seinen Willen, wie er Agnes Meyer im Januar 1938 schrieb.[8]

Eine solche Art des philologischen Beweises, die den persönlichen Zweifel gegen das öffentliche Engagement ausspielt, scheint wenig stichhaltig; es wird daher im Folgenden darauf verzichtet, so etwas wie die tiefe innere Wahrheit von Manns Überzeugungen zu ergründen. Dies widerspricht der nötigen liberalen Trennung von privater und öffentlicher Person. Wenn man den Zustand der Entfremdung für eine liberale Grundbedingung hält und von Authentizitätsgeboten Abstand nimmt, ließe sich argumentieren, dass die Überwindung innerer Widerstände gerade für die Aufrichtigkeit und Ernsthaftigkeit seines Einsatzes für die Demokratie spricht, also keineswegs naiv oder gespielt ist, sondern durchaus besondere Reflexionsanstrengungen belegt. Außerdem verkennt die denunzierende Lesart eine wesentliche Funktion der Diaristik von Thomas Mann, die Gedankenexperimenten ebenso dient wie der Exploration des Abgründigen. Im Tagebuch ist auch jenseits der konventionellen Sprachregelungen alles erlaubt. Mann nutzt den Raum für Experimentelles und für Vergegenwärtigung möglicher Szenarien, aber er vertraut ihm auch seine dunklen Seiten an, wagt nicht selten, das auszusprechen, was er sich öffentlich nicht trauen würde. Er reagiert sich ab, lässt seinen Affekten freien Lauf. Dies gilt in hohem Maße für die Tagebücher in politisch-persönlichen Umbruch- und Krisenphasen wie etwa unmittelbar nach dem Ersten Weltkrieg, in den Monaten nach 1933 oder etwa in der Phase der Distanzierung von den USA während der McCarthy-Ära. Mann beklagt, dass es sich bei den Protagonist*innen der Novemberrevolution beziehungsweise der bayerischen Räterepublik „so gut wie ausschließlich um Juden"[9] handle und hätte an anderer Stelle „nichts dagegen, wenn man sie als Schädlinge erschösse, was man aber zu thun sich hüten wird"[10]. Solche Äußerungen sind drastisch und schockierend, aber es ist bezeichnend, dass nichts davon je seinen Weg in veröffentlichte Texte fand. Auch zahlreiche unausgegorene politische Urteile, teils grobe Irrtümer, die Kolportage von Gerüchten, Spekulationen aller Art und natürlich genervte bis vernichtende Urteile über Zeitgenoss*innen sind wesentliche Bestandteile der Tagebücher und machen ihren Reiz aus. Nicht zuletzt die innere Auseinandersetzung über den öffentlichen Bruch mit der NS-Diktatur oder ein

---

8 Mann, Thomas u. Agnes E. Meyer: *Briefwechsel 1937–1955*. Hg. v. Hans Rudolf Vaget. Frankfurt/Main 1992, S. 112.
9 Mann, Thomas: *Tagebücher 1918–1921*. Hg. v. Peter de Mendelssohn. Frankfurt/Main 1979, S. 63.
10 Ebd., S. 196.

eventuelles Arrangement mit den Machthabern wird im Tagebuch ausgetragen, und es ist aufschlussreich, dass die Abstoßung vom Nationalsozialismus trotz vereinzelter Phasen des Zweifels in den intimen Aufzeichnungen sehr klar und frühzeitig zu erkennen ist.

Thomas Mann legt im Tagebuch keinen Wert auf Selbstkontrolle oder -zensur, vielmehr werden Neigungen und Ausbrüche ausgelebt, für die es keinen Platz in der Öffentlichkeit gibt – das gilt gerade für politische Leidenschaften und Anfälligkeiten, die Thomas Mann die „Verführbarkeit des bürgerlichen Geistes" (Helmuth Plessner) selbst erfahren lassen: Demokratieskepsis, Anflüge antisemitischer Regungen, Elitismus, Kulturpessimismus, zum Teil Antiamerikanismus et cetera. Viel „Strandgut des Wilhelminismus"[11] (Carl Schmitt) und Überbleibsel aus den Zeiten der *Betrachtungen* müssen weiterhin kleingearbeitet werden. Dass es Mann dabei gelang, viele Gedankenmotive durch leichte Umcodierungen beizubehalten und sich weiterhin in der vertrauten Geisteswelt zu bewegen, ist von ihm selbst und in der Forschung immer wieder hervorgehoben worden. Was für den privaten Thomas Mann gilt, charakterisiert auch seine politische Reflexion: Hier lernen Leser*innen das gesamte Spektrum von Äußerungsmöglichkeiten kennen, auch politisch Unkorrektes wird unzensiert niedergeschrieben und steht damit im deutlichen Kontrast zu den wohldurchdachten und strategischen politischen Äußerungen, die Thomas Mann mit Sorgfalt konzipierte.

Die dem Folgenden zugrundeliegende These ist: Die Konversion zur Republik, die Parteinahme für die Demokratie und der engagierte Einsatz für einen westlichen Humanismus waren Kraftakte, die Thomas Mann große Anstrengungen abforderten; das Tagebuch erlaubte ihm ein Festhalten und Durchspielen alter Anschauungen und erleichterte dadurch mental das Engagement für eine Sache, die er rational als richtig, ethisch und notwendig erkannt hatte. Diese innere Balance bewahrte ihn überdies davor, ein eifernder Renegat oder Überläufer zu sein, der in seiner neuen Rolle überkompensiert, also Gefahr läuft, die Nerven seiner Umwelt zu strapazieren, weil er permanent gegen frühere Überzeugungen ankämpft. Nicht erst seine Interpret*innen haben das Festhalten an gewissen philosophischen Motiven und sehr deutschen Prägungen herausgearbeitet. Er selbst hat diese Linien immer wieder betont und pflegte ein sentimentales Verhältnis zu den intellektuellen Erweckungserlebnissen seiner jungen Jahre. Die Frage nach Kontinuität und Wandel der eigenen politischen Anschauungen hat er immer wieder ins Zentrum seiner Selbstreflexion gestellt.[12]

---

11 Schmitt, Carl: *Glossarium. Aufzeichnungen der Jahre 1947–1951.* Berlin 1991, S. 278.
12 So auch in Mann, Thomas: „Meine Zeit" [1950]. In: ders.: *Essays.* Bd. 6: *Meine Zeit 1945–1955.* Hg. v. Hermann Kurzke u. Stephan Stachorski. 2. Aufl. Frankfurt/Main 1998, S. 160–182.

Was die Tagebücher der Exilzeit (übrigens auch das umfangreiche Briefwerk) in besonderer Weise belegen, sind das umfangreiche Lesepensum, die vielfältigen Kontakte und den Informationshunger des Intellektuellen Thomas Mann. Schon Kurt Sontheimer hatte in seiner Pionierstudie über *Thomas Mann und die Deutschen* festgestellt, dass dieser zu den bestinformierten Intellektuellen seiner Zeit gehörte.[13] Es ist bemerkenswert, wie der Schriftsteller als Autodidakt und Nicht-Akademiker stets den Austausch mit der Wissenschaft suchte, sich also permanent mit dem Stand der Forschung für eigene Projekte versorgte und sich überdies generell in den Geisteswissenschaften so gut vernetzt zeigte, um auch in allen politischen und gesellschaftlichen Zeitfragen satisfaktionsfähig zu bleiben; der Zeitungs- und Zeitschriftenkonsum ist außerordentlich, insbesondere für die dokumentierten Jahre des Exils.

Die intellektuellen Austauschbeziehungen sind bereits umfänglich rekonstruiert worden: Es gab Wissenschaftler*innen, denen Thomas Mann vertraute, mit denen er sich beriet und deren Wissen er abschöpfte – ob im Fall der Musik, was Adornos Beitrag zum *Doktor Faustus* betrifft, oder in der Ägyptologie, den alttestamentlichen Studien und der Geschichtswissenschaften für die Tetralogie *Joseph und seine Brüder*; Thomas Mann zog für sein Romanwerk stets Expert*innen zu Rate und verarbeitete bekanntlich eine Vielzahl von Quellen. Ebenso nahm er auch in Fragen der Politik Experten in Anspruch, deren Urteil er vertraute, ohne es sich unbedingt ganz zu eigen zu machen.

1 Abschied vom „Konservativismus"

Wenn der Beitragstitel von Münchener Konstellationen spricht, ist das für die Substanz der Ausführungen gewiss zu hoch gegriffen. Manns Rolle im gesellschaftlichen Leben Münchens, seine gespaltene Beziehung zur Stadt und seine Lebensumstände dort sind ausführlich erforscht.[14] Die Münchener Konstellationen sorgten im intellektuellen Leben Thomas Manns für vielfältige Bezüge: Zum einen wurde der bürgerliche Patriziersohn, der in die wohlhabende Pringsheim-Familie eingeheiratet hatte, in der bayerischen Hauptstadt mit Novemberrevolution und Räterepublik konfrontiert. Abwehraffekte, Verunsicherung und ein zunächst vorsichtiges und zögerliches Einlassen auf die neue Demokratie spiegeln Manns inneren Kampf, der sich vor allem in den Tagebüchern und Briefen

---

13 Vgl. Sontheimer, Kurt: *Thomas Mann und die Deutschen*. Frankfurt/Main 1965, S. 141.
14 Immer noch unentbehrlich: Kolbe, Jürgen: *Heller Zauber. Thomas Mann in München 1894–1933*. 2. Aufl. Berlin 1987.

nachvollziehen lässt. Zum anderen pflegte Mann Kontakte zu konservativen Kreisen und war bekanntlich zunächst von Spengler sehr angetan. Bei der Lektüre von *Preußentum und Sozialismus* notierte er: „[M]eine Sympathie mit dem rein Gesinnungsmäßigen (das ich aus dem Hauptwerk schon heraushühlte), geht oft bis zur Begeisterung."[15] Und am nächsten Tag: „Fuhr fort mit Spenglers männlicher, großartig-skeptischer, Herz und Geist stärkender Schrift."[16] In Spengler fand Thomas Mann zu diesem Zeitpunkt noch Unterstützung für die Idee „von der notwendigen Vereinigung des deutschen Konservativismus mit dem Sozialismus, der die Zukunft gehört und nicht der Demokratie"[17]. Auch seine vorübergehende Neigung zu Rechtsintellektuellen wie Arthur Moeller van den Bruck, Hanns Johst und Alfred Baeumler oder konservativen Historikern wie Erich Marcks und Alexander von Müller ist dokumentiert und gehört zu den Verarbeitungsbemühungen einer Umbruchphase, die davon bestimmt ist, nach der widerwilligen Veröffentlichung der *Betrachtungen* einen politischen Standpunkt zu finden. Bekanntlich wurde er von den späteren Exponenten der Konservativen Revolution der Abtrünnigkeit geziehen, aber es lässt sich bezweifeln, ob er dem rechtskonservativen Lager überhaupt je angehörte. Armin Mohlers Situierung Manns im intellektuellen Feld der Konservativen Revolution blieb wirkungsreich,[18] und es ist richtig, dass er zu den Paten des Begriffs zählte, als er in der Einleitung zu einer Anthologie russischer Literatur über das Verhältnis von Konservatismus und Revolution nachdachte. Typischerweise ging es ihm um eine Synthese des Gegensätzlichen: „von Aufklärung und Glauben, von Freiheit und Gebundenheit".[19] Der hervorstechende Satz, der als semantische Schöpfung gilt, lautete:

> Denn Konservativismus braucht nur Geist zu haben, um revolutionärer zu sein als irgendwelche positivistisch-liberalistische Aufklärung, und Nietzsche selbst war von Anbeginn, schon in den ‚Unzeitgemäßen Betrachtungen', nichts anderes als konservative Revolution.[20]

Manns trotzige Phase konservativer Selbstbehauptung konnte gewisse habituelle Präferenzen nicht verheimlichen. Es spricht für sein ästhetizistisches Politikverständnis, dass ihm die dauerhafte Identifikation mit ressentimentgeladener rechtsnationaler Gesinnung nicht gelang. Nicht nur war er sehr bald abgestoßen

---

15 Mann: *Tagebücher 1918–1921*, S. 348.
16 Ebd., S. 349.
17 Ebd., S. 369.
18 Vgl. Mohler, Armin: *Die Konservative Revolution in Deutschland 1918–1932. Ein Handbuch*. 4. Aufl. Darmstadt 1994, S. 67–68.
19 Mann, Thomas: „Zum Geleit" [1921]. In: ders.: *Essays*. Bd. 2: *Für das neue Deutschland 1919–1925*. Frankfurt/Main 1993, S. 30–42, hier S. 37.
20 Ebd.

von diesen Kreisen, die keine Grenzen zum Antisemitismus und zum Völkischen kannten; sein Kontakt fand eher am Schreibtisch als in Geselligkeit statt. Im zwar stilisierten, doch einigermaßen glaubwürdigen Rückblick beschrieb Mann seinen Konservatismus – nun übrigens nicht mehr „Konservativismus" – „mehr als eine künstlerische Eroberung und Erkundung der melancholisch-reaktionären Sphäre denn als Ausdruck meines letzten Wesens"[21]. „Konservatismus" wollte Mann seit seinem Bekenntnis zur Republik nur gelten lassen als das Bestreben, „unsere Zivilisation vor dem Untergang zu bewahren"[22] und „gegen Katastrophen, die ihr drohen und ihrer Vernichtung gleichkommen würden"[23], zu erhalten. Damit modifiziert er die Dichotomie von Kultur und Zivilisation, die er noch in den *Betrachtungen* behauptet hatte, und versucht gleichzeitig den Begriff des Konservatismus (nun in seiner modernen Schreibung) zu retten.

2 Thomas Mann, Moritz Julius Bonn und Karl Loewenstein: liberale Verteidiger der Demokratie

Im Folgenden wird sich die Aufmerksamkeit auf zwei zugegebenermaßen randständige Bekanntschaften Thomas Manns *in academia* richten. Es handelt sich um Wissenschaftler, mit denen Mann dauerhafte Beziehungen pflegte und die Aufschluss über sein politisches Denken im Exil geben können: den Nationalökonomen Moritz Julius Bonn (1873–1965) und den Juristen respektive späteren Politikwissenschaftler Karl Loewenstein (1891–1973) – beide angesehene Vertreter ihres Faches, beide jüdischer Herkunft, beide Liberale, das heißt zeitweilig Mitglieder der DDP, beide Exponenten einer angelsächsisch-orientierten kosmopolitischen Intelligenz, die offensichtlich geistig ganz anders geprägt waren als Thomas Mann. In dessen Brief- und Tagebuchwerk haben beide Spuren hinterlassen, die aber bislang nur am Rande bemerkt worden sind. Zudem besaßen beide Verbindungen zu Max Weber, den Thomas Mann in dessen eindrucksvoller Münchener Zeit ebenfalls erlebte.[24]

---

21 Mann, Thomas: „Lebensabriß" [1930]. In: ders.: *Essays*. Bd. 3: *Ein Appell an die Vernunft 1926 – 1933*. Frankfurt/Main 1994, S. 177–222, S. 207.
22 Mann, Thomas: „Gegen Dickfelligkeit und Rückfälligkeit. Wunsch an die Menschheit" (1927). In: ebd., 75–77, hier S. 75.
23 Ebd.
24 Max Weber wird in den Tagebüchern mehrfach erwähnt, zumindest eine Begegnung am 28.12. 1919 ist überliefert: „Weber polemisierte gegen Spengler und erwies sich als der gute, geschickte

Beginnen wir mit Moritz Julius Bonn, der seit 1910 als Direktor der Münchener Handelshochschule amtierte und einer der profiliertesten liberalen Intellektuellen und Kommentatoren der Weimarer Republik werden sollte. Zwei Jahre älter als Thomas Mann entstammte er einer angesehenen Frankfurter Bankiersfamilie; die Villa Bonn in Frankfurt und die Sommerresidenz seines Onkels in Kronberg zeugen heute noch vom Glanz des jüdischen Großbürgertums. Bonn absolvierte eine steile akademische Karriere, war ein Schüler des sozialliberalen Lujo Brentano, verkehrte im Heidelberger Kreis der Weber-Brüder und galt vor dem Krieg als Fachmann für Finanzfragen und Kritiker der deutschen Kolonialpolitik. Bonn, der mit einer Engländerin verheiratet war, lange in Irland und England gelebt hatte, wurde nach dem Urteil Ernst Fraenkels zum führenden Amerika-Experten der Nachkriegszeit, weil er durch eine schicksalhafte Wendung zweieinhalb Jahre in den Vereinigten Staaten verbracht hatte: Er befand sich Ende Juli 1914 auf dem Weg über den Atlantik, um eine Gastprofessur anzutreten, und konnte wegen des Kriegsausbruchs nicht zurückkehren. Erst mit dem amerikanischen Kriegseintritt im Februar 1917 wurde er gemeinsam mit dem deutschen Botschafter Graf Bernstorff des Landes verwiesen. Thomas Mann dürfte ihn nach seiner Rückkehr in den Münchener Kreisen kennengelernt haben. Jedenfalls wird er erstmals in einem Brief aus dem November 1917 erwähnt: „Heute gehen wir zu Bonns. Er hält manchmal hübsche politische Vorträge, und sein wife [Therese Bonn (J. H.)] hält sich ausgezeichnet."[25] Sie begegneten sich regelmäßig im Club oder bei verschiedenen Abend- und Teegesellschaften. Bonn stärkte bei Mann im November 1918 die Auffassung, dass „[b]ürgerliche und sachliche Elemente"[26] sich in der Revolution durchsetzen würden und „Eisner nicht mehr viel zu sagen"[27] habe. Mann erwähnt am 6. Dezember 1918 einen

> Heimweg bei Nebel zu Fuß mit Bonn, dessen Reden etwas Beruhigendes hatten. Er rechnete vor, daß, wenn, hochgerechnet, die Kosten, die Deutschland zu tragen haben werde, sich auf 350 Milliarden beliefen, auf den Kopf der Bevölkerung 400 M Zinsen treffen würden. Diese wären zu erarbeiten. Nun –.[28]

Es gibt aber noch weitere Verbindungen: Aus Feldafing kannte Thomas Mann Bonns Cousine, die Schriftstellerin Emma Bonn, deren großbürgerlichen Le-

---

und lebhafte Sprecher, als der er gilt." (Mann: *Tagebücher 1918–1921*, S. 352) Moritz Julius Bonn war als Nationalökonom Webers Fachkollege und wurde von diesem hochgeschätzt.
25 Mann, Thomas: *Briefe II: 1914–1923*. Frankfurt/Main 2004, S. 211. Auch Katia Mann pflegte offensichtlich Kontakt zu Therese Bonn. Vgl. Mann: *Tagebücher 1918–1921*, S. 129.
26 Mann: *Tagebücher 1918–1921*, S. 67.
27 Ebd.
28 Ebd., S. 103.

bensstil er schätzte und die er bei seinen Aufenthalten in Bad Tölz besuchte. Doch warum ist der Kontakt zu Bonn überhaupt erwähnenswert, wenn der auf dem großen Parkett bewegliche Nationalökonom selbst der Bekanntschaft zu einem Nobelpreisträger in seinen immer noch wiederzuentdeckenden Memoiren erstaunlicher Weise kein einziges Wort gewidmet hat?[29]

Es scheint evident, dass Leute wie Bonn in der Zeit der politischen Konversion eine wichtige Rolle gespielt haben. Er vereinte mehrere Fähigkeiten und Charakterzüge, die ihn für Thomas Mann attraktiv machten: Er war ein liberaler Skeptiker, hatte einen Sinn für gesellschaftliche Etikette, er wusste zu unterhalten, und er konnte komplexe Problemlagen einfach ausdrücken. Es ist zudem höchst wahrscheinlich, dass Thomas Mann Bonn nicht nur regelmäßig gehört, sondern auch gelesen hat: In den letzten Kriegsmonaten und der Revolutionszeit schrieb Bonn sehr regelmäßig Kommentare zur internationalen Lage in Manns Hauspostille, den *Münchener Neuesten Nachrichten*. Bonn repräsentierte eine akademische Intellektualität, die auf Mann zumindest in den Krisenjahren der *Betrachtungen* und im Übergang zur Weimarer Republik einschüchternd gewirkt haben muss. Während Mann die Universität nur als Gasthörer kannte, keine Fremdsprache fließend beherrschte und Europa noch nie verlassen hatte, war Bonn ein international renommierter Wissenschaftler und ein Kosmopolit, der bereits in Italien, England, Irland, Südafrika und den USA gelebt hatte. Er bewegte sich trittsicher auf jedem gesellschaftlichen Parkett und hatte einen klaren Blick für ökonomische, politische und soziale Probleme. Gegen die Obsessionen des deutschen Geistes, der mit Wagner oder Nietzsche nach Tiefe suchte, blieb er immun: Pragmatismus, Realismus und angelsächsische Liberalität kennzeichneten seine Geisteshaltung – gewiss alles fremde Welten für Thomas Mann, der jedoch mit Sicherheit Bonns Unterhaltungsgabe, seinen Esprit und seine Ironiefähigkeit schätzte und mit ihm die Bewunderung Goethes teilte.

Darüber hinaus versorgte Bonn die *Neue Rundschau* des S. Fischer Verlags (der auch einige seiner Bücher verlegte) in den 1920er Jahren ganz regelmäßig mit seinen Aufsätzen zur Lage der Demokratie in Deutschland sowie mit seinen Analysen über Amerika und die internationale Politik. Sein wichtigstes Buch *Die Krisis der europäischen Demokratie* (1925) kann als eine der wichtigsten Verteidigungsschriften der liberalen Demokratie bezeichnet werden.[30] Mann wird sich aus diesem Fundus bedient haben. Dies ist zwar nicht genau nachzuweisen, aber

---

29 Vgl. Bonn, Moritz Julius: *So macht man Geschichte? Bilanz eines Lebens*. München 1953. Vgl. als ersten Überblick zu Bonns Biographie: Hacke, Jens: „Einleitung: Moritz Julius Bonn – Liberale Krisendiagnostik in der Weimarer Demokratie". In: Bonn, Moritz Julius: *Zur Krise der Demokratie. Politische Schriften in der Weimarer Republik 1919 bis 1932*. Hg. v. Jens Hacke. Berlin 2015, S. 1–38.
30 Wieder abgedruckt in: Bonn: *Zur Krise der Demokratie*, S. 137–200.

die Hinwendung zu einer liberalen Semantik, die sich bei Thomas Mann Mitte der 1920er Jahre erkennen lässt, zeigt deutliche Anleihen bei einem klassisch liberalen Repertoire, das ihm auch durch Moritz Julius Bonn nähergebracht worden sein könnte. Wenn Mann 1927 beispielsweise daran appelliert, die Errungenschaften des Geistes nicht zu verabschieden, sondern „all seine Moral, seine Selbstzucht, seine Sozialität und seine Güte"[31] darin sieht, „sich nicht an Ideen zu langweilen, bevor sie verwirklicht sind"[32], klingt damit ein neues kämpferisches Motiv an, das die dominante These vom unweigerlichen Untergang der liberalen Epoche konterkariert, die Mann sonst verschiedentlich geäußert hatte.[33] Nun vertritt er im Wesentlichen die Überzeugung Bonns, der immer wieder dazu aufforderte, sich für die Idee der Freiheit einzusetzen und das liberale Denken nicht lediglich für das Signum einer vergangenen Epoche zu halten.[34]

Bonn zog Anfang der 1920er Jahre nach Berlin, wo er als Berater für verschiedene Reichsregierungen tätig war und an der dortigen Handelshochschule lehrte, die er seit dem Herbst 1931 bis zu seinem Gang ins Londoner Exil im April 1933 leitete. Der Kontakt zwischen beiden riss offensichtlich nicht ab, auch weil Bonn 1939–1946 wieder in den Vereinigten Staaten lebte, zwar überwiegend an der Ostküste, aber häufig reisend – und so tauchten die Eheleute Bonn Mitte der 1940er Jahre als Gäste in den Pacific Palisades auf.[35] Wie die Historikerin Patricia Clavin herausfand, hatte Bonn als verdeckter „agent of influence" fungiert, um im Dienst der britischen Regierung die Amerikaner zu Kriegsanstrengungen zu bewegen[36] – auch dieser Kriegseinsatz lag ganz auf der Linie Manns. Bonn war wie Thomas Mann ein vehementer Kritiker der Appeasement-Politik und hielt den amerikanischen Isolationismus für einen schweren Fehler. Die USA sah er als wichtigste Stütze im Kampf gegen Nationalsozialismus und Faschismus. Nach 1946 verliert sich die Spur Bonns im Leben Thomas Manns, der nach London zurückkehrte und wie Thomas Mann die Bundesrepublik Adenauers skeptisch

---

31 Mann: „Gegen Dickfelligkeit und Rückfälligkeit", S. 76.
32 Ebd.
33 So noch in Mann, Thomas: „Goethe und Tolstoi". In: ders.: *Essays*. Bd. 2: *Für das neue Deutschland 1919–1925*. Frankfurt/Main 1993, S. 45–84, hier S. 83.
34 Vgl. Bonn, Moritz: „Die Zukunft des Liberalismus". In: *Europäische Revue* 2 (1926), S. 260–268.
35 Mann, Thomas: *Tagebücher 1944–1946*. Hg. v. Inge Jens. Frankfurt/Main 1986, S. 250: „Zum Thee Prof. Bonn und Frau. (Seine Cousine [Emma Bonn (J.H.)] deportiert und tot.)" Thomas Mann notierte die Lektüre eines Aufsatzes von Bonn im Tagebuch (26. Dezember 1939).
36 Calvin, Patricia: „A ‚Wandering Scholar' in Britain and the USA 1933–1945. The Life and Work of Moritz Bonn". In: *Refugees from the Third Reich in Britain*. Hg. v. Anthony Grenville. Amsterdam u. New York 2003, S. 27–42.

beobachtete. Unklar ist, ob Mann die Memoiren Bonns 1948/1953 noch gelesen hat. Bonn überlebte ihn um ein Jahrzehnt.

Enger und besser dokumentiert ist Thomas Manns Verhältnis zum jüngeren Karl Loewenstein, den er seit Anfang der 1920er Jahre kannte und von dem er anwaltlich vertreten wurde. Aus dem edierten Briefwechsel der beiden geht – wie aus den Tagebucheinträgen – hervor, dass es sich um eine asymmetrische Beziehung handelte, denn der berühmte Schriftsteller wurde vom bedeutend jüngeren Juristen bewundert. Loewenstein gehörte dem Heidelberger Kreis um Max Weber an, etablierte sich neben seiner Anwaltstätigkeit als vergleichender Staatsrechtler, der wichtige Arbeiten zur englischen, französischen und amerikanischen Verfassungsgeschichte vorlegte, und emigrierte 1933 in die USA. Dort fand er als Politikwissenschaftler, amerikanischer Politikberater und Verfassungsexperte Betätigung und wurde später ein einflussreicher Organisator der Entnazifizierung von Justiz und Wissenschaft im Nachkriegsdeutschland.[37] Mann wusste um Loewensteins Qualitäten und nutzte dessen politische Urteilskraft. Strategisch verwickelte er Loewenstein in politische Diskussionen und profitierte von dessen Einschätzungen. Wie Bonn teilte auch Loewenstein Thomas Manns vehemente Kritik an der westlichen Appeasement-Politik. Er gilt in der Politikwissenschaft als Erfinder des Konzepts der ‚wehrhaften Demokratie'– seine Aufsatzfolgen über „Autocracy versus Democracy" (1935) sowie über „Militant Democracy" aus der zweiten Jahreshälfte 1937 gehören zu den klassischen Begründungsschriften[38] –, und hier lassen sich synergetische beziehungsweise prägende Effekte in Bezug auf die politische Publizistik von Thomas Mann sehr gut zeigen. Das Thema ist die robuste Verteidigung der Demokratie nach innen und außen.

Dass Thomas Mann mit Karl Loewenstein gut bekannt war und einen engen Austausch auch über die politische Lage in Europa pflegte, ist eine bemerkenswerte Pointe. Dabei ist es eigentlich unerheblich, ob sich ein Nachweis dafür finden lässt, dass der Repräsentant des deutschen Geistes Loewensteins Aufsätze zum Thema gekannt oder gelesen hatte. Sie dachten jedenfalls ähnlich über die faschistische Bedrohung und die fatale Passivität der westeuropäischen Demo-

---

[37] Zu Loewenstein vgl. Lang, Markus: *Karl Loewenstein. Transatlantischer Denker der Politik.* Stuttgart 2007.
[38] Loewenstein, Karl: „Autocracy versus Democracy in Contemporary Europe (I + II)". In: *American Political Science Review* 29 (1935), S. 571–593 u. 755–784; ders.: „Militant Democracy and Fundamental Rights (I + II)". In: *American Political Science Review* 31 (1937), S. 417–432 u. 638–658.

kratien.[39] Die Vorstellung von einer „kämpfenden Demokratie" (Thomas Mann)[40] war dann spätestens nach Ausbruch des Weltkrieges in Emigrant*innenkreisen selbstverständlich geworden – und das Reden von der militanten Demokratie hatte sich vor allem als ein Vorgriff auf die erwartete kriegerische Auseinandersetzung erwiesen.

In der *Neuen Zürcher Zeitung* war bereits am 13. April 1937 ganz im Sinne Loewensteins (aber vor Veröffentlichung von dessen Artikelserie) von einer „Entwicklung zur militanten Demokratie" die Rede.[41] Dieses Fundstück gibt auch einen Hinweis darauf, woher Thomas Mann als regelmäßiger Leser der *NZZ* den Begriff nahm, den er selbst prominent im Januar 1939 in seiner großen Rede über „Das Problem der Freiheit" verwendete.

Immerhin erscheint es bemerkenswert, dass Thomas Mann bereits im März 1935 seine ungehaltene, erst ein Jahr später veröffentlichte Rede „Achtung, Europa!" mit dem Plädoyer für einen „militanten Humanismus" beschließt. Dieser müsse von der Einsicht erfüllt sein, „daß das Prinzip der Freiheit, der Duldsamkeit und des Zweifels sich nicht von einem Fanatismus, der ohne Scham und Zweifel ist, ausbeuten und überrennen lassen darf"[42]. Wenn Mann anschließend den „europäischen Humanismus" zu einer „streitbaren Wiedergeburt seiner Ideen" aufruft, offeriert er eine weitere Variation der Denkfigur von einer kämpferischen Bewährung der westlichen Zivilisation.

---

39 Dies geht aus dem aufschlussreichen Briefwechsel der beiden hervor: Mann, Thomas u. Karl Loewenstein: „Briefwechsel. Erster Teil: 1933–1938". Hg. v. Eva Schiffer. In: *Blätter der Thomas Mann Gesellschaft Zürich* 18 (1981), S. 5–37. „Das grösste Leiden", schreibt Thomas Mann am 14. Februar 1935 an Loewenstein, „ist beständig die Apathie und der moralische Stumpfsinn der Welt gegenüber den Abscheulichkeiten des deutschen Regimes und namentlich die geradezu albern wirkende englische Bereitschaft zum Entgegenkommen und zur Verständigung von Gleich zu Gleich." (S. 22) Loewenstein – ebenfalls charakteristisch für den Geist der Zeit – sah den Abschied von alten Formen der liberalen Demokratie als unausweichlich an, denn „auch die neue Demokratie wird autoritär sein[,] und es handelt sich nur darum, sie mit einem Inhalt zu füllen, der die Opferung der Selbstentscheidung für die Massen wertvoll macht" (S. 30).
40 Thomas Mann an Karl Loewenstein (30. Oktober 1939): „Es mag schwach und unvernünftig sein, dass man heute mit seinem Herzen bei den kämpfenden Demokratien ist, deren regierende Schichten so sehr den Hitlerismus großgezogen haben." (Mann, Thomas Mann u. Karl Loewenstein: „Briefwechsel. Zweiter Teil: 1939–1955". Hg. v. Eva Schiffer. In: *Blätter der Thomas Mann Gesellschaft Zürich* 19 (1982), S. 5–40, hier S. 6–7).
41 Astrow, Wladimir: *Grenzen der Freiheit in der Demokratie. Zur geistigen Neuorientierung des Liberalismus.* Zürich 1940, S. 29–30.
42 Mann, Thomas: „Achtung, Europa!" (1935). In: ders.: *Essays*. Bd. 4: *Achtung, Europa! 1933–1938.* Hg. v. Hermann Kurzke u. Stephan Stachorski. Frankfurt/Main 1995, S. 147–160, hier S. 159. Die folgenden Zitate ebd.

Thomas Manns unbedingte Parteinahme für die westliche Demokratie und sein Appell an ihre Kraft zur engagierten Verteidigung ihrer Werte wird nicht dadurch gemindert, dass er in Tagebüchern und Briefen bisweilen Zweifel am Überleben der Demokratie äußert oder den Übergang zu autoritären Modellen durchspielt. Ausschlaggebend bleibt die Konstanz seiner öffentlichen Stellungnahmen zur Demokratie, die er – freilich ohne Präzisierung ihrer tatsächlichen institutionellen Beschaffenheit – als Lebensform der Freiheit bedingungslos gegen den Nationalsozialismus und Faschismus unterstützte. In welcher Weise der prominenteste deutsche Exilant an die liberalen Reformdiskurse der Zwischenkriegszeit anknüpfte, belegt insbesondere seine Rede „Vom zukünftigen Sieg der Demokratie" (1938). Darin plädierte Mann für eine „tiefe und kraftvolle Besinnung der Demokratie auf sich selbst, die Erneuerung ihres geistigen und moralischen Selbstbewußtseins"[43] sowie für eine „Reform der Freiheit"[44]. Für diese Reform der Freiheit markierte er drei Veränderungen: *erstens* einen Abschied vom liberalen *Laissez faire* und die Ausgestaltung einer sozialen Demokratie, um „dem Faschismus und auch dem Bolschewismus den Wind aus den Segeln zu nehmen"[45]; *zweitens* einen Abschied von liberalen pazifistischen Illusionen, die der Schriftsteller mit einer scharfen Kritik an der Appeasement-Politik und deren Motivation verband, „den Krieg um keinen Preis zu wollen", womit sie ihn aber herbeiführe, „statt ihn zu bannen"; *drittens* schließlich die bereits angesprochene „Humanität des Willens und der kämpferischen Entschlossenheit zur Selbsterhaltung"[46].

In seiner am Vorabend des Zweiten Weltkriegs gehaltenen Rede „Das Problem der Freiheit" sprach Thomas Mann schließlich explizit von einer „militanten Demokratie"[47], „die sich des Zweifels an sich selbst entschlägt, die weiß, was sie will, nämlich den Sieg, welcher der Sieg der Gesittung ist über die Barbarei", denn: „[D]er Freiheitsbegriff der Demokratie darf nicht auch die Freiheit umfassen, die Demokratie ums Leben zu bringen, er darf nicht den Todfeinden der Demokratie freies Wort und freie Hand geben". Manns Rückführung der militanten Demokratie auf die *ecclesia militans*, „d[ie] kämpfende[] Kirche, die der triumphierenden, der ecclesia triumphans vorausging"[48], mag zwar überraschen,

---

43 Mann, Thomas: „Vom künftigen Sieg der Demokratie" (1938). In: ders.: *Essays*. Bd. 4, S. 214–244, hier S. 236.
44 Ebd., S. 240.
45 Ebd. S. 241.
46 Ebd., S. 241.
47 Mann, Thomas: „Das Problem der Freiheit" (1939). In: ders.: *Essays*. Bd. 5: *Deutschland und die Deutschen 1938–1945*. Frankfurt/Main 1996, 54–74, hier S. 71. Die folgenden Zitate ebd.
48 Ebd., S. 70–71.

da er selbst öffentlich auf Glaubensbezeugungen verzichtete.[49] Diese Analogie verdeutlicht aber, wie sehr er den Einsatz für die Demokratie als eine Sache des Glaubens verstand und wie klar für ihn die Unterscheidung zwischen Gut und Böse in den Konstellationen unmittelbar vor dem Zweiten Weltkrieg geworden war. Diese Klarheit hatte etwas intellektuell Entlastendes, wie Thomas Mann rückblickend feststellte: „Hitler hatte den großen Vorzug, eine Vereinfachung der Gefühle zu bewirken, das keinen Augenblick zweifelnde Nein, den klaren und tödlichen Haß. Die Jahre des Kampfes gegen ihn waren moralisch gute Zeit."[50]

3 Fazit

Der Blick auf Thomas Manns Bekanntschaften mit den beiden liberalen jüdischen Denkern offenbart Manns Lernfähigkeit und Offenheit – und gibt gleichzeitig darüber Aufschluss, wie kontextgebunden man sein Verständnis von Demokratie sehen muss. Es ist an die Trivialität zu erinnern, dass liberale Demokratie in den 1920er bis 1940er Jahren noch etwas grundsätzlich anderes bedeutete als heute. Immerhin hatte Mann stets vom notwendigen Fortschreiten der liberalen zur sozialen Demokratie gesprochen. Aber die elitären Komponenten seines Demokratiebegriffs, die Distanz zum einfachen Volk und die Empfänglichkeit für große Führungspersönlichkeiten wie Roosevelt teilte er mit vielen Liberalen seiner Zeit.[51] Formeln wie ‚autoritäre Demokratie' oder ‚demokratische Diktatur' waren in der politischen Existenzkrise der Zwischenkriegszeit auch unter selbsterklärten Demokrat*innen geläufig und galten als Ausweis einer realistischen Haltung, die auf Wehrhaftigkeit und Verteidigungsbereitschaft gegenüber der totalitären Bedrohung setzte. Es mutet ebenso naiv wie anachronistisch an, wollte man Manns Demokratieverständnis an heutigen Vorstellungen von einer partizipativen Demokratie und Zivilgesellschaft messen. Darüber hinaus scheint der selbstgewisse Standpunkt moralischer Überlegenheit in der Gegenwart keine überzeugende Position mehr zu sein. Vielmehr führen die gegenwärtigen Gefährdungen der Demokratie dazu, dass Thomas Manns Denken in Ambivalenzen, seine Skepsis und seine Berufung auf einen grundlegenden Humanismus wieder zeitgemäßer

---

49 Vgl. zu diesem Aspekt vor allem Detering: *Thomas Manns amerikanische Religion*.
50 Mann, Thomas: „Die Entstehung des Doktor Faustus" (1949). In: ders.: *Rede und Antwort. Über eigene Werke. Huldigungen und Kränze: Über Freunde, Weggefährten und Zeitgenossen*. Frankfurt/Main 1984, S. 130–288, hier S. 240. Vgl. dazu auch Kurzke: *Thomas Mann*, S. 447–450.
51 „Ich verstehe Demokratie nicht hauptsächlich als einen Anspruch und Sich-gleich-stellen von unten, sondern als Güte, Gerechtigkeit und Sympathie von oben." Mann, Thomas: „Schicksal und Aufgabe" (1943). In: *Essays*, Bd. 5, 218–238, hier S. 232.

wirken als ein selbstgewisses Vertrauen in den Fortschritt der Demokratie. Schärfer als der Staatsrechtler Karl Loewenstein, der ein überzeugter Kalter Krieger war, hat Thomas Mann die möglichen Entgleisungen der Demokratie im Fall der USA vorhergesehen.[52] Besser als der Pragmatiker Moritz Julius Bonn hatte er erkannt, dass eine irrationale Ideologisierung der Politik nicht nur die Folge sozioökonomischer Krisen sein kann, sondern eine grundlegende Gefahr für jede politische Ordnung bleibt, die eine liberale Humanität im Sinne Manns vernachlässigt.

Seine Warnungen vor einer der Demokratie inhärenten Tendenz zum Faschismus respektive vor einem intoleranten Populismus sind auch deshalb von unzweifelhafter Aktualität, weil Thomas Mann sich der politischen Festlegung und Zuordnung zu einem bestimmten Lager entzieht. Die Vagheit seiner politischen Begrifflichkeit und Unbestimmtheit seines Demokratieverständnisses, das sich eher auf Goethe und Walt Whitman stützte oder die produktive Auseinandersetzung mit Schopenhauer und Nietzsche suchte, wendet sich in einen Vorteil, wenn man sein Sensorium für Gewalt und die Verletzung von Freiheits- und Menschenrechten würdigt. Thomas Mann gewinnt seine Einsichten zumeist ex negativo, und sein politisches Engagement beginnt mit der Empörung über Unrecht, die Missachtung von zivilisatorischen Grundstandards und das Leid der Verfolgten – „Recht, Wahrheit, Menschenanstand"[53] sind seine basalen Kategorien, die ihn für eine „gesittete Welt"[54] eintreten lassen. Man kann eben auch über Schopenhauer zu einem prinzipienfesten Liberalismus gelangen, der den Auffassungen der neuerdings wieder stärker in Erinnerung gerufenen Philosophin Judith Shklar ähnelt. Ihr „Liberalismus der Furcht" stellt ausdrücklich die Erfahrung von Leid und Gewalt ins Zentrum und sieht im Kampf gegen Unrecht und Ungerechtigkeit eine wichtigere Aufgabe als im Entwurf einer positiven liberalen Gerechtigkeitstheorie.[55] So heißt es bei Thomas Mann:

> Gerechtigkeit ist [...] mehr ein Negativum als ein Positivum, die Verneinung des Unrechts. Der gerechte Mensch geht in der Bejahung seines Willens nicht bis zur Verneinung des in anderen Individuen sich darstellenden. Er unterläßt es, Leiden über andere zu verhängen, um das eigene Wohlsein zu mehren.[56]

---

52 Zu Manns kritischer Sicht Amerikas vgl. Vaget: *Thomas Mann, der Amerikaner*, S. 376–411.
53 Mann, Thomas: „An die gesittete Welt" (1938). In: ders.: *Essays*. Bd. 5, 28–35, S. 31.
54 Ebd.
55 Shklar, Judith: *Liberalismus der Furcht*. Berlin 2013, sowie die Idee Shklars aufgreifend: Müller, Jan-Werner: *Furcht und Freiheit. Für einen anderen Liberalismus*. Berlin 2019.
56 Mann, Thomas: „Schopenhauer" (1938). In: ders.: *Essays*. Bd. 4, S. 253–303, hier S. 278.

Als repräsentativer liberaler Denker ist Thomas Mann zu Lebzeiten mit gutem Grund gesehen worden.[57] Seine Fähigkeit, Ambivalenzen auszuhalten und den Zweifel prägnant zu artikulieren, machen insbesondere seine politische Essayistik wieder zu einem Lektüreerlebnis von brennender Aktualität.

---

57 Vgl. Federici, Federico (Hg.): *Der deutsche Liberalismus. Die Entwicklung einer politischen Idee von Immanuel Kant bis Thomas Mann.* Zürich 1946.

Matthias Löwe und Kai Sina
Plurales Ich. Thomas Manns transatlantischer Demokratiebegriff

Die Literatur sollte es richten. Die Humanität, ja der Glaube an den Menschen schlechthin, der infolge des Nationalsozialismus, des Krieges und des millionenfachen Mordens einen vollkommenen Konkurs erlitten hatte – die Literatur sollte ihn wiederherstellen, ihn neu begründen.[1] Das Goethejahr 1949 bot hierfür den besten Anlass, zumal der Name Goethes, im Vergleich jedenfalls zu denen Schillers, Nietzsches oder Wagners, als weniger belastet galt. Dass Goethe aufseiten der Deutschen nicht selten als Vorwand diente, um der Konfrontation mit der historischen Schuld zu entgehen, blieb dabei nicht unbeachtet: Richard Alewyns Bemerkung, dass zwischen ‚uns' und Weimar Buchenwald liege, ist gerade deshalb so einschlägig, weil sie die bildungsbürgerliche Nachkriegsmentalität in nur einem Satz rekapituliert, dekonstruiert und zu einem erinnerungspolitischen Diktum umformuliert.

Wie aber hätte dies überhaupt möglich sein können – eine aktualisierende Bezugnahme auf Goethe im Jahr 1949, die weder naiv noch revisionistisch verfährt und zugleich festhält an seiner Orientierungsfunktion im Kontext der frühen Nachkriegszeit? Mit seiner großen Rede über *Goethe und die Demokratie*, vorgetragen am 2. Mai 1949 im Coolidge Auditorium der Library of Congress in Washington, entwickelte Thomas Mann eine Lösung für dieses Problem: einerseits, indem er die „bürgerliche[] Humanität" als ein „abgelebten Zeiten angehörige[s] Ideal[]" verabschiedete (GkFA 19.1, 630–631); und andererseits, indem er beim späten Goethe einen demokratischen Zug auszumachen versuchte. Damit ver-

---

Anmerkung: Der vorliegende Essay ist die Vorarbeit zu einer geplanten Monographie. In ihm verbinden wir einige Arbeiten der letzten Jahre, die unabhängig voneinander, aber im engen wissenschaftlichen Austausch entstanden sind. Dort finden auch jene Forschungsdebatten statt, die im vorliegenden Text nur in stark reduzierter Form aufgegriffen werden können. Der erste Abschnitt geht zurück auf Sina, Kai: *Kollektivpoetik. Zu einer Literatur der offenen Gesellschaft in der Moderne mit Studien zu Goethe, Emerson, Whitman und Thomas Mann*. Berlin u. Boston 2019, sowie auf einen Essay auf dem Blog des Thomas Mann House in Pacific Palisades (https://medium.com/vatmh/bringing-it-all-back-home-78af44037e90 (Zugriff am 24. Mai 2021)). Der zweite Teil resümiert einige Ergebnisse aus dem Thomas Mann-Kapitel in Matthias Löwes Arbeit *Dionysos versus Mose. Mythos, Monotheismus und ästhetische Moderne (1900–1950)*, die derzeit für den Druck vorbereitet wird.

[1] Beschrieben wird dies, mit Bezug auf die USA, bei Greif, Mark: *The Age of the Crisis of Man. Thought and Fiction in America 1933–1973*. Princeton u. Oxford 2015, S. 103–141.

https://doi.org/10.1515/9783110706116-003

hinderte Mann aber nicht nur die politische Verklärung, sondern wirkte auch einer exklusiven Vereinnahmung Goethes durch die Deutschen entgegen: Alles, was sich an Goethe als demokratisch bezeichnen lasse, sei aus dessen intensiver Auseinandersetzung mit den Vereinigten Staaten entsprungen, was sich gleichsam spiegle in der sehr reichen Goethe-Rezeption in den USA, namentlich etwa bei Ralph Waldo Emerson.[2] Diese transatlantische Wechselwirkung kulminiert bei Mann in dem Satz: „Goethe und Amerika, Goethe als Amerikaner – es ist eine verblüffende Zusammenziehung und Vorstellung." (GkFA 19.1, 631)

Dass die Demokratie für Thomas Mann aufs Engste verknüpft ist mit den USA, wie er in seiner Rede von 1949 mit Blick auf Goethe konstatiert, zeigt sich in seinem politischen Wirken, aber auch in seiner Literatur schon Jahrzehnte früher. Als er sich Anfang der zwanziger Jahre in seiner Rede *Von deutscher Republik* zur Demokratie bekannte, geschah dies bereits ausdrücklich unter dem Einfluss des amerikanischen Nationaldichters Walt Whitman und seiner Idee eines pluralen, also demokratischen Subjekts. Manns Goethe-Rede von 1949 ist, so betrachtet, der Endpunkt einer relativ weit zurückreichenden Entwicklung, die wir hier zumindest in einigen Ausschnitten skizzieren wollen, und zwar sowohl anhand seines essayistischen als auch seines literarischen Werks.

1 Eines aus Vielem

Thomas Mann und die Demokratie, Thomas Mann als Demokrat – vorbereitet durch Joachim Fests folgenreiches Wort vom ‚unwissenden Magier' wird diese Konstellation in der Forschung meist skeptisch, bisweilen auch dezidiert kritisch gesehen. Terminologisch ‚freihändig' und theoretisch nicht ganz ‚lupenrein', so der weithin geteilte Konsens, sei Thomas Mann als Demokrat gewesen. Bei dieser Kritik gerät aber nicht nur die historische Kontextgebundenheit seiner Demokratievorstellungen aus dem Blick. Vielmehr stellt sich die Frage, welche Bewertungsmaßstäbe in dieser Sache überhaupt angemessen sein könnten: Manns Demokratiebegriff ist nicht in erster Linie politisch, sondern vielmehr literarisch geprägt, das heißt, er steht im Zusammenhang nicht bloß mit der Entwicklung seines eigenen Werks, sondern auch mit seiner Lektüre der Werke anderer Autor*innen. Erst in zweiter Linie denkt er an Parlamentarismus, Mehrheitsprinzip

---

[2] Emersons Goethe-Rezeption ist seit längerer Zeit schon erforscht. Eine prägnante Einführung bietet weiterhin McCarthy, John A.: „Emerson, Goethe und die Deutschen". In: *Goethe Yearbook* 7 (1994), S. 177–193.

und Gewaltenteilung, wenn er von Demokratie spricht. Worum es ihm stattdessen geht, sind die Bedingungen des menschlichen Daseins in der Moderne überhaupt.

Im Jahr 1922 hielt Thomas Mann seine vielbeachtete und bis heute kontrovers diskutierte Rede *Von deutscher Republik*, in der er sich erstmals öffentlich zur Demokratie bekannte. Die Ansprache ist ein ebenso nüchternes wie nachdrückliches Plädoyer für die Weimarer Republik, als dessen zentraler Impulsgeber, unter einigen anderen, Walt Whitman gelten kann. Was aber interessierte Thomas Mann am Dichter der *Leaves of Grass*? Dies lässt sich besser noch als an der Republikrede selbst in seiner Arbeitsbibliothek nachvollziehen, vor allem in seiner mit Annotationen und Marginalien reich versehenen Whitman-Ausgabe, deren Durchsicht eines deutlich zeigt: Thomas Manns Leseinteresse richtete sich vordringlich auf die Idee eines pluralen Ichs, das in der Demokratie eine ihr entsprechende Gesellschaftsform findet.³ In der ausführlichen biografischen Einleitung des Übersetzers und Herausgebers Hans Reisiger, die dem ersten Band der Werkausgabe vorangestellt ist, wird Whitman als geistige Verkörperung des großen amerikanischen Gesellschaftsversprechens *E pluribus unum* begriffen. Folgende Passage versieht Thomas Mann mit einer langen Randanstreichung:

> Das Bewußtsein der elementaren Fülle und Gegensätzlichkeit in der Tiefe seines Wesens war bis zuletzt in ihm lebendig, jene naturhafte Vieldeutigkeit [...]. Der von dämonischem Wissen um die Vielspältigkeit der Menschenseele zerklüftete, freilich nicht naturhaft wiederum zusammengeschlossene, große dänische Denker Kierkegaard schreibt: „In einem Leben von siebzig Jahren alle möglichen Wesenheiten gehabt zu haben und sein Leben wie ein Musterbuch zu hinterlassen, das man zu gefälliger Auswahl aufschlagen kann, ist nicht so schwierig. Aber die eine Wesenheit voll und reich und dabei zugleich die entgegengesetzte zu haben und, indem man der einen Wesenheit das Wort und das Pathos gibt, da hinterlistig die entgegengesetzte unterzuschieben: das ist schwierig." – „Hinterlist unterzuschieben" ist charakteristisch für Kierkegaard; für Whitman gilt, daß in ihm sich die verschiedenen Wesenheiten naturhaft als Eines ineinanderfügten, mit kindhaft elementarer Selbstverständlichkeit, immer in warmer, Kraft und Liebe ausströmender Einheit des Seins [...].⁴

In Whitman fügen sich, Reisiger zufolge, „alle möglichen Wesenheiten" bruchlos in „Eines", in ihrer ganzen „elementaren Fülle" und trotz ihrer „Gegensätzlichkeit" und „Vieldeutigkeit" – ganz im Gegensatz zu Kierkegaard, für den die gelassene Inkorporation des Widersprüchlichen und Mehrdeutigen eine Unmöglichkeit sei: „[D]ie eine Wesenheit voll und reich und dabei zugleich die

---

3 Vgl. in diesem Sinne bereits Detering, Heinrich: *Thomas Manns amerikanische Religion. Theologie, Politik und Literatur im kalifornischen Exil.* Frankfurt/Main 2012, S. 47–59.
4 Dieses Zitat entstammt der im Zürcher Thomas Mann Archiv bewahrten Ausgabe *Walt Whitmans Werke in zwei Bänden*. Bd. 1. Ausgewählt, übertragen und eingeleitet von Hans Reisiger. Berlin 1922, S. XCVIII (mit Randanstreichung Thomas Manns).

entgegengesetzte zu haben [...] das ist schwierig." Die Widerspruchstoleranz, die Reisiger Whitman aus biografischer Sicht zuspricht, findet in dessen Werk poetischen Ausdruck. „Do I contradict myself?", fragt sich das Ich im *Song of Myself* und gibt sich ohne Zögern selbst die Antwort: „Very well then .... I contradict myself"[5].

Die ungemeine Provokation, die solch ein elastischer Subjektbegriff für Thomas Mann darstellen musste, wird unter Berücksichtigung seines literarischen Werks erkennbar. Nicht nur die Figuren seiner frühen Erzählungen, man denke an Gustav von Aschenbach im *Tod in Venedig* oder an die Erzählung vom *Kleinen Herrn Friedemann*, sondern auch die Kontrahenten auf dem *Zauberberg*, Naphta und Settembrini, vermögen eines ja gerade nicht, nämlich Widersprüche und Gegensätze in der Welt und in sich selbst auszuhalten. Aschenbach und Johannes Friedemann verrecken würdelos an der inneren Unvereinbarkeit von Künstlertum und Bürgertum, während die philosophischen und politischen Disputationen zwischen Naphta und Settembrini zunehmend militante Züge annehmen. Ihr Streben nach intellektueller Reinheit und ihre Unfähigkeit zur gedanklichen Kompromissbildung präfigurieren, in der narrativen Logik des Romans, die Urkatastrophe des 20. Jahrhunderts als ein „verworrener Schlachtenlärm" (GkFA 5.1, 747). Wie man sieht: Das von Whitman persönlich verkörperte und lyrisch ausgedrückte Subjektideal im Zeichen einer gelassen akzeptierten Widersprüchlichkeit steht völlig quer zu den Grundkonflikten in Manns früher, teilweise auch mittlerer Schaffensphase.

Aber in Fragen des pluralen Ich erübrigt sich seine Whitman-Lektüre nicht, im Gegenteil, er studiert außerdem, wie eine diesem Subjektverständnis gemäße Gesellschaftsform aussehen könnte. Dies zeigt eine weitere Randanstreichung, diesmal nicht in Reisigers biografischer Einführung, sondern in Whitmans programmatischem Essay *Democratic Vistas*:

> Diese Idee des vollkommenen Individualismus ist es in der Tat, die der Idee der Gemeinschaft am tiefsten Charakter und Farbe gibt. Denn wir begünstigen eine starke Vergemeinschaftung und einen starken Zusammenschluß hauptsächlich oder ausschließlich deshalb, um die Unabhängigkeit der Einzelmenschen zu stärken, gleichwie wir auf der Einheit der Union unter allen Umständen bestehen, um den Rechten der Einzelstaaten die vollste Lebensfähigkeit und Freiheit zu sichern, deren jedes genau so wichtig ist wie das Recht der Nation, der Union.[6]

---

5 Whitman, Walt: *Leaves of Grass*. Brooklyn, NY 1855, S. 55 (verfügbar über das digitale Walt Whitman Archive: https://whitmanarchive.org/published/LG/1855/whole.html, Zugriff am 24. Mai 2021).
6 *Walt Whitmans Werke in zwei Bänden*. Bd. 1, S. 34 (mit Unterstreichung Thomas Manns).

„Charakter und Farbe" hat die „Gemeinschaft" also nur dann, wenn sie einen „vollkommenen Individualismus" zulässt. Whitman zeichnet das Bild einer Gesellschaft der Einzelnen und Verschiedenen, deren „starker Zusammenschluß" sich aus der „Unabhängigkeit der Einzelmenschen" ergebe. Was auf die Menschen zutrifft, soll für Whitman allerdings auch für die Vereinigten Staaten gelten: In unausgesprochenem Rekurs auf Abraham Lincoln spricht er von der „Einheit der Union", die nicht denkbar sei ohne „die vollste Lebensfähigkeit und Freiheit" der Einzelstaaten. Wollte man dieses Nachdenken über das Subjekt, die Gesellschaft und die Vereinigten Staaten auf eine Formel bringen, so ließe sich auf Karl Popper verweisen: Was Thomas Mann im Zuge seiner Whitman-Lektüre kennenlernt, entspricht in Grundzügen der Idee der offenen Gesellschaft, die auf einen Ausgleich, auf ein sich immer wieder neu ausbalancierendes Gleichgewicht von Sozialität und Individualität, Totalität und Partikularität hinaus will.[7]

Wie weit auch dies von Thomas Manns Denken vor 1922 unterschieden ist, zeigt der Abgleich mit den *Betrachtungen eines Unpolitischen*, die noch getragen sind von einem antimodernen, romantisierenden Staatsverständnis: „Deutschtum, das ist Kultur, Seele, Freiheit, Kunst und *nicht* Zivilisation, Gesellschaft, Stimmrecht, Literatur" (GkFA 13.1, 35), so wird gleich in der Einführung bestimmt. Im *Zauberberg* allerdings, in dessen langwierigen und schwierigen Entstehungsprozess die Whitman-Lektüre mitten hineinfällt, tritt ein neuer Begriff von Staat und Kultur zutage. Insbesondere der Begriff der Mitte gewinnt dabei an Relevanz, und zwar als Chiffre für Komplexität.[8] „[I]n der Mitte des Lebens ist des homo Dei Stand – inmitten zwischen Durchgängerei und Vernunft – wie auch sein Staat ist zwischen mystischer Gemeinschaft und windigem Einzeltum" (GkFA 5.1, 747), dies erkennt Hans Castorp während seines halluzinierenden Schneetraums, der erzählerisch indes ohne Konsequenzen bleibt: Hans ist schließlich ein durch und durch mittelmäßiger Mensch, der seine große Einsicht wenige Stunden nach seinem Schneetraum schon wieder vergessen hat. Stattdessen zeigt der Roman im weiteren Handlungsverlauf, wie jeder Versuch, dort Einstimmigkeit und Klarheit zu erzwingen, wo Polyphonie und Ambiguität den Normalzustand begründen, zwangsläufig in den Abgrund der Gewalt hineinführt – als Negativbeispiel und Warnung zugleich.

Was ist mit diesen teils philologischen, teils werkbiografischen Überlegungen gesagt? Die Whitman-Lektüre stellt für Thomas Mann eine intellektuelle Zäsur

---

[7] Popper, Karl R.: *The Open Society and Its Enemies*. London 1945.
[8] Auch hierfür, so lässt sich anhand einer Parallelstellenlektüre zeigen, ist Whitman der Gewährsmann (vgl. Sina: *Kollektivpoetik*, S. 208–212).

dar. Die Koordinaten seines Denkens über das Subjekt und die Gesellschaft wandeln sich mit dieser Lektüre grundlegend.

Dabei hatte er sich bereits mehr als ein Jahrzehnt zuvor einer Bejahung der Hybridität und Komplexität in schriftstellerischer, intellektueller und politischer Hinsicht angenähert – in seinem oft unterschätzten und von der Forschung vergleichsweise sporadisch beachteten Märchenroman *Königliche Hoheit* von 1909. Dies lässt sich an drei Punkten festmachen: Erstens schafft Mann mit seinem Protagonisten, dem Prinzen Klaus Heinrich, ein plurales Subjekt, das die Widersprüche seiner körperlichen Behinderung und seiner politischen Führungsrolle in sich auszugleichen vermag (was ihn zu einem Vorgänger des von Mann in späteren Jahren so bewunderten amerikanischen Präsidenten Franklin D. Roosevelt macht).[9] Zweitens artikuliert der Roman eine neugierige und aufgeschlossene Wahrnehmung der Vereinigten Staaten, insbesondere im Hinblick auf den Kapitalismus und die Geschlechterrollen, in der sich ein progressives Moderneverständnis artikuliert. Und drittens brachte Mann das Zusammenspiel dieser Tendenzen in *Königliche Hoheit* in einem kommentierenden Essay von 1910 selbst auf den Begriff einer „geistige[n] Wendung zum Demokratischen" (GkFA 14.1, 242).

Diese „Wendung" allerdings, auf die vor allem Heinrich Detering mit Nachdruck hingewiesen hat,[10] wurde in den politisch vergifteten Kriegsschriften des Jahres 1914 und vor allem in den *Betrachtungen eines Unpolitischen* unter Nationalismus, Militarismus und Kulturkritik verschüttet. Die gesellschaftliche Etablierung einer Demokratie in Deutschland könne allein durch „Institutionen, Wahlrechtsreformen u. dgl." niemals erreicht werden, liest man, es bräuchte dafür vielmehr „eine seelische Strukturveränderung, die völlige Umwandlung des Volkscharakters", die aber weder umsetzbar noch wünschenswert sei. Die Demokratie stellt für den Verfasser der *Betrachtungen* den „Gegensatz Deutschlands zum Westen" dar, und wer immer dessen Aufhebung im Sinne habe, folge einem bloßen „Wahn" (GkFA 13.1, 40).

Eine Wiederannäherung an die demokratischen Tendenzen und an die wohlwollende Wahrnehmung der USA, die in *Königliche Hoheit* vor Jahren schon einmal Gestalt gewonnen hatte, vollzieht Thomas Mann erst im Jahr 1922 und im Umfeld der Rede *Von deutscher Republik*. Nicht nur findet er bei Whitman, der im

---

9 Zu Manns Wahrnehmung und Verehrung des amerikanischen Präsidenten s. Vaget, Hans: *Thomas Mann, der Amerikaner. Literatur und Politik im amerikanischen Exil 1938–1952.* Frankfurt/Main 2011.
10 Wir beziehen uns in erster Linie auf seinen Eintrag zu *Königliche Hoheit* in dem von Andreas Blödorn und Friedhelm Marx herausgegebenen *Thomas Mann-Handbuch. Leben – Werk – Wirkung.* Stuttgart 2015, S. 25–32, bes. 31 f.

Deutschland der 1910er und 1920er Jahre in aller Munde war,[11] einen für ihn anschlussfähigen Demokratiebegriff. Aus der Lektüre folgt außerdem eine positive Neubewertung Amerikas und des Westens insgesamt. Als eine „große, wichtige, ja heilige Gabe" (GkFA 15.1, 494) bezeichnete er Reisigers Werkausgabe in einer Briefrezension und übertreibt damit wohl nicht.

Was mit Blick auf die Rede allerdings erstaunen mag, ist die Tatsache, dass sich Thomas Mann auf die soeben angeführten Whitman-Passagen *gerade nicht* bezieht, mehr noch, dass er in ihr den Versuch unternimmt, die Position des amerikanischen Dichters mit der Tradition der deutschen Romantik und Novalis in eins zu setzen. Whitman argumentiere „gleich dem Novalis", schreibt Mann, während Novalis seinerseits „dem Amerikaner sehr nahe" sei (ebd., 542). Dies lässt sich bis in philologische Details nachvollziehen: „Novalis" notiert Thomas Mann an den Textrand der *Democratic Vistas*; in unmittelbarer Entsprechung dazu findet sich in seiner Novalis-Ausgabe die Randbemerkung „Demokratie" (GkFA 15.2, 356).

Aus literarhistorischer Sicht ist die behauptete Nähebeziehung mehr als waghalsig, wie die Forschung bereits gezeigt hat,[12] aber wichtiger noch erscheint ihre historische und argumentative Plausibilität: ‚Amerika' war in der Weimarer Republik ein Kampfbegriff, mit dem konservative Kreise all das verbanden, was an der Moderne abzulehnen war – von der Urbanisierung über den Kapitalismus bis zur Demokratie. Thomas Mann selbst wandte sich in den *Betrachtungen eines Unpolitischen* gegen eine „Amerikanisierung des deutschen Lebensstils", die sich „in einer gewissen plumpen Korruption, einem Schieber- und Unternehmertum von eigentümlich naiver Note" zeige (GkFA 13.1, 154). In der Republikrede hingegen spricht Mann von einem „demokratischen Pluralism" von „amerikanischer Frische" (GkFA 15.1, 544). Aber wozu dann überhaupt der Rekurs auf Novalis und die Romantik? Möglicherweise ist es der Versuch, dem nationalkonservativen Publikum, das die Republikrede adressiert, das Konzept der amerikanischen Demokratie über den Umweg der deutschen Nationalkultur nahezubringen: ‚Seht, im Kern sind deutsche Romantik und amerikanische Demokratie sich viel näher, als ihr denkt!' Es handelt sich um ein vornehmlich rhetorisches Manöver, mit dem

---

[11] Vgl. hierzu weiterhin Grünzweig, Walter: *Walt Whitmann. Die deutschsprachige Rezeption als interkulturelles Phänomen*. München 1991.
[12] Löwe, Matthias: „‚Romantik' bei Thomas Mann: Leitbegriff, Rezeptionsobjekt, Strukturphänomen". In: *Im Schatten des Lindenbaums. Thomas Mann und die Romantik*. Hg. v. Jens Ewen, Tim Lörke u. Regine Zeller. Würzburg 2016, S. 21–70.

der Redner auch verschleiert, wie weit er im Jahre 1922 auf seinem intellektuellen und politischen „Weg nach Westen"[13] eigentlich bereits vorangeschritten war.

Dies zeigt sich nicht zuletzt an einer demokratischen Intellektualität, die Thomas Mann in seinem Vortrag anhand der eigenen Person performativ in Szene setzt. Um noch einmal auf den *Zauberberg* zu sprechen zu kommen: Woran genau scheitern Naphta und Settembrini? An der Integration unterschiedlicher, sich widersprechender Sichtweisen in die eigene Person; sie scheitern an der Selbstauffassung als kollektive Subjekte, an der Akzeptanz einer inneren Polyphonie im Sinne Whitmans. Um zu demonstrieren, wie sich die Rede zu diesem Problem verhält, sei kursorisch nachgezeichnet, wie Thomas Mann seine Wandlung vom nationalkonservativen Kriegsbefürworter von 1914 zum Redner der demokratischen Republik im Jahr 1922 begründet.

Thomas Mann umreißt in seiner Rede einen festen Rahmen an Werten, in dem sich unterschiedlichste Positionen frei entfalten, entwickeln und verwandeln können. Entsprechend klar weist er den rhetorisch antizipierten Vorwurf der intellektuellen Beliebigkeit von sich: Der Wandel seiner politischen Haltung trägt den Zweck demnach keineswegs in sich (oder dient nur der Verhinderung gedanklicher Erstarrung), sondern folgt einem festen Set abstrakter Prinzipien; genannt werden unter anderem die ‚Wahrheit', der ‚Konservatismus', die ‚Humanität', das ‚Nationale'. Auf dieser Grundlage lässt sich für ihn selbst der auf den ersten Blick diskontinuierlich anmutende Denkweg von den *Betrachtungen eines Unpolitischen* zur Rede *Von deutscher Republik* durchaus rechtfertigen: „Ich gab meine Wahrheit und ich gebe sie heute"; „[s]o nötig es vielleicht ist [...,] daß in gewissen Perioden alles in Fluß gebracht werde, um neue notwendige Mischungen hervorzubringen [...], so unentbehrlich ist es jedoch ebenfalls, die Krisis zu mildern und die totale Zerfließung zu behindern" (GkFA 15.1, 533); „war es [...] nicht dies Element, das ich mit jenem Buchwerk [...] verteidigte: Das Element der Humanität" (ebd., 535.); „[d]ie Republik – als ob das nicht immer noch Deutschland wäre" (ebd., 529).

Innerhalb eines äußerst breit gesteckten Wertehorizontes werden verschiedenste und auf den ersten Blick durchaus gegensätzliche Ansichten vereint, ohne dass hierdurch, aus Sicht des Redners, der jeweilige Grundwert verleugnet oder gar verraten würde. Vom prinzipienfixierten Phantasma gedanklicher Ordnung und Sauberkeit, dem Naphta und Settembrini vergeblich anhängen, weiß der Republikredner erkennbar nichts, im Gegenteil: Die gedankliche Unreinheit wird bis zu einem bestimmten Grad hingenommen (wobei es auf diesen Grad ent-

---

[13] „Der lange Weg nach Westen", so lautet Überschrift des entsprechenden Kapitels in Vaget: *Thomas Mann, der Amerikaner*, S. 29–66.

scheidend ankommt). Mann beschreibt, wie intellektuelle Beweglichkeit möglich ist, ohne dabei zugleich die Bindung an eine fundamentale Werteordnung aufzugeben. Es geht ihm, anders gesagt, um die persönliche Exemplifizierung einer gedanklichen Elastik, die ein hohes Maß an Heterogenitätstoleranz aufweist – und selbst die sehr viel spätere Komisierung und damit verbundene Relativierung der eigenen Positionierung als „Wanderredner der Demokratie" (GW X, 397) nicht unbedingt paradox erscheinen lässt.

Dieser Aspekt wird in der Diskussion über den Wandel des politischen Thomas Mann aus unserer Sicht nicht angemessen berücksichtigt; das wissenschaftliche Bestreben, in dieser Frage zu einer sauberen, eindeutigen Bewertung zu gelangen, trägt dem unsauberen, mehrdeutigen Charakter der Gedanken, den Thomas Mann in seiner Rede reflektiert und performativ ausagiert, keine Rechnung. Dies gilt auch für den Versuch, dem Redner eine Argumentationsstrategie zu unterstellen, die bemüht den Eindruck von intellektueller Kontinuität erwecken wolle. Die Selbstrechtfertigung, die Mann in seiner Rede entfaltet, dergestalt als eine Täuschung zu bewerten, wird der Komplexität ihrer Herleitung kaum gerecht. Darüber hinaus ergibt sich hier ein Begründungsproblem: Das vermeintliche Streben nach gedanklicher Beständigkeit erklärt sich schließlich nicht aus sich heraus. Wer immer also behauptet, Thomas Mann verleugne bewusst die inhärenten Widersprüche seiner Denkbewegung, um so den Eindruck gedanklicher Beständigkeit zu erwecken, müsste zunächst die Relevanz genau *dieses* Wertes für den Redner explizieren.

Was dennoch verwundert, ist die Tatsache, dass und wie Thomas Mann schon wenige Jahre nach der Republikrede von den dort formulierten Positionen scheinbar wieder abrücken wird. Schon in der *Pariser Rechenschaft* von 1926 heißt es in Abgrenzung von Republik und Demokratie: „Was heute für Europa not täte, wäre die aufgeklärte Diktatur" (GkFA 15.1, 1134). Und 1928 betont Thomas Mann in *Kultur und Sozialismus*, dass die *Betrachtungen eines Unpolitischen* „ästhetisch, als Dichtung genommen", weit überzeugender ausgefallen seien „als jene väterliche Ermunterung zur Republik, mit der sein Verfasser ein paar Jahre danach eine störrige Jugend überraschte" (GW XII, 640).

Man sollte nicht so weit gehen, in diesen Belegen eine Aufgabe der in der Republikrede formulierten Konzepte zu erkennen. Was sich hier aber zweifellos abzeichnet, ist eine prozesshafte Entwicklung des Demokratiebegriffs: Die Rede *Von deutscher Republik* erscheint in dieser Hinsicht als ein Ausgangspunkt für eine langanhaltende und durchaus ungeradlinige Suchbewegung – bis hin zu jener relativ konstanten Bestimmung der Demokratie als eines kulturaristokratischen und zugleich elitären Konzepts, als „Güte, Gerechtigkeit und Sympathie von *oben*" (ebd., 933). Zwischen diesen Überlegungen und der sehr viel niedriger angesetzten Rolle, die der Republikredner des Jahres 1922 dem „grundangenehme[n]" und „bescheiden-würdige[n]" „Vater Ebert" als einem „Bürger unter Bürgern" (GkFA 15.1, 515) zuweist, liegt aber nichts Geringeres als die Erfahrung des Faschismus.

2 Rätselwesen Mensch

Noch einmal steht Thomas Mann 1930 im Berliner Beethoven-Saal vor großem Publikum – dort, wo er 1922 *Von deutscher Republik* gesprochen hatte. Die *Deutsche Ansprache*, die er am 17. Oktober 1930 im Festsaal der Alten Philharmonie hält, markiert den Beginn seines politischen Engagements während der 1930er und 1940er Jahre. Unmittelbarer Anlass war die Reichstagswahl im September 1930, bei der die NSDAP ihren ersten großen Wahlerfolg erzielte und zweitstärkste Fraktion wurde. Mann entwickelt in dieser Rede eine ideen- und intellektuellengeschichtliche Deutung des Nationalsozialismus, indem er dessen Wahlerfolge auf die Verbreitung simplifizierender Menschenbilder zurückführt: Die komplizierte Natur des Menschen werde, so Mann, vom Faschismus radikal vereinfacht auf das „Wunschbild einer primitiven, blutreinen, herzens- und verstandesschlichten, hackenzusammenschlagenden, blauäugig gehorsamen und strammen Biederkeit". Der Nationalsozialismus sei daher eine Bewegung „nationale[r] Simplizität" (GW XI, 881).

Jens Ewen hat hierin ein Grundmotiv von Manns ‚Faschismus'-Deutung identifiziert: In seinen Reden und Essays der späten 1920er und 1930er Jahre kommt „ein bestimmtes Interpretationsmuster immer wieder zum Tragen, das besonders in faschistischen Gesellschafts- und Politikkonzepten eine Simplifizierung der Komplexität moderner Gesellschaften sieht".[14] ‚Faschismus' ist für Mann der Versuch, dem komplizierten Meinungspluralismus der Moderne durch Vereinfachung zu entkommen. Er entwickelt um 1930 eine ideengeschichtliche Erklärung für die politischen Ereignisse. Als Nährboden für die Verbreitung simplifizierender Menschenbilder durch den Nationalsozialismus gilt ihm vor allem die Prominenz lebensphilosophischer Ideen bei Intellektuellen der 1920er Jahre, die sich übrigens ihrerseits – aber eben in ganz anderer Weise als Thomas Mann, nämlich in einseitiger Akzentuierung der Vitalität und Expressivität – durch Walt Whitman inspirieren ließen[15]:

---

14 Ewen, Jens: *Erzählter Pluralismus. Thomas Manns Ironie als Sprache der Moderne*. Frankfurt/Main 2017, S. 255.
15 Vgl. Riedel, Wolfgang: *Homo Natura. Literarische Anthropologie um 1900*. Studienausgabe. Würzburg 2011, S. 104–119.

[D]er Nationalsozialismus hätte als Massen-Gefühls-Überzeugung nicht die Macht und den Umfang gewinnen können, [...] wenn ihm nicht [...] aus geistigen Quellen ein Sukkurs käme [...]. Eine neue Seelenlage der Menschheit [...] wurde proklamiert und drückte sich künstlerisch im expressionistischen Seelenschrei [...] aus, als ein irrationalistischer, den Lebensbegriff in den Mittelpunkt des Denkens stellender Rückschlag, der die allein lebensspendenden Kräfte des Unbewußten, Dynamischen, Dunkelschöpferischen auf den Schild hob, den Geist [...] als lebensmörderisch verpönte [...]. Von dieser Naturreligiosität [...] ist viel eingegangen in den Neo-Nationalismus unserer Tage [...]. (GW XI, 876–877)

Bei Manns ideengeschichtlicher Faschismus-Deutung kommen sozioökonomische Ursachen fraglos zu kurz. Dass der Aufstieg des Nationalsozialismus aber von markanten intellektuellen Frontlinienbildungen zumindest flankiert wurde, bestätigen schon die unmittelbaren Umstände der *Deutschen Ansprache:* Unter Manns Zuhörer*innen im Berliner Beethovensaal befanden sich auch der Schriftsteller Arnolt Bronnen und die Brüder Ernst und Friedrich Georg Jünger, die mit Unterstützung von etwa zwanzig SA-Leuten versuchten, die Veranstaltung durch Zwischenrufe zu stören.

Mann ist mit seinem Unbehagen an simplifizierenden Welt- und Menschenbildern, die er im weitesten Sinne der Lebensphilosophie zuschreibt, um 1930 keineswegs allein. Angesichts der wachsenden wirtschaftlichen, sozialen und politischen Instabilität lässt sich in der Spätphase der Weimarer Republik vor allem im Umfeld der Philosophischen Anthropologie und der Existenzphilosophie eine generelle Wendung gegen den lebensphilosophischen ‚Irrationalismus' beobachten.[16] Die Reduktion des Menschen auf das metaphysische Prinzip vitalen Lebens, aber auch deterministische Menschenbilder von Marxismus, Psychoanalyse, Rassentheorie oder Oswald Spenglers Kulturmorphologie offenbaren aus dieser Perspektive eine spezifische Gefährlichkeit, die sich im erstarkenden politischen Radikalismus von links und rechts äußert. Gegen die Reduktion des Menschen auf Vitalitätsprinzipien werden im Kontext von Philosophischer Anthropologie und Existenzphilosophie daher „Entwürfe einer neuen Anthropologie bzw. einer ‚Philosophie des Menschseins'"[17] formuliert, die eine „wesenhafte[] ‚Unbestimmtheit' und ‚Offenheit' des Menschen"[18] postulieren.

Mit der Idee des pluralen Ich kann auch Thomas Mann um 1930 als Vertreter jener ‚neuen Philosophie des Menschseins' verstanden werde. Wenn etwa am Beginn seiner Josephsromane vom Menschen als „Rätselwesen" gesprochen und „dessen Geheimnis" hervorgekehrt wird (GkFA 7.1, IX), dann zeigt sich, dass

---

16 Vgl. Streim, Gregor: *Das Ende des Anthropozentrismus. Anthropologie und Geschichtskritik in der deutschen Literatur zwischen 1930 und 1950.* Berlin u. New York 2008, S. 13–14.
17 Ebd., S. 14.
18 Ebd., S. 23.

Manns Interesse an einer ‚neuen Anthropologie' ebenfalls mit zeittypischen Vorstellungen von der rätselhaften Offenheit und Unbestimmtheit des Menschen einhergeht. Die Idee des pluralen Ich rückt damit in den 1930er Jahren ins Zentrum von Manns Faschismus-Deutung, avanciert zum Gegenentwurf, zu seiner wichtigsten Idee im politischen Kampf für die Demokratie.

Die Whitman-Lektüre in den 1920er Jahren hat dafür, so lässt sich unschwer erkennen, einen überaus fruchtbaren Nährboden geliefert. Die lyrische Beschwörung der Widersprüchlichkeit und Vielheit des menschlichen Daseins und die sich daraus ableitende Begründung der Demokratie *verbinden* sich in Manns intellektuellem Kosmos der 1930er Jahre mit den Positionen der zeitgenössischen Anthropologie. Die transatlantische Prägung seines Demokratiebegriffs zeigt sich nicht zuletzt in dieser ideenhistorischen Filiation.

Demokraten, so lässt sich Manns Reden und Aufsätzen der 1930er Jahre entnehmen, entsprechen dem Modell des pluralen Ich. Es sind Persönlichkeiten, die die Freiheit im politischen Sinne verteidigen, dabei aber zugleich ein untrügliches Bewusstsein von der eigenen Unfreiheit im anthropologischen Sinne besitzen. Ihre innere Pluralität basiert auf einer Spannung von Autonomie und Heteronomie, sie zeichnen sich durch innere Widersprüche und deren erfolgreiche Vermittlung aus. Das plurale Ich macht sich über die menschliche ‚natura corrupta' nichts vor und vertritt eine pessimistische Anthropologie. Es stürzt sich aber dennoch nicht lustvoll in seine inneren Abgründe, denn es glaubt zugleich an die ‚Würde' des Menschen. Das plurale Ich steht – wie es im Vortrag *Freud und die Zukunft* von 1936 heißt – „zu den Mächten der Unterwelt, des Unbewußten, des ‚Es' in einem keckeren, freieren und heitereren, einem kunstreiferen Verhältnis" (GW IX, 500). Mann spricht hier nun ausdrücklich von einer „neuen Anthropologie", von einem „künftigen Humanismus" (ebd.), und sagt damit, dass es für die Demokratie der Zukunft eines ganz neuen Menschen bedürfe. Aus dem Blickwinkel dieser ‚neuen Anthropologie' erscheint jede einseitige Berufung auf die Vernunft, das Gefühl, das ‚Leben', den ‚Willen', die ‚Rasse' oder das ‚Blut' als defizitäre Auffassung vom Menschen. Daher betont Mann in seiner Rede *Vom kommenden Sieg der Demokratie*, mit der er 1938 durch die USA tourt (und die gleich in der Vorrede auf Whitman als Sänger der amerikanischen Demokratie Bezug nimmt), dass Demokratie nicht allein als politische Organisationsform verstanden werden solle:

> [J]ede Bestimmung der Demokratie ist ungenügend für den Glauben an sie – die sich im bloß Technisch-Politischen hält. Es ist ungenügend, das demokratische Prinzip als Prinzip der Majorität zu bestimmen und Demokratie wörtlich – allzu wörtlich mit ‚Volksherrschaft' zu übersetzen, einem zweideutigen Wort, das auch Pöbelherrschaft bedeuten kann, – und das ist vielmehr die Definition des Faschismus. [...] Man muß höher greifen und aufs Ganze gehen. Man muß die Demokratie als diejenige Staats- und Gesellschaftsform bestimmen,

welche vor jeder anderen inspiriert ist von dem Gefühl und Bewußtsein der Würde des Menschen. (GW XI, 916–917)

Zugleich weiß Mann aber um die Skepsis gegenüber Begriffen wie ‚Menschheit' und ‚Menschenwürde', die von anti-demokratischen Intellektuellen in der Spätphase der Weimarer Republik angegriffen und als idealistische Worthülse diffamiert wurden. Er ist daher bemüht, auch solche Einwände in sein Konzept einer zukünftigen Demokratie zu integrieren:

> Die Würde des Menschen ... Wird uns nicht etwas bange und lächerlich zumute bei diesem Wort? Schmeckt es nicht nach matt und dumpfig gewordenem Optimismus? [...] Mein Gott, die Menschen ... Ihre Ungerechtigkeit, Bosheit, Grausamkeit, ihre durchschnittliche Dummheit und Blindheit sind hinlänglich erwiesen, ihr Egoismus ist kraß, ihre Verlogenheit, Feigheit, Unsozialität bilden unsere tägliche Erfahrung: [...] Und doch ist es so – und zwar heute mehr als jemals –, daß man sich von soviel nur allzu begründeter Skepsis nicht zur Menschenverachtung verleiten lassen – über soviel lächerlicher Schlechtigkeit nicht das Große und Ehrwürdige vergessen darf, das sich als Kunst, Wissenschaft, als Wahrheitstrieb, Schönheitsschöpfung, Rechtsidee im Menschen offenbart; und doch ist es so, daß Fühllosigkeit gegen das große Geheimnis, das man berührt, wenn man ‚Mensch' sagt und ‚Menschheit', den geistigen Tod bedeuten. (ebd., 917–918)

Kein Menschenbild, auch nicht das pessimistische, kann das ‚Rätselwesen' Mensch objektiv und von außen erfassen. Es ist der blinde Fleck des Menschen beim Blick auf sich selbst, aus dem sich bei Mann das ‚große Geheimnis' des Menschen ergibt. Gerade das Bewusstsein für diesen blinden Fleck erhält dem Menschen seine ‚Würde' als Geheimnis, denn das Bewusstsein für die Perspektivgebundenheit jeder Anthropologie bewahrt davor, die menschliche Natur zu simplifizieren. In diesem Sinne charakterisiert Mann den Menschen noch 1951, in einer Ansprache vor der Unitarischen Kirche von Los Angeles, als ein nicht zu lüftendes Geheimnis: „[T]he secret which lies at the bottom of all human existence and which must and will never be lifted for it is holy" (GW XIII, 801).[19] Dass Mann im kalifornischen Exil seine Idee des pluralen Ich in Positionen des religiösen Unitarismus gleichsam wiedererkennen konnte, wie diese Passage zeigt, hängt ebenfalls mit seiner Whitman-Lektüre in den 1920er Jahren zusammen: Immerhin war Whitman nicht nur ein wichtiger Impulsgeber für die Republikrede, sondern auch für den amerikanischen Unitarismus.[20]

Diese ‚Arkanisierung' der menschlichen Natur, also der immer verkomplizierende, nie simplifizierende Blick auf den Menschen als ‚Rätselwesen' ist in

---

19 Vgl. dazu Detering: *Thomas Manns amerikanische Religion*, S. 183–184
20 Vgl. ebd., S. 48–59.

Manns Perspektive nur in der Demokratie sichergestellt. Demokratie konstituiert sich für ihn überhaupt erst durch eine ‚Arkanisierung' der menschlichen Natur: „D[ie] Geheimniswürde des Menschen sieht und ehrt die Demokratie" (GW XI, 918 f.). Demokratie meint für Mann demnach nicht Parlamentarismus oder Mehrheitsprinzip, sondern ist eine Staatsform, die die irreduzible Pluralität und unauflösbare Widersprüchlichkeit des Menschen anerkennt:

> Die Demokratie widerspricht sich, indem sie zwar von Geistes wegen (denn sie steht mit Geist, Literatur, psychologischer Wahrheitserkenntnis und Wahrheitsforschung auf gutem Fuß) für die kosmische Schlechtigkeit des Menschen allen Sinn hat und sie kritisch analysiert, dennoch aber an der Würde des Menschen grundsätzlich festhält und an die Möglichkeit seiner Erziehung glaubt. (GW XI, 921)

Die Erfahrungen mit dem Nationalsozialismus führen in den 1930er Jahren jedoch auch zu einer gewissen Ernüchterung im Hinblick auf die Idee eines pluralen Ichs. In der Rede *Achtung, Europa!* von 1935 geht Mann davon aus, dass die überwiegende Mehrheit nicht demokratiefähig sei und sich nicht um die Entdeckung ihrer inneren Pluralität bemühe, sondern sich nach Vereinfachung sehne, nach dem „Aufgehen im Massenhaften" (GW XII, 769). Die Idee des pluralen Ich gewinnt daher in den 1930er Jahren zunehmend elitäre Züge. Da der breiten ‚Masse', Mann zufolge, der Sinn für innere Pluralität fehlt, setzt er auf eine demokratische Elite, die das ‚Volk' erzieht: „Die wirkliche Demokratie, wie wir sie verstehen, kann niemals eines aristokratischen Einschlags entbehren – das Wort ‚aristokratisch' nicht im Sinne der Geburt und irgendwelcher Privilegien genommen, sondern im geistigen Sinn" (GW XI, 924). Aristokratie verstanden als „Herrschaft der Guten, der Besten" (ebd., 923) meint also, dass zumindest an der Staatsspitze ein plurales Ich stehen soll.

In seinen Reden hat Mann immer wieder zeitgenössische Politiker-Persönlichkeiten zur ‚aristokratischen' Avantgarde der Demokratie verklärt. Dies gilt vor allem für seine Verehrung Roosevelts. Für Mann ist es der Kontrast zwischen vitalem politischen Engagement und körperlicher Krankheit, der den amerikanischen Präsidenten in besonderem Maße als einen „Herr[n] der Gegensätze" (GkFA 5.1, 748) erscheinen lässt: Roosevelt war im Alter von 39 Jahren an Kinderlähmung erkrankt und wurde auf beschönigenden Pressefotos zumeist sitzend gezeigt, weil er infolge seiner Erkrankung Beinschienen tragen musste, nur unter Schmerzen aufrecht stehen konnte und meist auf einen Rollstuhl angewiesen war. Noch in seinem Nachruf von 1945 hebt Mann daher einen krankheitsbedingten inneren Gegensatz in Roosevelts Persönlichkeit hervor:

> Ein Künstler und ein *Held*. Das Herz hätte ihm mit weniger Ehrfurcht entgegengeschlagen, wenn nicht das Heroische, das Trotzdem, die Überwindung der Schwäche, die wir Tapferkeit

nennen, zu seinem Bilde gehört hätten. Die Krankheit, die ihn nicht hatte töten können, hatte ihn doch gelähmt. Die körperliche Hemmung brachte etwas Erschütterndes in den Glanz seines Lebens. Er konnte nicht gehen, und er ging[.] (GW XII, 943)

Mann bewundert Roosevelt fraglos in erster Linie für sein politisches Wirken, für die wirtschaftspolitischen Maßnahmen des *New Deal* und für sein frühzeitiges Engagement gegen den amerikanischen Isolationismus. Was den Präsidenten in Manns Augen aber darüber hinaus zur demokratischen Führerpersönlichkeit prädestiniert, ist offenbar ein krankheitsbedingter „Heroismus der Schwäche".[21] Eine Formulierung in einem Brief an Bruno Frank bringt diese Deutung Roosevelts als demokratiefähigen ‚Herrn der Gegensätze' auf den Punkt; hier nennt Mann den Präsidenten einen „Rollstuhl-Cäsar"[22].

Damit ist nicht gesagt, dass für Mann Demokratiefähigkeit vom Grad der körperlichen Gebrechlichkeit abhängt. Aber er schreibt offenbar biographischen Spannungen und Identitätskonflikten, die nicht verdrängt, sondern vermittelt werden, eine demokratisierende Wirkung zu. Das Wissen um und das Vermitteln von inneren Widersprüchen – etwa zwischen Moral und Biologie oder Krankheit und Vitalität – verhindert, dass man sich zum gestählten absoluten Ich stilisiert und erinnert stattdessen an die Pluralität im Ich selbst. Das Menschenbild der Diktatur hingegen versucht nicht, die Widersprüche im Menschen zu vermitteln, sondern ist bestrebt, sie einseitig aufzulösen. Die Diktatur reduziert den Menschen auf seine bloße Vitalität: Sie, so heißt es in der Rede *Vom kommenden Sieg der Demokratie*, erklärt die „christliche Erbsünde für abgeschafft" (GW XI, 921), befreit „den Menschen vom Gewissen" (ebd.), und lehrt ihn „adelige Heroik" (ebd.), also keinen ‚Heroismus der Schwäche', sondern einen ‚Heroismus der Stärke'.

Zwischen Demokratie und Diktatur besteht für Mann also nicht so sehr eine politische Differenz, sondern Demokratie und Diktatur unterscheiden sich durch das ihnen zugrundeliegende Menschenbild. Weil Mann Demokratie mit einem bestimmten Menschenbild verbindet, kann er den Gedanken der Demokratie sogar mühelos mit dem Führerprinzip vereinbaren. Auch die Demokratie bedarf, seiner Meinung nach, eines „Massen-Dompteur[s]"[23] und eines „Massenführers" (GW XI, 989) wie Roosevelt, der das ‚Volk' vor Vereinseitigung bewahrt und der –

---

21 Vgl. Vaget: *Thomas Mann, der Amerikaner*, S. 94.
22 Thomas Mann an Bruno Frank, 4. Februar 1941 (Bürgin, Hans u. Hans-Otto Mayer [Hg.]: *Die Briefe Thomas Manns. Regesten und Register*. Bd 2. Frankfurt/Main 1976–1987, S. 497, Nr. 41/77).
23 Thomas Mann an Agnes E. Meyer, 24. Januar 1941 (Mann, Thomas u. Agnes E. Meyer: *Briefwechsel*. Hg. v. Hans Rudolf Vaget. Frankfurt/Main 1992, S. 254–255).

ähnlich wie der Künstler – stattdessen die unhintergehbare Komplexität des Menschen im Blick behält.

Der Privatmensch Thomas Mann hatte jedoch an dieser utopischen Vision vom neuen Menschen und der zukünftigen Demokratie, die der politische Redner Thomas Mann verkündete, zuweilen erhebliche Zweifel, die er manchmal auch dem Tagebuch anvertraute: „Vormittags an dem amerik. Vortrag. Demokratischer Idealismus. Glaube ich daran? Denke ich mich nicht nur hinein wie in eine Rolle?"[24] Diese Skepsis wird nicht nur im Tagebuch verschlossen, sondern auch im Erzählwerk gestaltet, vor allem in *Joseph und seine Brüder*. Eine zentrale Idee dieses Romans ist das Konzept des pluralen Ich, zu dem der Protagonist Joseph im Laufe der vier Bände heranreift. Eine berühmte Formulierung dieser Idee findet sich in *Joseph der Ernährer*:

> Denn das musterhaft Überlieferte kommt aus der Tiefe, die unten liegt, und ist, was uns bindet. Aber das Ich ist von Gott und ist des Geistes, der ist frei. Dies aber ist gesittetes Leben, daß sich das Bindend-Musterhafte des Grundes mit der Gottesfreiheit des Ich erfülle, und ist keine Menschengesittung ohne das eine und ohne das andere. (GkFA 8.1, 1489)

Børge Kristiansen hat überzeugend gezeigt, dass dieser ‚doppelte Segen' zwar durchaus als zentrale Idee der Josephsromane verstanden werden kann, dass dieses Konzept aber vor allem im Hinblick auf die Figurenkonzeption des Protagonisten als bloße „Programmerklärung"[25] in den Roman eingeht und auf der Handlungsebene kaum Plastizität gewinnt. Dies liegt unter anderem daran, dass wir von Josephs Privatleben gerade im vierten Band der Tetralogie beinahe nichts erfahren: Der staatsmännische Joseph besitzt als Person nur schwache Konturen. Das doppelt gesegnete Ich, die Synthese zwischen den Gegensätzen, wird zwar in den Josephsromanen immer wieder programmatisch postuliert, aber erzählerisch kaum fassbar realisiert.

Dazu passt, dass am Romanschluss eben nicht das plurale Ich Joseph den Erstgeburtssegen seines Vaters erhält, sondern Jaakobs vierter Sohn Juda, ausgerechnet also der innerlich Zerrissenste der zwölf Brüder. Die Weitergabe des Erstgeburtssegens an Juda findet sich zwar auch in der Genesis, aber erst Thomas Mann gestaltet Juda in anthropologisch-moralischer Hinsicht zur Kontrastfigur seines Bruders: Joseph gelingt es, den Konflikt zwischen Moral und Biologie zu entschärfen, dem Ehebruch zu widerstehen und seine inneren Konflikte zu har-

---

[24] Tagebuch vom 27. November 1937 (Mann, Thomas: *Tagebücher 1937–1939*. Hg. v. Peter de Mendelssohn. Frankfurt/Main 1980, S. 135).
[25] Kristiansen, Børge: *Thomas Mann – Der ironische Metaphysiker. Nihilismus – Ironie – Anthropologie in Thomas Manns Erzählungen und im „Zauberberg"*. Würzburg 2013, S. 419.

monisieren. Juda hingegen ist heillos zwischen Moral und Biologie zerrissen und ist deshalb vielleicht die interessanteste Figur des vierten Bandes. Er zeichnet sich durch einen stolzen „Hochmut des Gewissens" (GkFA 8.1, 1623) aus, durch einen „Durst nach Reinheit" (ebd., 1625), und er dämonisiert seine Sexualität, die ihm als gefährliche „Geschlechtshölle" (ebd.) erscheint. Zugleich leidet er aber an einer regelrechten Sex-Sucht und ist bis zum Schluss ein zwanghafter Bordellbesucher. Dass just dieser zerrissene Juda und nicht das plurale Ich Joseph den Erstgeburtssegen erhält, kann man als skeptische Pointe des Romans verstehen: Josephs humanistische Vermittlungsleistungen bleibt ohne Fortsetzung. In der weiteren Geschichte von Jaakobs Stamm und auch – so kann man den Roman hier verstehen – in der Menschheitsgeschichte behält die unvermittelte Dissonanz zwischen Moral und Biologie die Oberhand. In der Erfahrungswirklichkeit setzt sich nicht das plurale Ich Joseph durch, sondern pathogene Zerrissenheit.

Deutlich wird daran, dass Mann sich über die klaffende Differenz zwischen seiner ‚neuen Anthropologie' des pluralen Ich und dem empirischen Menschen nichts vormachte und dieses Bewusstsein auch seinen Leser*innen kommunizieren wollte. Insbesondere seine eigene Beschreibung von *Joseph und seine Brüder* als „Märchen" (GW XI, 667) zeigt, dass er die Idee einer demokratischen Elite, die wie Joseph die undemokratischen ‚Massen' demokratisiert, als regulative Idee verstanden wissen will, deren Übertragung auf die Erfahrungswirklichkeit nicht ohne Risiko ist. Das Märchenhafte des vierten Bandes besteht darin, dass das plurale Ich Joseph seine politische Macht und seine hypnotische Wirkung am Schluss nicht für destruktive, sondern für Gemeinwohlzwecke nutzt. Auch Manns Konzept der elitären Demokratie ist an der Spitze auf ein Individuum angewiesen, das wie Joseph die Massen ‚verzaubert', sie für sich und für die Demokratie-Idee einnimmt. Bei einem empirischen Menschen aus Fleisch und Blut lässt sich allerdings niemals sicherstellen, dass aus dem demokratischen ‚Massen-Dompteur' kein faschistischer ‚Massen-Dompteur', dass aus Joseph kein Cipolla, dass aus Roosevelt kein Hitler wird.

Die Josephsromane ermutigen ihre Leser*innen daher einerseits zur Orientierung an der Idee des pluralen, demokratiefähigen Ichs. Mit der schillernden Opazität des Protagonisten und mit Kontrastfiguren wie Juda wird aber andererseits versucht, den Leser*innen auch ein skeptisches Bewusstsein für jene Widerstände zu vermitteln, die die empirische Natur des Menschen einer Verwirklichung dieses Ideals entgegensetzt.

3 Größe und Widerspruch

Thomas Mann als Vorbild in demokratischen Fragen heranzuziehen, wie es heute oft geschieht, ja ihn gar als einen staatstragenden Autor zu begreifen, setzt eine abwägende Unterscheidung voraus. Worin genau erscheint er uns weiterhin als vorbildhaft? In einem Punkt zumindest mutet sein Demokratiebegriff damals wie heute fraglich an, nämlich in der Geringschätzung von Parlament, Gewaltenteilung und Mehrheitsprinzip. Mit seinem Versuch, die Demokratie an die besondere charakterliche Eignung einzelner Persönlichkeiten zu knüpfen, ist Thomas Mann noch weitgehend dem Phantasma des ‚großen Mannes' als eines Staaten- und Weltenlenkers verhaftet. Zu berücksichtigen ist dabei allerdings: ‚Größe' wird von ihm nicht mehr nur schlicht mit Stärke und Durchsetzungskraft assoziiert, sondern – inspiriert durch Whitman und in Verbindung mit zeitgenössischen Positionen der Anthropologie – mit innerer Widersprüchlichkeit. Das heißt, Thomas Mann bricht das Konzept des großen Mannes, um es dadurch zu erhalten – eine Notwendigkeit, die sich für ihn nicht zuletzt aus dessen „Verhunzung" (GW XII, 852) durch Adolf Hitler und den Nationalsozialismus ergab.

In anderen Punkten erscheint uns sein Nachdenken über die Demokratie allerdings sehr gegenwärtig und anregend. Dass die Demokratie mehr ist und mehr sein muss als eine Staatsform, ja dass sie beim und vor allem *im* Einzelnen beginnt, bei seinem Selbst- und Weltverhältnis, scheint uns dabei von besonderer Relevanz. In diesem Aspekt nähert sich Mann einem Demokratiebegriff, wie ihn einige Jahrzehnte vor ihm John Dewey in seiner wirkmächtigen Schrift über *Democracy and Education* entwickelt hat. Auch für Dewey ist die Demokratie schließlich „more than a form of government", nämlich „a mode of asssociated living, of cojoint communicated experience". Aus diesem Grund habe der Einzelne „more numerous and more varied points of contact" zu verarbeiten und muss in sich „a greater diversity of stimuli" integrieren können.[26] Nein, weit entfernt von Walt Whitmans „I contain multitudes" ist diese Position nicht – und mithin nicht von Thomas Manns Vorstellung eines pluralen Ich. Aber dieser Punkt lässt sich noch weiterdenken, denn was bedeutet es eigentlich, eine Vielheit an Meinungen, Positionen, Anliegen in sich zu vereinen? Es bedeutet, den Glauben an absolute Positionen aufzugeben und sich stattdessen mit den unvermeidlichen Ambiguitäten des menschlichen Daseins und Zusammenlebens zu arrangieren. Thomas Manns Begriff der Mitte – nicht als Synthese-, sondern als Komplexitätsformel – benennt dies am treffendsten. So gesehen sind Manns Demokratie-

---

[26] Dewey, John: *Democracy and Education*. With a Critical Introduction by Patricia H. Hinchey. Gorham, ME 2018, S. 93.

vorstellungen, bei aller angemessenen Kritik im Detail, nicht anders als richtungsweisend zu bezeichnen, was in der wissenschaftlichen Diskussion aber kaum angemessen gewürdigt wird. In seinem nachdrücklichen Beharren auf der Widerspruchs- und Mehrdeutigkeitstoleranz des*der Einzelnen artikuliert sich die Vorstellung von Demokratie als Lebensform, als Einübung in den gelassenen Umgang mit Pluralität. Mit dem Gedanken, dass die liberale Demokratie auf der pluralistischen Haltung ihrer Bewohner*innen fußt, formuliert Mann eine Idee, die erst in den gesellschaftlichen Entwicklungen der frühen Bundesrepublik allmählich und tastend mit Leben gefüllt wird.[27]

Dies verleitet uns abschließend zu einer etwas polemischen Anmerkung zu Thomas Manns Kritiker*innen und ihrer Forderung nach einem ‚lupenreinen' demokratischen Bewusstsein. Denn woher eigentlich rührt diese Forderung? Vielleicht liegt es an der exponierten Stellung, die Thomas Mann im Kampf um die Demokratie zugefallen ist. Verpflichtet sie nicht in besonderem Maße zu begrifflicher Konsistenz und theoretischer Solidität? Das tut sie nicht, und zwar aus zwei Gründen: Erstens trägt der publizistische Einsatz für die Demokratie in Zeiten ihrer ideologischen Bedrohung den Sinn in sich selbst. Es scheint wohlfeil, ja fast schon ein wenig zynisch, ausgerechnet dem Verfasser der Radioansprachen an *Deutsche Hörer!* vorzuwerfen, er sei in Fragen der Demokratie nicht wirklich sattelfest. Und zweitens scheint die Kritik auch historisch unangemessen: Thomas Mann ist keineswegs als Demokrat geboren, und dennoch eignet er sich die Demokratie in den 1920er Jahren mit erstaunlicher Aufgeschlossenheit an. Dass er in Whitman einen denkbar schillernden Impulsgeber findet – möchte man ihm das etwa zum Vorwurf machen? Nein, man wird den Eindruck nicht los, dass sich in der politisch unterschiedlich gelagerten Kritik am Demokraten Thomas Mann eindrucksvoll wiederholt, was Ralph Waldo Emerson einst gegen den von ihm zutiefst bewunderten Goethe dialektisch ins Feld führte: „Being so much, we cannot forgive him for not being more."[28]

---

27 Vgl. Rahden, Till van: *Demokratie. Eine gefährdete Lebensform*. Frankfurt/Main u. New York 2019.
28 Emerson, Ralph Waldo: „Thoughts on Modern Literature". In: *The Dial* 1.2 (Oktober 1840), S. 147–158, hier S. 157.

Doerte Bischoff
Thomas Mann und Weltliteraturkonzepte im Exil

In der Einleitung zu seinem zuerst 1994 erschienenen Buch *The Location of Culture*, das in der Folge zu einem wichtigen Referenztext für die postkoloniale Literatur- und Kulturwissenschaft wurde, kommt Homi K. Bhabha auch auf die Frage zu sprechen, wie Weltliteratur heute noch angemessen zu denken wäre. Angesichts der offensichtlichen Verstrickung traditioneller Konzepte von Weltliteratur in eurozentrische und koloniale Unternehmungen ist bemerkenswert, dass die Kategorie hier nicht verabschiedet, sondern vielmehr, ganz im Sinne eines ‚writing back', an prominenter Stelle aufgegriffen und auf neue Weise perspektiviert wird. Entgegen der Vorstellung etwa, Weltliteratur sei ein mehr oder weniger feststehendes Korpus von Texten, das Grenzen von Ländern, Sprachen und Kulturen überschreitend weltweit Geltung erlangt habe, rückt hier eine Grenz-Erfahrung in den Blick, die der Transzendierung des Eigenen auf ein Universales hin geradezu entgegengesetzt ist:

> Where, once, the transmission of national traditions was the major theme of a world literature, perhaps we can now suggest that transnational histories of migrants, the colonized, or political refugees – these border and frontier conditions – may be the terrains of world literature.[1]

Was Migrant*innen, Kolonisierte und politische Flüchtlinge, die hier etwas verkürzt in einer Reihe auftauchen, verbindet, ist, dass sich mit ihnen die Frage der Zugehörigkeit kompliziert. Sie teilen mit den anderen nicht (mehr) das Selbstverständnis, zu einer implizit vorausgesetzten Gemeinschaft, etwa einer Nation, zu gehören oder eben die Gewissheit, ihr nicht anzugehören. Jenseits dieser

---

Anmerkung: Diesem Aufsatz liegt ein Vortrag zugrunde, den ich ursprünglich für die von Bernd Hamacher initiierte Hamburger Tagung „Thomas Mann – Exil und Migration" angekündigt hatte, bei der auf seinen Wunsch hin auch die von mir geleitete Walter A. Berendsohn Forschungsstelle für deutsche Exilliteratur Kooperationspartnerin sein sollte. Ich hatte mich auf diese erste gemeinsame Veranstaltung mit dem Kollegen, mit dessen Forschungsinteressen es viele Berührungspunkte gab, gefreut. Es ist traurig, dass sie dann ohne ihn stattfinden musste und der Austausch abriss, bevor er richtig beginnen konnte. Der Beitrag wurde im Gedenken an ihn geschrieben.

1 Bhabha, Homi K.: *The Location of Culture*. London u. New York 1994, S. 12.

Eindeutigkeit fühlen sich Migrant*innen häufig mehr als einer Gemeinschaft zugehörig, widerstehen Kolonisierte einer vollständigen Assimilation, verkörpern Flüchtlinge und Exilant*innen eine Logik des Ausschlusses, die nicht von vornherein Fremde, sondern in diesem Akt fremd Gemachte betrifft. Mit diesen Figuren[2] werden Grenzen nicht einfach fragwürdig oder neu verortet, vielmehr lässt ihre Erkundung (im jeweils konkret historischen wie im strukturellen Sinne) Prozesse der Grenzziehung und Gemeinschaftsbildung als solche hervortreten. Entsprechend wird bei Bhabha auch die Referenz auf eine Literatur ‚der Welt' – sei es als umfassende Repräsentation aller literarischen Äußerungen weltweit oder im erwähnten wertenden Sinne eines Kanons – in einen Prozess transformiert. Ein „worlding of literature" ereignet sich, diesem Vorschlag zufolge, in dem Moment, in dem sich an der Grenze nationaler Literaturen oder Gemeinschaften deren Kopräsenz mit den von ihr Ausgegrenzten und Marginalisierten zeigt. Hier öffnet sich ein Raum nicht nur von und für Dissens und Alterität, die das Eigene ‚ursprünglich' und unüberwindlich ausmachen, es deutet sich auch eine andere (nicht als homogen und konsensuell gedachte) Gemeinschaft an, „established on the grounds of historical trauma"[3].

Im Kontext aktueller Tendenzen, eine neue Weltliteratur zu bestimmen, die dem Phänomen Rechnung trägt, dass immer mehr Autor*innen nicht von *einer* kulturellen Prägung ausgehend schreiben, sondern dass infolge von Migrationserfahrungen vielfältige kulturelle Kontexte und literarische Traditionen in ihr Schreiben einfließen, das sich keiner Nationalliteratur mehr umstandslos zuordnen lässt,[4] sind Bhabhas Anstöße, Weltliteratur von Grenz-Figuren wie der von Migrant*innen und Exilierten aus neu zu denken, vielfach als fruchtbar aufgegriffen und weiterentwickelt worden.[5] In ihrer Studie *Writing Outside the Nation*,[6] in der sie in Deutschland und den USA entstehende Gegenwartsliteratur untersucht, deren Autor*innen überwiegend nicht in ihrer ersten Sprache schreiben und die vielfältige kulturelle Grenzgänge, Brüche und Diskontinuitäten bezeugen, verwendet Azade Seyhan den Exilbegriff programmatisch. Nicht nur nimmt er auf

---

2 Zum Figurbegriff in diesem Zusammenhang vgl. Ette, Ottmar: *ZusammenLebensWissen*. Berlin 2010, S. 128.
3 Bhabha: *The Location of Culture*, S. 12.
4 Vgl. Müller, Gesine u. Mariano Siskind: *World Literature, Cosmopolitanism, Globality. Beyond, Against, Post, Otherwise*. Berlin 2019; Sturm-Trigonakis, Elke: *Global Playing in der Literatur. Ein Versuch über neue Weltliteratur*. Würzburg 2007.
5 Vgl. Löffler, Sigrid: *Die neue Weltliteratur und ihre großen Erzähler*. München 2013, S. 10; Rosendahl Thomsen, Mads: *Mapping World Literature: International Canonization and Transnational Literatures*. London 2008.
6 Seyhan, Azade: *Writing Outside the Nation*. Princeton 2001.

ein biografisches Schicksal einiger der behandelten Autor*innen Bezug und beschreibt dominante Motive ihrer Narrationen, er wird zugleich als Schlüsselbegriff für eine Literatur verwendet, die an den Grenzübergängen entsteht, „[b]orn of crisis and change"[7]. Als ‚exilisch' erscheint dann etwa die Erfahrung der Unübersetzbarkeit und generell eine Struktur der Entortung in Bezug auf Nationalsprachen und kulturelle Herkunft.[8] „Neither Here/Nor There: The Culture of Exile", ist der Titel des Einleitungskapitels. Stärker als die Rede vom Nomadischen oder Migratorischen erinnert der Begriff des Exils dabei an die ausgrenzende Gewalt von Diskursregimen und Machtstrukturen, deren Vergegenwärtigung auch die Suche nach anderen Formen der Gemeinschaft sowie der Beschreibung von Literatur anregen kann. Über Weltliteratur nachzudenken, hat heute selbstverständlich auch politische Implikationen, insofern Geschichten kolonialer Ausbeutung und Kulturhegemonie ebenso wie nationalistischer Homogenisierung und Ausgrenzung in ihren Auswirkungen auf Sprachen, Orte und Artikulationsweisen der Literatur(en) reflektiert werden.

Historisch stellt sich das Exil aus Nazideutschland in mancher Hinsicht als eine Umbruchphase dar, in der ein bipolares Verständnis von Nation und Exil noch einmal in besonderer Weise affirmiert, vielfach aber auch transformiert und unterlaufen wird.[9] Symptom einer Affirmation des Nationalen ist die unter Exil-Intellektuellen verbreitete Überzeugung, selbst das eigentliche Deutschland zu repräsentieren, während dies von den Nationalsozialist*innen unrechtmäßig usurpiert und beansprucht werde. Eine solche Behauptung kultureller Repräsentanz, die die Idee der Kulturnation emphatisch beschwört, indem sie die Exilant*innen als ihre rechtmäßigen Erben einsetzt, findet sich etwa in Heinrich Manns Aufsatz über die „Aufgaben der Emigration" in der Neuen Weltbühne 1933 oder im Editorial zur ersten Nummer der Exilzeitschrift *Die Sammlung*, in dem programmatisch alle antifaschistischen Kräfte als ‚deutsche' angesprochen werden.[10] Thomas Manns vielzitierter Satz „Wo ich bin, ist die deutsche Kultur" hat sich besonders nachdrücklich in das kulturelle Gedächtnis eingeschrieben. Selbst neuere Studien zur Exilliteratur, die unter Bezugnahme auf theoretische Impulse des Postkolonialismus Aspekte kultureller Hybridität in Selbstbestimmungen und

---

7 Ebd., S. 4.
8 Ebd., S. 9 u. 13.
9 Vgl. auch Bischoff, Doerte u. Susanne Komfort-Hein: „Vom anderen Deutschland zur Transnationalität: Diskurse des Nationalen in Exilliteratur und Exilforschung". In: *Exilforschung. Ein internationales Jahrbuch* 30 (2012), S. 242–273.
10 Vgl. Mann, Heinrich: „Aufgaben der Emigration". In: *Deutsche Literatur im Exil 1933–1945*. Bd. I. Dokumente. Hg. v. Heinz Ludwig Arnold. Frankfurt/Main 1974, S. 3–8; Mann, Klaus: „Die Sammlung" (Vorwort). In: ebd., S. 1.

künstlerischen Hervorbringungen des Exils nachzeichnen, haben Thomas Mann die Tendenz attestiert, er habe im Exil maßgeblich zur Bewahrung der Vorstellung von einer homogenen deutschen Kultur beigetragen.[11] Hierfür spricht sicherlich manches. Allerdings ist auffällig, dass Mann seit den 1920er Jahren und dann vor allem auch im Exil immer wieder das Nationale dezidiert mit einer Perspektive auf das Europäische und auch das Weltliterarische verknüpft.[12] Bereits 1932 erinnert er anlässlich seines Vortrags zu Goethes 100. Todestag recht prominent auch an dessen Konzept der Weltliteratur. Bei Goethe lasse sich die Einsicht finden, „daß die Poesie ein Gemeingut der Menschheit ist und daß es darauf ankommt, gerade für uns Deutsche, aus dem engen Kreise unserer eigenen Umgebung herauszublicken, um nicht individuell und national einem pedantischen Dünkel zu verfallen." Es folgt das Zitat jenes berühmt gewordenen Ausspruchs, der in den Gesprächen mit Eckermann überliefert ist: „Nationalliteratur will jetzt nicht viel sagen, die Epoche der *Weltliteratur* ist an der Zeit und jeder muß jetzt dazu wirken, diese Epoche zu beschleunigen." (GW IX, 326)[13] 1955, kurz vor seinem Tod, nimmt Mann in einem Vorwort noch einmal auf Goethes programmatische Verabschiedung einer nationalliterarischen Einhegung von Literatur Bezug, diesmal mit deutlicher Referenz auf die „Epoche des Nationalsozialismus", mit der das Na-

---

11 Vgl. Braese, Stephan: „Exil und Postkolonialismus". In: *Exilforschung. Ein internationales Jahrbuch* 27 (2009), S. 11.

12 Tobias Boes sieht bei Thomas Mann in dieser Zeit eine Wendung „from a merely national to a truly global form of representation". Boes, Tobias: „Thomas Mann, World Author: Representation and Autonomy in the World Republic of Letters". In: *Seminar* 51.2 (2015), S. 132–147, hier: S. 134. Während der vorliegende Beitrag Boes' Argumentation in manchem folgt, problematisiert er doch den für diesen zentralen Repräsentanz-Begriff als einen, der traditionelle Autor(schafts)konzepte (des großen Mannes, der kulturelle Entitäten verkörpert) eher umbesetzt als in einem grundsätzlicheren Sinne problematisiert. Dies geschieht, so die (Gegen-)These, indem der Bruch des Exils zu einer distanzierenden Haltung nicht nur gegenüber einer Tendenz veranlasst, „als Originalnation sich zu verstocken, in abgeschmackter Selbstbetrachtung und Selbstverherrlichung sich zu verdummen" (so die Goethe-Figur in *Lotte in Weimar*, GW II, S. 664), sondern auch zu Skepsis gegenüber einer auf ein (neues) Ganzes (Welt, Menschheit, Humanität) zielenden Repräsentanz. Stattdessen treten Beweglichkeit, wechselseitige Durchdringung, Zitation und Montage, vor allem aber Ironie als Formen der Brechung eindeutiger Relationierungen zwischen Teil (Autorfigur, Nation) und Ganzem (Nationalkultur, Welt, Humanität etc.) hervor.

13 Vgl. hierzu Koppen, Erwin: „Thomas Mann und seine Konzeption von Weltliteratur". In: *Funktion und Funktionswandel in der Literatur im Geistes- und Gesellschaftsleben.* Hg. v. Manfred Schmeling. Bern u. a. 1989, S. 23–39. Koppen verweist zurecht auch auf Missverständnisse Manns, der hier Goethe gewissermaßen ein aristokratisches Konzept einer Weltliteratur der Besten zuschreibt. Zur das ganze Werk durchziehenden Goethe-Imitatio Thomas Manns vgl. Hamacher, Bernd: „‚...meine imitatio Goethe's'. Thomas Mann und Goethe – Eine lebenslange Auseinandersetzung in neuer Beleuchtung". In: *Thomas Mann Jahrbuch* 29 (2016), S. 87–100.

tionale, auch im Bereich von Literatur und Kultur, nachhaltig und unwiderruflich korrumpiert worden sei: „Kein halbwegs gescheiter Mensch, in welchem Lande immer, glaubt heutzutage, daß vom bloß Nationalen her irgendein Problem, ein politisches, wirtschaftliches, allgemein geistiges, noch zu lösen sei." (GW X, 831) Auch wenn der Begriff Weltliteratur von Mann während der Exilzeit ansonsten kaum explizit verwendet wird, lassen sich, so die These dieses Beitrags, doch eine Reihe von Indizien dafür finden, dass ein solches Konzept in einem Sinne sich auszuprägen beginnt, wie es nicht nur von Goethe präfiguriert, sondern vor allem auch in zeitgenössischen literaturgeschichtlichen Entwürfen, deren Entstehung gleichfalls eng an Exilerfahrungen geknüpft sind, programmatisch weitergedacht wird.

Dass Mann literarische Wechselbeziehungen zunehmend im europäischen, aber auch im globalen Raum als bedeutsam und prägend auch für die eigenen Schreibmöglichkeiten wahrnahm, wird etwa in einem Vortrag über „Die Kunst des Romans" deutlich, den er 1939 vor Studierenden in Princeton hielt. Als erstes Beispiel werden hier die altindischen *Itihasa*-Hymnen angeführt, zu denen auch das später noch einmal erwähnte *Mahabharata* gehört. Die Besonderheit der erzählenden Gattung bestehe, wie Mann emphatisch formuliert, in ihrer „weltweiten, weltweisen" Vergangenheitsschöpfung, die stets aus der Distanz heraus ihren Gegenstand mit leichter Ironie behandele. Auch wenn die ersten Beispiele für Frühformen des Romans in Indien, Ägypten oder „im Lande Homers" aus zeitlich weit zurückliegenden Epochen stammen und die Argumentation zunächst eine literaturgeschichtliche Bestandsaufnahme zu sein scheint, so zeichnet sie sich doch gleichzeitig von Anfang an auch durch einen komparativen Gestus aus, indem etwa festgestellt wird, die Phase des Romans stelle ein „späteres, [im Vergleich zum Vers-Epos] unnaiveres, sozusagen ‚moderneres' Stadium im epischen Leben der Völker'" dar (GW X, 350). Auf diese Weise werden Analogien und Verbindungen über zeitliche und kulturelle Grenzen hinaus geknüpft, es entsteht ein dichtes Netz von Bezügen, das sich vor allem in der distanzierten Rückschau des Romans realisiert, der gewissermaßen gegenüber der jeweiligen Kultur die Rolle des nachträglichen Betrachters und Analytikers übernimmt. Damit steht der Roman in besonderer Weise für eine Kunstform, die zeitlich, räumlich und kulturell entfernte Literaturen nicht überwindet oder ersetzt, sondern vielmehr zitierend aufnimmt, in Beziehung setzt, weiterträgt und transformiert. Für dieses Phänomen nennt der Text auf wenigen Seiten eine große Fülle von Beispielen aus unterschiedlichsten Kulturen und Sprachen, etwa die Tierfabeln des Äsop, die „in das Kulturgut aller Nationen eingegangen sind", das persische (eigentlich zuerst indische) *Papageienbuch*, das als Vorläufer des *Decamerone* und der Novellistik des Bandello gelten könne, sowie eine altfranzösische Prosa-Fassung des *Lanzelot*, die verlorengegangen sei, die aber „auf eine geisterhaft-ruhmreiche Weise in der Weltliteratur fortlebe", indem sie nämlich z. B. in Dantes *Divina Commedia* eine Rolle spiele. Charakteristisch für den Roman sei dabei, dass er nicht endet. Von dem Romanschreiber gelte „das Wort des Dichters": „daß du nicht enden kannst, das macht dich groß" (ebd., 352). Der Dichter, der hier nicht näher benannt ist, ist Goethe, der Text, aus dem das Zitat entnommen ist, sein *West-östlicher Divan* und darin dasjenige Buch, das ausdrücklich dem persischen Dichter Hafis gewidmet ist (Hafis Nameh). An zentraler Stelle wird hier also Goethe zitiert, jedoch nicht als Repräsentant und Leitbild deutscher Dichtung, zu dem die Germanistik des 19. Jahrhunderts ihn hat erstarren lassen, sondern im Sinne einer Einladung zu unendlichem kulturellen Austausch, hinter den der Autorname wie auch seine nationale Zugehörigkeit zurücktreten. Nicht ausdrücklich zitiert, aber implizit mit aufgerufen ist dabei ein Vers des *West-östlichen Divans* (der ja gerade kein Roman ist), in dem es heißt: „Und mag die ganze Welt versinken, / Hafis, mit dir, mit dir allein / Will ich wetteifern! Lust und Pein / Sei uns, den Zwillingen, gemein!"[14] Dichtung, die aus den eigenen nationalkulturellen Grenzen heraustritt und die sich in einer Überschreitung auch von chronologischer Zeitlichkeit und Einflussdenken im Kontakt mit anderem realisiert, stellt, so könnte man diese implizite Referenz lesen, nicht nur einen Bezug auf „das Ganze, die Welt" (GW X, 352) her, sie erinnert auch an die Bedrohtheit der Welt. Literatur kann ‚die Welt' nicht einfach repräsentieren, einnehmen oder beherrschen, sie entsteht an der Stelle der Gefährdung und des Bruchs mit einem unmittelbaren Erleben und Einssein mit der jeweiligen Um-Welt. Auch in Thomas Manns Exilroman *Lotte in Weimar*, der im selben Jahr bei Berman Fischer in Stockholm erschien, wird in einer Episode – durch Goethes Sohn August – an den *Divan* erinnert. August liest die Stelle aus dem Buch „Suleika", in dem „Hatem", dem lyrischen Ich als orientalischer Dichterfigur, im Schema des ansonsten durchgehaltenen Kreuzreims das Wort „Morgenröte" zugeordnet wird. Auf diesen kaum verhüllten Ausdruck einer dichterischen Selbstapotheose (Goethes, der mit dem *Divan* eine Verschmelzung von Ost und West gestaltet), reagiert jedoch seine Gesprächspartnerin Charlotte, die von derlei pathetischem Gebaren unangenehm berührt ist, distanziert (GW II, 591). Repräsentanzanspruch und schöpferische Totalität, die hier im Zeitkontext auch als nationalistische Selbstüberhöhung gelesen werden kann, wird zugunsten ironischer Brechung, einem Spiel mit Differenzen, Namen und Identitäten, zurückgewiesen. Dem Gestus der Selbst-Behauptung, die hier bereits dadurch, dass sie dem autoritätsfixierten Sohn, dem selbst eine vergleichbare dichterische Kreativität abgeht, in den Mund gelegt wird, ironisch

---

14 Goethe, Johann Wolfgang: Unbegrenzt. In: *Goethes Werke.* Bd. II: *Gedichte und Epen II.* Hg. v. Erich Trunz. 15. Aufl. München 1994, S. 23.

gebrochen erscheint, wird eine Logik des Zitats, der Mehrstimmigkeit und der Selbst-Distanzierung und -verfremdung gegenübergestellt.

Homi Bhabha verweist darauf, dass bereits bei Goethe Szenarien der Völkerbegegnung, die zu einer Befremdung des Eigenen und Öffnung auf das Andere hinführen, als Begegnungen im Krieg beschrieben werden. Erich Auerbach hat 1941 in einem im türkischen Exil entstandenen Aufsatz „Literatur und Krieg" angesichts der absehbaren Ausmaße und Verheerungen des Zweiten Weltkrieges noch zugespitzter formuliert, dass der moderne Krieg jederzeit die Möglichkeit impliziere, zum Weltkrieg zu werden, womit er erfahrbar mache, dass in der „momentanen Organisation der Welt alles miteinander verbunden" sei.[15] Versehrung, Verlust und ein Herausfallen aus jener Ordnung, um deren Expansion und Bestätigung willen der Krieg begonnen worden war, werden damit als Initiationsmomente einer Welt-Erfahrung lesbar, die sich an den Grenzen des Eigenen und Nationalen einstellt. ‚Weltliteratur', die diesen Namen verdient, wäre dann jene Literatur, die diese traumatischen Brüche nicht durch idealisierende Ganzheitsvisionen oder ästhetische Überschreitungen des Politischen verbirgt, sondern von ihnen ausgeht und sie erinnernd und mahnend markiert. Anstatt auf ein utopisches Ideal von Ganzheit und Vereinigung zu zielen, wird sie zum Kristallisationsmoment eines endlosen Übertragens und Übersetzens literarischer Texte, deren Konfrontation und Transformation niemals in einem sie transzendierenden Ganzen aufgeht, sondern immer Momente des Inkommensurablen, Unübersetzbaren bergen.[16]

Thomas Manns Rede-Essay über „Die Kunst des Romans" steht offensichtlich in engem Zusammenhang mit seinem eigenen Romanprojekt der *Josephs*-Tetralogie, deren letzte zwei Bände im Exil entstanden sind. In ihrem engen Bezug zum Text der *Genesis* vergegenwärtigen diese die jüdisch-christliche Überlieferung als zentrales Ferment abendländischer Kulturgeschichte.[17] Indem jedoch die biblischen Geschichten in den Kontext altorientalischer Mythologie eingebettet werden, mit dem sie auf vielfältige Weise verbunden sind, werden die Grenzen zwischen den Religionen und Kulturen durchlässig,[18] wie auch die Vorstellung einer Ursprungserzählung relativiert wird, indem jeder erzählte Anfang auf weitere, ihm noch vorausliegende Anfänge verweist. Den Weltgeist zu bezeugen, heißt in

---

15 Auerbach, Erich: „Literatur und Krieg". In: ders.: *Kultur als Politik. Aufsätze aus dem Exil zur Geschichte und Zukunft Europas*. Hg. v. Christian Rivoletti. Konstanz 2014, S. 48.
16 Vgl. hierzu auch Apter, Emily S.: *Against World Literature: On the Politics of Untranslatability*. London u. New York 2013.
17 Hamburger, Käte: *Thomas Manns biblisches Werk*. Berlin 1981, S. 28.
18 Vgl. hierzu auch die Hinweise auf die ägyptischen Vorläufer der biblischen Josephsgeschichte in „Die Kunst des Romans".

den Exilschriften Manns, gegen jeglichen vereindeutigenden Erwählungsanspruch die nicht zu vereinnahmende Fülle und Tiefe religiöser und kultureller Formen geltend zu machen und zudem – wie der letzte Band *Joseph, der Ernährer* demonstriert – das Potential der Literatur zur Anteilnahme am Sozialen und Humanitären in Zeiten ihrer Bedrohung zu akzentuieren.[19] Im Rede-Essay zur Kunst des Romans wird ein expliziter Bezug zur politischen und lebensgeschichtlichen Situation der Gegenwart des Sprechers vermieden. Wie die Literatur und hier konkret die Roman-Tetralogie über die Figur des biblischen Joseph, der von seinen Brüdern verworfen wird und später im zunächst fremden Ägypten Einfluss- und Gestaltungsmöglichkeiten gewinnt, spricht auch der Essay über den Roman nicht ausdrücklich vom Exil. Allerdings lässt sich dieser Versuch, der literarische Texte aus vielen Zeiten und Kulturen zu einem spannungsvollen Neben- und Miteinander versammelt, durchaus als Reflex auf eine Bedrohung lesen, die an die Grenzen nationalkultureller Horizonte und Selbstverständnisse führt. Insofern wäre der Rede-Essay als performative Erkundung einer Konstellation zu verstehen, in der Exil und Weltliteratur auf eine distinkte Weise zusammentreten und sich wechselseitig kommentieren. Die Leerstelle des zuletzt abrupt abbrechenden Textes, der also wie der Roman kein Ende hat und lediglich einen signifikanten deutschen Beitrag zum Roman als europäische und weltliterarische Kunstform für das beginnende 20. Jahrhundert andeutet, benennt Manns eigenes Romanschaffen, etwa *Joseph und seine Brüder* nicht explizit: an die Stelle der Selbstbehauptung tritt also ein offener Raum, der andere einlädt, das Angebotene zu lesen, zu kommentieren, weiterzuschreiben und so letztlich seine Bedeutung herauszustellen. Im distanziert-ironischen Blick auf das Eigene, der, wie ich meine, auch als Blick aus dem Exil beschrieben werden kann, erweist sich dieses als auf vielfältige Weise dem Anderen, Fremden ausgesetzt, mit ihm vernetzt und verwoben.

Es ist aufschlussreich, auf welche Weise Mann in den folgenden Jahren Weltbürgertum und Weltliteratur bestimmt. In der kurz nach der deutschen Kapitulation in der Library of Congress in Washington zunächst auf Englisch gehaltenen Rede „Deutschland und die Deutschen", die thematisch stark mit Manns neuem Romanprojekt, dem *Doktor Faustus*, verknüpft ist, bezeichnet er sich selbst ausdrücklich als „Weltbürger", der er als Amerikaner und Angehöriger jener „gastfreien Kosmopolis", die vielen verschiedenen Nationen Raum gebe, sei (GW XI, 1127). Mann hat ein Jahr zuvor die amerikanische Staatsbürgerschaft angenommen, nachdem ihm 1936 bereits die tschechoslowakische verliehen worden war. Staatenlos zu werden, wie es das Schicksal vieler Autor*innen war, die vom

---

19 Vgl. hierzu auch Detering, Heinrich: *Thomas Manns amerikanische Religion*. Berlin 2012.

nationalsozialistischen Deutschland ausgebürgert und damit auch formal aus der Gemeinschaft ausgestoßen wurden, blieb ihm damit erspart. So oder so aber wird die Frage der nationalen Zugehörigkeit und Repräsentanz, die Mann besonders beschäftigt hat, durch den Umstand, dass die „Dreieinigkeit von Volk, Staat und Territorium", wie Hannah Arendt formuliert hat,[20] die für den Nationalstaat und das Denken des Nationalen seit dem 19. Jahrhundert insgesamt konstitutiv ist, grundsätzlich verkompliziert. In „Deutschland und die Deutschen" wird eine Perspektive der Entortung und des gewissermaßen Diasporischen bemerkenswerterweise mit Goethe in Verbindung gebracht, der (beispielsweise in den napoleonischen Kriegen) für „das Übernationale, das Weltdeutschtum, die Weltliteratur" eingetreten sei (GW XI, 1138). In einer Unterhaltung habe er, wie Mann betont, ausdrücklich „die deutsche Diaspora" herbeigewünscht: „,Verpflanzt', sagte er, ,und zerstreut wie die Juden in alle Welt müssen die Deutschen werden!'" (ebd., 1147) Das ,Weltdeutschtum' – ein provozierender Begriff, der sich übrigens in ähnlicher Weise auch bereits bei Heinrich Heine findet[21] – bezeichnet gerade nicht nationalistisches Hegemoniestreben und Weltherrschaft, sondern ist an eine Zerstreuung, an das Exil mithin geknüpft und schließt die Auseinandersetzung mit der deutschen Schuld, und das heißt mit mörderischen Grenzsetzungen, mit ein. Manns Appell impliziert also nicht eine noch national zu bestimmende Exilgemeinschaft im Sinne des ,anderen Deutschlands'.[22] Ein Bezug zur Welt(literatur) entsteht stattdessen durch die Einbeziehung des Bruchs in den eigenen Selbstentwurf.[23] In diesem Sinne ist die die Konzeptualisierung von Weltliteratur, die hier aus der Perspektive des Exils formuliert wird, durchaus anschließbar an Bhabhas Entwurf, auch wenn der Bezug auf das Deutsche hier (entsprechend der historischen Situation) sehr dominant ist. Gegenwartsautor*innen, die sich mit

---

20 Arendt, Hannah: *Elemente und Ursprünge totaler Herrschaft*. Frankfurt/Main 1962, S. 65 u. 352.
21 Heine, Heinrich: *Vorrede zum Wintermärchen* (zum Einzeldruck von 1844). In: DHA Bd. 4, S. 300–302. Dort wird die Liebe zu Deutschland und das patriotische schriftstellerische Engagement ausdrücklich mit der exilischen Perspektive (von Paris aus) verknüpft. Die Hoffnung, „die ganze Welt wird deutsch werden" (S. 301), bedeutet vor diesem Hintergrund die Aufforderung, von abschließendem und ausgrenzendem Nationalismus Abstand zu nehmen und stattdessen deutsche Besonderheiten und Kultur über Grenzen hinweg zu vermitteln, mit anderen und anderem in Kontakt zu bringen.
22 An dieser Stelle weicht die Argumentation dieses Beitrags von der These Julia Schölls ab, im Zentrum von Thomas Manns Exilschriften stehe eine Umbesetzung bzw. Neubestimmung des Repräsentanzmodells (für das ,andere Deutschland'): Julia Schöll: „Goethe im Exil. Zur Dekonstruktion nationaler Mythen in Thomas Manns *Lotte in Weimar*". In: *Thomas Mann Jahrbuch* 16 (2003), S. 141–158, hier bes. S. 151–152 u. 157–158.
23 Vgl. hierzu auch Bischoff, Doerte: „Globalisierung der Literatur". In: *Politik & Kultur* 6 (2019), S. 18.

der Frage nach globalem Zusammenleben und der Zusammengehörigkeit der Literatur(en) der Welt beschäftigen, erscheint Manns Annäherung an Weltbürgertum und Weltliteratur offensichtlich als durchaus produktiv und anschlussfähig. Navid Kermani etwa, in Köln lebender Autor und Islamwissenschaftler, der als Sohn iranischer Eltern 1967 in Siegen geboren wurde, hat 2012 in der Eröffnungsrede zu den Hamburger Lessingtagen, die er als „patriotische Rede" bezeichnet und zugleich mit „Vergeßt Deutschland!" betitelt hat, „[d]ie Kritik oder sogar Absage an Deutschland" als „Leitmotiv der deutschen Literaturgeschichte" ausgemacht.[24] Von den Grenzen, nicht vom vermeintlich repräsentativen Zentrum der Nation aus, haben deutsche Literaten wie Lessing, Goethe, Heine oder Thomas Mann über ihre Nation geschrieben: „Sie waren in ihrer eigenen Zeit Sonderlinge und Dissidenten. Sie wurden verfolgt, ins Exil getrieben oder hatten im besten Fall ein gebrochenen Verhältnis zu ihrem Vaterland."[25] Kermani zitiert in diesem Zusammenhang Thomas Manns Rede über „Deutschland und die Deutschen", die ihrerseits Goethes Satz über die Deutschen in der Diaspora zitiert, und eröffnet damit einen kulturellen Gedächtnisraum, in dem nicht distinkte Nationen mit ihren jeweiligen Nationalsymbolen und Nationaldichtern nebeneinander stehen, sondern Literatur aus Grenzgängen, aus Berührung, Vermischung und nicht selten auch aus der Erfahrung jener ausgrenzenden Gewalt entsteht, an welche die Durchsetzung homogener und geschlossener Räume des Nationalen unweigerlich geknüpft ist.[26]

Es ist vor dem Hintergrund des bisher Ausgeführten nicht überraschend, dass wichtige Impulse, Weltliteratur im 20. Jahrhundert zu denken, von Philologen im Exil ausgegangen sind. Bekannt ist vor allem der 1952 entstandene Essay *Philologie der Weltliteratur*, den der Romanist Erich Auerbach, der, von den Nazis ins Exil getrieben, bis 1947 in Istanbul lebte, 1952 in den USA verfasst hat. In diesem Entwurf einer nicht (mehr) national orientierten Literaturwissenschaft knüpft er ausdrücklich an seine Exilerfahrung und deren historische Bedingungen an: „Die Ereignisse der letzten vierzig Jahre", schreibt er,

---

[24] Kermani, Navid: *Vergeßt Deutschland! Eine patriotische Rede*. Berlin 2012, S. 31. Vgl. zum Kontext auch Bischoff, Doerte: „Transnationalität als Paradigma der germanistischen Literaturwissenschaft". In: *Traditionen, Herausforderungen und Perspektiven in der germanistischen Lehre und Forschung. 90 Jahre Germanistik an der St.-Kliment-Ochridski-Universität Sofia.* Hg. v. Emilia Dentscheva u. a. Sofia 2015, S. 39–57.
[25] Kermani: *Vergeßt Deutschland*, S. 29.
[26] Vgl. ebd., S. 18 f.

haben den Gesichtskreis erweitert [...]. Das praktische Seminar in Weltgeschichte, an dem wir teilgenommen haben und noch teilnehmen, hat mehr Einsicht und Vorstellungskraft für geschichtliche Gegenstände ausgebildet als man früher besaß.[27]

Die globale Dimension des faschistischen Unternehmens manifestiert sich offensichtlich nicht nur in dem von den Nazis angezettelten Weltkrieg, ihren Plänen zur Neuordnung der Welt und in dem im Genozid gipfelnden Versuch, anderen Menschen jeden Raum zum Leben und sei es andernorts, schließlich ganz abzusprechen. Globale Dimensionen hatte auch die Vertreibung Hunderttausender, die in nahezu allen Ländern der Welt Zuflucht suchten und in vielen schließlich mehr oder weniger lange im Exil lebten. Aus dieser Perspektive der Trennung und Entortung heraus öffnen sich der Literatur wie der Philologie neue Herausforderungen:

> Jedenfalls aber ist unsere philologische Heimat die Erde; die Nation kann es nicht mehr sein. Gewiß ist noch immer das Kostbarste und Unentbehrlichste, was der Philologe ererbt, Sprache und Bildung seiner Nation; doch erst in der Trennung, in der Überwindung wird es wirksam.[28]

Bereits einige Jahre vorher hat der ehemalige Hamburger Germanist Walter Berendsohn, der nach seiner Entlassung 1933 nach Dänemark und Schweden ins Exil ging und dort die Exilliteraturforschung mitbegründete, in ausdrücklichem Bezug auf Goethe, aber durchaus auch auf seine eigene Exilperspektive seine Vision einer zukunftsfähigen, zeitgemäßen Literaturwissenschaft mit dem Begriff der „Weltliteratur" verknüpft.[29] Bemerkenswert ist hier, dass er zur Bestimmung von Weltliteratur ästhetische Wertungskategorien vermeidet und stattdessen strukturelle Kriterien benennt, wie sie in der neueren Diskussion etwa von David Damrosch vorgeschlagen wurden, der weltliterarisches Potential einem Text zuschreibt, „which gains in translation"[30]. So bestimmt Berendsohn den weltliterarischen Rang der für ihn zeitgenössischen Literatur des Exils mit Blick auf den

---

[27] Auerbach, Erich: „Philologie der Weltliteratur". In: ders.: *Gesammelte Aufsätze zur romanischen Philologie*. Bern u. München 1967, S. 301–310, hier S. 306.
[28] Ebd., S. 310. Vgl. auch Weigel, Sigrid: „Die Phantome der Kulturnation". In: *Wiedervorlage: Nationalkultur*. Hg. v. Christoph Bartmann u. a. Göttingen u. München 2010, S. 79–88.
[29] Vgl. Hierzu auch Bischoff, Doerte: „Die jüdische Emigration und der Beginn einer (trans-)nationalen Exilforschung: Walter A. Berendsohn." In: *Auch an der Universität. Über den Beginn von Entrechtung und Vertreibung vor 80 Jahren. Reden der Zentralen Gedenkveranstaltung der Universität Hamburg im Rahmen der Reihe „Hamburg erinnert sich 2013" am 8. April 2013*. Hg. v. Rainer Nicolaysen. Hamburg 2014, S. 53–76.
[30] Damrosch, David: *What is World Literature?* Princeton 2013.

Index Translationum des Völkerbundes, demzufolge in Nazi-Deutschland entstehende Literatur deutlich weniger übersetzt und folglich in anderen Sprachen und Kulturen wirksam sei. „Die Geschichte der Weltliteratur", die bislang ungeschrieben sei, beginne eigentlich erst, so formuliert Berendsohn 1949 in Stockholm (wiederum ganz im Sinne Damroschs)[31],

> wenn ein Werk die Grenzen des eigenen Landes und dann die der eigenen Sprache überschreitet. Es gilt, die Aufmerksamkeit nicht auf die Entstehung, sondern auf die Nachwirkung der literarischen Werke einzustellen, soll eine wirkliche Geschichte der Weltliteratur entstehen.[32]

Nicht die Verwurzelung einer Literatur in einer Volkssprache, sondern transnationale Rezeption und Übersetzung entscheiden über den Wert eines literarischen Textes, seine Teilhabe an der Weltliteratur. Aufschlussreich ist hier, dass sich bei Berendsohn zwar die zeittypische Behauptung findet, die Exilant*innen repräsentierten die deutsche Kultur in der Weltliteratur,[33] dass aber zugleich in vielen Reden, Essays und literaturwissenschaftlichen Schriften die Vorstellung von Erbe und Repräsentanz eines homogenen Kulturguts gerade unterlaufen werde. Ein zentraler Aspekt ist in diesem Kontext die Erinnerung an den jüdischen Beitrag zur deutschen Literatur, der – z.B. im Falle Heines – wesentlich zu ihrer Wirksamkeit als Weltliteratur beigetragen habe. Als Jude und Exilant habe Heine, wie Berendsohn vor allem in seiner Rezeptionsstudie *Der lebendige Heine im germanischen Norden* von 1935 darlegt, deutsche Kulturtraditionen immer auch aus der Distanz heraus, im Horizont des Exils und angesichts von Mehrfachloyalitäten reflektiert und weitergetragen. Dabei ist der frankophone, deutschschreibende Jude Heine nur Ausdruck einer prinzipiell unauflöslichen kulturellen Vermischung und Verzahnung, die auch in der Tatsache zutage trete, dass mit der Bibel, von Berendsohn als „Sammelwerk jüdischer Literatur" und zugleich als das „mächtigste Werk der Weltliteratur" apostrophiert, ein gleichsam hybrider Ursprungstext benannt werden könne, da mit ihrer Übersetzung, Erläuterung und Umdichtung „[d]ie meisten europäischen Literaturen beginnen"[34]. Ein ausgeprägteres Wissen über diese Zusammenhänge hätte, so Berendsohn in emphatischem Glauben an die Herausforderungen und ethisch-politische Wirkmacht der

---

[31] Damrosch: *What is World Literature?*, S. 4, definiert Weltliteratur als „all literary works that circulate beyond their culture of origin, either in translation or in their original language".
[32] Berendsohn, Walter A.: *Martin Andersen Nexös Weg in die Weltliteratur*. Berlin 1949, S. 19.
[33] Berendsohn, Walter A.: *Die humanistische Front. Einführung in die deutsche Emigranten-Literatur*. Bd. I. Worms 1976.
[34] Berendsohn, Walter A.: *Der lebendige Heine im germanischen Norden*. Kopenhagen 1935.

eigenen Disziplin, die Ausbreitung der „fanatischen Rassenhetze", die eine klare Trennbarkeit von Völkern und Kulturen behauptet, erschwert. Denn: „[w]ie kann man ausrotten wollen, was unlösliche Grundlage der eigenen geistigen Erfahrung ist"![35]

Berendsohn, der sich schon vor seinem Exil für die Literatur skandinavischer Länder begeisterte und Schwedisch sprach, ist in seiner Konzeption von Weltliteratur deutlich beeinflusst von dem dänischen Literaturkritiker Georg Brandes, der 1927 starb, die NS-Zeit und das Exil also nicht mehr miterlebte. Brandes hatte sich um die Jahrhundertwende nicht nur intensiv mit den Anfängen der europäischen Moderne im 19. Jahrhundert beschäftigt und hier Heinrich Heine neben Goethe eine Schlüsselposition zugewiesen, sondern auch mit Blick auf das 19. Jahrhundert den Begriff der „Emigrantenlitteratur" geprägt, den Berendsohn später zur Beschreibung der Exilliteratur seit 1933 aufgriff.[36] Brandes, der in Dänemark, wo er als (jüdischer) Provokateur galt, zunächst geschmäht wurde, woraufhin er für einige Jahre nach Berlin ins ‚Exil' ging,[37] beschreibt mit der „Emigrantenlitteratur", die aus nationalen Begrenzungen heraustritt, eine „erneuernde, und befruchtende litterarische Bewegung",[38] die die Moderne als dezidiert europäisches Phänomen hervortreten lässt. Sein explizit mit Blick auf die nationale bzw. nationalistische Verengung des Literaturbegriffs in der zweiten Hälfte des 19. Jahrhunderts argumentierender Beitrag über „Weltlitteratur" von 1899 wurde in der Folge vielfach aufgenommen und kontrovers diskutiert.[39]

Ausdrücklich mit Bezug auf die „Finsternis der Zeit"[40] beschwört auch der jüdische Germanist Fritz Strich, der der Verfolgung dadurch entging, dass er seit 1929 in der Schweiz lehrte, bereits 1932 im Anschluss an Goethe die Vorstellung einer Weltliteratur. In seiner 1946 publizierten umfassenderen Studie „Goethe und die Weltliteratur" erscheint diese als

---

35 Ebd.
36 Vgl. Berendsohn, Walter A.: „Emigrantenliteratur". In: *Reallexikon der deutschen Literaturgeschichte*. Bd. 1. Hg. v. Eckehard Catholy. Berlin 1958, S. 336.
37 Vgl. Goßens, Peter: „Moderne Geister. Literarischer Kanon und jüdische Identität bei Georg Brandes". In: *Jüdische Intellektuelle und die Philologien in Deutschland 1871–1933*. Hg. v. Wilfried Barner u. Christoph König. Göttingen 2001, S. 299–307.
38 Brandes, Georg: *Die Emigrantenlitteratur* [1897]. Neudruck. Paderborn 2013, S. 23.
39 Brandes, Georg: „Weltlitteratur". In: *Das litterarische Echo. Halbmonatsschrift für Literaturfreunde* 2.1 (1899), S. 1–15. Vgl. hierzu Goßens, Peter: „Das Wetterleuchten der Weltliteratur. Eine Debatte um 1900". In: *Monatshefte für deutschsprachige Literatur und Kultur* 108 (2016), S. 332–349.
40 Vgl. Strich, Fritz: „Goethe und die Weltliteratur". In: *Jahrbuch der Goethe-Gesellschaft* 18 (1932), S. 151–179, hier S. 151.

der geistige Raum, in welchem die Völker mit der Stimme ihrer Dichter und Schriftsteller nicht mehr nur zu sich selbst und von sich selbst, sondern zueinander sprechen. Sie ist ein Gespräch zwischen den Nationen, eine geistige Teilhabe aneinander, ein wechselseitiges Geben und Empfangen geistiger Güter [...].[41]

Entscheidend sind hier wechselseitiger Verkehr und Spiegelung, die die Verschiedenheit und Begrenzung des Einzelnen sichtbar werden lassen und durch Kontakt und Verständigung ergänzen.

Diese knappen Einblicke lassen deutlich werden, dass eine Wiederentdeckung oder Relektüre von Texten, die das Exil nach 1933 bezeugen, der aktuellen Diskussion über ein neues Verständnis von Weltliteratur wichtige Impulse geben kann, gerade indem sie die mit der totalitären Identitätspolitik des Faschismus verknüpften Verwerfungen in Erinnerung rufen. Einer gelegentlich allzu harmonisierenden Vorstellung von sich begegnenden und austauschenden Kulturen setzt diese Erinnerung das Moment eines das Eigene betreffenden Bruchs und die Erfahrung einer Entortung entgegen, denen sich zu stellen überhaupt erst für eine Öffnung gegenüber ‚der Welt' befähige. Neben vielen jüdischen Stimmen – die genannten Literaturwissenschaftler, die im Exil oder in Reaktion auf Ausgrenzung und Verfolgung Konzepte von Weltliteratur entwickelt haben, sind bemerkenswerterweise allesamt Juden –, sticht hier gerade auch die Stimme Thomas Manns hervor,[42] der zwar wie wohl kein anderer als Repräsentant des anderen Deutschlands und als *Praeceptor Germaniae* in Erscheinung getreten ist – eine Rolle, die er durchaus selbstbewusst mitgespielt hat. Ein Blick auf seine Essays, die Literarisches und Politisches gleichermaßen und oft im Zusammenhang kommentieren, wie auch eine Lektüre einiger seiner Exiltexte (die hier mit einem kursorischen Blick auf die *Josephs*-Romane und *Lotte in Weimar* nur angedeutet werden konnte) zeigt aber, dass diese Inszenierung von Repräsentanz bereits gebrochen erscheint und keineswegs auf die Restitution eines nationalen Ganzen und damit eines als homogen gedachten Kulturerbes ausgerichtet ist, als deren Bewahrer die Exilanten bzw. Thomas Mann selbst gedacht werden könnten. Im Gegenteil führt gerade das Exil in besonderer Weise zur Entdeckung von Vermi-

---

41 Strich, Fritz: *Goethe und die Weltliteratur* [1946]. 2. Aufl. Bern 1957, S. 18. Ähnlich bereits in Strich: „Goethe und die Weltliteratur" (1932), S. 152. Vgl. hierzu auch Goßens, Peter: „Konzepte der Weltliteratur". In: *Handbuch Literatur & Transnationalität*. Hg. v. Doerte Bischoff u. Susanne Komfort-Hein. Berlin 2019, S. 127–140, hier S. 132–133.
42 Tobias Boes zitiert einen Brief von Alfred A. Knopf, dem amerikanischen Verleger Manns, aus dem Jahr 1934, in dem er gegenüber dem jüdischen Empfänger darauf hinweist, dass Mann Exilierter sei, sein Schicksal also durchaus einem jüdischen ähnele: „Remember that Mann, though not a Jew, is in exile, and finds himself at the age of fifty-nine perhaps the greatest living man of letters and yet a man without a country." Boes: „Thomas Mann, World Author", S. 145.

schungen, Übersetzungen und Grenzräumen, die als das eigentliche Movens kultureller Produktivität ausgemacht und ins Werk gesetzt werden.

II Intellektuelle Konstellationen des Exils

Tobias Boes
Zauberberg und Kriegsgefangene

Irgendwann in den chaotischen Monaten, die auf die bedingungslose Kapitulation Nazi-Deutschlands und das Ende des Zweiten Weltkrieges folgten, stahl ein sechzehnjähriger Junge den amerikanischen Soldaten, die in seiner bayerischen Heimatstadt stationiert waren, eine Kiste mit Büchern. Für sich alleine genommen, wäre dieser Diebstahl kaum der Rede wert. Er gewinnt seine Bedeutung erst dadurch, dass es sich bei dem Teenager um den jungen Hans Magnus Enzensberger handelte, und somit um einen Menschen, der in späteren Jahren Entscheidendes zur „politischen Neuordnung Deutschlands nach 1945" beitragen sollte.[1] In einem Artikel, den Enzensberger 1985 in der *New York Times Book Review* veröffentlichte, erinnert er sich daran, welch tiefen Einfluss die Romane von Hemingway, Faulkner und F. Scott Fitzgerald, die er in seiner Schatzkiste fand, auf seine literarische Entwicklung ausüben würden. Aber das war noch keineswegs das Wichtigste, denn:

> my hoard contained other treasures: there were English translations of a Thomas Mann novel (I forget which one) and of Kafka's *Trial*, books nobody in Nazi Germany had ever read. The American Army, in other words, not only gave me a crash course in American civilization, it also provided me with a first and tantalizing glimpse of my very own literature, the best part of which had been banned for 12 years.
>
> [mein Hort enthielt noch andere Schätze: so gab es die amerikanische Übersetzung eines Thomas-Mann-Romans (den Titel habe ich vergessen) und auch die von Kafkas *Process*: Bücher, die niemand in Nazi-Deutschland je gelesen hatte. Mit anderen Worten, die amerikanische Armee gab mir nicht nur einen Crashkurs in amerikanischer Zivilisation, sondern

---

Anmerkung: Bei diesem Beitrag handelt es sich weitestgehend um eine deutsche Übersetzung von Boes, Tobias: „Learning to Read Again: Thomas Mann, the U.S. Army's POW Reeducation Efforts, and the Role of Literature in a Democratic Germany". In: *The Arts of Democratization*. Hg. v. Jennifer Kapczynski u. Caroline Kita. Ann Arbor 202. Große Teile dieses Materials wurden auch bereits veröffentlicht in Boes, Tobias: *Thomas Mann's War: Literature, Politics, and the World Republic of Letters*. Ithaca, NY 2019.

1 Auf die Relevanz dieser Episode für die Thomas-Mann-Forschung hingewiesen hat bereits Adolphs, Dieter W.: „Thomas Manns Einflußnahme auf die Rezeption seiner Werke in Amerika". In: *Deutsche Vierteljahrsschrift für Literaturwissenschaft und Geistesgeschichte* 64 (1990), S. 560–582, hier S. 561.

auch einen ersten und höchst verlockenden Blick auf meine eigene Literatur, die während der letzten 12 Jahre zu großen Teilen verboten gewesen war.][2]

Enzensbergers Fazit aus dieser Kindheitserinnerung ist also, dass es paradoxerweise die *amerikanische* Armee war, die ihn nach 12 Jahren nationalsozialistischer Gewaltherrschaft erst wieder mit dem eigenen literarischen Erbe vertraut gemacht hat. Und diese Pointe gewinnt dadurch noch an Stärke, dass sich die Details von Enzensbergers Kindheitserinnerungen bei genauerer Prüfung als eher schwammig erweisen. Denn wir wissen aus seiner Schilderung der Bücher, die er stahl (es soll sich um „thick, oblong" [dicke, längliche] Bände mit „covers rather in the style of movie posters" [Umschlagillustrationen, die an Kinoposter erinnerten] gehandelt haben), dass es Taschenbücher aus den sogenannten Armed Services Editions (ASE) gewesen sein müssen.[3] Und in der Tat haben die ASEs, die von 1943 bis 1947 in einer schier unglaublichen Gesamtauflage von 123 Millionen Bänden zur Unterhaltung der amerikanischen Truppen gedruckt wurden, das nachkriegsdeutsche Leseverhalten auf dauerhafte Weise beeinflusst. Die Bücher wurden von den GIs bei ihren Tauschgeschäften mit der deutschen Zivilgesellschaft als Währung eingesetzt, und das ihnen zu Grunde liegende Produktionsmodell stand Pate für die älteste deutsche Taschenbuchreihe, die sogenannten „Rowohlt Rotationsromane (rororo)", die ab 1946 in den Handel kamen.[4]

Kafkas *Process* aber gehörte aus wohl offensichtlichen Gründen nie zu den Titeln, die der amerikanische Staat seinen Soldaten zur Belustigung an die Front schickte, und auch ein Thomas-Mann-Roman findet sich nicht unter den insgesamt 1322 verschiedenen Titeln, die für die ASEs produziert wurden. Lediglich ein Auswahlband mit Erzählungen wurde Ende 1944 im Auftrag der US Army hergestellt.[5] Enzensberger muss die Romane von Kafka und Mann also auf anderem Weg kennengelernt haben – assoziiert sie in seinen Erinnerungen aber dennoch mit dem Einfluss der amerikanischen Armee auf das literarische Gedächtnis der Deutschen.

---

2 Enzensberger, Hans Magnus: „Mann, Kafka, and the Katzenjammer Kids". In: *New York Times Book Review* (17. November 1985), S. 37. Übersetzung des Autors.
3 Ebd.
4 Zum Einfluss ertauschter Romane auf das nachkriegsdeutsche Leseverhalten siehe Meyer, Martin: „American Literature in Germany and Its Reception in the Political Context of the Postwar Years". Übers. v. Salle E. Robertson. In: *The United States and Germany in the Era of the Cold War: A Handbook*. Bd. 1: *1945–1968*. Hg. v. Detlef Junker. Cambridge 2004, S. 425–431, hier S. 426.
5 Eine vollständige Liste aller ASE-Titel findet sich unter anderem in Guptill Manning, Molly: *When Books Went to War: The Stories That Helped Us Win World War II*. Boston 2014, S. 202–232.

Abbildung 1: Thomas Manns *Selected Short Stories* in den Armed Services Editions

1 Von der „Großen Kontroverse" zur Bibliomigranz

Enzensbergers emotional stark positiv aufgeladene Schilderung der Umstände, unter denen ihm die amerikanische Besatzungsmacht zur Wiederentdeckung der eigenen Literatur verhalf, lässt sich in expliziten Gegensatz zur sogenannten „Großen Kontroverse" stellen, die zeitgleich in den nachkriegsdeutschen Feuilletons inszeniert wurde, ebenfalls Thomas Mann zum Thema hatte und in der Literaturgeschichtsschreibung dieser Jahre immer noch eine zentrale Rolle spielt. Die „Große Kontroverse" hatte ihren Ursprung in einer Radio-Ansprache vom 8. Mai 1945, in der Mann seine Landsleute über die wahren Vorgänge in den vor kurzem von den Alliierten befreiten Konzentrationslagern aufklärte und zu der vernichtenden Feststellung kam: „alles Deutsche [...] ist von dieser entehrenden Bloßstellung mitbetroffen" (GW XII, 951). Tief in ihrer Empfindsamkeit getroffen, mobilisierte eine Reihe von Angehörigen der sogenannten „inneren Emigration" sogleich zum Widerstand gegen den emigrierten Schriftsteller. Autoren wie Frank Thieß, Walter von Molo und Otto Flake warfen ihm vor, dass er und die anderen Emigrant*innen von ihren sogenannten „Logen und Parterreplätzen des Exils" (so

Thieß) die wahre Lage in Deutschland ohnehin nicht akkurat erkennen könnten.[6] Ja, schlimmer noch, sie erklärten Mann zu einem (in den Worten Otto Flakes) „amerikanischen Untertan".[7]

Der Großteil der bestehenden Forschungsliteratur zur „Großen Kontroverse" befasst sich, aus verständlichen Gründen, mit deren ethischer Dimension und ihrer Rolle als erstem Höhepunkt in der lange anhaltenden Debatte um die deutsche Kollektivschuld. Wie die Germanistin Leonore Krenzlin herausgearbeitet hat, lässt sich der Streit aber auch deutlich nüchterner interpretieren, nämlich als prosaischer Revierkampf im damaligen Literaturbetrieb.[8] Autoren wie Frank Thieß und Walter von Molo erkannten zu Recht, dass ihr hart erarbeiteter literarischer Einfluss durch die Alliierten in Gefahr geraten war. Um überhaupt noch am Kulturdiskurs der neuen Zeit teilnehmen zu können, benötigte man nicht nur einen Persilschein, sondern auch Kontakte zu den neuen Verlagen und Zeitungen, die unter amerikanischer Obhut aus dem Boden schossen. Die alten Netzwerke hingegen waren weitestgehend zerschnitten, die alten Verlage durch Bomben zerstört. Die innere Emigration geiferte also nicht nur aus unterdrücktem Schuldgefühl gegen Mann, sondern auch, weil sie ihn Dank seiner glänzenden Kontakte zur Besatzungsmacht als professionelle Konkurrenz erkannte.

Die Attacken von Thieß, von Molo und den anderen erzielten eine fatale Wirkung. Noch über Jahrzehnte hinweg standen weite Teile zumindest des westdeutschen Bildungsbürgertums Thomas Mann verhohlen skeptisch bis offen feindlich gegenüber. Seine klaren Worte nicht nur gegen die Nazis, sondern auch gegen die Deutschen als Ganzes wurden ihm übelgenommen, seine Jahre im Exil, die doch auch Jahre des Leidens waren, wurden heimlich beneidet. Die Tatsachen, dass er sich in der Schweiz niederließ und Zeit seines Lebens stolz auf seine amerikanische Bürgerschaft blieb, waren erst recht Stein des Anstoßes.[9] Und dennoch beweist die Anekdote um Hans Magnus Enzensberger, dass sich Kulturgeschichte nicht mit Ideengeschichte gleichsetzen lässt und die „Große Kontroverse" eben nur *eine* Komponente in dem vielschichtigen Prozess darstellt, in dem Thomas Mann auf die „politische Neuordnung Deutschlands" eingewirkt

---

6 Thieß, Frank: „Die innere Emigration". In: *Die grosse Kontroverse: Ein Briefwechsel um Deutschland*. Hg. v. Johannes F. G. Grosser. Hamburg 1963, S. 22–25, hier S. 24.
7 Flake, Otto. „Der Fall Thomas Mann". In: ebd., S. 51–56, hier S. 53.
8 Krenzlin, Leonore: „Geschichte des Scheiterns – Geschichte des Lernens? Überlegungen zur Lage während und nach der ‚Großen Kontroverse' und zur Motivation ihrer Akteure". In: *Fremdes Heimatland: Remigration und literarisches Leben nach 1945*. Hg. v. Irmela von der Lühe u. Claus-Dieter Krohn. Göttingen 2005, S. 57–70.
9 Siehe hierzu ausführlich: Hermand, Jost u. Wigand Lange: *„Wollt ihr Thomas Mann wiederhaben?" Deutschland und die Emigranten*. Hamburg 1999.

hat. Denn während die älteren Intellektuellen, die in den Jahren des Nazi-Regimes zu sozialem Status gekommen waren und diese Position zu verteidigen suchten, fleißig gegen den emigrierten Schriftsteller polemisierten, entdeckte eine jüngere Generation seine Geschichten und Romane aufs Neue. Und während Manns politische Ansprachen und Radioreden in den Feuilletons oftmals ablehnend diskutiert wurden, fanden seine Bücher ihren Weg klammheimlich zurück in die Regale der Deutschen – wenn auch teilweise in amerikanischer Übersetzung.

Der indisch-amerikanische Germanist B. Venkat Mani hat in diesem Zusammenhang den Begriff *bibliomigrancy* geprägt. Damit meint er die Umstände, unter denen sich Bücher – oftmals ohne direktes Einwirken oder sogar Wissen ihrer Autor*innen, Herausgeber*innen und Verkäufer*innen – in der Welt verbreiten und auf diese Art und Weise nicht nur neue Gemeinschaften von Leser*innen, sondern auch neue Formen literarischer Tradition schaffen:

> *bibliomigrancy* ist [...] ein Begriff, der den Lebenszyklus von Büchern erzählt, indem kulturelle, historische und politische Aspekte berücksichtigt werden; er dient dazu, die Vielfalt der Kommunikationskreisläufe, zu denen Bücher gehören, zu verfolgen und einzubeziehen.[10]

Die US Army, die Millionen von Büchern auf Schiffen, Trucks und Jeeps an militärische Außenposten in der ganzen Welt transportiert hat, wo sie dann von Soldaten gelesen und schließlich gegen saubere Wäsche, Meißner Porzellan oder auch sexuelle Dienstleistungen eingetauscht wurden, hatte maßgeblichen Anteil an solcher Bibliomigranz. Die Armed Services Editions waren aber keineswegs das einzige Werkzeug, dessen sie sich dabei bediente, wie sich anhand eines weiteren Beispielfalles herausarbeiten lässt.

2 Die „Bücherreihe Neue Welt"

Dieser Beispielfall beginnt mit einem etwas verschwörerisch daherkommenden Brief, den Manns deutscher Verleger Gottfried Bermann Fischer seinem Star-Au-

---

[10] Radaelli, Giulia und Nike Thurn: „‚Jeder Begriff von Weltliteratur beinhaltet ein dreidimensionales Zeitgefühl: das Geschichtliche, das Gegenwärtige und das Zukünftige'. B. Venkat Mani über indische und deutsch-türkische Literatur, literarische Migration und *bibliomigrancy*". In: dies.: *Gegenwartsliteratur – Weltliteratur. Historische und theoretische Perspektiven*. Bielefeld 2019, S. 303–320, hier S. 307. Siehe hierzu auch umfangreicher: Mani, B. Venkat: *Recoding World Literature: Libraries, Print Culture, and Germany's Pact with Books*. New York 2017.

toren am 15. Dezember 1944 in englischer Sprache schrieb. Darin heißt es, der Bermann-Fischer Verlag:

> [is] going to print for the War Department twenty-four titles of our books; 10,000 copies each as a first printing but more may follow.
>
> The books will not appear on the open market. They are to be made available only to a special class of German-speaking persons now residing in this country whose reading matter is furnished by the War Department. (That is the explanation I have been authorized to give).
>
> [wird für das War Department vierundzwanzig Titel aus unserem Sortiment drucken; jeweils 10.000 Exemplare in der Erstauflage, aber weitere Auflagen könnten folgen.
>
> Diese Bücher werden nicht auf dem freien Markt erscheinen. Sie werden nur für eine besondere Gruppe deutschsprechender Personen zu haben sein, die sich jetzt hier im Land befinden und denen Lesestoff vom Kriegsministerium gestellt wird. (Dies ist die Erklärung, die zu geben ich ermächtigt bin).][11]

Bei der „special class of German-speaking persons", von der Bermann Fischer hier spricht, handelte es sich um die rund 400.000 deutschen Kriegsgefangenen, die die US-Regierung zum damaligen Zeitpunkt in 511 über das ganze Land verteilten Lagern, den sogenannten POW-Camps, internierte.[12]

Die Idee, in Amerika internierte Kriegsgefangene mit Lektüre in ihrer eigenen Sprache zu versorgen, war im Dezember 1944 noch relativ neu und keineswegs unumstritten. Die ersten deutschen POWs – es handelte sich um die Besatzung eines havarierten U-Bootes – hatten den Kontinent im Mai 1942 erreicht. Doch bis zum Spätsommer 1944 gab es für die ständig anschwellende Zahl von Gefangenen kein offizielles Bildungsprogramm. Das hatte nur zum Teil damit zu tun, dass das Pentagon sein Geld lieber für Bomben als Bücher ausgab. Aus heutiger Perspektive (und im Wissen um Abu Ghraib, Guantanamo Bay oder CIA „Black Sites" in Osteuropa) erscheint es schon fast possierlich, wenn man erfährt, dass das Militär auch deshalb zögerte, Bücher in die POW-Camps zu schicken, weil man fürchtete, neutrale Beobachter*innen könnten dies als Propagandaversuch werten und die USA wegen eines vermeintlichen Verstoßes gegen die Genfer Konventionen an den Pranger stellen. Erst, als die amerikanische Presse berichtete, politische Führungsoffiziere des Dritten Reiches würden unter den zu Tode gelangweilten Wehrmachtssoldaten leichte Beute finden, kam es zum Umdenken auf offizieller Ebene. Der amerikanischen Journalistin Dorothy Thompson gelang es, Eleanor

---

11 Mann, Thomas: *Briefwechsel mit seinem Verleger Gottfried Bermann Fischer, 1932–1955*. Hg. v. Peter de Mendelssohn. Frankfurt/Main 1973, S. 373. Übersetzung Peter de Mendelssohn.
12 Eine umfassende Darstellung der POW-Camps findet sich in: Krammer, Arnold: *Nazi Prisoners of War in America*. New York 1979.

Roosevelt auf ihre Seite zu bringen, und diese wiederum überredete ihren Mann dazu, das oberste Amt der Militärpolizei (Office of the Provost Marshall General, OPMG) mit einer Literaturbeschaffungsmaßnahme zu beauftragen.[13]

Das OPMG wiederum rief zu diesem Zweck die sogenannte Special Projects Division (SPD) mit Sitz in Manhattan ins Leben. Dieser Standpunkt war natürlich nicht zufällig gewählt, denn bei der SPD gaben sich von Anfang an Angehörige der Verlagsbranche und der akademischen Ostküsteninteligenz die Klinke in die Hand. Die SPD war, um es ganz deutlich zu sagen, ein frühes (und zugegebenermaßen reichlich intellektuelles) Beispiel für das, was der spätere Präsident Eisenhower als „military-industrial complex" bezeichnen sollte, also ein Hybridkonstrukt aus Militär und kapitalistischer Privatwirtschaft[14]. Es stand als vom Staat gefördertes Amt solch privatwirtschaftlichen Organisationen zur Seite wie dem Council on Books in Wartime, der zum Beispiel für die Armed Services Editions verantwortlich war, die Hans Magnus Enzensberger so beeindruckten.

Die Special Projects Division versuchte dann auch zunächst, den plötzlichen Bedarf an deutschsprachigen Büchern für die Kriegsgefangenen auf marktwirtschaftlichem Wege zu lösen. Den einzelnen Lagern wurden die Kataloge von Buchhändler*innen, die deutsche Titel im Sortiment führten, zugeschickt, und die Gefangenen durften sich Bände aussuchen. Dieses Experiment wurde schnell eingestellt, denn die Buchhändler*innen begannen bald, ihre Preise anzuziehen. Außerdem musste jedes einzelne Buch, das auf diesem Weg erworben wurde, zunächst von Lagerzensor*innen überprüft werden. Der SPD wurde somit klar, dass sie die Bücher für die Gefangenen wohl besser selber herstellen würde.[15]

Als Berater für dieses neue Vorhaben wurde der 52-jährige Harvard-Amerikanist Howard Mumford Jones herangezogen. Jones hatte während der vorhergehenden Jahre bereits mit mehreren Veröffentlichungen auf sich aufmerksam gemacht, in denen er die Rolle von qualitativ hochwertiger Literatur beim Kampf um „amerikanische Werte" unterstrich.[16] Insofern gehörte er zu einer Generation von US-Intellektuellen, die kulturelle Dogmen aus den 1920er-Jahren (im Laufe derer es oft geheißen hatte, Literatur wäre er ein hervorragender Weg, gesell-

---

13 Zu den Umerziehungsmaßnahmen der amerikanischen Regierung siehe insbesondere: Robin, Ron: *The Barbed-Wire College: Reeducating German POW's in the United States during World War II*. Princeton 1995. Außerdem: Hench, John B.: *Books as Weapons: Propaganda, Publishing and the Battle for Global Markets in the Era of World War II*. Ithaca, NY 2010, S. 151–177.
14 Dwight D. Eisenhower: *Farewell Address*, 1961. https://www.americanrhetoric.com/speeches/dwightdeisenhowerfarewell.html (Stand: 13. August 2020).
15 Robin: *Barbed-Wire College*, S. 92.
16 Siehe zum Beispiel: Jones, Howard Mumford: „Patriotism – But How?". In: *Atlantic Monthly* (November 1938), S. 585–592.

schaftlichen Witz und somit schlussendlich finanzielles Wohlhaben zu erwerben) für die Kriegszeit umfunktionierten. Thomas Mann hatte sich in den 1920er-Jahren unter anderem deswegen zu einem literarischen Star in Amerika entwickelt, weil Männer aus der Generation, der Jones angehörte, seinen *Zauberberg* der amerikanischen Mittelschicht als Wundermittel für den gesellschaftlichen Aufstieg verkauft hatten.[17] Nun waren es oftmals dieselben Männer, die ihn unter leicht veränderten Vorzeichen bei einem neuen Publikum beliebt machten. Beim Council on Books in Wartime zum Beispiel fungierte der Yale-Kritiker Henry Seidel Canby als Berater für die Armed Services Editions. Dieser war in den 1920er-Jahren der Chefredakteur der Literaturzeitschrift *Saturday Review* gewesen, die immer wieder mit reißerisch positiven Mann-Kritiken auffiel, und hatte in den 1930er-Jahren im Auswahlkomitee des Book-of-the-Month Club gedient.

Zu den Kernthesen von Jones gehörte die reichlich romantische Auffassung, dass einzelne Nationen und Ethnien ihre jeweils eigenständigen Kulturkreise hätten. Es würde deshalb wenig Sinn machen, so der Harvard-Professor, die Kriegsgefangenen zum Beispiel mit deutschen Übersetzungen amerikanischer Romane zu beliefern. Besser sei es stattdessen, deutsche Literatur zu finden, in der dennoch demokratische Grundeinstellungen zum Ausdruck kämen, so dass die Lektüre gleichzeitig als möglichst unauffällige Umerziehungsmaßnahme funktionieren möge. Was diese Kriterien betraf, so gab es 1944 eine eindeutige Anlaufstelle, nämlich den Bermann-Fischer Verlag, dessen amerikanisches Hauptquartier nur unweit von dem der Special Projects Division entfernt lag. Bermann Fischer wurde also damit beauftragt, eine Liste mit 40 möglichen Titeln aus seinem Sortiment zusammenzustellen, die Jones schließlich auf 24 Titel zusammenstrich.[18] Aus dem oben erwähnten Grund war nur eine Handvoll Bücher in Übersetzung auf dieser letzten Liste. Stattdessen gab es Titel u.a. von Erich Maria Remarque, Franz Werfel, Arnold Zweig, Carl Zuckmayer – und eben von Thomas Mann, der mit drei Büchern in insgesamt vier Bänden vertreten war, und somit mit mehr als jede*r andere Autor*in: *Achtung Europa!*, *Lotte in Weimar* und dem *Zauberberg* in zweibändiger Ausgabe.[19]

---

[17] Hierzu ausführlich: Turner, Catherine: *Marketing Modernism between the Two World Wars*. Amherst 2003.

[18] Die Ausführungen zur Publikationsgeschichte der „Bücherreihe Neue Welt" in den folgenden Absätzen stützen sich primär auf Robin: *Barbed-Wire College*, S. 91–106, sowie Hench: *Books as Weapons*, S. 119–127.

[19] Die Liste der deutschsprachigen Autoren, die in der „Bücherreihe Neue Welt" abgedruckt wurden, umfasst neben Mann, Remarque, Werfel, Zweig und Zuckmayer auch Vicki Baum, Leonhard Frank und Joseph Roth. Des Weiteren gab es einen Auswahlband mit Gedichten und Prosaschriften von Heinrich Heine, einen Sammelband deutscher Romantiker sowie die von Al-

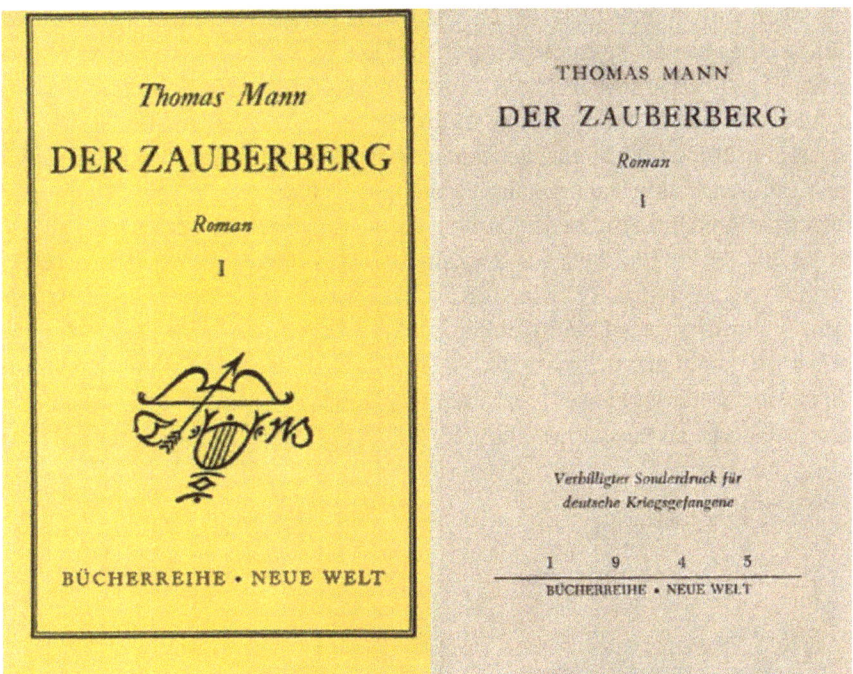

Abbildung 2: Umschlag und Titelblatt des ersten Bandes von Thomas Manns *Zauberberg* in der „Bücherreihe Neue Welt"

Die sogenannte „Bücherreihe Neue Welt" (oder „New World Bookshelf") ging im Frühling 1945 in Druck und wurde sogleich an die Kriegsgefangenenlager ausgeliefert. Der Bermann-Fischer-Verlag stellte die Texte sowie die von Brigitte Bermann Fischer gestalteten Umschlagillustrationen zur Verfügung, der amerikanische Ableger des britischen Penguin-Verlages kümmerte sich um Satz und Layout, und das *US Infantry Journal* übernahm den Vertrieb. Gottfried Bermann Fischer ging es dabei weniger um das Geld, als vielmehr um die Möglichkeit, durch die Kriegsgefangenen ein völlig neues Marktsegment für sich zu erschließen.[20]

---

fred Einstein herausgegebenen *Briefe Deutscher Musiker*. An englischsprachigen Autoren wurden den deutschen Soldaten Werke von Stephen Vincent Benét, Joseph Conrad, Ernest Hemingway. John Scott, William Saroyan und Wendell Wilkie geboten. Schließlich gab es auch noch Eve Curies Biografie ihrer berühmten Mutter, der Physikerin Marie Curie.
[20] Siehe hierzu: Bermann Fischer, Gottfried: *Bedroht – Bewahrt: Weg eines Verlegers*. Frankfurt/Main 1967, S. 241.

Da das US-Militär über jeglichen Propagandaverdacht erhaben sein wollte, fungierte es nur als stummer Partner, und keines der neu produzierten Bücher enthielt jeglichen Hinweis darauf, unter welchen Umständen es entstanden war. Stattdessen wurde im Impressum lediglich das Logo des Bermann-Fischer-Verlages abgedruckt. Die hierbei verwendete Graphik unterschied sich aber deutlich vom ansonsten üblichen Bermann-Fischer-Logo mit den drei Rappen. Stattdessen benutzte Bermann Fischer das berühmte Erkennungszeichen des S.-Fischer-Verlages mit Fischer und Netz aus der Zeit der Weimarer Republik und tauschte lediglich die Initialen „S.F.V." durch „B.F.V." aus. So wurde für die Kriegsgefangenen also schon rein visuell eine Verbindung zur Zeit vor dem Dritten Reich (und in Analogie darauf auch zu einer Zeit *nach* dem Ende des Krieges) hergestellt. Die Bände wurden in den Lagern zum Preis von jeweils 25 Cents verkauft – auch dies, um eventuelle Propagandavorwürfe im Keim zu ersticken.

Abbildung 3: Das an S. Fischer angelehnte Logo des Bermann-Fischer-Verlages aus den Ausgaben der „Bücherreihe Neue Welt"

Die „Bücherreihe Neue Welt" entwickelte sich von Anfang an zum Kassenschlager. „The response to the *Buecherreihe Neue Welt* at our two Branch Camps of Grady and Altheimer, Arkansas, are beyond our fondest expectations", heißt es in einem Bericht des OPMG, „Grady expressed a desire for almost 600 more and Altheimer for about 400 more. They are being widely read and passed around" [„Die Resonanz auf die *Bücherreihe Neue Welt* in unseren zwei Nebenlagern Grady und Altheimer in Arkansas übertrifft unsere wildeste Erwartung. Grady wünscht sich 600 weitere Exemplare und Altheimer ungefähr 400. Die Bücher haben breiten Erfolg und werden herumgereicht"].[21] So folgten auf den ersten Druck auch bald weitere, obwohl bislang nicht einwandfrei geklärt ist, wie viele Bücher insgesamt produziert wurden. Es waren aber wohl zwischen 25.000 und 50.000 Exemplare pro Titel – deutlich mehr also, als die ursprünglich vorgesehenen 10.000 Exemplare und, was Thomas Mann betrifft, eine stolze Summe auch im

---

[21] Zitiert nach Robin: *Barbed-Wire College*, S. 105. Übersetzung des Autors.

Vergleich zu „normalen" Ausgaben von intellektuell anspruchsvollen Romanen wie *Lotte in Weimar* oder dem *Zauberberg*.[22]

Unter Militärhistoriker*innen herrscht bis heute Unstimmigkeit darüber, ob die Bände der „Bücherreihe Neue Welt" nun tatsächlich so aufmerksam gelesen wurden, wie es das eben angeführte Zitat aus den Unterlagen des OPMG suggeriert. Vielleicht wurden Sie von den deutschen Soldaten, die wussten, dass der Krieg zu Ende ging und sie bald nach Hause kommen würden, ja auch einfach nur als Souvenirs gekauft? Hierzu ist zunächst einmal anzumerken, dass auch Bücher, die *nicht* gelesen werden, einen wichtigen Einfluss auf die Literaturgeschichte ausüben können. Auch hier ist wieder Venkat Manis Begriff der *bibliomigrancy* von großem Nutzen. Die Bände der „Bücherreihe Neue Welt" wurden, soviel steht fest, von ihren neuen Besitzern nach ihrer Entlassung aus den POW-Camps wieder mit nach Europa gebracht. Dort kamen sie in einem Land an, in dem es kaum zeitgenössische Literatur auf den Bücherregalen gab – zum einen wegen der Papierknappheit in den Kriegsjahren, zum anderen wegen der zerstörten Infrastruktur, die es erst langsam möglich machte, wieder belletristische Werke zu produzieren. Viele Familien hatten außerdem ihre Bücherbestände durch Flucht oder Bomben verloren. In dieser Kahlschlagsituation nun waren die Bände der „Bücherreihe Neue Welt" trotz ihrer schäbigen Aufmachung sicherlich heißbegehrte Schätze. Oftmals wurden sie von ihren Besitzern neu eingeschlagen, in manchen Fällen auf aufwendige Art und Weise.[23] Aufgrund ihrer Herkunft waren sie außerdem mit Erinnerungen aufgeladen: selten hat die klassische Sentenz *habent sua fata libelli* [„Bücher haben ihre Schicksale"] so augenscheinlich gestimmt. Während Thomas Mann selbst in den nachkriegsdeutschen Feuilletons noch durch den Schlamm gezogen wurde, wurden seine aus den USA importierten Romane zu Keimzellen neuer Büchersammlungen.

---

22 Curt Vinz, der spätere Gründer der Nymphenburger Verlagshandlung, der als deutscher Kriegsgefangener für die Special Projects Division arbeitete und dort unter anderem für die Korrespondenz mit Bermann Fischer zuständig war, erinnert sich an eine Auflage von 50.000 Exemplaren pro Titel. Siehe: Pfäfflin, Friedrich u. Ingrid Kussmaul: *S. Fischer, Verlag. Von der Gründung bis zur Rückkehr aus dem Exil*. Stuttgart 1985, S. 619. Bermann Fischer selbst spricht in seinen Memoiren hingegen von einer Erstauflage von 10.000 Exemplaren, gefolgt von einer weiteren Auflage mit 15.000 Exemplaren pro Titel.
23 Mehrere solcher Exemplare befinden sich im Privatbesitz des Autors. Auch Hench: *Books as Weapons*, S. 130, weist auf die Einbände als Symptome echter Wertschätzung hin.

3 Nachkriegslektüren

Die „Bücherreihe Neue Welt" hat aber nachweislich auch direkten Einfluss auf die politische Neuorientierung ihrer Leser ausgeübt. Dies lässt sich durch ein Studium der Kriegsgefangenenzeitung *Der Ruf* nachweisen, die im Lager Fort Kearny in Rhode Island von einem kleinen Stab deutscher Intellektueller unter Aufsicht des deutschstämmigen US Captains Walter Schoenstedt im Auftrag der Special Projects Division herausgegeben wurde.[24] *Der Ruf* ist heutzutage vor allem deshalb bekannt, weil zu seinen Herausgebern auch Alfred Andersch und Hans Werner Richter, die Mitgründer der *Gruppe 47*, gehörten.[25] Insbesondere Andersch war in dieser Phase seines Lebens sehr an Thomas Mann interessiert, und so finden sich in den Seiten des *Rufes* aus seiner Feder auch immer wieder kleinere Texte über den berühmten Autor, unter anderem eine kluge Auseinandersetzung mit dessen Ansprache „Deutschland und die Deutschen": „Immer wieder, wenn wir uns mit dem Werk Thomas Manns beschäftigen, bewegt uns die selbstverständliche Humanität, mit der dieser Geist jegliche Infektion aus autoritären und extremistischen, das heißt also die Würde des Menschenbildes beeinträchtigenden Welten abstösst", heißt es hier. „Nichts ist so fruchtbar für die Entwicklung der Grundlagen zu freiheitlichem Denken als die Beschäftigung mit Thomas Mann."[26]

Die für die „Bücherreihe Neue Welt" relevanteste Passage findet sich aber in einer kurzen Huldigung an Thomas Mann zu dessen 70. Geburtstag, die im Juli 1945 im *Ruf* gedruckt wurde. Dort schreibt Andersch:

> Ausgestoßen von einer Regierung der Geistfeindschaft ist dieser größte lebende Dichter und Humanist heute amerikanischer Staatsbürger. [...] Was wir sicher wissen, ist, dass wir eine Schuld an ihm abzutragen haben: nicht durch Deklamationen unserer Bewunderung und Liebe, sondern durch eine sehr einfache Haltung; indem wir nämlich in einer Haltung innerer Bereitschaft zu den *Buddenbrooks* und zum *Zauberberg*, zur *Joseftrilogie* [sic!] und zu den politischen Essays greifen, in jener Haltung, die er wohl meinte, als er einmal am Schluss einer Rede in der Münchner Universität sagte, wir müssten wieder lernen, zu lesen.[27]

Dass dies nicht nur leere Worte waren und dass Anderschs Auffassung zumindest von einigen der deutschen Kriegsgefangenen geteilt wurde, geht aus einem Artikel

---

24 Zu Schoenstedt und Fort Kearny, siehe: Robin: *Barbed-Wire College*, S. 59–68.
25 Ausführlich hierzu: Horton, Aaron D.: *German POWs, Der Ruf, and the Genesis of Group 47: The Political Journey of Alfred Andersch and Hans Werner Richter*. Madison, NJ 2014.
26 Anon.: „Deutscher Geist in der Sicht Thomas Manns". In: *Der Ruf* 7 (Juni 1945), S. 4. Der Artikel hat keine Verfasserzeile, aber dazu passendes Manuskriptmaterial befindet sich im Andersch-Nachlass im Deutschen Literaturarchiv Marbach.
27 Andersch, Alfred: „Thomas Mann". In: *Der Ruf* 8 (Juli 1945), S. 4.

hervor, der drei Monate später, im Oktober 1945, in einer zu weiten Teilen Thomas Mann gewidmeten Ausgabe des *Rufes* gedruckt wurde. Dort meldet sich ein gewisser Dr. Wolfgang Hildebrandt zu Wort, ein Insasse des Camps Como in Mississippi. In seinem Leserbrief mit der Überschrift „Zauberberg und Kriegsgefangene" schreibt er:

> Sehr verehrter Herr Thomas Mann! Erlauben Sie mir einen Dank zum Ausdruck zu bringen, der mir schon lange auf der Seele liegt. Er kommt aus jenen Kreisen, die schon so oft Gegenstand Ihres Schaffens waren und die nie aufgehört haben, Ihre Leser zu sein, aus dem deutschen Bürgertum. [...] Der *Zauberberg* hat mich [...] durch alle Kommandos des Krieges begleitet. [...] Dieses Buch war daher auch mein kostbarster Besitz in den letzten schweren Wochen in Brest, mit ihm bin ich am 18. September 1944 in die amerikanische Kriegsgefangenschaft gegangen. Was dieses Buch, das jetzt in der „Bücherreihe Neue Welt" in allen Kriegsgefangenenlagern zu haben ist, dem an geistigen Dingen interessierten Deutschen bedeutet, geht freilich weit über das bisher Gesagte hinaus. Ich will es so ausdrücken: die wahre Wirkung des Romans besteht darin, dass der deutsche Kriegsgefangene sein eigenes Schicksal, seine eigene Geschichte in ihm erzählt findet.[28]

Und:

> Dank der Genfer Konvention von 1929 [...] ist unsere Gefangenschaft ebensowenig wie Hans Castorps Aufenthalt „einem Bagno oder sibirischen Bergwerk" zu vergleichen; hier wie dort handelt es sich vielmehr um einen Ort „hermetischer Pädagogik", der in beiden Fällen die Möglichkeit zu bemerkenswerten geistigen Erlebnissen in sich schließt. [...] Wir sahen plötzlich allein an den Buchpublikationen der amerikanischen Verleger, dass auch das geistige Zentrum dieser Welt in den Vereinigten Staaten liegt. Die Entfernung von der Heimat gab uns schließlich den Abstand, der notwendig war, um Deutschland eingeordnet in diese westliche Welt zu sehen.[29]

Man muss den Worten Hildebrandts, wie denen aller in den Krieg involvierten Deutschen jener Jahre, sicherlich mit einiger Vorsicht begegnen. Und dennoch, sein Brief hat nichts von der heuchlerischen Unterwürfigkeit, mit denen sich so viele andere in der Nachkriegszeit bei der amerikanischen Militärregierung beliebt machen wollten. Hildebrandt entwirft stattdessen eine originelle Lesart des *Zauberbergs*, in der er Hans Castorps Bildungsprozess auf dem Berghof mit dem eigenen Umdenken in Camp Como gleichsetzt. Ein Buch, das eigentlich die mentalitätsgeschichtlichen Umstände illustrieren soll, die zum Ausbruch des Ersten Weltkrieges geführt haben, wird somit für ein neues Zeitalter umfunktioniert.

---

28 Hildebrandt, Wolfang: „Zauberberg und Kriegsgefangene: Offener Brief an Thomas Mann". In: *Der Ruf* 14 (Oktober 1945), S. 4.
29 Ebd., S. 4.

Das Interessante dabei ist, dass sich Hildebrandt nicht nur vom Inhalt des *Zauberberges* gerührt zeigt, sondern, genau wie Enzensberger, auch den amerikanischen Buchpublikationen, die ihm angeblich eine neue Perspektive auf die deutsche kulturelle Tradition eröffneten, seinen tiefen Respekt erweist. Tatsächlich lässt sich ein konkretes Beispiel dafür erbringen, inwieweit die „Bücherreihe Neue Welt" einem aufmerksamen Leser wie ihm klargemacht haben muss, dass das „geistige Zentrum dieser Welt" nunmehr „in den Vereinigten Staaten liegt." Als Hildebrandt, der mit dem *Zauberberg* ja dank einer Dünndruckausgabe aus Vorkriegszeiten gut vertraut war, seinen im Camp Como erworbenen Schatz aufschlug, musste sein Blick zwangsläufig auf ein „Vorwort" fallen, das es so in früheren Ausgaben des Romans nicht gegeben hatte. Es handelte sich um die „Einführung in den Zauberberg", die Thomas Mann 1939 für Studenten der Universität Princeton gehalten hatte, und die seitdem auch Teil der im Exil produzierten sogenannten „Stockholmer Ausgabe" des Romans geworden war. Dieses neue Vorwort lesend, hätte sich Hildebrandt als „Gentleman" appelliert erfahren und er hätte außerdem miterlebt, wie Mann zwei amerikanische Literaturkritiker – einer davon, Howard Nemerov, ein junger Jude – himmelhoch lobte und ihnen attestierte, die Bedeutung dieses doch angeblich so deutschen Romanes besser verstanden zu haben als fast jede*r deutsche Interpret*in.

Kurzum, es war ein verwandelter *Zauberberg*, den Hildebrandt und andere Kriegsgefangene wieder mit in die Heimat brachten. Nicht länger *nur* ein deutscher Roman, sondern ein deutscher Roman, der in die Fremde gegangen war und von dort in anderem Gewand wieder zurückgekommen war. Es galt, ihn neu lesen zu lernen und nicht nur als das Produkt eines fremden „Untertanen" abzutun. Deutsche Kriegsgefangene wie Andersch und Hildebrandt erlebten somit anhand ihrer eigenen Leseerfahrungen, was Thomas Mann wohl meinte, als er in seiner inzwischen viel diskutierten Radioansprache vom 30. Dezember 1945, das Wort vom eigenen „Weltdeutschtum" (GW XIII, 743) prägte.[30]

4 Kriegskauderwelsch

Die hier angestellten Überlegungen zu den Themen „Bibliomigranz", „Kriegserfahrung" und „politischer Neuorientierung" lassen sich im Übrigen noch durch ein weiteres Fallbeispiel aus den Seiten des *Rufes* untermauern. Allerdings ist hier

---

[30] Zu Thomas Manns Idee eines „Weltdeutschtums" siehe unter anderem die Einführung zu Vaget, Hans Rudolf: *Thomas Mann, der Amerikaner: Leben und Werk im amerikanischen Exil 1938 – 1952*. Frankfurt/Main 2011, S. 11–28.

mit einiger Vorsicht zu verfahren, denn bei dem Korrespondenten, der für die Oktoberausgabe 1945 (derselben also, in der auch der Brief von Hildebrandt erschien) einen kurzen Text mit dem Titel „Feierlich Bewegt" beisteuerte, handelt es sich um niemand anderen als Thomas Manns ältesten Sohn Klaus.

Klaus Mann berichtet in seinem ursprünglich im Dezember 1944 entstandenen Beitrag darüber, wie er in den vergangenen Monaten als Kriegsberichterstatter für die Zeitung *Stars und Stripes* die amerikanische Armee bei ihrem Feldzug die italienische Halbinsel hinaufbegleitet hat. In seinem Rucksack habe er dabei immer ein Exemplar von *Joseph der Ernährer* mit sich herumgetragen – ein weiteres konkretes Beispiel also, für die Art und Weise, wie sich Thomas Manns Bücher gegen Ende des Krieges mit amerikanischer Hilfe ihren Weg zurück nach Deutschland bahnten. Und er erzählt auch von seinem Freund Johnny Löwenthal, einem Deutsch-Amerikaner, der sich das Buch eines Tages auslieh und nur fünf Minuten später von einer Kugel getötet wurde. Hieraus zieht er den Rückschluss:

> Man sagt wohl, daß Menschen in kritischen Situationen die Zuverlässigkeit und Stärke ihres Charakters beweisen können. Das trifft auch auf Bücher zu. Ein Buch, das seine Gültigkeit und seine Anziehungskraft im Kanonenfeuer, inmitten von Tod und Zerstörung, bewährt, muss von echter, kraftvoller Substanz sein. Es hat seine Feuerprobe bestanden.[31]

Auf symbolischer Ebene stellt diese Geschichte eines Mannes, der unmittelbar, nachdem er sich ein Buch von „echter, kraftvoller Substanz" geliehen hat, den Tod findet, eine ironische Inversion der vielen Volksgeschichten dar, in der eine Kugel von einer Bibel oder einer ähnlich heiligen Schrift aufgehalten wird.[32] Diese Anspielung wird dadurch noch verstärkt, dass es sich bei Joseph, dem Protagonisten von Manns Roman, um eine christologische Figur handelt und dass Klaus Mann das Lesevorhaben seines Freundes als Projekt der Selbstbildung und Selbstreflexion darstellt. Denn Johnny Löwenthal wird den deutschen Leser*innen des *Rufes* explizit als Jude vorgestellt, und damit als direkter Nachfahre des Joseph. Zudem ist er „ein tüchtiger Soldat – hilfsbereit und lustig, begabt mit natürlichem Charme und anspruchsloser Anmut."[33] Er verfügt damit über exakt dieselben Charakteristika, die auch den Protagonisten des Romans ausmachen.

Klaus Mann belässt es aber nicht bei symbolischen Anspielungen, sondern setzt den verständigen Charakter Johnny Löwenthals in expliziten Kontrast mit

---

31 Mann, Klaus: „Feierlich Bewegt". In: *Der Ruf* 14 (Oktober 1945), S. 5.
32 Der Wahrheitsgehalt von Klaus Manns Text lässt sich nicht mit Sicherheit klären, allerdings bestätigen die Gefallenenberichte des US-Militärs, dass ein Soldat namens John Löwenthal, geboren in Danzig und wohnhaft in Tippecanoe County, Indiana, im Herbst 1944 gefallen ist.
33 Ebd.

dem der deutschen Kriegsgefangenen, denen er im Laufe des Italien-Feldzuges begegnet:

> Was für ein Kauderwelsch redeten denn diese Burschen? War das deutsch? Es klang nicht wie die Sprache, die mein Vater mich zu sprechen und zu lieben lehrte. Würden diese Fallschirmjäger und SS-Männer für die archaisch-ironischen Finessen des *Joseph*-Stils irgendwelches Verständnis haben? Was für Gesichter sie wohl machen würden, wenn ich es mir einfallen liesse, ihnen ein paar Abschnitte aus dem biblischen Roman vorzutragen?[34]

Genau wie Wolfgang Hildebrandt auch versucht Klaus Mann also, die Werke seines Vaters als der Welt zugewandte Gegenpole zur Barbarei des Nationalsozialismus darzustellen. Und genau wie Hildebrandt beschreibt er die Zuflucht zu komplexer Literatur als einen möglichen Ausweg aus dem Armee-Alltag. Am ähnlichsten sind sich die Autoren aber in ihrer Einsicht, dass es amerikanische Leser und Exilausgaben von Büchern sind, die das wahre Verständnis für deutsche kulturelle Errungenschaften in Kriegszeiten am Leben gehalten haben. Klaus Mann stilisiert sich nicht nur explizit als Journalist für eine amerikanische Armee-Zeitung, sondern weist explizit darauf hin, dass es das Leseinteresse eines *Deutsch-Amerikaners* ist, das für zukünftige Generationen (und somit auch für ein neugeordnetes Deutschland) als vorbildhaft gelten möge. Dennoch aber gibt er dem *Ruf* die Erlaubnis, seinen kurzen Text abzudrucken. Offensichtlich also glaubt er, dass das „Kauderwelsch" der deutschen Kriegsgefangenen von vorübergehender Dauer sein wird, und dass auch sie wieder den Weg zu den „archaisch-ironischen Finessen des *Joseph*-Stils" finden würden.

In diesem Übergang von einem Denkmuster zu einem anderen aufgrund des materiellen Austausches von Büchern liegt die wahre Bedeutung des Konzeptes der „Bibliomigranz". Während im Nachkriegsdeutschland alternde Intellektuelle, die an einem Ort verblieben waren und aufgrund dieser Entscheidung nun unterschwellige Schuldgefühle mit sich herumtrugen, zur geschlossenen Front gegen Thomas Mann aufriefen, gelangten gedruckte Ausgaben seiner Werke unter teils abenteuerlichen Umständen bereits in neue Hände und prägten dort ein neues Publikum.

Thomas Mann hat von der Special Projects Division übrigens regelmäßig Ausgaben des *Rufes* zugeschickt bekommen. Am 21. September 1945, auf dem Höhepunkt der „Großen Kontroverse" notierte er sich in seinem Tagebuch: „Die Gefangenen-Lager-Zeitung *Der Ruf* mit gutem Portrait und freundlichen Artikeln. Beides wohltuend nach den widerwärtigen Erfahrungen der letzten Tage" (Tb. 21. September 1945).

---

34 Ebd.

Abbildungverzeichnis

Abbildung 1: **Thomas Manns *Selected Short Stories* in den Armed Services Editions**
Titelblatt, Thomas Mann: *Selected Short Stories*. Kein Ort, 1944. Foto Tobias Boes von einem Exemplar im Besitz des Autors. Rechte sind frei bzw. verwaist.

Abbildung 2: **Umschlag und Titelblatt des ersten Bandes von Thomas Manns *Zauberberg* in der „Bücherreihe Neue Welt"**
Umschlag und Titelblatt, Thomas Mann: *Der Zauberberg*. Kein Ort, 1945. Foto Tobias Boes von einem Exemplar im Besitz des Autors. Mit Erlaubnis des S. Fischer Verlages.

Abbildung 3: **Das an S. Fischer angelehnte Logo des Bermann-Fischer-Verlages aus den Ausgaben der „Bücherreihe Neue Welt"**
Logo des Bermann-Fischer-Verlages aus den Ausgaben der „Bücherreihe Neue Welt." Die Bücherreihe erschien 1945. Foto Tobias Boes von einem Exemplar im Besitz des Autors. Mit Erlaubnis des S. Fischer Verlages.

Matthias Müller
Fluchtpunkt Niederlage. Thomas Mann und das Ende des Zweiten Weltkriegs

Wenige Tage nach der deutschen Kapitulation vom 8. Mai 1945 wendet sich Thomas Mann in seiner vorletzten Radioansprache an die deutschen Hörer*innen. Die lang erhoffte und nun eingetretene deutsche Niederlage gibt Mann Anlass, über die Signifikanz der „Befreiung" – wie er das Ende des Nationalsozialismus bereits vierzig Jahre vor Richard von Weizsäckers Rede im Bonner Bundestag bezeichnet – nachzudenken. Das auf den 10. Mai 1945 datierte Redemanuskript setzt mit einer aphoristischen Reflexion über die Bedeutung des Kriegsendes ein:

> Wie bitter ist es, wenn der Jubel der Welt der Niederlage, der tiefsten Demütigung des eigenen Landes gilt! Wie zeigt sich darin noch einmal schrecklich der Abgrund, der sich zwischen Deutschland, dem Land unserer Väter und Meister, und der gesitteten Welt aufgetan hatte! (GW XI, 1121)

Die Dialektik von Sieg und Niederlage erfährt hier eine bemerkenswerte Wendung: Nicht dem eigenen Triumph gilt der Jubel der Welt, sondern der Niederlage des Gegners. Die Kriegsanstrengungen der Alliierten waren, so Mann, nicht primär auf den eigenen Sieg gerichtet gewesen, sondern auf die Verhinderung eines deutschen Triumphes. Thomas Mann hatte in seinen Reden und Essays während des amerikanischen Exils nie Zweifel an dem moralischen Imperativ gelassen, der Siegesbesessenheit des Deutschen Reiches mit allen Mitteln Einhalt zu gebieten. Wenn dieses Ziel im Frühjahr 1945 schließlich auch erreicht ist, so bietet das Ende des Krieges auf europäischem Boden jedoch keine Hoffnung auf eine kritische Auseinandersetzung der Deutschen mit ihrer jüngsten Vergangenheit. Für Mann offenbart sich der Abgrund zwischen Deutschland und dem Rest der Welt im Angesicht der Niederlage ebenso wie im Lichte der Zwischensiege der ersten Kriegsjahre. Am 4. Mai 1945 notiert er im Tagebuch: „Wildeste Brutalität im Siege, Gewimmer und Appell an Generosität und Gesittung in der Niederlage. / Nein, es ist kein großes Volk."[1] Die entscheidende historische Zäsur der deutschen Niederlage von 1945 spielt als Fluchtpunkt von Manns Reden und Essays des amerikanischen Exils zwar eine zentrale Rolle. Als erkenntnisstiftende Erfahrung

---

[1] Mann, Thomas: *Tagebücher 1944–1946*. Hg. v. Peter de Mendelssohn. Frankfurt/Main 1982, S. 198.

aber, die Anstoß zur moralischen und politischen Neuorientierung nach dem Ende der nationalsozialistischen Herrschaft geben könnte, scheidet die Niederlage vorläufig aus.

Der vorliegende Beitrag skizziert Thomas Manns Haltung innerhalb einer Tradition von philosophischen und historischen Überlegungen zu den Gefahren des Sieges und den Vorzügen der Niederlage, die von Friedrich Nietzsche über Heinrich Mann bis zu Reinhart Koselleck und Wolfgang Schivelbusch reicht. Manns Position innerhalb dieser Konstellation ist insofern bemerkenswert, als er die Frage von Sieg und Niederlage nicht historisch – ex post facto – diskutiert, sondern die deutsche Geschichte im zwanzigsten Jahrhundert auf die zukünftige, radikale Niederlage hin erzählt. Aus dieser Perspektive betrachtet, eröffnen Manns essayistisches und publizistisches Werk der amerikanischen Exilzeit sowie der Deutschlandroman *Doktor Faustus* (1947) nicht nur eine Perspektive auf die Epochenzäsur von 1945 jenseits etablierter Deutungsmuster wie etwa dem Mythos der ‚Stunde Null'. Sie rücken darüber hinaus mit dem Komplex der Niederlage ein für die deutsche Geschichte und Literatur im zwanzigsten Jahrhundert zentrales Ereignis in den Fokus. Manns Werk ist in diesem Kontext besonders aufschlussreich, weil es die vom Deutsch-Französischen Krieg 1870/71 über die Niederlagen von 1918 und 1945 reichende *longue durée* aufspannt. Der Zusammenbruch des Deutschen Reiches im Mai 1945 lässt sich so als Fluchtpunkt einer verhängnisvollen historischen Entwicklung verstehen, die vom Siegestaumel im Deutsch-Französischen Krieg zum exzessiven Militarismus und Nationalismus des Kaiserreichs über die unbewältigte Niederlage von 1918 in den Zweiten Weltkrieg geführt hatte. Aus dem Exil heraus formuliert Thomas Mann während der Kriegsjahre die Einsicht, dass die totale Niederlage Deutschlands nicht nur notwendig ist, um die menschenverachtende nationalsozialistische Herrschaft zu beenden, sondern vor allem, um einen deutschen Sieg und damit eine Katastrophe noch größeren Ausmaßes zu verhindern. Diese globale Perspektive zeichnet Mann nicht nur vor seinen Zeitgenoss*innen, sondern auch vor folgenden sich mit der deutschen Niederlage beschäftigenden Generationen aus.[2]

---

2 Siehe hierzu exemplarisch die „große Kontroverse" der ersten Nachkriegsjahre, aber auch jüngere Beiträge zum Thema: Benders, Peter: „Ganz und gar am Ende. Über die Notwendigkeit der deutschen Niederlage 1945". In: *Merkur* 49 (1995) H. 554, S. 450–456.

1 Zur Kultur der Niederlage

Als George Orwell im Februar 1944 in seiner Kolumne „As I Please" in der Zeitschrift *Tribune* über die zukünftig zu schreibende Geschichte des Zweiten Weltkriegs spekuliert, gilt seine Sorge vor allem der Erosion des Begriffs der „objektiven Wahrheit". Der Faschismus begnüge sich nicht damit, Fakten zu seinen Gunsten zu arrangieren, sondern habe Berichterstattung und „objektive Wahrheit" grundsätzlich entkoppelt. Während es der *Encyclopedia Britannica* im Falle des Ersten Weltkriegs beispielsweise noch möglich gewesen sei, die Opferzahlen bestimmter Schlachten auch aus deutschen Quellen zu beziehen, sei diese Option gegenwärtig nicht mehr gegeben. Dies habe eine radikale Politisierung der Geschichtsschreibung zur Folge: „A Nazi and a non-Nazi version of the present war would have no resemblance to one another, and which of them finally gets into the history books will be decided not by evidential methods but on the battlefield."[3] Die hier von Orwell skizzierte spezifische historische Konstellation weist allerdings über sich hinaus, indem sie einen grundsätzlichen Zusammenhang zwischen militärischer und historiographischer Macht postuliert: „History is written by the winners."[4] Orwells Variante der häufig vorgebrachten These, die Sieger*innen schreiben die Geschichte, rückt so die zwei Bedeutungsebenen von „Geschichte schreiben" in den Fokus: Wer Geschichte schreibt, „macht" Geschichte und erwirbt damit zugleich die Lizenz, Geschichte zu erzählen. Es ist wenig überraschend, dass es just ein deutscher Historiker aus der Generation der Besiegten ist, der jene Logik in Frage stellt.

Reinhart Koselleck bestreitet nicht, dass militärische Überlegenheit meist in historiographischer Hegemonie mündet, wohl aber deren Erklärungskraft: „Mag die Geschichte – kurzfristig – von Siegern gemacht werden, die historischen Erkenntnisgewinne stammen – langfristig – von den Besiegten."[5] Dies hat mit der spezifischen Erfahrung des Besiegtwerdens zu tun. Denn während Sieger*innen dazu tendieren, „kurzfristig erzielte Erfolge durch eine langfristige Ex-post-Teleologie auf Dauer auszulegen",[6] so Koselleck, zwinge die Niederlage die Besiegten dazu, ihre gescheiterte Strategie zu hinterfragen und – im Gegensatz zu

---

3 Orwell, George: *The Collected Essays, Journalism and Letters of George Orwell*. Bd. 3: *As I Please, 1943–1945*. Hg. v. Sonia Orwell u. Ian Angus. New York 1968, S. 87.
4 Ebd., S. 88.
5 Koselleck, Reinhart: „Erfahrungswandel und Methodenwechsel – eine historisch-anthropologische Skizze". In: ders.: *Zeitschichten. Studien zur Historik*. Frankfurt/Main 2003, S. 27–77, hier S. 68.
6 Ebd.

den Sieger*innen – auch „mittel- und langfristige Gründe"[7] heranzuziehen: „Die Erfahrung des Besiegtwerdens enthält Erkenntnischancen, die ihren Anlaß überdauern, gerade wenn der Besiegte genötigt ist, wegen seiner eigenen auch die übergreifende Geschichte umzuschreiben."[8] Für Reinhart Koselleck birgt die Niederlage also in erster Linie methodisches Potenzial, da sie die Historiker*innen auf Seiten der Besiegten auf die Suche nach den Möglichkeitsbedingungen des Scheiterns schickt. Dieses Interesse am *kritischen* Potenzial ist es auch, das Koselleck von anderen Verteidigern der Niederlage unterscheidet. Carl Schmitt – einer der einflussreichsten Mentoren des jungen Koselleck – hatte bereits 1947 in *Ex captivitate salus* behauptet, die tiefgreifendsten historischen Einsichten stammen von den Besiegten. Eine kritische Auseinandersetzung mit den Gründen für die deutsche Niederlage findet sich in Schmitts Reflexionen allerdings nirgends. So notiert er 1951 im *Glossarium* ebenso prägnant wie hermetisch: „Der Besiegte schreibt die Geschichte; der Gescheiterte ist der Gescheitere."[9] Ulrich Raulff erinnert in Bezug auf Schmitt und Koselleck daran, dass keineswegs nur die Eigeninteressen der Sieger*innen, sondern auch die der Besiegten dem Streben nach objektiver Wahrheit entgegenstehen: „Wer im Feld geschlagen wurde, der sucht wenigstens am Schreibtisch zu gewinnen."[10]

Wolfgang Schivelbusch demonstriert in *Die Kultur der Niederlage*, wie unterlegene Nationen versuchen, dieser traumatischen Erfahrung nachträglich Sinn abzugewinnen. Eine von Schivelbuschs drei Fallstudien ist Deutschland nach 1918 gewidmet und zeigt nicht nur, dass die Erfahrung der Niederlage nicht notwendigerweise mit einer tatsächlichen kritischen Auseinandersetzung mit der Vergangenheit einhergeht, sondern auch die erstaunliche Bandbreite der politischen, publizistischen und literarischen Reaktionen auf das Ende des Ersten Weltkriegs und den Kollaps des Kaiserreichs. Vor allem aber arbeitet Schivelbusch heraus, dass die Bewältigung der Niederlage immer mit einer „Orientierung der Verlierer am Erfolgsmodell der Sieger"[11] einhergeht.

Thomas Manns essayistisches Werk der frühen Weimarer Jahre gehört ebenso wie das seines Bruders Heinrich in die von Schivelbusch beschriebene zeitgeschichtliche Konstellation. Während die Fronten zwischen Sieger*innen und Besiegten damals klar verliefen, stellt sich die Situation in den 1940er Jahren zu-

---

7 Ebd.
8 Ebd., S. 69.
9 Schmitt, Carl: *Glossarium. Aufzeichnungen aus den Jahren 1947 bis 1958*. Hg. v. Gerd Giesler u. Martin Tielke. Berlin 2015, S. 253.
10 Raulff, Ulrich: *Ein Historiker im 20. Jahrhundert: Marc Bloch*. Frankfurt/Main 1994, S. 34.
11 Schivelbusch, Wolfgang: *Die Kultur der Niederlage. Der amerikanische Süden 1865 – Frankreich 1871 – Deutschland 1918*. Berlin 2001, S. 47.

mindest für den Exilanten Thomas Mann wesentlich komplexer dar. Seine Position zur deutschen Niederlage von 1945 lässt sich nur dann adäquat erfassen, wenn sowohl seine Doppelrolle als geistiger Repräsentant Deutschlands und amerikanischer Staatsbürger als auch seine Erfahrung aus der unbewältigten Niederlage von 1918 berücksichtigt werden.

2 Die Niederlage als verhüteter Sieg

Manns Perspektive auf Deutschland ist von einer Dialektik geprägt, die sich aus dieser Doppelrolle als geistiger Repräsentant Deutschlands und als amerikanischer Staatsbürger ergibt. Wenngleich sich der Autor von Anfang an gegen den Nationalsozialismus positioniert, betont er wiederholt, dass man keinen „reinlichen Trennungsstrich [...] zwischen dem ‚Nazismus' und dem deutschen Volk" (GW XII, 946) ziehen könne und nimmt sich selbst davon ausdrücklich nicht aus. Diese Position vertritt er unter anderem in dem Essay „Deutschland und die Deutschen", den er im Frühjahr und im Sommer 1945 auch als Rede an der Library of Congress in Washington, D.C. sowie in New York und Los Angeles hält. Hier heißt es gegen Ende:

> Eines mag diese Geschichte uns zu Gemüte führen: daß es nicht zwei Deutschland gibt, ein böses und ein gutes, sondern nur eines, dem sein Bestes durch Teufelslist zum Bösen ausschlug. Das böse Deutschland, das ist das fehlgegangene gute, das Gute im Unglück, in Schuld und Untergang. [...] Nichts von dem, was ich Ihnen über Deutschland zu sagen oder flüchtig mitzuteilen habe, kam aus fremdem, kühlem, unbeteiligtem Wissen; ich habe es auch in mir, ich habe alles am eigenen Leibe erfahren. (GW XI, 1146)

Die Exilsituation, die Siegfried Kracauer als „das fast vollkommene[...] Vakuum der Exterritorialität"[12] beschreibt, bietet die spezifische Perspektive, aus der Mann seine Diagnose des fehlgegangenen Deutschland formuliert.[13] Wenngleich Kra-

---

12 Kracauer, Siegfried: *Geschichte – Vor den letzten Dingen*. Hg. v. Ingrid Belke. Frankfurt/Main 2009, S. 96. Im (posthum publizierten) englischen Original heißt es bei Kracauer: „In fact, he [the exile; M.M.] has ceased to ‚belong'. Where then does he live? In the near-vacuum of extra-territoriality, the very no-man's land which Marcel entered when he first caught sight of his grandmother. The exile's true mode of existence is that of a stranger." Kracauer, Siegfried. *History. The Last Things Before the Last*. New York 1969, S. 83–84.
13 Vgl. hierzu: Vaget, Hans Rudolf: *Thomas Mann, der Amerikaner*. Frankfurt/Main 2011, S. 129: „Das Nachdenken über diese Fragenkomplexe [der Ort des Nationalsozialismus in der deutschen Geschichte und die moralischen Implikationen des Holocaust; M.M.] führten ihn schon während des Krieges zu Erkenntnissen, denen sich die Deutschen erst viel später zu stellen bereit waren. Entscheidend dafür war die Exilsituation, in der Thomas Mann eben nicht, wie es oft von den

auers und Manns Exilerfahrungen sich grundlegend unterscheiden, so teilen sie doch die Existenz des Fremden, der aufgehört hat anzugehören.[14] Mann nimmt so eine Außenperspektive auf das jüngste Kapitel deutscher Geschichte ein, ohne sich grundsätzlich aus der Affäre zu ziehen. Gleichwohl suggeriert die Rede von der „Teufelslist", die das deutsche Schicksal zum Bösen gewendet habe, zumindest eine Relativierung der Verantwortung. Der Zivilisationsbruch erscheint so einerseits nurmehr als historischer Irrweg, den es zu korrigieren gilt. Andererseits lässt Mann aber keinen Zweifel daran, dass dieser Irrweg keineswegs externen teuflischen Verlockungen geschuldet ist, sondern der deutschen Kultur selbst entspringt.[15]

Die Einsicht in dieses dialektische Verhältnis zeichnet nicht nur Thomas Manns Haltung zu Deutschland im Allgemeinen, sondern auch zur deutschen Niederlage 1945 im Besonderen aus. In dem Essay „Das Ende", erstmals im März 1945 in der amerikanischen Zeitschrift *Free World* veröffentlicht, kommt diese Einsicht in der Verquickung von Genugtuung und Mitleid angesichts der deutschen Katastrophe deutlich zum Ausdruck:

> Die nationale Katastrophe, die das Regime in sich trug vom ersten Tage an, ist da – zwölf Jahre hatten wir mit einem Gemisch von Grauen und Hoffnung darauf gewartet. Ja, wir haben sie gewünscht – um der moralischen Logik willen, aus wirklichem Haß, aus Sehnsucht nach Bestrafung absurder Schlechtigkeit, nach der sittlichen *Lektion*, – und nun, da der Zusammenbruch da ist, ein Ruin nie gesehenen Ausmaßes, allumfassend, ein moralischer, geistiger, militärischer, ökonomischer Bankrott ohnegleichen, – nun kommt dennoch unser Erbarmen mit soviel Fehlgeschichte, Unberatenheit, soviel Einsatz für tote Ideale, soviel blindem Trotz gegen die wahren Forderungen der Weltstunde – es kommt unser Mitleid dennoch der Genugtuung gleich: ein Mit-Leiden, das keineswegs nur altruistischer Art ist, denn alles Deutschtum ist betroffen und tief in Frage gestellt, auch der deutsche Geist, der deutsche Gedanke, das deutsche Wort, und man fragt sich, wie überhaupt noch in Zukunft ‚Deutschland' in irgendeiner seiner Erscheinungen es sich soll herausnehmen dürfen, in menschlichen Angelegenheiten den Mund aufzumachen. (GW XII, 949)

Mit dem Kollaps Hitlerdeutschlands hat sich das Schicksal des „Dritten Reiches" erfüllt. Zugleich aber bricht damit für Thomas Mann offensichtlich eine Zukunftsperspektive weg. Während die kommende deutsche Niederlage zwölf Jahre lang als Fluchtpunkt von Manns Einsatz für Demokratie und gegen den Natio-

---

deutschen Exilanten pauschal behauptet wird, mit seinen Gedanken allein in Deutschland und Europa verweilte. Vielmehr öffnete ihm die Exilsituation die Augen für die politische und moralische Außenwahrnehmung der Deutschen".
14 Vgl. Kracauer: *Geschichte – Vor den letzten Dingen*, S. 96.
15 Zur Bedeutung von Sebastian Haffners 1940 erschienenem Buch *Germany: Jekyll and Hyde* auf Thomas Manns Ein-Deutschland-Theorie siehe Vaget: *Thomas Mann, der Amerikaner*, S. 464–470.

nalsozialismus dienen konnte, legt das Ende des Regimes in aller Deutlichkeit offen, dass „alles Deutschtum" korrumpiert ist. Das zentrale Ziel von Thomas Manns politischen Aktivitäten während des Exils – als Redner vor amerikanischem Publikum, als Essayist, oder als mahnende deutsche Stimme aus dem Exil in seinen Radioreden für die BBC und die Voice of America – war das Ende der nationalsozialistischen Herrschaft. Mit dem alliierten Sieg über Deutschland steht Mann als amerikanischer Staatsbürger auf Seiten der Sieger*innen, als deutscher Autor gehört er zugleich einer besiegten Nation an. Doch angesichts der deutschen Gräueltaten und der Millionen Kriegsopfer verbietet es sich, aus der Erfahrung der Niederlage Kapital zu schlagen. Zwar gibt Mann der Hoffnung Ausdruck, „daß die Liquidierung des Nazismus den Weg freigemacht hat zu einer sozialen Weltreform, die gerade Deutschlands inneren Anlagen und Bedürfnissen die größten Glücksmöglichkeiten bietet" (GW XI, 1147). Damit ist jedoch keineswegs die Vorstellung verbunden, Deutschland könne aus der Geschichte gelernt haben.[16] Im Gegenteil, die radikale Niederlage Deutschlands ist für Mann einzig die Garantie dafür, dass Deutschland nicht erneut dem Fluch des Sieges nachgibt, dem es seit der Gründung des Kaiserreichs verfallen gewesen war. Die Niederlage ist folglich als verhinderter Sieg Deutschlands zu verstehen. So gesehen offenbart sich Thomas Manns Sorge um Deutschland als grundsätzliche Auseinandersetzung mit dem Verhältnis von Sieg und Niederlage, die über die Situation von 1945 hinausweist. Denn im Gegensatz zu den Niederlagenphilosophen, die der Erfahrung des Besiegtwerdens einen epistemologischen Mehrwert zuschreiben, hat sie für Mann einzig als Negation des Triumphs Relevanz. Für Schmitt – aber auch für Koselleck – führt die Niederlage auf dem Schlachtfeld zumindest potenziell zum Sieg am Schreibtisch. Für Mann hingegen wäre der militärische Sieg zwar die wahre Niederlage, doch umgekehrt garantiert die Verhinderung dieses Sieges nicht die moralische Besserung der Unterlegenen. Dafür lieferte die Erfahrung von 1918 den besten Beweis.

---

[16] So Mann auch in einem Brief an Agnes Meyer vom 25.10.1945. Er zitiert aus einem Brief des Schriftstellers Manfred Hausmann, der berichtet, die Niederlage habe gar nichts geändert. Mann fügt resigniert hinzu: „Da aber eigentlich niemand etwas aus der Katastrophe gelernt hat, – warum sollten gerade die Deutschen etwas gelernt haben?" *Thomas Mann – Agnes E. Meyer: Briefwechsel, 1937–1955.* Hg. v. Hans Rudolf Vaget. Frankfurt/Main 1992, S. 642.

3 Der Fluch des Sieges

Die Unmöglichkeit eines deutschen Sieges buchstabiert Thomas Mann in seinen BBC-Ansprachen zwischen 1940 und 1945 detailliert aus. Im Oktober 1941 bemerkt er im Hinblick auf Hitlers militärische Triumphe in der Sowjetunion:

> Seine Siege, diese mechanischen, glanzlosen, ruhmlosen, totgeborenen Siege – sie lassen keines Menschen Herz höher schlagen, niemand achtet sie oder glaubt an sie, das deutsche Volk selbst blickt auf sie ohne Stolz, ohne Begeisterung, nur mit Entsetzen über die Ströme von Blut, die sie jetzt in Rußland kosten, und mit einer dumpfen Besorgnis, die nur zu gerechtfertigt ist, denn zu nichts als Ruin und Elend werden diese Siege führen. (GW XI, 1018)

Wenngleich die Behauptung, die Deutschen blickten auf die Siege in Russland ohne Stolz und Begeisterung, wohl eher Manns Hoffnung und der Propaganda-Funktion der Radioansprachen als der Kenntnis der tatsächlichen Stimmung in Deutschland geschuldet ist, deutet sich bereits in dieser relativ frühen BBC-Rede die Interpretation der deutschen Siege als Niederlagen an. Zumindest deuten diese auf „Ruin und Elend" voraus. Im folgenden Jahr, Mitte 1942, spitzt Thomas Mann das Argument zu und negiert die Möglichkeit, dass Deutschland den Krieg gewinnen könnte, grundsätzlich: „Seid getrost! Hitlers Sieg ist ein leeres Wort: es gibt so etwas gar nicht, es liegt nicht im Bereich des Annehmbaren, Zulässigen, Denkbaren." (ebd., 1044) Die Umkehrung der Dialektik von Sieg und Niederlage, wie sie auch in der eingangs zitierten Ansprache vom Mai 1945 formuliert ist, ist hier bereits angelegt: Hitlers Triumph wäre – moralisch gesprochen – eine Niederlage, während die deutsche militärische Niederlage Anlass für den Jubel der Weltgemeinschaft gibt. Die Schreckensvision eines deutschen Sieges entwirft Mann in einer Ansprache im November 1942:

> Alle klügeren Menschen außerhalb Deutschlands und innerhalb wußten es immer, und auch die unwissenden greifen es nun mit Händen, daß der Sieg der Nazis für Deutschland selbst ein gräßlicheres Unglück wäre als die Niederlage, in die ein fanatischer Idiot es jetzt führt. Dieser Sieg wäre untragbar und unhaltbar. Seine sichere und kurzfristige Folge wäre das, womit die Nazi-Propaganda euch bedroht, für den Fall, daß ihr eine elende Verbrecherbande nicht länger schützt und die Waffen niederlegt: es wäre die Vernichtung des deutschen Volkes, seine Austreibung aus der Menschengemeinschaft. (ebd., 1060)

Während die Theoretiker der Niederlage deren Chancen betonen, warnt Thomas Mann vor den Gefahren des Sieges. In seiner nächsten BBC-Rede Ende Dezember 1943 entlarvt er nicht nur die erfolglosen Versuche der „Goebbels-Presse" (ebd., 1062), die Flucht Rommels nach der Niederlage in Nordafrika als „ruhmwürdiger als alle Siege" (ebd.) darzustellen. Er liefert vor allem den Grund dafür, dass diese klassische Niederlagenstrategie im Falle der Nazipropaganda nicht fruchtet: „Mit deutschen Niederlagen ist nichts anzufangen. Die Sache Hitlers ist auf den nackten, rohen Erfolg gestellt" (ebd.). Die deutsche Siegesbessenheit und die Unfähigkeit, Niederlagen anzuerkennen, sind Teil *eines* Phänomens. Nicht zufällig zelebriert der *Völkische Beobachter* den Sieg im Frankreichfeldzug im Juni 1940 als Revanche für die „Schmach von Compiègne", den Waffenstillstandsvertrag vom November 1918. Eine Zeichnung zeigt drei Reichswehrsoldaten, die einem Wehrmachtssoldaten dabei zuschauen, wie er eine Hakenkreuzflagge in den blutgetränkten französischen Boden pflanzt. Unter der Zeichnung findet sich die Formel: „Und ihr habt doch gesiegt!"[17] Der Triumph über Frankreich stellt so vor allem die Wiedergutmachung einer in der Vergangenheit erlittenen Demütigung dar. Genauer betrachtet, mag es sich bei dieser ausgeführten Rachefantasie weniger um die Reaktion auf eine erlittene Niederlage handeln als um die auf einen ausgebliebenen Sieg.

In der ersten unzeitgemäßen Betrachtung von 1873 weist Nietzsche darauf hin, dass der Fluch des Sieges weitaus gefährlicher ist als die Demütigung der Niederlage:

> [E]in grosser Sieg ist eine grosse Gefahr. Die menschliche Natur erträgt ihn schwerer als eine Niederlage; ja, es scheint selbst leichter zu sein, einen solchen Sieg zu erringen, als ihn so zu ertragen, dass daraus keine schwerere Niederlage entsteht. Von allen schlimmen Folgen aber, die der letzte mit Frankreich geführte Krieg hinter sich drein zieht, ist vielleicht der schlimmste ein weiterverbreiteter, ja allgemeiner Irrthum: der Irrthum der öffentlich Meinenden, dass auch die deutsche Kultur in jenem Kampfe gesiegt habe und deshalb jetzt mit den Kränzen geschmückt werden müsse, die so ausserordentlichen Begebnissen und Erfolgen gemäss seien. Dieser Wahn ist höchst verderblich; nicht etwa, weil er ein Wahn ist – denn es giebt die heilsamsten und segensreichsten Irrthümer – sondern weil er im Stande ist, unseren Sieg in eine völlige Niederlage zu verwandeln: in die Niederlage, ja Exstirpation des deutschen Geistes zu Gunsten des „deutschen Reiches".[18]

---

17 *Völkischer Beobachter*, Berliner Ausgabe (22. Juni 1940), S. 3. Mit der Formel „Und ihr habt doch gesiegt" wurde meist der beim Münchner Hitlerputsch am 9. November 1923 getöteten Nazis der ersten Stunde gedacht. Im Kontext des Überfalls auf Frankreich 1940 sind allerdings explizit die Gefallenen des Ersten Weltkriegs angesprochen, was durch die Nennung von drei emblematischen Schlachten an der Westfront („Somme – Marne – Verdun") in der Bildüberschrift unterstrichen wird. Die Zeichnung stammt vom NS-Karikaturisten Hans Herbert Schweitzer, der sie unter seinem häufig verwendeten Pseudonym „Mjölnir" drucken ließ.
18 Nietzsche, Friedrich. *Sämtliche Werke*. Bd. 1: *Die Geburt der Tragödie. Unzeitgemäße Betrachtungen I–IV. Nachgelassene Schriften 1870–1873*. Hg. v. Giorgio Colli u. Mazzino Montinari. München 1980, S. 159–160.

Für Nietzsche birgt also jeder Sieg die Gefahr, in eine Niederlage umzuschlagen. Im Falle Deutschlands nach dem Deutsch-Französischen Krieg geht die größte Gefahr von dem weitverbreiteten Missverständnis aus, dass der militärische Erfolg des deutschen Reiches zugleich ein Ausweis der kulturellen Überlegenheit Deutschlands über Frankreich sei. Dabei kritisiert er diesen Irrtum keineswegs grundsätzlich, sondern aufgrund der katastrophalen Konsequenzen, die er zu zeitigen vermag: den Untergang dessen, was er „deutschen Geist" nennt. Das „deutsche Reich" steht dann bei Nietzsche folgerichtig in Anführungszeichen, da ein solches Gebilde seines geistigen Fundaments beraubt wäre. Die Größe der deutschen Kultur und des deutschen Geistes hätte sich für Nietzsche weit eher in einem großmütigen Umgang mit den Besiegten beweisen können als in der militärischen Auseinandersetzung und der anschließenden tiefen Demütigung der Gegner*innen. Mit anderen Worten: Die Größe einer Nation zeigt sich nicht im Sieg, sondern daran, den Versuchungen zu widerstehen, die dieser Sieg mit sich bringt.

Die Niederlage, vor der Nietzsche 1873 gewarnt hatte, war 1918 eingetreten – für Heinrich Mann gar in doppelter Hinsicht: militärisch und kulturell. Bereits im *Zola*-Aufsatz von 1915 hatte Heinrich Mann über die kathartische Wirkung einer Niederlage spekuliert, allerdings noch unter dem Deckmantel einer Lektüre von Zolas Roman *La Débâcle*. Die angedeuteten Parallelen zwischen der französischen Niederlage von 1870/71 und der kommenden deutschen waren aufmerksamen Leser*innen nicht entgangen: so teilt Walter Benjamin nach Manns Lesung vom 4. Dezember 1915 Fritz Radt brieflich mit, dass der Autor den „letzten Krieg zum Anlaß genommen"[19] habe, „vom Gegenwärtigen zu handeln", und selbst Thomas Mann notiert in den *Betrachtungen eines Unpolitischen* anerkennend: „eine politische Dichtung von höchsten literarischen Eigenschaften [...], die insofern eine gewisse Familienähnlichkeit mit meinem Friedrich-Versuch besaß, als auch sie ihren Zauber, ihre Tiefe darin suchte und fand, das Gegenwärtige und das Vergangene sich ineinander spiegeln zu lassen." (GkFA 13.1, 206)

1918 schließlich, in der Rede „Sinn und Idee der Revolution", nimmt Heinrich Mann die These Nietzsches von der Gefahr des Sieges erneut auf, sublimiert sie aber gleichsam, indem er die Niederlage zur Voraussetzung der moralischen Besserung Deutschlands erklärt:

> Ein siegreicher Ausgang des Krieges würde eine deutsche Revolution nie gebracht haben, und noch ein rechtzeitiger Friedensschluß hätte sie verhindert. Alle sind wir heute Söhne der Niederlage. Ist es nicht aber der Natur gemäß, daß ein unterlegenes Land von seinen Kindern

---

19 Benjamin, Walter. *Gesammelte Briefe*. Bd. 1: *1910–1918*. Hg. v. Theodor W. Adorno-Archiv, Christoph Gödde u. Henri Lonitz. Frankfurt/Main 1995, S. 302.

mehr geliebt wird als ein triumphierendes? Der Triumph enthüllt viel Unschönes. Zu lange haben wir es an Deutschland enthüllt gesehen. Wir bekennen uns viel lieber heute zu ihm. Darum sagen wir vor allem, dass wir es herzlich lieben und daß wir nach unserer Einsicht und unseren Kräften ihm dienen wollen.

Fern bleibt uns der Wunsch, unseren siegreichen Feinden möge ihr Sieg zum Verhängnis werden, wie uns selbst jetzt endlich unsere alten Siege. Wir wünschen vielmehr, daß der sittliche Ernst, den ein vor fünfzig Jahren besiegtes Land dank seiner Niederlage erworben hat, sogar die größte Gefahr, seinen heutigen Sieg, überdauern möge. Nun aber wollen auch wir selbst den sittlichen Ernst erwerben.[20]

Die Niederlage ermögliche nun die Abkehr von den unschönen Seiten Deutschlands, die sich im Sieg zeigten, und berge die Hoffnung, dass nun auch Deutschland den sittlichen Ernst erwirbt, der Mann zufolge das französische Volk auszeichnet. Wenn sich Heinrich Manns Hoffnung auf eine moralische Besserung Deutschlands auch ebenso wenig erfüllt wie die auf die Mäßigung der Sieger*innen,[21] so zeigt sich in letzterer doch erneut die Gefahr des großen Sieges, vor denen er wie Nietzsche vehement warnt.[22] Im Tagebuch schäumt Thomas derweil vor Wut über Heinrichs „stupide Gleichstellung des deutschen ‚Kaiserreichs' mit dem franz. empire" und schließt: „frech, dumm, spielerisch und unleidlich. Aber das wird als ‚Symbol' und ‚führende Persönlichkeit' ausgerufen."[23]

Unabhängig von den Parallelen zur französischen Erfahrung gesteht Heinrich jedoch der Niederlage grundsätzlich ein großes Erkenntnispotenzial zu, das er in dem 1919 erstmals veröffentlichten Essay „Kaiserreich und Republik" detailliert darlegt. Der Essay besteht aus vier aufeinander aufbauenden Teilen, die vier der Rollen, die die Deutschen zwischen 1871 und 1918 einnahmen, diskutieren: Der

---

20 Mann, Heinrich. „Sinn und Idee der Revolution.". In: *Essays und Publizistik. Kritische Gesamtausgabe.* Bd. 3: Teil 1: November 1918–1925. Hg. v. Bernhard Veitenheimer. Bielefeld 2015, S. 18–20, hier S. 18.
21 Vgl. hierzu auch im Hinblick auf den Versailler Vertrag: Klein, Wolfgang. „‚Die Schande, unter der ein Kulturmensch lebt.' Heinrich Mann über den Krieg." In: *Heinrich Mann-Jahrbuch* 34 (2016), S. 29–54.
22 Zur zentralen Rolle Frankreichs in Heinrich Manns essayistischem Werk siehe: Pils, Holger, Wolfgang Klein u. Volker Riedel: „Frankreich-Texte in der Kritischen Ausgabe von Heinrich Manns Essays und Publizistik. Veranstaltung im Rahmenprogramm zur Ausstellung *Traumland und Zuflucht. Heinrich Mann und Frankreich*, Lübeck, 16. Oktober 2013." In: *Heinrich Mann-Jahrbuch* 32 (2014), S. 147–168. Zur „Kontinuität der Fragestellungen in Kaiserreich und Republik" (235) vgl. außerdem: Klein, Wolfgang u. Volker Riedel: „Zur Edition des Bandes 2 der Kritischen Gesamtausgabe der *Essays und Publizistik* Heinrich Manns (Oktober 1904 – Oktober 1918). Buchvorstellung zur Jahrestagung der Heinrich Mann-Gesellschaft, 24. März 2012." In: *Heinrich Mann Jahrbuch* 30 (2012), S. 233–245.
23 Mann, Thomas: *Tagebücher 1918–1921.* Hg. v. Peter de Mendelssohn. Frankfurt/Main 1982, S. 101–102.

Sieger – Der Untertan – Der Besiegte – Der Kämpfer. Im letzten Teil formuliert Mann die zukünftige Aufgabe des Kampfes für eine demokratische Republik. Hier sei jedoch insbesondere die eindringliche Schilderung der Situation unmittelbar nach der Niederlage hervorgehoben, die auch im Hinblick auf die Situation von 1945 von Interesse ist. Die den vier Hauptteilen des Essays vorangestellte Einleitung lautet:

> Wir liegen am Boden eines Abgrunds, den wir noch nicht ermessen haben. Untersuchen wir ihn, schärfen wir im Dunkeln die Augen! Der Weg, den wir hinabgetaumelt sind, ist eingestürzt. Vielleicht führt ein anderer hinaus? Hoffnung gewährend, leuchten, gerade weil es so tief ist, über dem Ausgang unseres Gefängnisses die Sterne.[24]

Die Niederlage gewährt hier gerade durch ihre Intensität Hoffnung. Denn gerade in dem nicht ermessenen, dunklen Abgrund der Niederlage ist das Leuchten der Sterne auszumachen – die Hoffnung, die womöglich einen neuen Weg nach draußen weist. Bei Heinrich Mann fordert demnach die Niederlage nicht nur dazu heraus, den Blick nach vorne beziehungsweise oben – jedenfalls in die Zukunft – zu richten, sondern sie gibt auch den Blick zurück frei, der es erlaubt, die Fehler der Vergangenheit zu erkennen und zukünftig zu vermeiden. Mit anderen Worten: Der Sieg vernebelt den Blick, die Niederlage stellt ihn scharf.

Für Heinrich Mann offenbart die Niederlage so den „Fluch des Sieges",[25] der auf Deutschland gelegen hatte. Während sein Bruder 1945 die Verstrickung alles Deutschtums in der Katastrophe konstatieren muss, stellt sich die Situation für Heinrich nach dem Ersten Weltkrieg eindeutiger dar: die Niederlage begrabe „nur eine Abart des Deutschen, nicht das Deutschtum".[26] Dabei entspringt Heinrich Manns Hoffnung auf die Etablierung einer demokratischen Republik wohl eher seinem stoischen Beharren auf den Erkenntnischancen der Niederlage als einer aktiven kritischen Auseinandersetzung mit der Vergangenheit. Zugleich ist sie Produkt jenes „Traumland[s] der Waffenstillstandsperiode, wo jeder sich ohne die Bedingungen und realen Sachfolgen des bevorstehenden Friedens die Zukunft phantastisch, pessimistisch, oder heroisch ausmalen konnte".[27] Auch Thomas Mann erkennt, dass in der Zeit zwischen dem Waffenstillstand von Compiègne

---

24 Mann, Heinrich. „Kaiserreich und Republik.". In: *Essays und Publizistik*. Bd. 3, S. 34–74, hier S. 34.
25 Ebd., S. 37.
26 Ebd., S. 34.
27 Troeltsch, Ernst: *Spectator-Briefe und Berliner Briefe (1919–1922)*. Hg. v. Gangolf Hübinger. Berlin 2015, S. 131.

und dem Versailler Vertrag der Erwartungshorizont weit offen ist.[28] Allerdings teilt der Autor der *Betrachtungen eines Unpolitischen* nicht Heinrichs Optimismus, sondern macht jene „Zivilisationsliteraten" für Deutschlands schmachvolle Situation verantwortlich, die „zügellose[...] Selbstbeschuldigungen" (GkFA 15.1, 237) einem radikalen Neuanfang nach der Niederlage vorziehen. Beide Brüder folgen in ihren Essays im Prinzip Nietzsches Argumentation, lediglich mit entgegengesetzter Perspektive: während Heinrich die Niederlage im Lichte der Hybris des Sieges von 1871 interpretiert, beschwört Thomas die Gefahren des Sieges für die gegenwärtigen Sieger*innen.[29] In einem Telegramm an die *Leipziger Illustrierte Zeitung* vom 13. Mai 1919 wendet er sich schließlich explizit den äußeren Feind*innen zu und verkündet: „Der Ententefriede bekundet die Gottgeschlagenheit der Sieger." (GkFA 15.1, 246) Damit ist die Inversion der Sieger*innen-Besiegten-Dialektik, wie sie sich schon in Heinrichs Plädoyer für das Erkenntnispotenzial der Niederlage angedeutet hatte, aus konservativer Perspektive vollzogen: Die Sieger*innen sind die Verlierer*innen, die Besiegten die Gewinner*innen.[30] In Kombination mit der Dolchstoßlegende, die den äußeren Feind*innen innere zur Seite stellte, entpuppt sich diese Position bald als äußerst attraktiv für jene Stimmen, die nach Vergeltung für die „Schmach von Versailles"

---

28 So zum Beispiel in dem Artikel „Zuspruch", der Mitte Februar in der *Frankfurter Zeitung* erscheint: „Ein Volk und sein Zustand ist ja etwas sehr Uneinfaches und schwer mit einem Wort zu Beurteilendes. Zum Beispiel wäre eines denkbar, daß es von Kraft und Gesundheit nur so strotzte und dennoch mit sich selbst und dem allgemeinen Weltzustande in einem so tiefen Zwiespalt lebte, daß es sich aus dem beinahe geglückten, aber innerlich unzukömmlichen Versuch, zum Herrn und Meister dieses Weltzustandes emporzusteigen, eine Niederlage von nie dagewesenen Ausmaßen bereitet, – eine Niederlage, für die das Wort ‚katastrophal' beinahe Beschönigung wäre; eine Niederlage, epochemachend in der Geschichte der Menschheit und wohl geeignet, nicht nur ihre Helden, sondern auch die ganze übrige Welt auf neue Gedanken zu bringen. Das betreffende Volk jedenfalls sähe sich durch diese denkwürdige Niederlage, nicht ohne eine gewisse Erleichterung, auf ein ganz neues Geleise gesetzt und physisch genötigt, für sein Teil das Leben völlig von vorn und völlig anders wieder anzufangen." (GkFA 15.1, 236).
29 Zu Manns Auseinandersetzung mit Nietzsche in den *Betrachtungen eines Unpolitischen*, insbesondere auch im Hinblick auf die Bedeutung der Niederlage, vgl. Lepenies, Wolf: *Kultur und Politik. Deutsche Geschichten*. München 2006, S. 71–87.
30 In ihrer Studie *The Artist as Political Educator* erläutert Karin Verena Gunnemann, dass für Heinrich Mann die Erniedrigung durch die militärische Niederlage, die Auseinandersetzung mit der Vergangenheit und ein neuer „sittlicher Ernst" die drei notwendigen Voraussetzungen für einen politischen Neuanfang darstellten (Gunnemann, Karin Verena: *Heinrich Mann's Novels and Essays: The Artist as Political Educator*. Rochester, NY 2002, S. 87). Heinrich Manns bemerkenswerter Optimismus beruhte gerade auf der Akzeptanz der Niederlage, während der Sachverhalt, dass das Deutsche Reich den Krieg verloren hatte, von großen Teilen der Bevölkerung zumindest infrage gestellt, wenn nicht rundheraus bestritten wurde. (Vgl. ebd., Kap. 3).

rufen. Mit der Wendung zum Vernunftrepublikaner und dem erzwungenen Exil wandelt sich auch Thomas Manns Haltung zur Niederlage von 1918.[31] Vor allem aber machen die deutschen Verbrechen der Jahre 1933 bis 1945 es unmöglich, die Niederlage im Zweiten Weltkrieg als mehr als verhüteten Sieg und notwendigen radikalen Zusammenbruch zu sehen.

4 In den Abgrund: Die Niederlage von 1945

Die Niederlage von 1945 war die Niederlage des Nationalsozialismus. Sie entzieht sich Sinnzuschreibungen, die über die Verhinderung noch größerer Katastrophen hinausgehen. Dies zeigt sich eindringlich im Schluss des *Doktor Faustus*, der Deutschlands Geschichte mit derselben Metaphorik fasst wie Heinrich Mann am Ende des Ersten Weltkriegs. Tobias Boes bemerkt hierzu: „The literary consequences of fascist Germany's defeat are probed nowhere else as trenchantly as in the novel's epilogue."[32] Die Niederlage ist im *Doktor Faustus* allerdings Fluchtpunkt, nicht Ausgangspunkt der Reflexion:

> Deutschland, die Wangen hektisch gerötet, taumelte dazumal auf der Höhe wüster Triumphe, im Begriffe, die Welt zu gewinnen kraft des einen Vertrages, den es zu halten gesonnen war, und den es mit seinem Blute gezeichnet hatte. Heute stürzt es, von Dämonen umschlungen, über einem Auge die Hand und mit dem andern ins Grauen starrend, hinab von Verzweiflung zu Verzweiflung. Wann wird es des Schlundes Grund erreichen? Wann wird aus letzter Hoffnungslosigkeit, ein Wunder, das über den Glauben geht, das Licht der Hoffnung tragen? Ein einsamer Mann faltet seine Hände und spricht: Gott sei euerer armen Seele gnädig, mein Freund, mein Vaterland.
> ENDE (GkFA 10.1, 738)

In Heinrich Manns Essay „Kaiserreich und Republik" findet sich Deutschland ebenfalls in einem Abgrund, doch die Dunkelheit gewährt den Blick auf die Hoffnung stiftenden Sterne. Die Situation in Thomas Manns Roman ist hingegen von Hoffnungslosigkeit geprägt. Deutschland taumelt im Siegesrausch, „auf der Höhe wüster Triumphe", in die absolute Niederlage. Der Boden des Abgrunds ist noch nicht erreicht, an einen Ausweg gar ist nicht zu denken. Hoffnung kann nur

---

[31] Zu den Vorzügen von Manns Fokus auf die „geistesgeschichtliche[n] Aspekte des historischen Geschehens" (S. 115) der Zeit für die Entlarvung des Nationalsozialismus bereits in den frühen Jahren der Weimarer Republik, vgl. Gut, Philipp: *Thomas Manns Idee einer deutschen Kultur*. Frankfurt/Main 2008, Kap. I.2.
[32] Boes, Tobias: *Thomas Mann's War: Literature, Politics, and the World Republic of Letters*. Ithaca u. London 2019, S. 231.

ein Wunder gewähren. Aus dieser Niederlage ist kein Kapital zu schlagen. Was bleibt, ist das Gebet.

Womöglich lässt sich Thomas Manns Exilperspektive auf Deutschland mit der Metapher des Schiffbruchs mit Zuschauer erfassen, wie Hans Blumenberg sie in seiner gleichnamigen Studie entfaltet. Manns Perspektive auf die deutsche Katastrophe ist schließlich diejenige des – unfreiwilligen – Zuschauers. Als Zeuge des Schiffbruchs beobachtet er den Untergang vom festen Boden des sicheren Landes aus. Doch die Position des Zuschauers ist, wie Blumenberg mit Verweis auf Nietzsche ausführt, keineswegs allein die des festen Landes, sondern vielmehr die des geretteten Schiffbrüchigen. Thomas Mann also als Robinson, oder vielleicht als Odysseus, als Schiffbrüchiger, der den Schrecken des Meeres entkommen von den Gestaden Amerikas aus das Scheitern seines Mutterschiffs beobachtet? „Das Erstaunen des geretteten Schiffbrüchigen ist die neue Erfahrung des festen Landes. Zuverlässigkeit eines festen Bodens ist für den aus der Geschichte auftauchenden Menschen das schlechthin Neue"[33], schreibt Blumenberg dazu. Das gilt ganz besonders für die Existenz im Exil auf einem neuen Kontinent.

Die Metapher lässt sich aber noch weiterführen, wie Blumenberg anhand der Überlegungen von Schopenhauer deutlich macht. Und erst in diesem weiteren Schritt entfaltet sich das ganze Potenzial der Daseinsmetapher für die Analyse von Thomas Manns spezifischer Position. Für Schopenhauer nämlich sind Menschen nicht entweder Schiffbrüchige oder Zuschauer*innen, sondern stets beides, Erleidende und Beobachter*innen, Scheiternde und Anschauende. Die Vernunft nämlich befähigt Menschen dazu, sich selbst zu Zuschauer*innen dessen zu machen, was sie erleiden. Der Mensch ist den Gewalten des Meeres ausgeliefert, zugleich jedoch gelingt es ihm, eine Distanz zu sich selbst herzustellen, sich selbst fremd zu werden und sein eigenes Leiden als abstraktes zu betrachten. Oder in Blumenbergs Worten: „Der Zuschauer übersteigt sich in der Reflexion zum transzendentalen Zuschauer."[34] Dies scheint mir für Thomas Manns komplexes Verhältnis zu Deutschland zu gelten, wie es sich in seinen literarischen und publizistischen Arbeiten zwischen den späten 1930er Jahren bis zumindest zur Publikation des *Doktor Faustus* spiegelt. Die Metapher des Schiffbruchs mit Zuschauer vermag also vielleicht die Komplexität der Situation zu erfassen, in der der gerettete Schiffbrüchige das scheiternde Schiff erblickt und dabei seine merkwürdige Doppelrolle reflektiert. Einerseits dem in den Wellen versinkenden Schiff entkommen, andererseits eben Teil jenes Schiffs, das nicht aufgegeben darf

---

33 Blumenberg, Hans: *Schiffbruch mit Zuschauer: Paradigma einer Daseinsmetapher.* Frankfurt/Main 1979, S. 26.
34 Ebd., S. 66.

und das es zu retten gilt. Das mag denjenigen gelingen, die wie Thomas Mann dem Schiffe entronnen waren und vom festen Lande aus das Scheitern bezeugen. Die Frage bleibt, wie diejenigen ihre Verstrickung in diesen Untergang erkennen können, die diese Doppelrolle nicht einnahmen oder einnehmen konnten und die das Scheitern der Unbill des Schicksals, den ungünstigen Winden, zurechneten.

Philipp Lenhard
‚Welfare Collectivism'. Thomas Mann, das Institut für Sozialforschung und die deutsche Nachkriegsordnung

Thomas Mann hat seine Überlegungen zur deutschen Nachkriegsordnung nicht im luftleeren Raum angestellt, sondern in Auseinandersetzung mit Kolleg*innen, Freund*innen, Nachbar*innen. Das berühmte „Weimar am Pazifik", Pacific Palisades, wo Mann seit 1941 lebte, war ein außergewöhnlicher Ort, an dem deutsche Intellektuelle in schöner Regelmäßigkeit zusammenkamen, um als Emigrant*innen in vertrauter Atmosphäre miteinander Zeit zu verbringen, Gerüchte auszutauschen, Geschäfte anzubahnen, zu streiten und zu diskutieren.[1] Auch über den Krieg und die deutsche Nachkriegsordnung wurde hier emphatisch debattiert. Der vorliegende Beitrag widmet sich den Beziehungen zwischen Thomas Mann und den emigrierten Vertretern des Instituts für Sozialforschung im Hinblick auf die jeweiligen Entwürfe und Vorstellungen einer neuen europäischen Ära nach den Verheerungen von Diktatur, Vernichtungskrieg und Holocaust.[2] Abgesehen von Theodor W. Adornos Beitrag zum *Doktor Faustus* sind diese Beziehungen zwischen Mann und den Denker*innen der sogenannten „Frankfurter Schule" bislang in der Forschung kaum diskutiert worden.[3] Dieser Aufsatz kann

---

[1] Siehe etwa Bahr, Ehrhard: *Weimar on the Pacific. German Exile Culture in Los Angeles and the Crisis of Modernism.* Berkeley u. Los Angeles 2007; Heilbut, Anthony: *Exiled in Paradise. German Refugee Artists and Intellectuals in America from the 1930s to the Present.* Berkeley u. Los Angeles 1997; Palmier, Jean-Michel: *Weimar in Exile. The Antifascist Emigration in Europe and America.* London u. New York 2006. Speziell zur deutsch-jüdischen Community siehe die autobiographischen Beiträge in Peck, Abraham J. (Hg.): *The German-Jewish Legacy in America, 1938–1988. From „Bildung" to the Bill of Rights.* Detroit 1989. Zu Thomas Mann in Amerika siehe besonders Vaget, Hans Rudolf: *Thomas Mann, der Amerikaner. Leben und Werk im amerikanischen Exil, 1938–1952.* Frankfurt/Main 2011.
[2] Zum Institut für Sozialforschung in Amerika vgl. Wheatland, Thomas: *The Frankfurt School in Exile.* Minneapolis u. London 2009; Jenemann, David: *Adorno in America.* Minneapolis u. London 2007 sowie grundlegend Jay, Martin: *Dialektische Phantasie. Die Geschichte der Frankfurter Schule und des Instituts für Sozialforschung 1923–1950.* Frankfurt/Main 1976 und ders.: *Permanent Exiles: Essays on the Intellectual Migration from Germany to America.* New York u. Oxford 1986.
[3] Vgl. etwa Tiedemann, Rolf: „‚Mitdichtende Einfühlung'. Adornos Beiträge zum *Doktor Faustus* – noch einmal". In: *Frankfurter Adorno Blätter* 1 (1992), S. 9–33; Seiwert, Elvira: *Beethoven-Szenarien. Thomas Manns „Doktor Faustus" und Adornos Beethoven-Projekt.* Stuttgart u. Weimar 1995; Abel, Angelika: *Musikästhetik der klassischen Moderne. Thomas Mann, Theodor W. Adorno, Arnold Schönberg.* München 2003; Schmidt, James: „Mephistopheles in Hollywood: Adorno, Mann, and

daher nicht mehr als ein erster Versuch sein, die Gemeinsamkeiten und Unterschiede der politischen Vorstellungen zu rekonstruieren.

1 Ein neuer Nachbar

Im April 1941 zog Max Horkheimer, der Direktor des 1934 in Amerika wiedererrichteten Institute for Social Research, von New York nach Pacific Palisades, aus gesundheitlichen Gründen, aber auch, um dort in Ruhe an seinem großen und lange geplanten Dialektik-Buch zu arbeiten, das später als die gemeinsam mit Theodor W. Adorno verfasste *Dialektik der Aufklärung* in die Geistesgeschichte des 20. Jahrhunderts eingehen sollte.[4] Auf der Suche nach einem geeigneten Ort für den Bau eines neuen Bungalows hatte er bereits im Herbst 1940 in Pacific Palisades ein schönes Grundstück gefunden, das ihm sofort zusagte. Schon damals war aber der Stadtteil Riviera eine nicht ganz billige Wohngegend und der Eigentümer nannte einen Preis, der deutlich über das Budget hinausging, das ihm zur Verfügung stand. Ohne groß nachzudenken machte Horkheimer dem Eigentümer eine Gegenofferte, die weniger als die Hälfte des geforderten Preises ausmachte. Drei Tage später erhielt er die Zusage. Als der überraschte Horkheimer beim Eigentümer nachfragte, warum dieser sich ohne zu handeln auf so einen niedrigen Betrag eingelassen hatte, bekam er als Antwort, er habe bereits ein zweites Grundstück an einen anderen Deutschen, der nicht handeln wollte, für einen überaus stolzen Preis verkauft. Daher könne er in diesem Fall großzügig sein.[5] Der andere Deutsche war Thomas Mann. Der hatte 6.500 Dollar für „lot 41" am San Remo Drive bezahlt – nach heutiger Kaufkraft etwa 120.000 Dollar – und ließ darauf seine Villa für weitere 30.000 Dollar – heute etwa eine halbe Millionen Dollar – errichten.[6] Und so kam es, dass Horkheimer und Mann zu direkten

---

Schoenberg". In: *The Cambridge Companion to Adorno*. Hg. v. Thomas Huhn. Cambridge u. a. 2004, S. 148–180. Die wichtigste Grundlage für die Forschung ist die Edition des Briefwechsels aus dem Jahr 2002: Adorno, Theodor W. u. Thomas Mann: *Briefwechsel 1943–1955*. Hg. v. Theodor W. Adorno Archiv. Frankfurt/Main 2002.

4 Vgl. Schmid Noerr, Gunzelin: „Zum werk- und zeitgeschichtlichen Hintergrund der Dialektik der Aufklärung". In: *Aufklärungs-Kritik und Aufklärungs-Mythen. Horkheimer und Adorno in philosophiehistorischer Perspektive*. Hg. v. Sonja Lavaert u. Winfried Schröder. Berlin u. Boston 2018, S. 29–52.

5 Die Geschichte erzählt Max Horkheimer in: „Das Schlimme erwarten und doch das Gute versuchen. Ein Gespräch mit Max Horkheimer". In: *Dienstagsgespräche mit Zeitgenossen*. Hg. v. Gerhard Rein. Stuttgart u. Berlin 1976, S. 181.

6 Blubacher, Thomas: *Paradies in schwerer Zeit. Künstler und Denker im Exil in Pacific Palisades*. München 2011, S. 78.

Nachbarn wurden. Diese geographische Nähe ist für die Entwicklung der Beziehungen zwischen dem Institut und Mann gar nicht zu überschätzen – womöglich hätten sich die Wege der beiden niemals gekreuzt, wenn sie an der Ostküste geblieben wären.

Am 12. Juli 1941 jedenfalls kam es zum ersten dokumentierten Treffen anlässlich der *house warming party* der Horkheimers, über die Horkheimer einige Monate später an Adorno schrieb: „Zur party hatte ich – im Hinblick auf unsre Zukunftsinteressen – manches vom Guten und Teuren geladen: Werfel, Thomas Mann, Feuchtwanger und was noch."[7] Thomas Mann gestand er zu, man könne ihm „[e]inige Kultur quand-même nicht absprechen"[8]. Das klingt nicht nach einer besonders herzlichen Beziehung, sondern eher nach strategischer Nachbarschaftspflege. Auch Thomas Mann notierte in seinen Tagebüchern, die Party habe sich „zu einem bis in den Abend dauernden Buffet-Dinner und einer historisch-politisch-philosophischen Gesprächsorgie recht quälender Art"[9] ausgewachsen.

Es ist wichtig, sich immer wieder zu vergegenwärtigen, in was für einer Situation sich die deutschen Exilant*innen befanden – denn trotz aller großspurigen Versicherungen, wo man selbst sei, sei das wahre Deutschland, befand man sich in einer Zwangslage;[10] ausgeplündert und vertrieben, fern von engsten Freund*innen und Verwandten, um die man fürchtete oder bereits trauerte. Die Exilant*innen-Partys, so schillernd sie im Nachhinein oft beschrieben werden, waren nicht zuletzt eine Art Kontakt- und Tauschbörse. Hier diskutierte man nicht nur, um der intellektuellen Vereinsamung zu entgehen, sondern man knüpfte auch Geschäftskontakte, tauschte Nachrichten aus und half sich gegenseitig mit kleinen Gefallen.[11] Das erste Aufeinandertreffen zwischen Horkheimer und Mann war genau aus einer solchen Hoffnung heraus motiviert.

---

[7] Max Horkheimer an Theodor W. Adorno, 9. Oktober 1941. In: Adorno, Theodor W. u. Max Horkheimer: *Briefwechsel*. Bd. 2: *1938–1944*. Hg. v. Christoph Gödde u. Henri Lonitz. Frankfurt/Main 2004, S. 263.
[8] Max Horkheimer an Theodor W. Adorno, 20. Juli 1941. In: ebd., S. 168.
[9] Mann, Thomas: *Tagebücher 1940–1943*. Hg. v. Peter de Mendelssohn. Frankfurt/Main 1982, S. 293.
[10] So Mann gegenüber der *New York Times* im Februar 1938. Zum Hintergrund siehe Lahme, Tilmann: *Die Manns: Geschichte einer Familie*. Frankfurt/Main 2015, S. 146–148.
[11] Den lebendigsten Eindruck von diesen Events vermittelt immer noch die Eröffnungsszene von Josef von Bákys Film *Der Ruf* aus dem Jahr 1949, basierend auf einem Drehbuch Fritz Kortners, der auch die Hauptrolle spielte. Zu den Parallelen zwischen der Hauptfigur Professor Mauthner und Max Horkheimer siehe Lenhard, Philipp: „Reconstruction und Reeducation: Max Horkheimer und die deutsch-israelische Freundschaft, 1948–1973". In: *Naharaim. Zeitschrift für deutsch-jüdische Literatur und Kulturgeschichte* 11 (2017) H. 1–2, S. 25–27.

Trotzdem lassen sich Business und intellektueller Austausch im Pacific Palisades der vierziger Jahre genauso wenig sauber voneinander trennen wie instrumentelle und freundschaftliche Beziehungen. Das zeigt nicht zuletzt das Engagement für die politischen und jüdischen Flüchtlinge, deren Rettung durchaus zu den von Horkheimer genannten Institutsinteressen gehörte.[12] Man benötigte dafür Verbindungen, und die Tatsache, dass der Nobelpreisträger Thomas Mann sich immer wieder in auch und gerade jüdische Emigrant*innenprojekte wie etwa die Zeitschrift *Aufbau* einspannen ließ, zeigt eine politische Interessenskonvergenz. Dass Fritz Kortner Mann bescheinigte, „philosemitisch" gewesen zu sein, ist wohl eine Übertreibung, aber er setzte sich mit dem Schicksal der europäischen Jüdinnen und Juden auseinander und bezog es in seine politischen Analysen ein.[13]

Weil er sich – anders als die meisten nichtjüdischen Intellektuellen – für die besondere Notsituation der Jüdinnen und Juden interessierte, waren auch seine Einsichten in das Wesen des Nationalsozialismus deutlich differenzierter als das marxistische Begriffsgeklapper vieler linker Antifaschist*innen.[14] Gemeinsam mit dem *Aufbau*-Herausgeber Manfred George initiierten der stellvertretende Direktor des Instituts für Sozialforschung Friedrich Pollock, der Theologe Paul Tillich und Thomas Mann – alle drei im Beirat des *Aufbau* – im Oktober 1943 ein Preisausschreiben, dessen Zweck es war, Informationen über die Judenverfolgung in Deutschland zu gewinnen.[15] Jüdinnen und Juden sollten ihre Verfolgungsgeschichte einsenden, die besten Arbeiten wurden mit einem Geldpreis prämiert. „Maßgebend für die Beurteilung", so Pollock in einem Brief an Thomas Mann, „dürfte wohl vornehmlich die Bedeutung des Beitrags als einer ‚Zeugenaussage' sein"[16].

Aber dies war nicht die einzige Informationsquelle über die Hölle in Europa: Zum einen verfügten auch die Flüchtlingsorganisationen über gewisse Kanäle – Pollock etwa war Vizepräsident der Organisation „Selfhelp of German Emigrés

---

12 Vgl. Lenhard, Philipp: *Friedrich Pollock. Die graue Eminenz der Frankfurter Schule*. Berlin 2019, S. 140–163.
13 Kortner, Fritz: *Aller Tage Abend. Autobiographie*. Berlin 2005, S. 389.
14 Zu Manns durchaus als ambivalent zu charakterisierender Sicht auf das Judentum insgesamt siehe Kontje, Todd: *Thomas Mann's World. Empire, Race, and the Jewish Question*. Ann Arbor 2011. Zu antisemitischen Äußerungen des frühen Thomas Mann siehe Brenner, Michael: „‚Wir haben einander böses Blut gemacht'. Thomas Mann und die Juden". In: *Thomas Mann in München IV*. Hg. v. Dirk Heißerer. München 2008, S. 1–35.
15 Siehe dazu auch Ziege, Eva-Maria: *Antisemitismus und Gesellschaftstheorie. Die Frankfurter Schule im amerikanischen Exil*. Frankfurt/Main 2009, S. 86.
16 Friedrich Pollock an Thomas Mann, 13. Dezember 1943. Universitäts- und Stadtbibliothek Frankfurt/Main, Archivzentrum, Na 1 Nachlass Max Horkheimer [MHA] VI 34, 31.

from Central Europe" –, zum anderen arbeiteten zahlreiche Mitglieder des Instituts für Sozialforschung für staatliche Behörden, vorzugsweise für den militärischen Auslandsgeheimdienst OSS oder, wie in Pollocks Fall, für das Board of Economic Warfare.[17] Dass die dort kommunizierten Informationen Thomas Mann über Pollock und andere erreichten, ist naheliegend.[18] Mann und die „Frankfurter" hatten, so lässt sich festhalten, ein ähnliches Wissen über die Verbrechen und, damit verbunden, eine ähnliche Einschätzung des Nazi-Regimes.

Das war die Voraussetzung dafür, dass aus einem ursprünglich rein instrumentellen Verhältnis zwischen Max Horkheimer und seinem Nachbarn Thomas Mann ein freundschaftliches wurde. Man goss gegenseitig die Blumen, wenn der jeweils andere auf Reisen war, und begrüßte sich nach der Rückkehr mit „Rahm, Milch, Kuchen, Blumen", wie Thomas Mann in seinem Tagebuch festhielt.[19] Und so war es gewiss kein Zufall, dass die Horkheimers 1944 Zeug*innen bei der Einbürgerungszeremonie von Thomas und Katia Mann wurden und das Ereignis anschließend gebührend feierten, indem sie gemeinsam „in einem Restaurant ein kräftiges amerikanisches Mahl, pancakes with maple-syrup", einnahmen.[20]

2 Pollock doziert auf einer Cocktail-Party

Ein Jahr später, der Weltkrieg ist vorbei, trafen sich die Nachbarn wieder einmal auf einer der vielen Exilant*innen-Partys. Der Schriftsteller Alfred Neumann feierte seinen 50. Geburtstag und Friedrich Pollock dozierte bei Champagner, Langusten, Filet und Obstkuchen „über das Atomwesen, Amerika u. Rußland, die Lage des Kapitalismus, de[n] Weg Europa's zum Sozialismus"[21]. Auch themati-

---

17 Vgl. Söllner, Alfons (Hg.): *Zur Archäologie der Demokratie in Deutschland. Analysen politischer Emigranten im amerikanischen Geheimdienst.* Bd. 1: *1943–1945.* Frankfurt/Main 1986; Katz, Barry: *Foreign Intelligence: Research and Analysis in the Office of Strategic Services, 1942–1945.* Cambridge 1989, S. 29–61; Laudani, Raffaele (Hg.): *Im Kampf gegen Nazideutschland. Die Berichte der Frankfurter Schule für den amerikanischen Geheimdienst 1943–1949.* Frankfurt/Main u. New York 2016.
18 Auch der Presse waren Informationen zu entnehmen. Pollock notierte auf einem Bericht der „Jewish Telegraphic Agency" vom 1. Dezember 1943, der über die Judenverfolgung in Italien, Belgien und Frankreich berichtete, an Horkheimer gerichtet: „If you want to know what hell is – read this ‚faits divers'." (MHA VI 34, 46).
19 Mann, Thomas: *Tagebücher 1940–1943,* S. 655.
20 Thomas Mann an Agnes Meyer, 7. Januar 1944. In: Mann, Thomas: *Briefe.* Bd. 2: *1937–1947.* Frankfurt/Main 1963, S. 346.
21 Mann, Thomas: *Tagebücher 1944–1946.* Hg. v. Inge Jens. Frankfurt/Main 1986, S. 264. Danke an Dirk Heißerer für den Hinweis.

sierte er laut Manns Tagebuchaufzeichnungen die Frage, ob Amerika, „wenn sich nach dem Boom der nächsten 3–5 Jahre die Lage zum Schlechten wendet, Bürgerkrieg oder Krieg nach außen haben wird. Der sofortige Präventiv-Krieg gegen Rußland wohl ausgeschlossen"[22]. Wir haben keine anderen Berichte über diesen Abend und wissen daher nicht genau, was Pollock sagte, aber dass er, der so etwas wie die ‚graue Eminenz' der Frankfurter Schule war, weil er selten an die Öffentlichkeit getreten ist, Gelegenheiten wie halb-öffentliche Partys immer wieder gerne dafür nutzte, seine Einschätzungen der politischen Lage zu formulieren, lässt sich an vielen Beispielen zeigen. Kernpunkt seiner politischen Analyse seit den dreißiger Jahren ist die Theorie des Staatskapitalismus, der zufolge der Kapitalismus in ein Stadium eingetreten ist, in dem er krisenresistent geworden und der Markt wesentlich durch staatliche Regulierung ersetzt worden sei.[23] Das war eine Absage an die traditionelle marxistische Krisen- und Revolutionstheorie und nicht zufällig trug er sich von Sozialdemokrat*innen wie Kommunist*innen gleichermaßen den Vorwurf ein, „pessimistisch" zu sein und dem Kapitalismus ewige Dauer zu bescheinigen.[24]

Die Staatskapitalismusthese war tatsächlich insofern resignativ, als sie nur noch die Wahl zwischen drei verschiedenen Optionen offenließ: dem totalitären Staatskapitalismus der Nazis, dem sowjetischen Staatskapitalismus und dem demokratischen Staatskapitalismus des New Deal Roosevelts bzw., nach 1945, dem „Fair Deal" des neuen Präsidenten Truman. Eine vierte Möglichkeit gab es laut Pollock auf absehbare Zeit nicht. Und da die amerikanische Variante der neuen Ordnung im Gegensatz zum nationalsozialistischen und sowjetischen Modell ein Mindestmaß an individueller Freiheit gewährte, hielt er es für politisch evident, als radikaler Linker den amerikanischen Weg zu unterstützen. Allerdings war er als materialistischer Ökonom auch der Ansicht, dass die Wirtschaft zwangsläufig auf eine Planwirtschaft hinauslaufe, weil der Markt ja als klassische Verteilungsinstanz weitgehend außer Kraft gesetzt sei. Daher müsse sich der Westen auch an den sowjetischen Erfahrungen mit der Planwirtschaft orientieren

---

[22] Ebd.
[23] Vgl. Manfred Gangl: „The Controversy over Friedrich Pollock's State Capitalism". In: *History of the Human Sciences* 29 (2016) H. 2, S. 23–41.
[24] Siehe dazu ausführlicher Lenhard, Philipp: „Abschied vom Marxismus? Friedrich Pollock, Franz L. Neumann und die Entstehung der kritischen Theorie des Antisemitismus im amerikanischen Exil, 1939–1945". In: *Exilforschung. Ein internationales Jahrbuch.* Hg. v. Bettina Bannasch u. a. München 2016, S. 148–170.

und gewissermaßen einen demokratischen Staatssozialismus auf planwirtschaftlicher Grundlage etablieren.[25]

Die Theorie des Staatskapitalismus, die grundlegend für die Frage der deutschen Nachkriegsordnung werden sollte, ist ohne die Weimarer Erfahrungen nicht zu verstehen. Insofern müssen die politischen und ökonomischen Debatten im „Weimar am Pazifik" in die 1920er und 1930er Jahre zurückverfolgt werden. Pollock ging wie die meisten Weimarer Intellektuellen davon aus, dass der liberale Konkurrenzkapitalismus des 19. Jahrhunderts an seine Grenzen gestoßen war. Er tendiere kraft eigener Dynamik zur Monopolisierung, die den freien Markt aushebelte und letztlich nur noch große, einander feindlich gegenüberstehende Machtblöcke übrigließ, die sich dann im Ersten Weltkrieg gegenseitig dezimiert hätten.[26] Wie auch immer der*die Einzelne den Krieg beurteilt hatte, übrig blieb lagerübergreifend die Gewissheit, dass die freie Marktwirtschaft vom Staat reguliert werden müsse, um eine neue Katastrophe zu verhindern. Die DDP, der sich Thomas Mann 1923 anschloss und die für sich das Erbe des Wirtschaftsliberalismus reklamierte, lehnte zwar in ihrem Parteiprogramm von 1919 die Kollektivierung der Produktionsmittel strikt ab, hob aber im selben Atemzug hervor, die „monopolartige Herrschaftsmacht in der Hand Weniger oder kleinerer Gruppen [dürfe] nicht geduldet werden"[27]. Und weiter:

> Für die Industrie, den Handel, das Bank- und Versicherungswesen ergibt sich: wo es sich um die Verwertung natürlicher Monopole handelt, wo Vertrustung, Kartell- und Verbandsbildung tatsächlich schon die wirtschaftliche Bewegungsfreiheit beschränkt und aufgehoben haben, da hat der Staat sein Hoheitsrecht zu wahren. Mit sorgsam angepaßten Maßnahmen hat die Gesamtheit die Kontrolle, die Mitbestimmung, nötigenfalls auch die Leistung oder, gegen angemessene Entschädigung, das Eigentum an sich zu nehmen.[28]

Mit anderen Worten: Sogar die wirtschaftsliberale DDP sprach sich explizit für die Möglichkeit der Enteignung aus, wenn diese zur Verhinderung von Monopolbildung notwendig sein sollte. Wurden die Debatten über Planwirtschaft und Aut-

---

25 Pollock, Friedrich: „Staatskapitalismus" [1941]. In: ders.: *Stadien des Kapitalismus*. Hg. v. Helmut Dubiel. München 1975, S. 72–100.
26 Pollock, Friedrich: „Die gegenwärtige Lage des Kapitalismus und die Aussichten einer planwirtschaftlichen Neuordnung" [1932]. In: ders.: *Stadien des Kapitalismus*, S. 20–39.
27 Programm der Deutschen Demokratischen Partei von 1919. In: *Mitteilungen für die Mitglieder der Deutschen Demokratischen Partei* 2 (Februar 1920), S. 45.
28 Ebd.

arkie während der gesamten Dauer der Weimarer Republik geführt, so spitzten sie sich, wenig verwunderlich, mit Ausbruch der Weltwirtschaftskrise deutlich zu.[29]

Noch mehr betonte, wie man sich vorstellen kann, die Linke die zentrale Stellung des Staates. Die Kommunist*innen zogen aus der Monopolisierung den Schluss, aus ihr folge unweigerlich die proletarische Revolution, die in eine staatskapitalistische Übergangsphase zum Kommunismus einmünde, während die Sozialdemokrat*innen glaubten, der demokratische Sozialismus könne das Problem lösen. Aus all dem folgten in der Weimarer Republik breite gesellschaftliche Debatten über die Einführung einer Planwirtschaft, die keineswegs auf das linke Lager beschränkt waren, sondern auch auf der politischen Rechten und sogar bis ins bürgerliche Lager hinein diskutiert wurden. Walter Rathenau, der sich intensiv mit der Frage beschäftigte, wie eine Planwirtschaft eingerichtet werden könne, die nicht sozialistisch ist, ist in diesem Zusammenhang eine zentrale Figur.[30] Sein schon während des Krieges aufgestelltes planwirtschaftliches Modell inspirierte nicht nur Lenins Neue Ökonomische Politik, sondern auch die Wirtschaftspläne der NSDAP, vor allem die Neuausrichtung der Kriegswirtschaft unter Reichsrüstungsminister Albert Speer.[31]

Friedrich Pollock, der sich 1928 mit einer umfassenden Untersuchung der sowjetischen Planwirtschaft habilitiert hatte, verfolgte diese Debatten aufmerksam und entwickelte auf dieser Grundlage eine ökonomische Theorie des Nationalsozialismus als totalitärem Staatskapitalismus mit planwirtschaftlichen Elementen. Demnach war der Nationalsozialismus kein *Rückfall* in die Barbarei, sondern ein zutiefst modernes, dem Zeitgeist genauso wie veränderten ökonomischen Bedingungen entsprechendes Herrschaftssystem. Das bedeutet, dass man sich nicht auf einen wie auch immer gearteten „Fortschritt" beziehen könne, der auf Seiten des Widerstands gewissermaßen im Hintergrund walte. Im Gegenteil: Wie sein Freund Walter Benjamin war auch Pollock davon überzeugt, dass der Nationalsozialismus ein Ausdruck des Fortschritts selbst war.[32] Dagegen den alten Liberalismus zu bemühen, der dem Konkurrenzkapitalismus des 19. Jahrhunderts entsprungen war und damit einer untergegangenen Epoche ent-

---

29 Eitz, Thorsten: „Planwirtschaft und Autarkie". In: *Diskursgeschichte der Weimarer Republik*. Bd. 1. Hg. v. dems. u. Isabelle Engelhardt. Hildesheim u. a. 2015, S. 319–325.
30 Rathenau, Walter: *Von kommenden Dingen*. Berlin 1917; Rathenau, Walter: *Die neue Wirtschaft*. Berlin 1918. Siehe dazu auch Plumpe, Werner: „Rathenau als Planwirtschaftler". In: *Zeitschrift für Ideengeschichte* 1 (2013), S. 105–114.
31 Vgl. Werth, Christoph H.: *Sozialismus und Nation. Die deutsche Ideologiediskussion zwischen 1918 und 1945*. Opladen 1996, S. 342, Fußnote 290.
32 Benjamin, Walter: „Über den Begriff der Geschichte". In: ders.: *Gesammelte Werke*. Bd. I/2. Hg. v. Hermann Schweppenhäuser u. Rolf Tiedemann. Frankfurt/Main 1991, S. 690–708.

stammte, hielt er für naiv, wenn nicht gar gefährlich. Ein humanes Gegenmodell zur Naziherrschaft genauso wie zum Bolschewismus musste aus seiner Sicht auf die ökonomische Transformation des Kapitalismus reagieren und die staatliche Planung der Ökonomie mit rechtsstaatlichen und demokratischen Formen verbinden. Nichts anderes war aus seiner Sicht die New Deal-Politik Roosevelts, wenn sie ihm auch nicht radikal genug war.

Interessanterweise finden sich schon Ende der dreißiger Jahre bei Thomas Mann ganz ähnliche Gedanken. In seiner berühmten Rede *The Coming Victory of Democracy* von 1938 heißt es:

> In entscheidender Beziehung, nämlich gerade in wirtschaftlicher, ist der Nationalsozialismus nichts anderes als Bolschewismus: es sind feindliche Brüder, von denen der jüngere von dem älteren, russischen, so gut wie alles gelernt hat – nur nicht das Moralische; denn sein Sozialismus ist moralisch unecht, verlogen und menschenverräterisch, aber im wirtschaftlichen Effekt läuft er auf dasselbe hinaus wie der Bolschewismus. […] Die Kriegswirtschaft, die heute im sogenannten Dritten Reiche herrscht, ist eine moralisch tiefstehende Form des Sozialismus, aber eine Form davon eben doch: sie ist etwas, was man sowohl Staatssozialismus wie Staatskapitalismus nennen kann, militärisch bestimmte Diktatur des Staates über die Wirtschaft, vollendete Verdrängung der Unternehmerinitiative, der unzweifelhafte Untergang der privatkapitalistischen Wirtschaft.[33]

Anstatt sich auf Phrasen gewordene Bekenntnisse wie Leistung und Konkurrenz zu beziehen, lautete Manns Rezept für den Kampf gegen den totalitären Staatskapitalismus: „Die soziale Erneuerung der Demokratie".[34] Europa und die Welt seien „reif für den Gedanken einer umfassenden Reform der Besitzordnung und der Güterverteilung, einer Sozialisierung der Rohstoffe, die natürlich im Geiste und im Rahmen einer Gesamtverständigung und vernünftigen Generalbereinigung der Konflikte, kurz, im Geiste des Friedens, der Arbeit und der allgemeinen Wohlfahrt in Angriff zu nehmen wäre"[35]. Und Mann war sich sicher:

> Die Reform, die ich meine, muß eine soziale Reform, eine Reform sozialen Sinnes sein: nur durch eine solche kann die Demokratie dem Faschismus und auch dem Bolschewismus den Wind aus den Segeln nehmen […]. Und zwar muß diese soziale Reform der geistigen sowohl wie der ökonomischen Freiheit gelten. In beiden Beziehungen sind die Zeiten des Manchestertums und des passiven Liberalismus vorüber. Der Liberalismus ist der Freiheit ausgetrieben worden – mit Skorpionen hat man ihn ihr ausgetrieben.[36]

---

33 Mann, Thomas: *Vom zukünftigen Sieg der Demokratie. Drei Essays.* Zürich 2005, S. 44–45.
34 Ebd., S. 63.
35 Ebd., S. 51.
36 Ebd., S. 60.

Schließlich legte er seine Identifikation mit dem New Deal gänzlich offen:

> „Ich nenne Franklin D. Roosevelt einen konservativen Staatsmann eben des sozialen Einschlages wegen, den bei ihm die Demokratie gewinnt und mit dem er, ein wahrer Freund und aufrichtiger Diener der Freiheit auch da, wo er sie sozialistisch bedingt [begrenzt] und regelt [reguliert], dem Faschismus sowohl wie dem Bolschewismus den Wind aus den Segeln nimmt."[37]

Als Beispiel für die Sozialpolitik, die ihm vorschwebte, nannte Mann den kurz zuvor beschlossenen, von der Roosevelt-Administration vorangetriebenen, staatlich finanzierten Bau von drei Millionen Wohnungen.

Sowohl der selbsterklärte Konservative Thomas Mann als auch die geläuterten Kommunist*innen der Frankfurter Schule hielten also die Antworten, die in der Weimarer Republik auf die Krise des Liberalismus gegeben worden waren, für historisch widerlegt.[38] Beide avisierten einen neuen Typus von Demokratie als einzig realistischen Weg, die Humanität zu retten. Diese Perspektive machte sie zu politischen Wahlverwandten. Doch was bedeutete das nun für die Konzeptionen einer deutschen Nachkriegsordnung?

3 Im Weißen Haus

Um eine Antwort geben zu können, blenden wir noch einmal ins Jahr 1943 zurück. Anfang Februar fasste Trude Lash, eine der engsten Vertrauten Eleanor Roosevelts, ihre Eindrücke von einem eben zu Ende gegangenen Dinner im Weißen Haus zusammen: „Die Deutschen waren nicht so klar und gut wie letztes Mal. Für das Weiße Haus, den Vizepräsidenten *und* den Präsidenten war das zu viel. Ihr Auftreten war zu professoral und am Ende forderte der Präsident sie auf, Schulbücher zu verfassen – und behandelte sie damit wie Schulmeister, was insbesondere Pollock Kummer bereitete."[39]

Was war geschehen? Friedrich Pollock und seine Freunde Adolph Löwe, Paul Tillich und Hans Staudinger waren von der First Lady zum Abendessen eingela-

---

37 Ebd., S. 62. An dieser Stelle unterscheidet sich der deutsche Text von der englischen Übersetzung durch Agnes E. Meyer. Im englischen Text heißt es statt „bedingt" „limits" und statt „regelt" „regulates" – Roosevelt begrenze und reguliere also die Freiheit auf sozialistische Weise. Mann, Thomas: *The Coming Victory of Democracy*. New York 1938, S. 75.
38 Die deutlichste Trauerrede auf den Liberalismus hat Max Horkheimer formuliert. Siehe seinen Essay „Die Juden und Europa". In: *Zeitschrift für Sozialforschung* 8 (1939) H. 1/2, S. 115–137.
39 Zitiert nach Lash, Joseph P.: *A World of Love. Eleanor Roosevelt and Her Friends*. New York 1982, S. 428. (Meine Übersetzung – PL)

den worden, um dort dem Präsidenten ihre Vorstellungen für eine europäische Nachkriegsordnung darzulegen.[40] Für Pollock persönlich war dieses Treffen ein großer Triumph, wenngleich er, wie aus Lashs Bemerkung hervorgeht, es nicht vermocht hatte, den Präsidenten zu überzeugen. Doch ganz umsonst war der Besuch nicht gewesen, denn nun konnte er sich gegenüber Dritten seiner guten Kontakte ins Weiße Haus rühmen, was ihm so manche Tür öffnete. Auf diese Weise versuchte Pollock immer wieder, Einfluss auf Regierungsvertreter zu nehmen, zumal er selbst gelegentlich als Berater für verschiedene Behörden arbeitete, darunter das Justizministerium. Wie erfolgreich er mit diesen Interventionen war, ist schwer zu sagen, denn auch wenn er einzelne Politiker von seinen Visionen überzeugt haben sollte, würde der Kalte Krieg sowieso die meisten Europastrategien über den Haufen werfen, die man vor dem 8. Mai 1945 noch entwickelt hatte.

Das bedeutet aber nicht, dass Pollocks oder auch Manns Überlegungen während des Krieges vollkommen irrelevant gewesen wären, denn als historische Quellen geben sie Aufschluss über den politischen Denkhorizont der deutschen Emigrant*innen – und es waren ja nicht zuletzt deutsche Emigrant*innen, die die politische Kultur Nachkriegsdeutschlands entscheidend mitprägten.[41] Abgesehen davon kann man die Geschichte auch aus einer anderen Perspektive betrachten, nämlich der amerikanischen. Die Amerikaner*innen hatten keine Ahnung, was sie mit Deutschland tun sollten, und holten sich deshalb – man muss fast sagen: aus lauter Verzweiflung – Rat von deutschen Intellektuellen. Die politischen Entscheidungsträger hatten erkannt, dass sich die Ordnung, wie sie nach dem Ersten Weltkrieg eingerichtet worden war, als untauglich erwiesen hatte. Man könne die Deutschen nicht einfach nur bestrafen, hieß es daher allenthalben, sondern müsse sie auch zur Demokratie umerziehen. Dafür musste man die Psychologie der Deutschen kennen; wissen, wie sie „ticken". Und wer wüsste das besser als deutsche Intellektuelle, die sich selbst glaubhaft zur Demokratie bekannten? Das allein erklärt das Interesse der Amerikaner*innen an den deutschen Emigrant*innen. Ihr Insiderwissen sollte als Waffe genutzt werden.

Deshalb ist es durchaus instruktiv zu erfahren, wie sich die Beziehungen zum Weißen Haus weiter entwickelten. Ein halbes Jahr nach dem Dinner lud Eleanore Roosevelt Friedrich Pollock und seine Freunde in ihr privates Haus in New York ein, wo sie über drei Stunden ihre Vorstellungen für die europäische Nach-

---

40 Siehe dazu ausführlich Lenhard: *Friedrich Pollock*, S. 14–16 sowie S. 232–236.
41 Siehe Krohn, Claus-Dieter u. Patrick von zur Mühlen (Hg.): *Rückkehr und Aufbau nach 1945. Deutsche Remigranten im öffentlichen Leben Nachkriegsdeutschlands*. Marburg 1997. Die eher kulturellen Aspekte beleuchten die Beiträge in: Lühe, Irmela von der u. a. (Hg.): *„Auch in Deutschland waren wir nicht wirklich zu Hause." Jüdische Remigration nach 1945*. Göttingen 2008.

kriegsordnung erläutern durften. Zum Abschluss beauftragte Eleanor Roosevelt die Gruppe, ein Papier für sie zu erarbeiten. Im Protokoll heißt es dazu:

> 1. Schreiben Sie ein Programm für den europäischen Wiederaufbau. 2. Schreiben Sie es in so einfachen, zweizeiligen Wörtern und kurzen Sätzen, dass auch ein Kongressabgeordneter in der Lage ist, es zu verstehen. 3. Appellieren Sie an das Eigeninteresse des durchschnittlichen Menschen. Erklären Sie, inwiefern der Frieden ihn betrifft. Zeigen Sie, dass ein humanitärer und gerechter Frieden aus zwei Perspektiven ein ‚gutes Geschäft' ist: Er wird helfen, hier in NYC die Depression zu überwinden, und unsere Kinder vor einem dritten Weltkrieg bewahren.[42]

So funktionierte Politik und Eleanor Roosevelt war eine gute Lehrmeisterin für diplomatisches Geschick. Wenn man auf politischem Parkett ein Ziel erreichen wollte, lernte Pollock, musste man es den Leuten schmackhaft machen. Moralische Einwände oder Appelle an universelle Werte allein bewirkten in dieser Sphäre wenig.

Welches Programm am Ende vorgelegt wurde, ist nicht ganz klar. Aber ein sich in Pollocks Nachlass befindliches *Tentative Worksheet for a Discussion on European (and foremost German) Reconstruction* vom Januar 1943 gibt Aufschluss über dessen Überlegungen.[43] Als mögliche Formen der Nachkriegsordnung zählte das Papier a) eine russlandunabhängige, nicht-bolschewistische Revolution, b) eine Revolution unter russischer Kontrolle, c) einen katholischen Klerikalfaschismus, d) eine konstitutionelle Monarchie, e) eine reaktionäre amerikanische Besatzung und reaktionäre Koalitionsregierungen und schließlich f) eine aufgeklärte amerikanische Besatzung mit „welfare collectivism" auf. Möglichkeit a) und b) sollten, heißt es explizit, von der Diskussion ausgenommen werden. Lösung c) bedeute nur einen vorübergehenden Frieden, wie man am metternichschen System habe sehen können, das im Vormärz in eine tiefe Krise geraten war. Eine konstitutionelle Monarchie sei ebenfalls keine Lösung – warum, erklärte das Papier nicht, aber tatsächlich wäre es absurd gewesen, in Deutschland wieder einen König oder Kaiser einzusetzen.

Es blieben also nur noch zwei verschiedene Formen von amerikanischer Besatzungspolitik, die eine „reaktionär", die andere „aufgeklärt". Der ersten Variante wurden nur Aussichten auf einen kurzfristigen Erfolg bescheinigt. Das Papier verwies ausdrücklich auf den österreichisch-amerikanischen Sozialdemokraten Egon Ranshofen-Wertheimer, der seit 1941 Professor für Staatsrecht an

---

42 Pollock, Friedrich: „Luncheon Meeting, 10. Juni 1943" (MHA VI 33, 460; meine Übersetzung – PL).
43 „Tentative Worksheet for a Discussion on European (and foremost German) Reconstruction, 11. Januar 1943". MHA VI 33, 460.

der American University sowie Berater des State Department war und kurz zuvor ein aufsehenerregendes Buch mit dem Titel *Victory is Not Enough – A Strategy for a Lasting Peace* veröffentlicht hatte.⁴⁴ Darin plädierte er für einen außenpolitischen Realismus, der auf der Gewissheit fußte, dass ein langfristiger Frieden nur durch die permanente Gewaltdrohung der im Weltkrieg siegreichen Mächte gesichert werden könne. Der Glaube an Aufklärung und vernünftige Einsicht sei reizvoll, habe sich aber schon im Falle des Völkerbundes als Illusion erwiesen. Damit zählt Ranshofen-Wertheimer zu den Vordenkern einer Politik der Abschreckung, die den Kalten Krieg nachhaltig prägen sollte.

Pollock sah diese Politik als zu kurzfristig gedacht an, da sie eigentlich keine Perspektive für eine innergesellschaftliche Entwicklung in Europa hin zur Demokratie vorsah. Genau diese wollte das Institut unter den Bedingungen der „aufgeklärten", also wohlwollenden amerikanischen Besatzung vorantreiben. Da es nach der Naziherrschaft keine gesellschaftlichen Gruppen mehr gebe, die für eine solche Demokratisierung infrage kämen, müssten neue Kräfte behutsam aufgebaut werden. Unter amerikanischer Ägide müssten Gewerkschaften, Bildungsanstalten und eine dezentralisierte kommunale Verwaltungsstruktur entstehen. Der Plan des Instituts sah also eine umfassende Neustrukturierung des deutschen Staates und eine demokratische Erziehung der Deutschen vor – also genau das, was unter den Leitbegriffen von „Reconstruction" und „Reeducation" tatsächlich die amerikanische Deutschlandpolitik nach 1945 für kurze Zeit bestimmen sollte, bis Ranshofen-Wertheimers Realismus Oberhand gewann, der mit weitgehenden Konzessionen hinsichtlich der von vielen deutschen Behörden unerwünschten Entnazifizierung einherging.⁴⁵

Der Begriff „welfare collectivism" aber bleibt sperrig. Es ist zunächst nicht genau klar, was damit gemeint ist, und nur aus den bereits skizzierten Diskussionen aus der Weimarer Zeit lässt sich erahnen, dass damit tatsächlich eine Art radikalisierte Sozialdemokratie unter amerikanischer Ägide gemeint sein dürfte. Denn nur materieller Wohlstand, Vollbeschäftigung und soziale Sicherheit, so Pollock in einem etwa zeitgleich gehaltenen Vortrag über die Gefahren des Antisemitismus, könnten den Erfolg der Demokratisierung Deutschlands sicherstellen. „Die einzige wirkliche Kur" gegen den Antisemitismus, so Pollock, „wäre die Schaffung sozialer und ökonomischer Bedingungen, in denen das Individuum sich frei von der Drohung des menschengemachten Unglücks fühlt. Nur eine Gesellschaft, die die sozialen Ursachen der Frustration und der Angst eliminiert

---

44 Ranshofen-Wertheimer, Egon: *Victory is Not Enough – The Strategy for a Lasting Peace*. New York 1942.
45 Vgl. Frei, Norbert: *Vergangenheitspolitik. Die Anfänge der Bundesrepublik und die NS-Vergangenheit*. München 1996.

und Chancen für ein anständiges Leben für jedermann schafft, der seinen Teil zum Ganzen beiträgt, wird vor politischem Antisemitismus sicher sein. Vernünftige Vollbeschäftigung ist die notwendige Voraussetzung."[46]

4 Ausblick

Bekanntlich ist es anders gekommen. Die „soziale Marktwirtschaft" Ludwig Erhards trägt zwar ebenfalls Züge der organisierten Ökonomie und auch der sogenannte „Neoliberalismus" ist gewiss kein Laisser-faire-Kapitalismus mehr. Aber an die Stelle der Beteiligung aller am gesellschaftlichen Reichtum, die Pollock und Mann noch im Sinn gehabt hatten, ist weithin eine Menschenverwaltung getreten, die zwischen Nützlichen und Überflüssigen unterscheidet. Wer für die kapitalistische Akkumulation nützlich ist, hat sich vollständig an die gesellschaftlichen Normen anzupassen – was in der postmodernen Projektgesellschaft bisweilen auch bedeuten kann, „kritisch" und „unangepasst" zu sein.[47] Wer dagegen aus dem Nützlichkeitsraster herausfällt, der wird im postfordistischen Sozialstaat zwar mitgeschleppt, durch die Hartz-Gesetzgebung allerdings zum bloßen Vegetieren gezwungen. Die Lebenswelten klaffen immer weiter auseinander, so dass die Gesellschaft auf eine neue politische Krise zusteuert. Eine als selbstgerecht erscheinende akademisch gebildete urbane Mittelschicht, die sich nach unten absichern will, gibt den Ausgestoßenen und Verachteten immer häufiger das Gefühl, nicht mehr Teil der Gesellschaft zu sein. Die neuen Propagandist*innen der „Volksgemeinschaft" hingegen schlagen daraus Profit und stilisieren sich zu authentischen Interessensvertreter*innen der sogenannten Globalisierungsverlierer.[48] Es ist gleichermaßen skurril wie erschreckend, dass die neuen Demagog*innen ausgerechnet mit einer scheinbar harmonischen und gerechten Vergangenheit wuchern, die unter dem Schutz der USA und auf den Leichenbergen von Auschwitz und Weltkrieg errichtet wurde: das Wirtschaftswunder Deutschland.

---

46 Pollock, Friedrich: „Political Antisemitism" [1944]. MHA XXIX 9 (meine Übersetzung – PL). Siehe dazu auch Lenhard, Philipp: „‚An Institution of Nazi Statesmanship'. Friedrich Pollock's Theoretical Contribution to the Study of Anti-Semitism". In: *New German Critique* 43 (Februar 2016), H. 127.1, S. 195–214.
47 Vgl. Reckwitz, Andreas: *Die Erfindung der Kreativität. Zum Prozess gesellschaftlicher Ästhetisierung.* Berlin 2012; Boltanski, Luc u. Ève Chiapello: *Der neue Geist des Kapitalismus.* Konstanz 2003.
48 Vgl. Müller, Jan-Werner: *Was ist Populismus? Ein Essay.* Berlin 2016.

Dabei ist das Angebot, das die Rechtspopulist*innen den sich als abgehängt Verstehenden macht, reine Illusion. Selbstverständlich lässt sich der alte Sozialstaat nicht einfach restituieren, Geschichte nicht zurückdrehen. Es ist erstaunlich genug, dass dieses Modell – basierend auf dem Marshallplan und eingespannt in den Ost-West-Konflikt – so lange funktioniert hat. Heute aber brauchen wir neue Antworten. Dass der soziale Frieden durch immer mehr Privatisierungen, Deregulierungen und Outsourcing bedroht ist, dürfte jedem*r klar sein. Ob die demokratisch und rechtsstaatlich organisierte Planwirtschaft, wie sie Pollock und in abgeschwächter Form eben auch Thomas Mann vorschwebte, immer noch eine wünschenswerte Alternative ist, ist schwer zu sagen. Zu diskutieren wäre es aber schon alleine deshalb, um dem Gerede von „Sachzwängen", „Alternativlosigkeiten" und „unvermeidbaren Reformen", das jeder vernünftige Mensch heute nur als Bedrohung begreifen kann, wieder die Offenheit einer von Menschen gemachten Welt entgegenzustellen. Denn trotz aller Bitterkeiten stehen die Nachkriegspläne der Exilant*innen auch für die Hoffnung, dass die Menschen dereinst ihre Geschicke selbst in die Hand nehmen mögen – wenn auch vorerst noch unter der Aufsicht eines aufgeklärten Souveräns.

Dirk Kemper
Heinrich Manns Exilpublizistik zwischen Widerstand und politischer Zukunftsorientierung

Im Kampf um die Memoria, um das historische Gedächtnis, spielen Archive eine entscheidende Rolle. Im thematischen Zusammenhang der Bemühungen um die Bildung einer deutschen Volksfront, über die in Paris zwischen 1935 bis 1939 verhandelt wurde, kommen Aktenbeständen in Moskauer Archiven eine besondere Bedeutung zu. Zum Teil geht es dabei um sogenannte Beuteakten, die von der Roten Armee im Zweiten Weltkrieg in Deutschland und anderen Ländern requiriert und nach Moskau verbracht wurden. Diese Beuteakten spielen in der publizistischen Öffentlichkeit eine weit geringere Rolle als die sogenannte Beutekunst, doch ist ihr Stellenwert keineswegs geringer einzuschätzen.

Einen Kampf um Archive hat bereits das NS-Regime geführt, zum einen im eigenen Land, indem Archivbestände der verfolgten politischen Gegner*innen, jüdischer Organisationen, der Freimaurer und vieler anderer Institutionen systematisch aufgespürt und beschlagnahmt wurden, zum anderen bildete die Aushebung von Archivmaterial einen organisierten Teil der Kriegsführung. Für diesen Sektor gab es besondere Organisationen, so den Einsatzstab Reichsleiter Rosenberg, das Sonderkommando Künsberg im Auswärtigen Amt, die SS-Organisation „Ahnenerbe" und andere.[1] Nach Österreich, der Tschechoslowakei und Polen betraf dies 1940 auch Frankreich, das nach der Tschechoslowakei das bedeutendste Zentrum des deutschen Exils geworden war. Im September 1940 wurde hier der deutsche Sozialdemokrat Rudolf Breitscheid (1874 Köln–1944 KZ Buchenwald), der an den Pariser Verhandlungen führend beteiligt gewesen war, verhaftet. Breitscheids persönliche Unterlagen fielen bei seiner Auslieferung den NS-Behörden in die Hände, wurden als „Gegnerakten" eingestuft und in das Reichssicherheitshauptamt nach Berlin verbracht.

Infolge der zunehmenden Bombenangriffe auch auf Berlin suchten die Nazibehörden ihre Bestände durch Auslagerung in Sicherheit zu bringen. Das Archiv des Reichssicherheitshauptamtes wurde 1943/44 in zwei Schlösser in Niederschlesien ausgelagert, wo sie von der Roten Armee 1945 überrollt und entdeckt

---

1 Vgl. Scheel, Klaus: „Deutsche Beuteakten im Sonderarchiv Moskau. Vorgeschichte und Bestände." In: *Neuordnung Europas. Vorträge vor der Berliner Gesellschaft für Faschismus- und Weltkriegsforschung 1992–1999.* Hg. v. Werner Röhr u. Brigitte Berlekamp. Berlin 1996, S. 415–429, hier S. 415.

wurden. Protokolle aus der Ausweichstelle des Reichssicherheitshauptamtes in Schlesiersee aus dem Januar, Februar 1945 belegen, dass zwar Akten, die das Deutsche Reich betrafen, vor dem Abzug der Deutschen vernichtet wurden, nicht jedoch die sogenannten „Gegnerakten".[2] Die große Relevanz der Bestände war für die entsprechenden Fachleute der Roten Armee offenkundig, und sie wurden umgehend nach Moskau abtransportiert.

Am 21. August 1945 wurde in Moskau zur Aufnahme solcher Akten, die nicht nur aus Deutschland, sondern auch aus Polen, der Westukraine und Weißrussland, sodann aus den westeuropäischen Ländern dort zusammengeführt wurden, ein Sonderarchiv gegründet.[3] Der Bestand wurde dort mit großer Sorgfalt tief erschlossen und stand in den ersten Dekaden nach der Archivgründung nur dem sowjetischen Geheimdienst und den Ministerien zur Verfügung. Die Existenz dieses „Beutearchivs" wurde bis zum Jahr 1990 von der Sowjetunion geleugnet.

Das Archiv unterstand nach seiner Gründung der sowjetischen Hauptarchivverwaltung, seit Sommer 1991 dem Komitee für Archivangelegenheiten bei der Regierung der Russischen Föderation. Seit Juli 1992 firmierte es unter der Bezeichnung „Zentrum für die Aufbewahrung historisch-dokumentarischer Sammlungen"; 1999 wurde es in das Russische Staatliche Militärarchiv eingegliedert.[4]

Stand die interne Auswertung dieser Akten in den ersten Jahren nach dem Zweiten Weltkrieg unter politisch hochbrisanten Vorzeichen – man suchte unter anderem systematisch nach Kollaborateur*innen –, kühlte sich diese Brisanz schon Mitte der fünfziger Jahre so weit ab, dass es zu umfangreichen Rückgaben unter anderem an das Zentrale Staatsarchiv der DDR in Merseburg sowie an das Militärarchiv in Potsdam kam. Aufgrund des hervorragenden Erschließungsstandes der Archivalien wusste die sowjetische Seite jedoch über Wert und Bedeutung bestens Bescheid und scheint in jedem Einzelfall entschieden zu haben, was in Moskau verbleiben sollte.

Auch die Aufteilung der Akten zwischen Merseburg und Potsdam auf der einen und dem Moskauer „Sonderarchiv" auf der anderen Seite stand im Zeichen

---

2 Vgl. Jena, Kai von u. Wilhelm Lenz: „Die deutschen Bestände im Sonderarchiv in Moskau." In: *Der Archivar* 45 (1992), Sp. 457–468, hier S. 458.

3 Vgl. Federal'naja Archivnaja Služba Rossii, Rossijsij Gosudarstvennyj Voennyj Archiv: *Ukazatel' fondov inostrannogo proischoždenija i Glavnogo upravlenija po delam voennoplennych i internirovannych NKVD-MVD SSSR Rossijskogo gosudarstvennogo voennogo archiva*. Moskva: Rossijskij gosudarstvennyj voennyj archiv 2001, S. 3.

4 Informationen in deutscher Sprache finden sich unter www.sonderarchiv.de (Stand: 28. Juni 2019); die offizielle Homepage in russischer Sprache unter: www.rusarchives.ru/federal/rgva/ (Stand: Stand 28. Juni 2019).

des Kampfes um die Memoria. In die DDR wurde nicht ausgeliefert, was dem Gründungsnarrativ des „antifaschistischen" deutschen Teilstaats widersprach. Konkret sollte Walter Ulbrichts Hausgeschichtsschreibung der DDR, ihrer Gründung und ihrer Vorgeschichte nicht durch Dokumente desavouiert werden, die zentrale Narrative widerlegten. Dazu waren und sind Teile des Rudolf-Breitscheid-Nachlasses durchaus angetan.

1 Handeln im Exil

Auch auf inhaltlicher Ebene zeugen die Breitscheid-Akten zu den Pariser Volksfrontbestrebungen 1935 bis 1939 von einem Kampf um die Memoria: Wer, genauer welche Partei trug Schuld daran, dass die Machtergreifung Hitlers weder durch eine Einheitsfront der Arbeiterparteien noch durch eine Volksfront unter Einschluss weiterer „bürgerlicher" Kreise verhindert worden war. Die Schuldfrage blieb brennend bis zum Bekanntwerden des Hitler-Stalin-Paktes und darüber hinaus, sie war dann fundamental für die Selbstbegründungsnarrative der DDR.

Weder zur Wahl des Reichspräsidenten 1932 noch bei der Wahl zum sechsten Reichstag am 31. Juli 1932 (NSDAP 37,4 % – SPD + KPD rechnerisch 36,2 %), zum siebten Reichstag am 6. November 1932 (NSDAP 33,1 % – SPD + KPD rechnerisch 37,3 %) noch zum achten Reichstag am 5. März 1933 (NSDAP 43,9 % – SPD + KPD rechnerisch 30,6 %) hatten SPD und KPD ein Bündnis der Arbeiterparteien schließen können, und seit Hitlers Machtübernahme erwuchs daraus die kaum abweisbare und quälende Frage nach Schuld und Verantwortung. Da der realpolitische Kampf zunächst verloren schien, tobte sofort der Kampf um die Memoria, in dem mit allen Mitteln der jeweils anderen Seite Schuldzuweisungen aufgeladen wurden. Der aus der Schuldfrage zuwachsende Rechtfertigungsdruck war ein politischer Faktor in der damaligen Zeit – und blieb es noch Jahrzehnte.

Dieser Kampf um die Memoria bildet einen entscheidenden Hintergrund für die Bemühungen, nach dem VII. Weltkongress der Komintern im Juli, August 1935 im Pariser Exil einen „zweiten Versuch" zur Herstellung einer deutschen Einheits- oder Volksfront zu unternehmen. Dieser bot gleichsam die Chance einer historischen Korrektur, sollte denn ein Volksfrontbündnis unter Führung der großen Parteien zustande kommen, oder aber er bildete das Lackmuspapier, an dem sich die Schuldfrage entscheiden und öffentlich demonstrieren ließ.

Was einem Zusammenschluss der Arbeiterparteien – unter anderem! – schon 1932/33 im Wege gestanden hatte und auch noch in der Frühphase der Pariser Verhandlungen um eine deutsche Volksfront Wirkung zeigte, war die sogenannte

Sozialfaschismusthese.[5] Die Rede vom „Sozialfaschismus" als Kampfbegriff der Komintern gegen die Politik der Sozialdemokratie war 1924 vom Grigori Jewsejewitsch Sinowjew eingeführt worden und sollte den vermeintlichen Verrat der Sozialdemokratie am Klassenstandpunkt des Proletariats und seiner „eigentlichen" Interessen brandmarken. Wirkungsmächtig hatte ihn 1927 Stalin übernommen und als unabdingbare Voraussetzung eines Siegs über den Kapitalismus den Kampf gegen den „Sozialfaschismus" und – in diesem Zusammenhang gleichbedeutend – gegen den „Sozialdemokratismus" ausgewiesen. Ideologisch zementiert wurde diese Lehre einer Zwillingsbruderschaft von Faschismus und „Sozialdemokratismus" auf dem VI. Weltkongress der Komintern von 1928; die deutsche KP übernahm sie auf ihrem XII. Parteitag im Jahre 1929. Vor allem Walter Ulbricht, der als Garant für eine bedingungslose Umsetzung der Komintern-Politik in Berlin arbeitete, propagierte schon vor dem Parteitag diese Linie in zahlreichen Publikationen.[6]

Die Pariser Volksfrontbemühungen ab 1935 wurden also überhaupt erst möglich durch die Aufgabe des Dogmas vom Sozialfaschismus, und diese wiederum folgte einer Neuausrichtung der außenpolitischen Interessen der Sowjetunion. Die mehrfachen Richtungswechsel der sowjetischen Außenpolitik bilden überhaupt die wirkungsmächtigsten Faktoren für das Zustandekommen der Pariser Volksfrontbemühungen wie für deren Scheitern.

Bekanntlich suchten die Bolschewiki die Oktoberrevolution von 1917 außenpolitisch zunächst durch das Konzept der „Weltrevolution" abzusichern. Der Funke der Revolution sollte auf die Nachbarländer und weiter überspringen, um die russische Revolution vor konterrevolutionären Einflüssen und Bedrohungen zu schützen und den Übergang vom Sozialismus zum Kommunismus zu ermöglichen. Da revolutionäre Bewegungen etwa in Westeuropa bis in das erste Drittel der zwanziger Jahre jedoch sämtlich niedergeschlagen worden waren, die „permanente Revolution" ihre außenpolitische Schutzfunktion entsprechend nicht entfalten konnte, setzte sich Stalin nach dem Tod Lenins 1924 mit dem Richtungswechsel hin zum „Aufbau des Sozialismus in einem Lande" durch. Außenpolitischen Schutz sollte nun nicht mehr die Weltrevolution, sondern ein Netz von diplomatischen Nichtangriffs- und Beistandspakten mit den kapitalistischen und daher potentiell auch militärisch feindlichen Nachbarstaaten gewähren. Ab 1925 wurden Nichtangriffsabkommen mit der Türkei, Afghanistan und Persien geschlossen, 1932 folgten Verträge mit Finnland, Lettland und Estland, und noch

---

5 Vgl. unter anderem Timmermann, Barbara: „Sozialfaschismus." In: *Lexikon des Sozialismus.* Hg. v. Thomas Meyer u. a. Köln 1986, S. 559–560.
6 Vgl. Podewin, Norbert: *Walter Ulbricht. Eine neue Biographie.* Berlin 1995, S. 88–100.

im selben Jahr kam es zur Unterzeichnung von Gewaltverzichts- und Neutralitätsabkommen mit Polen und Frankreich. Nach der Machtergreifung des Nationalsozialismus war es vor allem Frankreich, das ein starkes außenpolitisches Bündnis mit der Sowjetunion suchte. Frankreich betrieb die Aufnahme der Sowjetunion in den Völkerbund im September 1934, und der gegenseitige Nichtangriffspakt wurde im Mai 1935 in Moskau zu einem Beistandspakt erweitert.

Die Aufgabe der Weltrevolutionsdoktrin, die dem Eingeständnis eines Scheiterns gleichkam, wurde in gewisser Weise kompensiert durch den Aufbau der Sozialfaschismusthese. Durch sie waren Ross und Reiter dafür zu benennen, warum das revolutionäre Feuer der Oktoberrevolution im Ausland nicht zündete, warum der jungen Sowjetunion Verbündete verwehrt blieben. Dafür allein reaktionär-kapitalistische Kräfte verantwortlich zu machen, hätte diese zu sehr aufgewertet. So wurde der „Sozialdemokratismus" rückblickend zum Verräter an revolutionären Bewegungen außerhalb der Sowjetunion stilisiert, vorausschauend bald auch zum Hauptfeind im Abwehrkampf gegen den Faschismus.

Einen Ausweg aus der ideologischen Selbstblockade der Arbeiterparteien schien sich unmittelbar vor und auf dem VII. Weltkongress der Komintern im Juli, August 1935 anzubahnen. Egal, ob hier die Sozialfaschismuslehre von der kommunistischen Seite tatsächlich aufgegeben wurde, wie es den damals Agierenden erschien, oder ob sie in taktischer Absicht vorübergehend nur herabgestuft wurde, wie es im Rückblick der Historiker*innen erscheinen mag, war die Wirkung auf die Hitler-Gegner*innen im Lande wie im Exil außerordentlich groß. Die (vorübergehende) Aufgabe der Sozialfaschismuslehre schien endlich zu ermöglichen, was bei Hitlers Machtübernahme so kläglich gescheitert war. Zudem versprach dieser Wandel eine vollkommen veränderte realpolitische Machtkonstellation, wenn die Sowjetunion ihr ganzes politisches und militärisches Gewicht nunmehr in den Dienst des Antifaschismus stellte, was viele im Exil geradezu beflügelte.

Die ungefähr zeitgleich einsetzenden Bemühungen um eine deutsche Volksfront in Paris stellten jedenfalls eine unmittelbare Wirkung des auf dem VII. Weltkongress propagierten Politikwechsels dar. Bereits seit dem Frühjahr 1934, in der ersten Vorbereitungsphase des dann auf den Spätsommer 1935 verschobenen Weltkongresses, hatte der Leiter der Westeuropasektion der Komintern, Georgi Michailowitsch Dimitroff, Stalin als neues außenpolitisches Konzept nähergebracht,[7] das Sozialfaschismus-Dogma aufzugeben.

---

[7] Vgl. deren Briefwechsel in: *Dimitrov and Stalin 1934–1943. Letters from the Soviet Archives*. Hg. v. Alexander Dallin u. Fridrikh Igorevich Firsov. New Haven, London 2000.

Möglich erschien ein solcher Wandel vor dem Hintergrund der sich ändernden außenpolitischen Interessen der Sowjetunion. Bei aller taktierenden Vorsicht – und der daraus resultierenden Undurchsichtigkeit der sowjetischen Westeuropapolitik – musste Stalin angesichts des sich machtpolitisch verfestigenden und erstarkenden Faschismus in Deutschland mehr und mehr auch an der Stärkung jeder Allianz gegen Hitler in den Staaten des Westens gelegen sein.[8]

Dass dazu volksfrontähnliche Bündnisse ein durchaus geeignetes Mittel sein konnten, zeigte die Entwicklung in Frankreich. Am 27. Juli 1934 schlossen die Section Française de l'Internationale Ouvrière (SFIO) und die Parti Communiste Française (PCF) einen „pacte d'unité d'action", der im Sommer 1935 durch den Einschluss der Radikalsozialistischen Partei zum „Rassemblement populaire" beziehungsweise zur „Front populaire" erweitert wurde.[9] Gerade in der Phase unmittelbar vor dem VII. Weltkongress gingen starke Impulse von der Front populaire an die deutsche Emigration aus. Am 23. Juni 1935 fand in dem Pariser Vorort Montreuil eine – mit ca. 60.000 Teilnehmenden eindrucksvolle – Solidaritätskundgebung für die deutschen Hitlergegner statt, die im sogenannten Montreuil-Aufruf den Zusammenschluss „aller antifaschistischen deutschen Parteien und Organisationen" forderte.[10] Eine ähnliche Wirkung mochte von der Bestätigung der Front populaire durch eine Massendemonstration am 14. Juli ausgehen,[11] doch gerade der Montreuil-Aufruf galt später einigen Beteiligten als Geburtsstunde der Pariser Volksfrontbestrebungen.[12]

Ihren Todesstoß – so zumindest die Wahrnehmung der nichtkommunistischen Mitglieder und insbesondere Rudolf Breitscheids – erhielten die Pariser Bemühungen um eine Volksfront bereits im November 1937. Anlässlich der Zwanzigjahrfeier der Sowjetunion hatte Georgi Dimitroff einen Aufsatz über *Die Sowjetunion und die Arbeiterklasse der kapitalistischen Länder* verfasst, der zunächst am 7. November 1937 in der *Pravda* erschienen war, im Laufe des November

---

8 Vgl. Hildermeier, Manfred: *Geschichte der Sowjetunion 1917–1991. Entstehung und Niedergang des ersten sozialistischen Staates.* München 1998, S. 585–598.
9 Vgl. Köller, Heinz: *Für Demokratie, Brot, Frieden. Die Volksfront in Frankreich 1935 bis 1938.* Bonn 1996.
10 „Eine Aufgabe wird sichtbar. Ein kameradschaftlicher Appell zur Schaffung der deutschen Einheits- und Volksfront." In: *Eine Aufgabe. Die Schaffung der deutschen Volksfront.* Hg. v. der Deutschen Freiheitsbibliothek, Präsident: Heinrich Mann. Basel [1936], S. 3–4, hier S. 4.
11 Vgl. Jasper, Willi: *Heinrich Mann und die Volksfrontdiskussion.* Bern u. Frankfurt/Main 1982, S. 120–121.
12 Vgl. Langkau-Alex, Ursula: *Volksfront für Deutschland? Bd. 1: Vorgeschichte und Gründung des „Ausschusses zur Vorbereitung einer deutschen Volksfront", 1933–1936.* (Diss. Köln 1975) Frankfurt/Main 1977, S. 268, Anm. 49; dies.: *Deutsche Volksfront 1932–1939. Zwischen Berlin, Paris, Prag und Moskau.* Bd. 1. Berlin 2004–2005, S. 174, Anm. 80.

und Dezember jedoch auch in zwei deutschen Fassungen[13] sowie noch 1937 als deutschsprachiger Separatdruck in der Moskauer „Verlagsgenossenschaft Ausländischer Arbeiter in der UdSSR".[14] Dimitroffs Artikel wurde weltweit als Fanal einer Revision der Komintern-Politik, als Rückkehr zum Kampf gegen den Sozialfaschismus vor dem VII. Weltkongress gelesen und löste heftigste Reaktionen aus. Breitscheid stellte nach der Lektüre alle Aktivitäten im Ausschuss ein.

Die Botschaft von Dimitroffs Artikel auf propagandistischer Ebene war überaus deutlich und wirkte auf die Gruppen im Exil katastrophal. Die Volksfrontpolitik der Komintern im Sinne des VII. Weltkongresses war in der Form, wie man sie bis dahin verstand, aufgegeben. Welches macht- und außenpolitische Kalkül dahinter stand – der Fluchtpunkt des Hitler-Stalin-Paktes ergibt sich ja erst aus der Retrospektive –, war hingegen kaum zu erahnen. In jedem Fall war jedoch klar, dass die Komintern nicht mehr an den Zielen der Stärkung von Volksfrontbündnissen gegen Hitler festhielt, sondern zu einem Instrument einer kaum durchschaubaren sowjetischen Außenpolitik geworden war. Dimitroffs Artikel hatte deutlich gemacht, dass nicht mehr der Kampf gegen den Faschismus oberstes und leitendes Prinzip der Politik Moskaus war, sondern allein die Interessen der Sowjetunion, die in keine kriegerische Auseinandersetzung direkt hineingezogen werden wollte – auch und gerade nicht mit dem Dritten Reich.[15] Dieser sowjetischen Interessenpolitik, so zeigen die weiteren Reaktionen, fühlten sich die Exilgruppen in der Folgezeit orientierungs- und vollkommen hilflos ausgeliefert, was ein eigenes politisches Agieren gänzlich unmöglich machte.

Das Zeitfenster für ein sinnvoll erscheinendes Agieren des Volksfront-Ausschusses in Paris war also relativ kurz. Nach der Einrichtung von vorbereitenden Ausschüssen im Jahre 1935, an denen Heinrich Mann bereits beteiligt war, fand am 2. Februar 1936 mit der Lutetia-Konferenz („Konferenz der Hundert") die eigentliche Gründung des „Ausschusses zur Vorbereitung der deutschen Volksfront" in Paris statt. Mit dem dort verabschiedeten Manifesten „Für eine ge-

---

13 Dimitroff, Georgi: „Die Sowjetunion und die Arbeiterklasse der Kapitalistischen Länder." In: *Rundschau über Politik, Wirtschaft und Arbeiterbewegung.* Basel 6 (1937), Nr. 49 vom 11. November, S. 1821–1824. – Ders.: „Die Sowjetunion und die Arbeiterklasse der kapitalistischen Länder." In: *Die Kommunistische Internationale. Zeitschrift des Exekutivkomitees der Kommunistischen Internationale.* Straßburg 18 (1937), Heft 11/12 vom 15. Dezember (Sonderheft: *20 Jahre Sowjetunion*), S. 1042–1048. – Vgl. auch Langkau-Alex: *Deutsche Volksfront.* Bd. 2, S. 456, Anm. 80, sowie 204–205 und Anm. 285.
14 Dimitroff, Georgi: *Die Sowjetunion und die Arbeiterklasse der kapitalistischen Länder.* Moskau: Verlagsgenossenschaft Ausländischer Arbeiter in der UdSSR 1937.
15 Vgl. Pietrow, Bianka: *Stalinismus, Sicherheit, Offensive. Das „Dritte Reich" in der Konzeption der sowjetischen Außenpolitik 1933–1941.* (Diss. Univ. Kassel 1982) Melsungen 1983, S. 120.

meinsame Amnestieaktion"[16] und „Kundgebung an das deutsche Volk"[17] entwickelte der Ausschuss erstmalig eine größere öffentliche Wirkung. Sie war von kurzer Dauer und endete bereits gut ein Jahr später auf der Osterkonferenz am 11. April 1937 mit der „Botschaft an das deutsche Volk. Einigung des deutschen Volkes für Frieden und Freiheit!".[18] Dazwischen lag erstaunlich wenig,[19] misst man den Volksfrontausschuss an seinem eigenen Anspruch, und es erstaunt, dass es überhaupt noch so viel war, rekonstruiert man die tatsächlichen Bedingungen für die Arbeit des Ausschusses.

In einer ersten Phase von den vorbereitenden Aktivitäten seit Juli 1935 bis zur Gründungskonferenz im Februar 1936 schien der weltoffen auftretende Willi Münzenberg als Vertreter der KPD den nichtkommunistischen Mitgliedern ein Garant dafür zu sein, dass mit dem Kurswechsel auf dem VII. Weltkongress der Komintern tatsächlich ein breites Volksfrontbündnis gegen Hitler auch von Moskau angestrebt sei. Seit der Gründungskonferenz im Februar 1936 aber wurde er wegen seiner tatsächlichen oder vermeintlichen Liberalität erbittert von Walter Ulbricht, der in Prag und Paris agierte, bekämpft und schließlich durch ihn ersetzt. Ulbricht, äußerst versiert darin, politische Kurswechsel frühzeitig in Moskau aufzunehmen, lieferte die Arbeit im Ausschuss bedingungslos den wechselnden Moskauer Interessen aus. Stets mit dem Anspruch auftretend, die Definitionsmacht über das Konzept ‚Volksfront' ausüben zu können, vertrat er gegenüber Münzenberg anfangs einen engeren Begriff im Sinne einer Einheitsfront der Arbeiterparteien, der das bürgerlich-demokratische Exil marginalisierte („von untergeordneter Bedeutung"; Dok. 01, S. 149). Als es darum ging Volksfrontbündnisse in Frankreich und Spanien zu stärken, substituierte er den Begriffsinhalt im Sinne eines diffus weiteren Bündnisses gegen Hitler, der keinen gemeinsamen politischen Kern mehr aufwies. Als das Sekuritätsbedürfnis der Sowjetunion bereits auf eine Beschwichtigungspolitik gegenüber Hitler-Deutschland einschwenkte, definierte er den Begriff wiederum krude um und verstand ihn nun als Vorbereitungsform auf dem Weg zur Einheitspartei unter kommunistischer Führung. Allein diese „Substitutionspolitik"[20] musste jeden ernsthaften Versuch, ein gemeinsames Konzept für ein Nachkriegs-Deutschland im Ausschuss zu finden, zunichtemachen.

---

16 Abdruck bei Langkau-Alex: *Deutsche Volksfront*, Bd. 3, S. 71–74.
17 Abdruck ebd., S. 74–76.
18 Abdruck ebd., S. 285–288.
19 Das gilt, auch wenn die grundlegende Darstellung und Dokumentation der Arbeit bei Ursula Langkau-Alex: *Deutsche Volksfront*, mehr als eineinhalbtausend Seiten umfasst.
20 Kemper, Dirk: *Heinrich Mann und Walter Ulbricht. Das Scheitern der Volksfront. Briefwechsel und Materialien.* München 2012, S. 69–87.

Hinzu kam, dass Ulbricht am 6. Mai 1937 die Reißleine zog und der Arbeit des Ausschusses gezielt die Geschäftsgrundlage entzog („Obstruktionspolitik"). Kein Parteivertreter hatte in Paris ein Mandat seiner Parteileitung; man arbeitete dennoch aus anerkennenswerten Gründen im Modus des „Als-ob". Genau an diesem neuralgischen Punkt setzte Ulbricht an, indem er mit einem lakonischen Dreizeiler den Ausschussmitgliedern mitteilte, dass ZK der KPD habe sich an den Parteivorstand der SPD gewandt. Damit waren dem Pariser Ausschuss Arbeits- und Geschäftsgrundlage entzogen – ein klassischer Boykott, der seine Wirkung nicht verfehlte.

Der sogenannte „Ausschuß zur Vorbereitung der deutschen Volksfront" stellte realiter niemals dar, was er zu sein beanspruchte. Er hat nie ein Mandat für das selbstgesteckte Ziel bekommen, hat infolge dessen nie auf einer gesicherten Geschäftsgrundlage arbeiten können, er hat nie eine gültige programmatische Plattform definiert, abgesehen von einigen wenigen Verlautbarungen nie größere Wirksamkeit in der Öffentlichkeit entfaltet und ist vor allem niemals das gewesen, was Heinrich Mann von ihm erwartete, nämlich der Kristallisationspunkt einer deutschen Exilregierung. Die Volksfront im Exil hatte nie eine nennenswerte Basis im Lande, auch wenn Ulbricht dies Heinrich Mann gern suggerieren wollte. Zudem klafft ein offenes Missverhältnis zwischen der tatsächlich geleisteten tagespolitischen und programmatischen Arbeit und den unendlichen Energien, die auf die Wahrung von Partikularinteressen, auf Intrigen, Streitereien, Schuldzuweisungen und deren Kolportage in die Öffentlichkeit verwandt wurden. Vielmehr erweist sich die Geschichte des Ausschusses als die Geschichte des Scheiterns der hochschießenden Erwartungen, die der VII. Weltkongress der Komintern mit seiner tatsächlichen oder vermeintlichen Öffnung hin zu einer Einheitsfront- und Volksfrontpolitik gegen Hitler ausgelöst hatte.

Heinrich Mann hat sich im französischen Exil der Sache eines Volksfront-bündnisses redlich und mit aller Kraft verschrieben. Er präsidierte bereits seit September 1935 im vorbereitenden Lutetia-Comité, er übernahm im Februar 1936 bei der Gründung des „Ausschusses zur Vorbereitung der deutschen Volksfront" den Vorsitz im „Engeren Ausschuss", einer Art Exekutivkomitee, er war Mitherausgeber der *Deutschen Informationen*, des Presseorgans des Ausschusses, fungierte als integrierende und treibende Kraft und unterstützte die Volksfrontbemühungen durch eine Unzahl von Publikationen. Mit eisernem Willen zu seinen als wahr angenommenen Idealen hielt er jedoch weit über das faktische Ende des Ausschusses an der Illusion von dessen Existenz und Arbeitsfähigkeit fest und konstruierte weiter – trotz der persönlichen Verachtung für Ulbricht – seine Utopie vom „richtigen" Kommunismus in der Sowjetunion unter Stalin.

Dafür ist er heftig kritisiert worden. Schwer wiegt die Einschätzung Willy Brandts. Als Zeitzeuge der Nachgeschichte des Volksfrontausschusses in Paris zog Brandt aus dem historischen Rückblick folgendes Resümee:

> So kam es, daß ich Heinrich Mann im Präsidium erlebte, als es nichts mehr zu präsidieren gab. Es war im Oktober 1938, nach dem Münchner Abkommen. [...] Von den Einheitsbemühungen war so gut wie nichts übrig geblieben. Die Ulbricht-Leute – wie man damals sagte – hatten zerschlagen, was sich zerschlagen ließ, Münzenberg war weg, Breitscheid kam nicht mehr, das Aufgebot an Intellektuellen und an ‚freiheitlichem Bürgertum', wie man es nannte, war zusammengeschrumpft. Ich hatte den Eindruck, Heinrich Mann werde mißbraucht.[21]

Härter noch ging Joachim C. Fest 1985 in seinem Buch *Die unwissenden Magier* mit dem „‚Ahnherrn des linken literarischen Aktivismus'"[22] ins Gericht. Die Publizistik des Exils sei „eine seltsame Mischung aus Hellsicht und Verblendung, Gespensterglauben, Irrtum und humaner Vernunft",[23] die tagespolitischen Äußerungen bildeten „eine einzigartige Sammlung von Fehlurteilen und Wunschbildern"[24], die letztlich von dem Bedürfnis zeugten, „auf politischem Gelände nach Ersatzbefriedigungen"[25] zu suchen. Es gehöre „zum romantisch-apolitischen Wesen, unter allen Rollen, die öffentliche Wirkung versprechen, mit Vorliebe die politische zu wählen".[26]

Belegmöglichkeiten für solche Wertungen bietet Heinrich Manns Essayistik überreich. Und dennoch ist mit der Wertung nicht viel erreicht.

Wir wollen daher im Folgenden den spezifischen Bedingungen des Denkens im Exil (II.) und des Schreibens im Exil (III.) nachgehen, um seine Positionen analytisch wenigstens nachvollziehbar zu machen – letztlich in seinem Sinne: „Die Irrtümer sind, was am Reichlichsten lohnt. Gegen die augenfällige Wirklichkeit gehalten, zeigen sie, wer wir waren und warum."[27]

---

21 Brandt, Willy: „Literatur und Politik im Exil." In: *Literatur des Exils*. [Eine Dokumentation über die PEN-Jahrestagung in Bremen vom 18.–20. September 1980 im Auftr. des PEN-Zentrums Bundesrepublik Deutschland] Hg. v. Bernd Engelmann. München 1981, S. 164–171, hier S. 169.
22 Fest, Joachim C.: *Die unwissenden Magier. Über Thomas und Heinrich Mann*. Berlin 1985, S. 74.
23 Ebd., S. 109.
24 Ebd., S. 13.
25 Ebd., S. 124.
26 Ebd., S. 98.
27 Mann, Heinrich: *Zur Zeit von Winston Churchill*. Hg. v. Hans Bach. Frankfurt/Main 2004, S. 22.

2 Denken im Exil

2.1 Grundlagen der europäischen Aufklärungsphilosophie

Geschichtsverständnis und Gesellschaftsideal Heinrich Manns wurzeln tief in den Denktraditionen der europäischen Aufklärung. Entsprechende Grundpositionen gegen geistige und politische Fehlentwicklungen in Deutschland in Stellung zu bringen, sah sich Heinrich Mann nicht erst im französischen Exil der Jahre 1933 bis 1940 genötigt, sondern bereits im Ersten Weltkrieg, der auf europäischer Ebene als „Kulturkrieg"[28] der Intellektuellen ausgetragen wurde, und im Rahmen dieses „europäischen *Bruderzwist[s]*" (GkFA 13.1, 52) auch ganz persönlich mit Thomas Mann. Grundlagen seines Denkens, die er unverändert ins französische Exil mitbrachte, lassen sich daher bereits anhand seines „Zola"-Aufsatzes von 1915 verdeutlichen.

Heinrich Mann definiert die Origo seiner Argumentation, seine geistige Schreibposition hier ganz durch die Rolle europäischer Ireniker, die die Identität einer Wertegemeinschaft beschwören: „[...] und tue es nur in dem Bewußtsein, daß wir – und die Andern – doch auch jetzt noch Europäer geblieben sind und voneinander lernen müssen."[29]

Seine Geschichtslogik setzt ein geistig homogenes Europa voraus, das aus der Aufklärung, insbesondere ihrer französischen Variante, hervorgegangen ist. Seine Stiftung einer homogenen europäischen Identität nimmt sich selber wie eine Gedankenfigur der Aufklärung aus, die bekanntlich an der überzeitlichen und kulturneutralen Konstruktion eines Gattungswesens ‚Mensch' (im Kollektivsingular) interessiert war und kulturelle Varianten und Sonderwege nur als Phasen innerhalb eines einheitlichen Perfektibilitätsprozesses auffasste, dessen Telos die reine Herrschaft der Vernunft darstellt. Das erlaubt Heinrich Mann auch seinen irenischen Duktus, in dem er Deutschland nicht ausgrenzen und verteufeln muss, sondern als vorübergehend verirrt darstellen kann.

In diesem – so die Perspektive des Intellektuellen – nur äußerlich mit militärischen Mitteln geführten Krieg verteidigt er geistig ein sittliches Ideal als

---

28 Vgl. Beßlich, Barbara: *Wege in den „Kulturkrieg". Zivilisationskritik in Deutschland 1890–1914.* Darmstadt 2000. – Flasch, Kurt: *Die geistige Mobilmachung. Die deutschen Intellektuellen und der Erste Weltkrieg. Ein Versuch.* Berlin 2000. – Mommsen, Wolfgang E. (Hg.): *Kultur und Krieg: Die Rolle der Intellektuellen, Künstler und Schriftsteller im Ersten Weltkrieg.* München 1996.
29 Mann, Heinrich: „Zola." In: ders.: *Essays und Publizistik. Bd. 2: Oktober 1904 bis Oktober 1918.* Hg. v. Manfred Hahn. Bielefeld 2012, S. 139–209, hier S. 147.

höchsten Wert. Heinrich Mann bleibt auch in diesem Punkt ganz auf der aufklärerischen Linie eines teleologischen Fortschrittsoptimismus:

> Demokratie aber, was bedeutet das. Zuletzt nichts anderes, als was auch Kultur bedeuten sollte: Menschenpflege, die Würde und das Gewissen Aller. Also eine sittliche Grundforderung, wohl nie vollkommen zu verwirklichen.[30]

Das Politische geht auf im Sittlichen, und als moralisch höchster Wert garantiert Demokratie die würdevolle Menschwerdung „Aller". In dieser anthropologischen, ethischen und geschichtsphilosophischen Rückbindung kann Demokratie, beschrieben als sittliches Ideal und nicht genauer definiert als Staatsform, gar nicht mehr bestritten werden; sie bildet vielmehr die eschatologische Utopie aller Aufgeklärten, mithin der Menschheit selbst. Rhetorisch verleiht Heinrich Mann damit seiner Position ein Höchstmaß an Autorität; wer dagegenreden will, kann nur untergeordnete Partikularinteressen der Politik vertreten.

Der so ausgetragene Krieg der Intellektuellen erweist sich bei näherer Analyse als Kampf um Geschichtsdeutungen, um die angewandten *Geschichtslogiken*, aus denen Sinnzuweisungen zum Krieg resultieren. Auch in diesem Punkt stellt sich Heinrich Mann plakativ in die Tradition der Aufklärung, indem er mit dem Begriff „Vervollkommnungsfähigkeit der Menschen"[31] das Prinzip der Perfektibilität bemüht, das aller aufklärerischen Geschichtsphilosophie zugrunde lag:

> Die Bahn der europäischen Seele war bisher unausweichlich vorgezeichnet. Griechentum oder Christentum. Humanismus, Reformation und Revolution, alles hatte zuletzt den gleichen Sinn, und der heißt Befreiung, immer vorschreitende Befreiung.[32]

Wenn ein Telos der Geschichte feststeht – hier die Demokratie als säkularisiertes Eschaton –, lassen sich historische Ereignisse leicht binär codieren, und zwar als ‚sinnhaft' oder ‚sinnlos', ‚progressiv' oder ‚reaktionär', ‚zielführend' oder ‚deviant'. Deviante Phasen im Rahmen der Selbstverwirklichung der Vernunft kennt Heinrich Mann durchaus und vermag so auch die deutsche Aggression zu erklären: „Schicksal der Vernunft ist es, zeitweilig zu ermüden, sich aufzugeben und das Feld zu räumen den Orgien einer komplizierten Naivität, den Ausbrüchen tiefer alter Widervernunft."[33]

---

30 Mann: Zola, S. 148.
31 Ebd., S. 150.
32 Ebd., S. 147.
33 Ebd., S. 207.

2.2 Von den Füßen auf den Kopf: Antimaterialismus aus dem Geist des Humanismus

Auch wenn Heinrich Mann Karl Marx und seinen Lehren ein hohes sittliches Potential zuschreibt, steht sein Denken doch in diametralem Gegensatz zum dialektischen und historischen Materialismus des marxistischen Denkens seiner Zeit. Während Marx für sich beanspruchte, den Idealismus Hegels vom Kopf auf die Füße gestellt zu haben, beansprucht Heinrich Mann die umgekehrte Denkfigur für sich: Er behauptet den Primat des Geistes vor der Ökonomie und damit auch vor der Politik. Anders gesprochen, er bestreitet vehement das Basis-Überbau-Modell des Marxismus:

> Nach meiner Natur und Tätigkeit war ich immer durchdrungen von der alles andere übertreffenden *Bedeutung des geistigen Kampfes*. Sein Ergebnis bestimmt auch die Wirtschaft, nicht umgekehrt. Denn der Mensch ist zum Menschen geworden, nicht, seitdem er eine Wirtschaft hat, sondern als er zu denken anfing.[34]

In seinem Aufsatz „Revolutionäre Demokratie" von 1934 wehrt er sich dagegen, die Russische Revolution im materialistischen Sinne vor allem aus ökonomischen Faktoren herzuleiten. Marx, Bismarck, dem deutschen Denken insgesamt setzt er idealistisch entgegen, dass der Weg zur Revolution immer „eine erstrebte Errungenschaft sittlicher Natur"[35] sei. Das Moralische verstehe sich nicht von selbst, wie Bismarck meinte, sondern es sei das Primäre; nicht die Ökonomie, sondern die sittliche Erziehung und Bildung des Volkes bilde die eigentliche Basis der Revolution. Dafür steht für ihn das Beispiel der Russischen Revolution ein:

> Aber während er [Marx] schrieb, entstand dort hinten eine moralisierende Romanliteratur. Diese verbreitete Mitleid mit den Menschen und Erbitterung gegen das Unrecht. Damit machte sie die Menschen reif für die Revolution, wenn auch die Wirtschaft es noch nicht war. Entscheidend sind die Menschen, besonders das Auftauchen großer Persönlichkeiten. Man habe einen Tolstoi, man wird bald einen Lenin haben.[36]

Es seien eben die Intellektuellen, die Schriftsteller, die „Männer von Format", die für die Demokratie arbeiteten und diese als „sittliche Hebung der Menschen" verstünden:

---

34 Mann, Heinrich: „Revolution und Einigkeit." In: *Neuer Vorwärts* 36 (18. Februar 1934), S. 2–5, hier S. 2.
35 Mann, Heinrich: „Revolutionäre Demokratie." In: *Europäische Hefte* 1 (7. Juni 1934), H. 8, S. 208–212, hier S. 208.
36 Ebd., S. 209.

> Das wäre endlich sowohl Demokratie als vollendete Revolution: die Ankunft jedes einzelnen auf der hohen sittlichen Ebene, wo die beispielhaften Gestalten sich immer bewegt hatten.

Die russischen Schriftsteller von Puschkin bis Dostojewski werden hier zu Erziehern zur Revolution verklärt, so wie Heinrich Mann früher die großen Geister Frankreichs zu Erziehern zur Demokratie erhoben hatte: „Hundert Jahre großer Literatur sind die russische Revolution, vor der Revolution."[37]

Aus dem Primat des Geistes vor der Politik erwächst auch die prinzipielle Überlegenheit des Intellektuellen gegenüber dem Politiker, denn es gelte: „Der Begriff des geistigen Menschen, des Intellektuellen oder Geisteskindes umfaßt das Menschengeschlecht."[38]

2.3 Inkompatible Denkkulturen

> Er ist ein vertracktes Polizeigehirn, sieht über seine persönlichen Intrigen nicht hinaus, und das demokratische Verantwortungsgefühl, das jetzt erlernt werden muß, ist ihm fremd.[39]

So beklagt sich Heinrich Mann im Oktober 1939 bei Lion Feuchtwanger über Walter Ulbricht, den Vertreter der KPD im Pariser Volksfrontausschuss – den es zu diesem Zeitpunkt realiter schon nicht mehr gab. Inhaltlich meint er Ulbrichts Substitutionspolitik, also die semantische Umwidmung des Wortes ‚Volksfront' im Sinne eines kommunistisch geleiteten Instruments zur Herstellung einer Einheitspartei, wichtiger aber erscheint der habituelle Aspekt, also die Zuschreibung einer anderen Denkkultur, die den Parteipolitiker Ulbricht von den Schriftsteller-Intellektuellen Feuchtwanger und Mann grundsätzlich trennt.

Darin liegt kein Ulbricht betreffender Einzelbefund, vielmehr lässt sich an ihm nur besonders drastisch zeigen, wie fundamental sich der Weltzugangsmodus beider Gruppen für Heinrich Mann unterscheidet. Für diese Differenz ist die Exilsituation keineswegs ursächlich, vielmehr lässt sie die Unterschiede nur verstärkt hervortreten:

---

37 Mann, Heinrich: *Ein Zeitalter wird besichtigt. Erinnerungen.* Hg. v. Peter Paul Schneider. 4. Aufl. Frankfurt/Main 2007, S. 57.
38 Ebd., S. 62.
39 Brief vom 29. Oktober 1937; zit. nach Wilhelm von Sternburg: *Lion Feuchtwanger. Ein deutsches Schriftstellerleben.* Berlin 1994, S. 394–395.

Deutsche bringen in die Verbannung alles unbeschädigt mit, ihre Klasse, ihren Rang, ihre gesellschaftlichen Ansprüche, geistigen Reservate und ihr strenges wirtschaftliches Eigenleben.

Habituell gewendet: „Der sozialdemokratische Führer behält, kaum der Katastrophe entronnen, in den Hauptsachen immer noch Recht vor sich selbst, der Kommunist übrigens ebenso."[40] An anderer Stelle, in einem Volksfrontaufsatz von 1937, heißt es prägnant und lakonisch: „Parteivorstände [...] sie denken anders."[41]

Um Handeln zu können bedürfen beide, der Parteipolitiker wie der Schriftsteller-Intellektuelle, anleitender Werte und Grundsätze, die beide jedoch auf unterschiedliche Art gewinnen.

Der Politiker hat in der Regel die Maximen seines Denkens und Handelns mit denen einer Institution – einer politischen Partei, Gewerkschaft oder ähnlichem – abgeglichen und hat die Institution als Repräsentanz der eigenen Leitvorstellungen sowie derjenigen von Gleichgesinnten anerkannt. Mit dieser Institutionalisierung und Kollektivierung der Maximen des eigenen Denkens geht einerseits eine Stärkung des beitretenden Individuums einher, andererseits eine Schwächung seiner Individualität, denn er unterstellt sich freiwillig der Entscheidungshierarchie seiner Organisation. Das kann zu Zumutungen und Konflikten führen, wirkt aber zunächst einmal entlastend, da nicht jede handlungsanleitende Entscheidung in eigener Verantwortung und mit eigener Begründungslast getroffen werden muss. Man darf sich zu Parteiprogrammen, Parteitagsbeschlüssen et cetera bekennen und ist auf diese Weise davon entlastet, sich der Komplexität jeder Einzelfrage stellen zu müssen.

Genau das möchte der Schriftsteller-Intellektuelle à la Heinrich Mann nicht. Analytisches oder handlungsbegründendes Denken in irgendeiner Form zu delegieren ist ihm wesensfremd, wäre Selbstverleugnung des Intellektuellen, der – um Heinrich Manns diffuse Schlagworte zu gebrauchen – eben ganz „Geist" und nicht „Macht" ist. Daraus resultieren völlig unterschiedliche Denkstile: Während politische Partizipation an Macht auf der Vertretung von Partikularinteressen basiert, vertritt der aus der Aufklärung heraus denkende Schriftsteller-Intellektuelle einen universelleren Standpunkt, nämlich den der „Menschheit". Während das Politische sich im Kampf der Partikularinteressen selbst zerfleischen muss, bilden Anthropologie und Geschichtsphilosophie im Namen der Menschheit das

---

40 Mann, Heinrich; [Roubiczek, Paul]: *Heinrich Mann und ein junger Deutscher: Der Sinn dieser Emigration*. Paris: Europäischer Merkur [1934], S. 10.
41 Mann, Heinrich: „Kampf der Volksfront". In: ders. : *Mut. Essays*. Hg. v. Peter Paul Schneider. Frankfurt/Main 1991, S. 277.

eigentliche Remedium gegen den Sumpf der Partikularinteressen. Genau darin liegt historisch gesehen die Lehre, die Schiller und andere aus der Französischen Revolution zogen und die in das Projekt der „ästhetischen Erziehung des Menschen" einging, das auch noch Heinrich Manns Denken prägt.

Sein gesamtes politisches Engagement stellt er auf eine dezidiert anthropologische Basis: „Es ist niemals vergeblich, sich an den Sinn der Menschen für ihre Freiheit zu wenden. Freiheit – keinen tieferen, beständigeren Antrieb kennt der Mensch. Im Grunde fällt sie zusammen mit seinem Lebenswillen."[42]

Anthropologische Bestimmung zur Freiheit und ethisches Gebot zum Freiheitskampf münden in der Gedankenwelt Heinrich Manns in den (historisch verspäteten) Prozess eines sittlichen Zu-sich-selbst-Findens des deutschen Volkes – eine notwendige Entwicklung, für die das französische Volk mit seiner Geschichte Modell stehe. Schon das vermeintliche Erwachen seines Freiheitssinns durch die faschistische Unterdrückung lässt ihn ausrufen: „Das ist nicht mehr das Volk, das man kannte."[43]

Auf dieser Grundlage entwickelt Mann auch einen anthropologisch gefärbten Begriff der Volksfront. Für ihn ist dies kein Terminus technicus parteipolitischer Strategie, sondern eine vom Volk selbst als historisch agierendem Subjekt und nicht von den Parteivorständen getragene, geschichtsnotwendige Entwicklung:

> Volksfront: da steht das Wort. Es steht in einem Rechenschaftsbericht über nackte Tatsachen und die unausweichlichen, aus sich selbst geborenen Handlungen, mit denen man sich hilft. [...] Freiheit und auch die Kampffront eines Volkes, das leben will trotz seinen Tyrannen, es sind sittliche Werte. [...] Die Volksfront sind nur sie [alle sich nach Freiheit Sehnenden], aber sie sind es ohne Unterschied der Erwerbsstände, Parteien, Konfessionen. Diesmal ist es soweit. Die Unterschiede fallen – nicht auf Befehl [...]. Sondern ohne Vorausberechnung, freiwillig – obwohl durch ein höheres Gesetz, als Menschen erlassen können – werden sie Volksgenossen im Ernst, auf eigene Gefahr.[44]

Volksfront heißt für Heinrich Mann „neue[r], lebendige[r] Humanismus",[45] getragen von Pathos der Wahrheit,[46] und in der Retrospektive der Autobiographie

---

42 Mann, Heinrich: „Die deutsche Volksfront", S. 249.
43 Mann: „Geburt der Volksfront." In: ebd., S. 263. – Vgl. auch ebd., S. 264: „Das ist sogar die einzige Art, wie Freiheit die Menschen wahrhaft ergreift. Sie muß lebenswichtig geworden sein. Sie hat das hohe Gefilde der Idee verlassen, sie ist zwischen die Leute herabgestiegen [...]."
44 Ebd. S. 265 u. 267. – Vgl. auch ebd., S. 265: „Die Volksfront ist nicht von außen nach Deutschland eingeführt worden, sieht man es? Sie ist weder die Nachahmung fremder Staats- und Parteiengebilde, noch verdankt sie ihre Entstehung allein der Bemühung ausgewanderter Feinde des Regimes."
45 Ebd., S. 271: „Die Volksfront, ihr Wesen ist human. Kann aber irgend etwas die Tyrannen stürzen, wird es der neue, lebendige Humanismus sein."

prägt er dafür die sprechende Formel von der „Volksfront der Herzen" – realisiert vor allem unter den Arbeitern.[47] „Der Sieg einer Volksfront ergibt von selbst die demokratische Republik."[48]

2.4 Parallelwelten

Diese inkompatiblen Denkkulturen treiben Heinrich Mann in Parallelwelten, deren Existenz er bewusst annimmt. Wie kann er in einem Ausschuss handeln, dessen Diskursregeln weitgehend von den Geboten der Parteienpolitik dominiert werden? Wie kann er sein Denken als Schriftsteller-Intellektueller im Zusammenhang der strategischen Fragen der Bildung einer Einheits- und/oder Volksfront behaupten, die ganz und gar Sache von Parteileitungen und -vorständen war? Wo findet er schließlich Bestätigung für sein eigenes Handeln, für die Selbstdeutung seiner eigenen Rolle, nach der auch er selbstverständlich suchte?

Es geht also um Bewältigungsstrategien gegenüber den Zumutungen der Realpolitik. Sieht man einmal von der banalen Ebene des Auseinanderfalls von privaten, meist brieflich greifbaren Äußerungen und seinen öffentlichen Publikationen ab, sind drei Phänomene zu beobachten.

Der Umstand, besser die Zumutung, sich im Ausschuss auf fremdem Diskursterrain zu befinden, ist ihm wohl bewusst, und im Gegensatz zu dem bis heute erhobenen Vorwurf seiner Kritiker*innen, das Politische sei ihm nicht nur wesensfremd, sondern auch unverständlich geblieben, nimmt er für sich in Anspruch, in Paris den „politischen Verkehr"[49] der Parteipolitik gelernt zu haben. Angetrieben von einem willensgespannten moralischen Radikalismus, der die sittlich-moralische Aufgabe im Ausschuss weit über das Faktische des Tagesgeschehens stellte, agierten er wie einige andere bürgerlich-intellektuelle Mitstreiter im Modus des „Als-ob". Als in der Spätphase offenkundig wurde, dass die KPD keineswegs gewillt war, die Arbeit des Ausschusses anzuerkennen, wodurch das eigene Agieren im Ausschuss eigentlich völlig entwertet war, erklärte Georg Bernhard, Chefredakteur des *Pariser Tageblatts* (ab 1936 *Pariser Tageszeitung*): „Ich sei aber bereit [...] nach dem Prinzip des ‚als ob' in Zukunft weiterzuverhandeln."[50]

---

46 Vgl. Mann, Heinrich: „Kampf der Volksfront", S. 277: „Ihr [der Volksfront] entscheidender Vorteil über den Feind ist die Wahrheit."
47 Mann: *Zeitalter*, S. 421.
48 Mann: „Kampf der Volksfront", S. 277.
49 Mann: *Zeitalter*, S. 422.
50 Kemper: *Heinrich Mann*, Dok. 02, S. 154.

Bernhard mochte dieser Modus des „Als-ob" auch als pragmatisches Prinzip der Tagespolitik sinnvoll erscheinen, ging es doch immerhin darum, die eigene politische Mission nicht durch übereiltes Handeln zu gefährden. Heinrich Mann hingegen gewährte er einen sehr viel breiteren Schutzschild gegen politische Zumutungen des Tages. Das Weiterarbeiten im Modus des „Als-ob" bedeutete für ihn nicht die naive Hingabe an Illusionen, sondern das Festhalten an dem als wahr und historisch notwendig Erkannten, auch wenn dieses durch die Ereignisse des Tages überlagert, verdunkelt oder verschüttet erscheinen mochte. In einem Brief an Klaus Pinkus vom 21. August 1938 konnte er die Maxime seines Handelns daher mit demselben Begriff beschreiben: „Das Schlimme ist, daß sogar eine Zukunft ohne Krieg – und ohne Hitler – noch immer im Dunkeln liegt. Bleibt nur übrig, zu handeln, *als ob* die Erhellung bevorstände."[51]

Die zweite Bewältigungsstrategie lag darin, das dezidert Politische, nämlich die Frage nach Parteibündnissen gegen Hitler, in etwas anderes zu transformieren und so Selbstbestätigung außerhalb der Parteipolitik zu suchen. Die selbst zugewiesene Rolle war eben nicht die eines politischen Maklers zwischen oder über den Parteien,[52] was ihn in die Sphäre der Tagespolitik hineingezogen hätte, sondern die des Außerpolitischen – letztlich des Unpolitischen –, der das im Tagesgeschäft der Politik so fernstehende Prinzip des Intellekts vertrat. Tagespolitisch agierte Mann mit Parteivertretern, die im geschichtsnotwendigen Prozess der Selbstbeschreibung der Vernunft aus seiner Sicht noch nicht so weit oder auf falschen Wegen waren; in seiner Selbstwahrnehmung aber überschrieb er die Tagespolitik im parallelen Narrativ der anthropologisch begründeten Menschheitsgeschichte. In dieser Parallelerzählung ging es im Pariser Ausschuss gar nicht um ein Parteienbündnis, vielmehr galt: „Die deutsche Volksfront wird geboren aus abertausend Bekehrungen, und die wurzeln tief. [...] Die Volksfront, ihr Wesen ist human. Kann aber irgend etwas die Tyrannen stürzen, wird es der neue, lebendige Humanismus sein."[53] Nicht eine Partei werde dort gewinnen, auch nicht ein Parteienbündnis, sondern „die Vernunft, das heisst Frankreich".[54]

---

51 Mann, Heinrich: *Briefe an Karl Lemke und Klaus Pinkus*. Hamburg [1963], S. 144. Hervorhebung DK.
52 Dem widerspricht nur scheinbar die Formulierung im *Zeitalter*: „Dem Comité der Volksfront schulde ich die Anerkennung, daß es mir meine vermittelnde Haltung *zwischen den Parteien* eher dankte als übelnahm. Ein Sozialdemokrat ging so weit, mir zu sagen, mir wüßte wohl nicht, daß ich das Ganze zusammenhalte?" (Mann: *Zeitalter*, S. 421–422. Hervorhebung DK), die sein habitualisiertes Selbstverständnis nicht trifft.
53 Mann, Heinrich: „Geburt der Volksfront", S. 271.

Auf die dritte Parallelwelt, konstruiert in Heinrich Manns innerem Bestätigungspakt mit der Sowjetunion, werden wir noch eingehen.

3 Schreiben im Exil

3.1 Inhaltliche und performative Ebene der Exilpublizistik

Man kann Heinrich Manns politische Essayistik im Umfeld des Nationalsozialismus auf zwei Ebenen lesen. Auf *inhaltlicher* Ebene zeugen sie alle von Heinrich Manns redlichem Kampf gegen das Hitler-Regime, doch teilen sie (fast) alle mehr mit, als sie inhaltlich sagen. Auf *performativer* Ebene[55] geht es um die ständig im Hintergrund präsenten Fragen, was Schriftsteller*innen eigentlich tun, wenn sie schreiben, mit welchem Recht, in wessen Auftrag, mit welchem Anliegen und welchem Ziel sowie – ganz entscheidend – für welches Publikum überhaupt. Es gibt wohl kaum einen politischen Essay Heinrich Manns, der sich nicht auch auf dieser Ebene analysieren ließe, der Antworten auf die Fragen gäbe, wie sich Schriftsteller*innen mit ihrem Engagement inszenieren, wie sie sich im öffentlichen Raum positionieren und dabei die Grundprobleme ihrer Existenz – der spezifischen Exilexistenz – zu lösen suchten. Und häufig genug ist dieses Ringen ein außerordentlich verzweifeltes.

Schon vor der Machtergreifung Hitlers analysiert er in seinem Artikel *Die Entscheidung* vom März 1932, dass im Falle eines Siegs des Faschismus nicht das Individuum Heinrich Mann exiliert sei, sondern der Typus des Schriftsteller-Intellektuellen insgesamt. Und sofern Mann überhaupt über ein staatstheoretisches Grundkonzept verfügte, baut es auf die staatsformende Leistung der Intellektuellen, letztlich auf das platonische Ideal des Philosophen-Königs. Wir kommen darauf zurück.

Im Jahre 1932 hielt er in diesem Sinne den intellektuellen Unterstutzer*innen des Faschismus vor:

---

54 Stiftung Archiv der Parteien und Massenorganisationen der DDR im Bundesarchiv Berlin, RY1/I2/3/420, Bl. 306: Teilabschrift des Briefes von Heinrich Mann an Georg Bernhard, 23. März 1936. Masch.; 1 S.; „vertraulich!".
55 Vgl. Fischer-Lichte, Erika: „Vom ‚Text' zur ‚Performance'. Der ‚Performative Turn' in den Kulturwissenschaften." In: *Schnittstelle: Medien und Kulturwissenschaften*. Hg. v. Georg Stanitzek u. Wilhelm Voßkamp. Köln 2001, S. 111–115; Wirth, Uwe (Hg.): *Performanz. Zwischen Sprachphilosophie und Kulturwissenschaften*. Frankfurt/Main 2002.

> Ich möchte sie nur in aller Bescheidenheit fragen, wie sie sich ihre eigenen Daseinsbedingungen in einem faschistischen Staat eigentlich vorstellen? Für ihn kämpfen, solange er noch nicht da ist, das dürfen sie natürlich; und wenn ich die faschistischen Intellektuellen nicht mißverstehe, kämpfen sie im Grunde weniger für den Faschismus, als für ihre eigene geistige Ueberlegenheit über uns andere. Das würde aber sofort aufhören müssen, wenn der Faschismus erst verwirklicht wäre. Dann, meine Herren, gibt es keine geistige Ueberlegenheit mehr, weil die Kritik, das persönliche Urteil und der Kampf der Geister schlechthin abgeschafft sind. [...] Geistig genullt sind alle.[56]

Exil, sei es im oder außerhalb des Faschismus, wäre demnach nur an der Oberfläche ein individuelles Schicksal; tiefer gesehen bedeutete es vielmehr die Selbstverstümmelung des Staats um seine stärksten und formenden Kräfte.

3.2 Habitus der Verachtung

Tatsächlich exuliert, schreibt Heinrich Mann exakt aus dieser Haltung heraus. Wenn die Existenzweise des staatsformenden Intellektuellen im Land vernichtet ist und in einem fremden Land gar nicht aufgebaut werden kann, kann ein konstruktiver Diskurs gar nicht mehr geführt werden. In seiner Schreibposition verlegt sich Mann daher auf den Hass, der auch seiner ersten Essaysammlung von 1933 den Titelbegriff lieferte (*Der Haß*, zunächst vorgelegt in französischer Sprache bei Gallimard in Paris, dann in deutscher bei Querido in Amsterdam).

Aus dem *Habitus der Verachtung* heraus schreibt er 1935: „Auch sonst ist unverhohlene Verachtung die Waffe der Intellektuellen geworden, sofern sie endlich erkannt haben, dass Todfeindschaft gegen den Intellekt das Wesen des Regimes ist."[57] Verachtung jedoch bildet eine stumpfe Waffe im politischen Kampf, und ‚stumpf' erscheinen zunächst auch die immer wieder zitierten Wertungen, die dieser Publikationsphase entstammen: „Ich habe, von Beginn der nationalsozialistischen Diktatur an, immer wieder ihre psychologischen Gebrechen hervorgehoben, als die voraussichtlichen Ursachen ihres schleu(?)sslichen Misslingens. Ein Regime kann nicht begründet, besonders nicht für die Dauer begründet werden mit Hysterikern und anderen Minderwertigen."[58]

---

56 Mann, Heinrich: „Die Entscheidung." In: *Berliner Tageblatt und Handels-Zeitung* Nr. 147 (27. März 1932), Nr. 13, Beilage „Die Brücke", S. 2. Die Beilage steht unter dem Stücktitel „Die deutsche Linke – wann kommt sie?".
57 Mann, Heinrich: „Eine grosse Neuheit." In: *Die neue Weltbühne* 31 (5. September 1935), H. 36, S. 1119–1122, hier S. 1119. Ursprünglich französisch unter „Une nouveauté" in: *La Dépêche* 66 (2. September 1935) H. 24481, S. 1.
58 Ebd., S. 1121.

1934, also in einer Phase, in der die Sozialfaschismustheorie offiziell noch uneingeschränkt in Kraft war, beschwört er bereits die Macht eines linken, sozialistischen Bündnisses, das 1933 nicht zustande kam: „Um wieviel furchtbarer muss ihnen [den Machthabern im Reich] diese Drohung erscheinen, heute, da sie abgewirtschaftet haben und nur noch da sind, weil niemand sie beseitigt. Möge der vereinigte Sozialismus die Kraft aufbringen, die Wirtschaft von den Schmarotzern zu befreien, die Zivilisation von den Ehrlosen und das Volk von seinen Erniedrigern."[59]

Doch was so naiv-trotzig wirkt, ist durchaus analytisch gemeint. Im Hintergrund steht Heinrich Manns Auffassung von der kultur- und letztlich auch staatstragenden Rolle der Intellektuellen. Verachtung als analytisches Mittel soll herausarbeiten, dass im Nationalsozialismus etwas Kultur- und Staatsfremdes zum staatstragenden Prinzip geworden ist, nämlich der Antiintellektualismus, die Herrschaft der Plebs.

Selbstverständlich bleibt es nicht bei diesem Habitus der Verachtung. Seine Essaysammlungen *Es kommt der Tag* von 1936 und *Mut* von 1939 zeigen andere Schreibpositionen, die hier jedoch nicht weiterverfolgt werden.

3.3 Innerer Bestätigungspakt mit der Sowjetunion

Die Zumutungen des Exils sind also zahlreich: Als exilierter Schriftsteller-Intellektueller sieht sich Heinrich Mann von seinen notwendigen Existenzbedingungen abgeschnitten; das tagespolitische Engagement erscheint mit dem eigenen Selbstverständnis nur in einem hoch entrückten Parallelnarrativ vermittelbar. Eine Bestätigungsinstanz oder Bestätigungsgemeinschaft für das eigene Denken haben wir noch nicht ausgewiesen, und doch scheint gerade dieser letzte Punkt unabdingbar gewesen zu sein.

All das gewährte ihm jedoch die Projektion seiner aus der Aufklärung stammenden Maximen des Denkens auf die Sowjetunion und die Person Stalins. Mit diesem selbst geschaffenen Narrativ schloss er einen Bestätigungspakt, durch den sein Denken und Handeln im Exil in einer größeren Ordnung aufging.

Seit dem Sommer 1935 bekannte sich Heinrich Mann öffentlich zu einem neuen Bild der Sowjetunion, das gleich euphorisch ausfiel: „*Die Sowjetunion, der fortgeschrittenste Staat der Welt*, braucht nur die überlieferte Kultur für seine ei-

---

[59] Mann, Heinrich: „Für die Einheit gegen Hitler." [22. August 1934] In: *Unsere Zeit. Halbmonatsschrift für Politik, Literatur, Wirtschaft, Sozialpolitik* 7 (1934) H. 9, S. 9.

genste Angelegenheit zu erklären [...]. *Alle Intellektuellen, alle geistig Interessierten und Bemühten würden dort ihren zentralen Ort erkennen.*"⁶⁰

Diese geistige Beheimatung des aus der Aufklärung stammenden Typus des Schriftsteller-Intellektuellen gründet auf Heinrich Manns großem Geschichtsentwurf, der eine breite Brücke von 1789 zu 1917 baut: Die Oktoberrevolution verkörpert für Heinrich Mann nichts anderes als den „Ausbruch von Wahrheitsliebe", wie er seinerzeit bereits die Französische Aufklärung gekrönt habe: „Die Französische Revolution war ursprünglich der russischen wesensgleich." Die aus der Wahrheitsliebe entstehende Revolution wird im ethischen Sinne zur „Menschenpflicht".⁶¹

In Manns Aufsatz „Stalin – Barbusse" von 1935 wird dieser selbstbegründende Meister-Diskurs argumentativ entfaltet: Der Intellektuelle lebt allein aus der Idee, der Politiker normalerweise in der unbefriedigenden, ja „unzuverlässigen" Wirklichkeit der Tagespolitik. Die daraus abgeleitete Problemstellung lautet: Was passiert, wenn ein Intellektueller zur politischen Macht gelangt? Das platonische Ideal des Philosophenkönigs leuchtet unverkennbar in dieser Gedankenfigur auf. Genau das ist für ihn Stalin, eben der Intellektuelle an der Macht, und entsprechend baut er seine Argumentation auf: „Es ist natürlich, dass ein Intellektueller die sittliche Welt für die wirklichste hält. Staatsmänner denken anders, nur dieser nicht."⁶² Allein „durch die Kraft einer Idee",⁶³ also aus der geistigen Ressource des Intellektuellen, sei es Stalin gelungen, die Sowjetunion binnen kürzester Zeit zur größten Industrienation Europas zu machen, und die Opfer, die er dabei der Bevölkerung habe zumuten müssen, hätten in diesem Zusammenhang hintanzustehen. Es ist das Bild einer Politik aus dem Diktat der reinen Vernunft, dem sich der Intellektuelle immer, der Staatsmann nur in solchen extremen Ausnahmefällen unterwirft, das Heinrich Mann hier beschwört: „Einer Idee nachzuhängen, wie Barbusse, eine Idee zu verwirklichen, wie Stalin, beides verlangt dieselben Entschlüsse und Opfer."⁶⁴ Der logische Vorrang innerhalb dieser Symbiose von Geist und Macht gehört dem Intellektuellen, der aber, solange er isoliert und für sich steht, an der Wirklichkeit nur leiden könne:

> Das literarische Werk wächst logisch, und die Vernunft ist's, die es ins Leben setzt. Gewöhnlich besteht der unermessliche Abstand zwischen den Arbeiten des Intellekts und

---

60 Mann, Heinrich: *Essays und Publizistik*. Bd. 6/1: *Februar 1933 bis 1935*. Hg. v. Wolfgang Klein. Bielefeld 2009, S. 536–537, hier S. 536.
61 Mann: *Zeitalter*, S. 42–43.
62 Ebd., S. 1342.
63 Ebd., S. 1242.
64 Ebd., S. 1343.

den Handlungen des Lebens. Diese geschehen von ungefähr, auf unsaubere Art und Hals über Kopf; weiter als einen Augenblick reichen sie nicht. Der Intellekt erhebt für seine Arbeit den ehrgeizigen Anspruch auf Vollendung und auf Dauer. Es hat daher keinen Denker gegeben, den das äussere Geschehen nicht die meiste Zeit mit Verachtung erfüllt und mit Trauer gesättigt hätte.[65]

Aus diesem Elend erlöst wird der Intellektuelle allein durch den Intellektuellen an der Macht, der bewirke, dass „die Wirklichkeit nach seinen eigenen Begriffen und Methoden verfährt". Mann greift dann hoch aus, wenn er die historischen Momente einer solchen Koinzidenz in Anspielung auf das Johannes-Evangelium feiert: „Die Idee – am Anfang ist die Idee."[66]

Die Rückwirkung eines solchen Momentes auf politische Schriftsteller*innen als Intellektuelle ist es, auf die es Heinrich Mann in seinem Argumentationsgang entscheidend ankommt. Dieser nämlich fühlt sich in solchen Ausnahmemomenten der Geschichte unendlich bestätigt in seinem Selbstentwurf, weiß sich endlich mit dem Leben versöhnt und sieht sich emphatisch erhoben durch das gegenseitige Bestätigungsverhältnis zwischen Geist und Macht:

> Der Staatsmann hat gestaltet wie ein Dichter. Dem Dichter war erlaubt, dem Leben zu dienen, ohne dass er verzichten musste auf sein Wissen und seine Antriebe. Diese erhielten im Gegenteil ihre erste volle Beglaubigung; ja, der offen bekannte Sinn und Zweck, nicht nur der Dichtung, sondern der Wirklichkeit war in einem wahren, wenn auch unwahrscheinlichen Fall das geistig Äusserste. War das Höchstmass von Vernunft, von Idee, von gewolltem, berechnetem Aufstieg alles dessen, was menschlich heisst.[67]

Gerade in diesem gegenseitigen Bestätigungsverhältnis liegt der Grund für die innere Verbundenheit der beiden historischen Persönlichkeiten Stalin und Barbusse: „Alles was Stalin sagt, aus Wärme für die Menschen, trifft auf Barbusse zu, und dieser hat im Grunde alles gedichtet im Hinblick auf Stalin."[68] Und man tut dieser Formulierung sicher keine Gewalt an, wenn man Heinrich Mann als Dritten im Bunde, dessen Henri Quatre-Figur Züge Stalins trägt, hier mitliest.

---

65 Ebd.
66 Ebd.
67 Ebd., S. 1344–1345.
68 Ebd., S. 1344.

4 Der lange Kampf um die Memoria

Eine Haupttendenz der DDR-Geschichtsschreibung bestand darin, aus der Geschichte der Arbeiterbewegung die Entstehungs- und Gründungsgeschichte der DDR geschichtslogisch herzuleiten. Dabei gilt, dass die Volksfrontpolitik nach dem VII. Weltkongress der Komintern und dem „Brüsseler" Parteitag der KPD einen unverzichtbaren Bestandteil des Begründungszusammenhangs darstellt, der die spätere Zwangsvereinigung der KPD und SPD sowie die Politik der Blockparteien in der DDR historisch rechtfertigen soll. Der im Moskauer Sonderarchiv zurückgehaltene Aktenbestand war geeignet, diese Gründungslegende zu erschüttern, dokumentiert er doch eindringlich, was wir als Ulbrichts Obstruktionspolitik beschrieben haben.

Auch wenn es sich bei den Moskauer Archivalien nicht um Unikate handelt, man also mit weiteren Ausfertigungen (Abschriften, Durchschläge) in anderen Archiven rechnen musste, wurden die hier ausgewerteten Bestände des Breitscheid-Nachlasses dieser politisch-historiographischen Brisanz wegen in den 1950er Jahren nicht nach Merseburg zurückgegeben und in Moskau zurückgehalten.

Zu bedenken ist der zeitgeschichtliche Hintergrund. 1950 war Ulbricht Generalsekretär des ZK der SED geworden und fungierte ab 1953 als Erster Sekretär des ZK der SED. Die Rückgabe diskreditierender Akten wäre demnach in den 1950er Jahren ein Politikum gewesen, das leicht hätte missverstanden werden können. Auch wenn die Einstellung der Machthaber in der Sowjetunion zu Ulbricht in dieser Dekade geschwankt haben mag, war ein solches Zeichen – oder was als solches hätte verstanden werden können – nicht beabsichtigt.

Zudem fiel die Aktenrückgabe zeitlich zusammen mit großen Projekten der DDR-Geschichtsschreibung, an denen Walter Ulbricht in einer höchst angreifbaren Personalunion – so die damalige Außensicht wie die heutige geschichtswissenschaftliche Rückschau – als geschichtlich Handelnder und historiographisch Darstellender sowie Wertender beteiligt war. Ab 1953 erschienen Ulbrichts Reden und Aufsätze unter dem Titel *Zur Geschichte der deutschen Arbeiterbewegung* in 10 Bänden.[69] Zwei von drei Ergänzungsbänden galten gerade der Phase von 1933 bis 1946, die allein dadurch besonders hervorgehoben wurde. Dieser Ansatz einer Geschichtsschreibung „von oben", die zudem getragen war von einem der his-

---

69 Ulbricht, Walter: *Zur Geschichte der deutschen Arbeiterbewegung. Aus Reden und Aufsätzen*. 10 Bde. und 3 Zusatzbände. Berlin (DDR) 1953–1966.

torisch Handelnden, wurde in der DDR breit fortgesetzt[70] und mündete unter anderem in die *Geschichte der deutschen Arbeiterbewegung*, die vom Institut für Marxismus-Leninismus beim Zentralkomitee der SED besorgt wurde, wobei Ulbricht als Vorsitzender des Autorenkollektivs fungierte.[71] Auch dort wird das Scheitern der Volksfrontbemühungen in Paris verschwiegen oder nicht begründet.[72] Im Gegenteil, unter der Überschrift *Der verstärkte Kampf der Kommunistischen Partei um Einheits- und Volksfront* werden die Pariser Verhandlungen eingebunden in eine Kette entsprechender Bemühungen der KPD, die angeblich nach dem VII. Weltkongress der Komintern und der Umsetzung der neuen Politik auf der „Brüsseler" Konferenz der KPD nicht mehr abgerissen sei.[73]

Die Funktionalisierung der Pariser Volksfrontbemühungen ist hier wie in parallelen Publikationen mit Händen zu greifen. 1959 schrieb Ulbricht etwa in seinem Grundsatzbeitrag *Des deutschen Volkes Weg und Ziel*:

> Vom Aufruf Georgi Dimitroffs im Leipziger Prozess zur Einigung aller friedliebenden, demokratischen Kräfte gegen den Hitlerfaschismus, von der Brüsseler Konferenz der KPD, in der die Strategie und Taktik zum Sturz des Hitlerfaschismus durch die Schaffung einer Volksfront ausgearbeitet wurde, über den Kampf des Nationalkomitees ‚Freies Deutschland', zur Einigung von KPD und SPD und der Bildung des Blocks der antifaschistisch-demokratischen Parteien und der Schaffung des ersten Arbeiter-und-Bauern-Staates in der deutschen Geschichte, der sich auf die Nationale Front des demokratischen Deutschland stützt, führte der Weg zum großen Siebenjahrplan, dem Plan des Sieges des Sozialismus.[74]

Wie Ulbricht in seiner Geschichtsschreibung „von oben" zu Werke ging, hat Martin Sabrow nach Durchsicht der Redaktionsprotokolle des Autorenkollektivs für die *Geschichte der deutschen Arbeiterbewegung* wie folgt beschrieben:

---

70 Berthold versucht gar, die gesamte DDR-Geschichtswissenschaft wissenschaftsgeschichtlich auf das durch die Beschlüsse des VII. Weltkongresses der Komintern veränderte Geschichtsbild zurückzuführen und aus dem Denken im Kontext der Volksfront deren methodologische Grundlagen herzuleiten; vgl. Berthold, Werner: *Marxistisches Geschichtsbild – Volksfront und antifaschistisch-demokratische Revolution. Zur Vorgeschichte der Geschichtswissenschaft der DDR und zur Konzeption der Geschichte des deutschen Volkes*. Berlin (DDR) 1970, S. 11, 19 u. ö.
71 *Geschichte der deutschen Arbeiter-Bewegung*. Institut für Marxismus-Leninismus beim Zentralkomitee der SED. Autorenkollektiv: Walter Ulbricht (Vorsitzender) u. a. 8 Bde. Berlin (DDR) 1966.
72 Pawek, Karl: *Heinrich Manns Kampf gegen den Faschismus im französischen Exil 1933–1940*. Hamburg 1972 (*Veröffentlichung der Hamburger Arbeitsstelle für deutsche Exilliteratur*, 1), S. 100.
73 Vgl. *Geschichte der deutschen Arbeiterbewegung*, Bd. 5, S. 175–179.
74 Ulbricht, Walter: „Des deutschen Volkes Weg und Ziel." In: *Einheit. Zeitschrift für Theorie und Praxis des wissenschaftlichen Sozialismus* 14 (1959) H. 9, S. 1169–1242, hier S. 1169c1170.

Wie weit die an Nietzsches Kontrastierung von antiquarischer und monumentalischer Geschichtsbetrachtung erinnernde Verwandlung von Historizität in Futurität in den Beratungen des Autorenkollektivs gehen konnte, belegen anschaulich Ulbrichts korrigierende Eingriffe als Vorsitzender des Autorenkollektivs für die ‚Geschichte der deutschen Arbeiterbewegung' in die Darstellung seiner eigenen Rolle etwa im Pariser Volksfrontausschuß 1936, die darauf zielten, dem Leser der ‚Geschichte der deutschen Arbeiterbewegung' nicht zu vermitteln, wie es eigentlich gewesen sei, sondern, wie es eigentlich hätte gewesen sein sollen.[75]

Selbst affirmativere Darstellungen wie die von Günter Benser in seinem Beitrag *Überzeugungen und Traditionen im Vereinigungsprozeß von KPD und SDP 1945/1946* kommen nicht umhin, die Problematik der Ulbricht'schen Hausgeschichtsschreibung im Zusammenhang mit den Pariser Volksfrontbemühungen wenigstens anzusprechen:

> Solche Beschwörungen verklären vergangene Zeiten, wenn wir sie mit realen Vorgängen konfrontieren, zum Beispiel dem konfliktgeladenen Bemühen um die Schaffung einer deutschen Volksfront, der fortbestehenden Unvereinbarkeit der Politik der kommunistischen und der sozialdemokratischen Führung bis hin zum Ende des Hitlerregimes. Wenn jedoch versucht worden wäre, den Neuanfang mit der nachträglichen Aufklärung der Ursachen des Scheiterns verschiedener Volks- und Einheitsfrontprojekte zu beginnen, hätte ein Zusammenführen von Kommunisten und Sozialdemokraten gleich ad acta gelegt werden können, denn hier handelt es sich um Streitfragen, die bis heute anhalten.[76]

---

[75] Sabrow, Martin: „Auf der Suche nach dem materialistischen Meisterton. Bauformen einer nationalen Gegenerzählung in der DDR." In: *Historische Meistererzählungen. Deutungslinien der deutschen Nationalgeschichte nach 1945*. Hg. v. Konrad H. Jarausch u. Martin Sabrow. Leipzig 2011, S. 33–77, hier S. 67, Anm. 77. – Vgl. auch mit einem Detail aus der Ulbricht'schen Geschichtsschreibung Podewin: *Ulbricht*, S. 121.
[76] Benser, Günter: „Überzeugungen und Traditionen im Vereinigungsprozess von KPD und SDP 1945/1946." In: *Die Chancen der Volksfront. Historische Alternativen zur Stalinisierung des Kommunismus*. Hg. v. Klaus Kinner. Leipzig 2006, S. 140–161, hier S. 151.

Ester Saletta
Utopien im Spiegel. Der sozialdemokratische Humanismus von Thomas Mann und Giuseppe Antonio Borgese

Zwischen Thomas Mann und seinem „schwierigen Schwiegersohn"[1] Giuseppe Antonio Borgese besteht neben der familiären auch eine menschliche Wahlverwandtschaft und Charakteraffinität. Verbindende Elemente sind nicht nur der Italienbezug[2] und das ähnliche Verständnis hinsichtlich eines rhetorisch artikulierten und metaphorisch kodierten Schreibens, sondern vor allem eine große Übereinstimmung in weltanschaulichen und politischen Fragen. Der vorliegende Beitrag unternimmt daher den Versuch, die zwei prominenten Persönlichkeiten des amerikanischen Exils in ihrer Rolle als „Weltstadtliteraten" zu untersuchen und ihr Engagement als überzeugte und leidenschaftlich kämpferische Exilanten zu fokussieren. Ihre prophetische Botschaft einer neuen sozialdemokratischen Idee des Antitotalitarismus zeigt sich dabei als eng verknüpft mit einem Ideal von Freiheit im Namen einer modernen Wiedergeburt des traditionell kodierten klassischen Humanismus – ein gleichermaßen politisches wie literarisches Projekt. Die Bildung einer sozialdemokratisch orientierten literarischen Ästhetisierung der politischen Ordnung, die gleichzeitig auch eine Revidierung von allgemeinen Konzepten wie „Macht und Masse" sowie „Demokratie und Totalitarismus" impliziert, erfordert folglich auch eine Reflexion spezifischer Nebenmotive der politisch orientierten Exilkunst von Thomas Mann und Giuseppe Antonio Borgese, nämlich der Binome von „Latinität und Deutschtum", von

---

[1] Di Stefano, Giovanni: „‚Italienische Optik, furios behauptet'. Giuseppe Antonio Borgese – der schwierige Schwiegersohn". In: *Thomas Mann Jahrbuch* 8 (1995), S. 139–165.
[2] In seinem Essay „Thomas Mann e l'Italia in una nuova prospettiva" (In: *Belfagor*. Hg. v. Luigi Russo. Florenz 2005, S. 374–392) rekonstruiert Helmut Koopmann Thomas Manns Beziehung zu Italien, indem er Thomas Manns italienische Aufenthalte auflistet. Thomas Manns widersprüchliche, das heißt Liebe-Hass-Faszinationsbeziehung zu Italien (vgl. Galvan, Elisabeth: „Bellezza und Satana. Italien und Italiener bei Thomas Mann". In: *Thomas Mann Jahrbuch* 8 (1995), S. 109–138) konzentriert sich auf ausgewählte historische Figuren, wie etwa Giuseppe Mazzini, der auch für Giuseppe Antonio Borgese inspirierend war. Vgl. Borgese, Giuseppe Antonio: *Goliath. The March of Fascism*. New York 1937, S. 52–56, sowie Thomas Manns Auseinandersetzung in den *Betrachtungen eines Unpolitischen*, in Mann, Thomas: *Politische Schriften und Reden in Drei Bänden*. Frankfurt/Main 1968, S. 293–294.

„Erotismus und Sozialismus" sowie auch von „Gelassenheit und Aktivismus". All diese thematischen und argumentativen Haupt- und Nebenperspektiven, die man einerseits als widersprüchlich und gegensätzlich lesen könnte, bilden andererseits eine unerwartete einstimmige „musikalische" und historisch kontextualisierte Harmonie wie im Fall der Musik Richard Wagners, die sowohl Thomas Manns als auch Giuseppe Antonio Borgeses Werk geprägt hat.[3] All diese Aspekte sind tatsächlich so perfekt im Einklang, dass eine Rehabilitierung der mythisch griechisch-römischen Klassizität, deren Geltung durch historische Schuld und Totalitarismus in Frage gestellt worden ist, in Gang gesetzt werden kann, weil Borgese und Mann literarisch eine politische Freiheitsweltutopie entwerfen. Es geht schließlich um eine spezifisch ästhetische Weltvision, in der man Literatur und Politik gleichzeitig für die aktive Konstruktion einer innovativen, modernen und zukunftsorientierten Sozialdemokratie der Weltfreiheit im Namen eines globalisierten Kulturhumanismus in den Dienst nimmt.

Kurz vor dem Gang ins amerikanische Exil lernt Thomas Mann in Giuseppe Antonio Borgese einen Literaten kennen,[4] der von seiner Herkunft und Bildung sowie seinem Selbstverständnis und Temperament her eine komplexe Persönlichkeit darstellt. Sein Nationalstolz, seine literarischen und politischen Aktivitäten sind schon in seinen frühen Studienjahren von utopischen Plänen für eine Weltverbesserung geprägt.[5] Thomas Mann beschreibt Borgese in einem Brief an

---

3 Vgl. Kropfinger, Klaus: „Thomas Manns Musik-Kenntnisse". In: *Thomas Mann Jahrbuch* 8 (1995), S. 241–279.

4 Thomas Mann trifft Giuseppe Antonio Borgese zum ersten Mal persönlich im Rahmen der Kommissionsarbeiten des „Committee on Europa" am 2. März 1938 in Detroit, aber der deutsche Schriftsteller hatte den Namen von Borgese schon ein Jahr zuvor in seinem Tagebuch notiert. Am 3. November 1937 hält er „Borgese's italien. Geschichte" (Mann, Thomas: *Tagebücher 1937–1939*. Hg. V. Peter de Mendelssohn, Frankfurt/Main 1980, S. 125) fest und am 8. Dezember 1937 die durch Ignazio Silone vermittelte Lektüre eines französisch geschriebenen Aufsatzes von Nicola Chiaromonte, in dem Borgese hoch gelobt wurde (vgl. ebd., S. 139). Giuseppe Antonio Borgese stellt im Gegenzug in seinem „Wanderlied" in *The Stature of Thomas Mann* (Hg. v. Charles Neider. New York 1947, S. 33–37) fest: „I think I did not come in direct touch with any of Mann's works before late in the 20's. Life occasionally builds out of mere chance concomitances that dissemble the symmetries of art. It so happened that the first of Mann's work I came across while still in Milan was the long short story *Disorder and early Sorrow* whose protagonist, the author's youngest daughter, I call Elisabeth."

5 Vgl. Borgese, Giuseppe Antonio: *La Nuova Germania*. Mailand 1917, S. 247–282 u. S. 279–289. In diesem Sinne sind sowohl die Gründung der Zeitschrift „Hermes" (1903), in der er sich im draufgängerischen D'Annunzio-Stil an den literarischen Kontroversen der Zeit beteiligt, als auch die Verfassung seiner Dissertation über die *Storia della critica romantica in Italia* (Neapel 1905), die durch die Mitarbeit von Benedetto Croce veröffentlicht wurde, zu betrachten. Nicht zu vergessen ist aber in diesem spezifischen Kontext die Haltung von Benedetto Croce gegenüber

seinen Bruder Heinrich am 26. November 1939 nach dessen Hochzeit mit Manns
jüngster Tochter Elisabeth mit folgenden Worten:

> Ja, auch wir haben Hochzeit gehabt, Medi hat ihren antifaschistischen Professor geheiratet, der mit seinen 57 Jahren nicht mehr daran gedacht hätte, soviel Jugend zu gewinnen. Aber das Kind wollte es und hat es durchgesetzt. Er ist ein geistreicher, liebenswürdiger und sehr wohlerhaltener Mann, das ist zuzugeben, und der erbittertste Hasser seines Duce, den er aus purem Nationalismus für den Allerschlimmsten hält. Diesen Nationalismus kasteit er mit Worten wie: ‚Deutschland ist eine Orgel und Italien bloß eine Geige.' Das ‚bloß' will aber nichts besagen. Einmal ging er bis zu der Formulierung: ‚Europa, that is Germany with fringes.' (Mit Fransen). Nun, das könnte ja Hitler gefallen. Er ist aber dabei ein überzeugter Amerikaner, und obgleich Medi italienisch kann und er deutsch, sprechen sie ausschließlich englisch miteinander. [...] Ein guter, eitler, vulkanischer Mann, sehr schwer zu ertragen, wenn auch versöhnend zwischendurch.[6]

Der am 12. November 1882 in Polizzi Generosa (Palermo) geborene und aus bürgerlichen Verhältnissen stammende Sizilianer war ein passionierter und ambitionierter Literaturkritiker und Korrespondent, dessen starkes Interesse für Deutschland schon im Alter von vierundzwanzig Jahren aus seinen Berichten aus Berlin hervorgeht. Seine journalistische Tätigkeit für die neapolitanische Tageszeitung *Il Mattino* und für die Turiner *La Stampa* (1906–1908) erlaubt ihm, in einem flüssigen, geradezu sprudelnden Stil und mit selbstbewusster Urteilskraft große politische und soziale Fragen des kaiserzeitlichen Deutschlands zu diskutieren. Tatsächlich berichtet er vom Prozess Harden[7] und vom Prozess Biedermann[8] ebenso wie vom ersten mit Benzin betriebenen Leichenwagen in Berlin[9],

---

Borgese, das heißt seine kritischen Kommentare bezüglich Borgeses wissenschaftlicher Forschung und tagesbezogenem Journalismus, die Croce als eine unheilvolle Mesalliance betrachtet.
6 Mann, Thomas: *Briefe in drei Bänden*. Bd. 2. Hg. v. Erika Mann. Frankfurt/Main 1965, S. 124 u. 134.
7 Der sogenannte „Prozess Harden", auch „Harden-Eulenburg-Affäre" oder kurz „Eulenburg-Affäre" genannt, war die Kontroverse um eine Reihe von Kriegsgerichts- und fünf regulären Gerichtsverfahren wegen homosexuellen Verhaltens und die gegen diese Vorwürfe geführten Verleumdungsklagen. Betroffen waren prominente Mitglieder des Kabinetts von Kaiser Wilhelm II. in den Jahren 1907 bis 1909. Die Affäre wird als einer der größten Skandale des deutschen Kaiserreiches bezeichnet. Obwohl sie sich im Grunde nur um den Streit zwischen Philipp Fürst zu Eulenburg-Hertefeld und dem Journalisten Maximilian Harden drehten, reichten die Anschuldigungen und Gegenanschuldigungen aus, dass sich die Affäre schnell ausbreitete und dazu führte, dass der Begriff „Liebenberger Kreis" benutzt wurde, um einen homoerotischen Zirkel um Kaiser Wilhelm II. zu beschreiben.
8 Vgl. Borgese: *La Nuova Germania*, S. 106–124. Der „Prozess Biedermann" weist auf die problematische Beziehung zwischen Polen und Preußen im sozialen und ökonomischen Bereich hin. Borgese berichtet über den ewigen Versuch der Deutschen, Polen zu annektieren und die polnischen Länder zu enteignen, um die polnische Identität definitiv zu löschen.

von dem Aufbau der Parteien und der Kirchen[10] sowie auch vom allmählich steigenden Mangel an Dienstmädchen oder der jüngsten missglückten Premiere eines Stücks von Gerhart Hauptmann, nämlich *Kaiser Karls Geisel* (1908).[11] Diese Impressionen und Reflexionen aus dem kaleidoskopischen Szenario des Berliner Alltags ergeben in ihrer Gesamtheit ein bei allen Gegensätzen einheitliches Bild des wilhelminischen Deutschlands. Es ist ein sehr ambivalentes Bild, in das Bewunderung, aber auch Befremden sich mischen. Im Vorwort zur zweiten Auflage des Buches sieht Borgese rückblickend den Grund für seine Abneigung in der Enttäuschung des jungen Korrespondenten, der mit den Augen einer Madame de Stäel nach Deutschland gereist war und geglaubt hatte, dort „musica, ballate, le corti delle Muse, le umili case di legno e le caste nevicate fra gli alberi" [Musik, Balladen, Musenhöfe, bescheidene Holzhäuser und verschneite Häuschen zwischen Bäumen (Übersetzung E.S.)] zu finden:

> [...] la Germania era per me la terra della poesia e della filosofia che cominciavo a studiare e ad amare. Vi andai pieno d'un'ammirazione preconcetta e un po' convenzionale, non senza colorito romantico; e mi pareva di seguire le orme di Madame de Stäel. Quando vi ebbi passato qualche mese, la delusione era già divenuta aspra e veemente. [...] il siciliano venuto su in un'atmosfera di scrupolo e di fanatismo morale [...] si rivoltava contro quella furibonda e davvero quasi selvaggia smania di vivere e di stravivere che imperversava nel Nord. [...] Ed ecco questa impetuosa e prepotente Germania moderna, questa Germania che un po' ingenuamente lui chiamava la *nuova Germania* contrapponendola a una sua fantasticheria; questo popolo di conquistatori spietati e di smodati goditori; questa bolgia di violenti. [Deutschland war für mich das Land der Dichtung und der Philosophie, das ich zu studieren und zu lieben begann. Ich fuhr dorthin voll von einer vorgefassten und auch ein wenig konventionellen Bewunderung nicht ohne romantisches Kolorit; mir war, als folgte ich den Spuren von Madame de Stäel. Nachdem ich einige Monate dort verbracht hatte, war eine herbe und heftige Enttäuschung gewachsen. [...] der Sizilianer, der in skrupulöser Atmosphäre und in moralischem Fanatismus aufgewachsen war [...], rebellierte gegen jenen wütenden und wirklich auch wilden Drang nach Leben und Unmäßigkeit, der den Norden beherrschte. [...] Und das war das ungestüme und anmaßende moderne Deutschland, dieses Deutschland, das er ein wenig unpassend das *neue Deutschland* nannte, um es von seiner Phantasiewelt abzugrenzen; das war das Volk von rücksichtslosen Eroberern und von maßlosen Prassern; ein Höllengraben der Gewaltsamkeit. (Übersetzung E.S.)][12]

Dieses Zitat verdeutlicht Borgeses Versuch, Deutschland zwischen Fortleben der Traditionen und Aufbruch der Moderne zu verorten, zwischen der Etablierung des

---

9 Vgl. Ebd., S. 187–197.
10 Vgl. Ebd., S. 90–100 u. 124–151.
11 Vgl. Ebd., S. 33–45. Borgeses Beurteilung von und Kommentar über Gerhart Hauptmanns Dramaturgie ist im Allgemeinen negativ.
12 Ebd., S. IX.

Deutschen Reichs als bestimmende Macht inmitten Europas und der konkreten Bestätigung einer immer tieferen moralischen Krise Deutschlands in der Wilhelminischen Zeit, die Borgese mit dem Stichwort „americanismo" [Amerikanismus] stigmatisiert; gemeint ist damit das Aufkommen einer materialistischen Lebensauffassung, deren Schattenseiten geistige Verflachung und Sittenverfall seien und die letztlich die Grundlagen der deutschen Macht zu zerrütten drohe. Bei diesem Versuch, eine volkspsychologische, allgemeine Definition der Deutschen zu formulieren, kommt Borgese zu Themen und Konzepten, die einigen Formulierungen Thomas Manns nahekommen. Dies ist der Fall bei der Konzeptualisierung der deutschen Kultur, die Borgese „nicht architektonisch und politisch, sondern lyrisch und mystisch"[13] versteht, ähnlich wie Thomas Mann, der in seiner Rede *Deutschland und die Deutschen* aus dem Jahr 1945 die Adjektive „abstrakt und mystisch, das heißt musikalisch"[14] wählt. Es ist dies aber auch der Fall bei der Kodierung der ambivalenten doppelten Natur des Deutschtums, die Thomas Mann unter der Perspektive einer moralischen Verantwortung, die aus einer Schuld erwächst, herauskristallisiert, deren Wurzeln man unbedingt untersuchen sollte, um einen Befreiungsschlag zu ermöglichen, der sowohl eine Selbstprüfung als auch eine Rettungsdynamik impliziert. Borgese hingegen reduziert Thomas Manns Deutung eines seelischen deutschen Dualismus von Gut und Böse auf sachliche, historische und soziale Argumente, ohne Hinweise auf eine tiefere existentielle Ebene. Nicht so hingegen in Hinblick auf Italien, wenn Borgese das gesellschaftliche Phänomen des Massenfaschismus in dem Text *Goliath. The March of Fascism* (1937)[15] mit einer aufmerksamen Berücksichtigung der mythischen Kulturwurzeln seiner Heimat analysiert. In diesem Sinne sind sich beide Autoren sehr ähnlich und nah, wenn sie dem Hitler-Deutschland bzw. dem Mussolini-Italien eine gleichzeitig kosmopolitische und provinzielle Natur zuschreiben, die „immer etwas Skurril-Spukhaftes und Heimlich-Unheimliches, etwas von stiller Dämonie"[16] aus der beginnenden Zeit in sich trägt und mit dio-

---

13 Borgese, Giuseppe Antonio: *Italia e Germania*. Mailand 1919, S. 36.
14 Mann, Thomas: „Deutschland und die Deutschen". In: *Zeit und Werk. Tagebücher Reden und Schriften zum Zeitgeschehen*. Frankfurt/Main 1960, S. 559.
15 Das Buch wurde bei Klaus Mann in der *Neuen Weltbühne* am 9. Juni 1938 so positiv besprochen, dass Thomas Manns Sohn behauptet, dass aus dem Kreis der deutschen antifaschistischen Intellektuellen noch kein Werk hervorgegangen sei, das dem von Borgese an die Seite zu stellen wäre. Vgl. Mann, Klaus: „Der Marsch des Faschismus". In: *Die Neue Weltbühne* 34 (1938) H. 23, S. 718–722.
16 Mann, Thomas: „Deutschland und die Deutschen", S. 557.

nysisch-apollinischer Attitüde einem klassisch-romantisch, mythologischen Kulturkontext zustrebt.[17]

> Die deutsche *Romantik*, was ist sie anders als ein Ausdruck jener schönsten deutschen Eigenschaft, der deutschen Innerlichkeit? Viel Sehnsüchtig-Verträumtes, Phantastisch-Geisterhaftes und Tief-Skurriles, auch ein hohes artistisches Raffinement, eine alles überschwebende Ironie verbindet sich mit dem Begriff der Romantik. Aber nicht dies ist eigentlich, woran ich denke, wenn ich von deutscher Romantik spreche. Es ist vielmehr eine gewisse dunkle Mächtigkeit und Frömmigkeit, man könnte auch sagen: Altertümlichkeit der Seele, welche sich den chthonischen, irrationalen und dämonischen Kräften des Lebens, das will sagen: den eigentlichen Quellen des Lebens nahe fühlt und einer nur vernünftigen Weltbetrachtung und Weltbehandlung die Widersetzlichkeit tieferen Wissens, tieferer Verbundenheit mit dem Heiligen bietet. [...] Die Romantik ist nichts weniger als schwächliche Schwärmerei; [...] ein Pessimismus der Ehrlichkeit. [...] Hier ist die Verbindung der Romantik mit jenem Realismus und Machiavellismus [...].[18]

Von der diabolisch faszinierenden Kombination eines kontemplativen Harmoniegefühls aus der klassischen griechischen Tradition und eines vulkanischen, romantisch instinktiv konzipierten Triebes spricht auch Borgese, wenn er in dem Essay *Peccato della ragione. Le origini intellettuali del fascismo* (1934) die intellektuelle Herkunft des italienischen Faschismus literarisch und philosophisch rekonstruiert, einem Text der in seiner politischen Orientierung und Liberalität das spätere Werk *Goliath. The March of Fascism* (1937) vorwegnimmt. Hier fokussiert Borgese die polare Koexistenz von klassisch-romantischer, goethescher Innerlichkeit mit dem faschistischen Dasein, die als Seismograph des latenten und nie gestillten Volksbedürfnisses fungiert: dem geistigen Durst nach Erneuerung bzw. der ontologischen Suche nach einer wahrhaften Lebensvollkommenheit.

> Il fascismo è prima di ogni cosa una degradazione del romanticismo, sia politico che culturale. Non è una rivoluzione, come è stato spesso vantato, ma una involuzione. Senza dubbio questa trasformazione fu un prodotto collettivo. Questa ampia disintegrazione non avrebbe mai, in assoluto, potuto costituire l'impresa di un eroe solitario.[19] [Der Faschismus ist zuallererst eine Degradierung der Romantik, sowohl politisch als auch kulturell. Er ist keine Revolution, wie man immer behauptet hat, sondern eine Involution. Zweifellos war

---

17 Vgl. Schirnding, Albert von: „Dionysos und sein Widersacher. Zu Thomas Manns Rezeption der Antike". In: *Thomas Mann Jahrbuch*. Bd. 8. Hg. v. Eckhard Heftrich u. Thomas Sprecher. Frankfurt/Main 1995, S. 93–108.
18 Mann, Thomas: „Deutschland und die Deutschen", S. 570–571.
19 Borgese, Giuseppe Antonio: *Il peccato della ragione. Le origini intellettuali del fascismo*. Hg. v. Dario Consoli. Catania 2009, S. 122.

diese Verwandlung ein kollektives Produkt. Diese breite Desintegration hätte niemals durch das Streben eines einzigen Helden konstruiert werden können. (Übersetzung E. S.)]

Deutlich wird das gemeinsame kulturliterarische Verständnis beider Intellektueller bezüglich der dualistischen und sehr konfliktbeladenen deutsch-italienischen Natur, die sowohl griechisch-lateinisch, klassisch und harmonisch, südeuropäisch und damit eher katholisch aber auch mythisch nordisch, sagenhaft und legendär, romantisch rebellisch, protestantisch geprägt ist. Thomas Manns und Giuseppe Antonio Borgeses Analyse der antidemokratischen und antiliberalen totalitaristischen Volksmacht der Hitler- und Mussolini-Zeit basiert einerseits auf der selbstbewussten und überzeugten Ablehnung all jener unbegründeten, rein emotionalen, instinktiven, irrationalen und impulsiven Reaktionen einer in Masse manipulierten, fast hypnotisierten Gesellschaft im Sinne einer Mario-Herr Cipolla-Beziehung, und andererseits auf der festen Absicht, die vorherrschende nazifaschistische Stimmung Europas zu kontextualisieren, um Deutschtum und ‚Italianität' als komplexe und vielschichtige Kulturkonstrukte offenzulegen. Deswegen haben die beiden Autoren ihre Schwerpunkte vor allem auf gemeinsame ideologische Kulturthemen wie Klassik und Romantik, die apollinische und dionysische Dimension des Mythos, den metaphorischen und allegorischen religiösen Kampf zwischen Gut und Böse, die musikalische apokalyptische Weltvision Wagners und die faustisch-mephistophelische Basis der größenwahnsinnigen Eroberungsprojekte beider Diktatoren gelegt. Das Duo Faust-Mephisto, das die mythisch-literarische Personifizierung des Kampfes zwischen Gut und Böse darstellt und als Metapher auch allegorisch für den dämonischen Verfall der Menschheit in der Moderne steht, beschreibt eine zerstörerische Beziehung zwischen Diener und Meister, nämlich eine mörderische Unterwerfungssehnsucht, die aber gleichzeitig Möglichkeit der Seelenrettung des Sünders in sich trägt. „Goethe hat die lakonische Definition gegeben, das Klassische sei das Gesunde und das Romantische das Kranke"[20], so Thomas Manns lapidarer Kommentar über die polare Valenz von Klassik und Romantik, deren Wertpositionen nicht nur radikal unterschiedlich sind, sondern sich auch komplementär ergänzen. Wenn die Klassik Synonym für die statische und distanzierte, weil nicht emotionale, kontemplativ ästhetische Bewahrung der traditionellen kanonisierten Schönheit der mythischen Weltordnung steht, ist die Romantik deren dekonstruktives Gegenstück, bei dem ein engagierter leidenschaftlicher Aktivismus sowie eine unkonventionelle rebellische Revolutionsstimmung die Instrumente für die Konstruktion einer neuen Weltordnung und Lebenseinstel-

---

20 Mann, Thomas: „Deutschland und die Deutschen", S. 573.

lung sind. Die Besonderheit beider scheinbar antithetischen Konzepte liegt in ihrer inneren Eigenschaft, die eigenen Grunddifferenzen so zu überwinden, dass sie als eine sich harmonisch ergänzende Einheit zu betrachten sind. Und das gilt in den Augen von Thomas Mann und Giuseppe Antonio Borgese auch für die Kodierung von Deutschtum versus Italianität.

Literarisch gesehen führen diese in sich antithetischen, aber dann komplementär wieder versöhnten Weltwahrnehmungen sowohl bei Thomas Mann als auch bei Borgese auf Goethe zurück, nämlich zu seiner poetischen Universalpersönlichkeit, die die Figuren aus *Werther* und *Faust* in sich vereinigt. Skrupellos vernünftig und selbstbewusst zielstrebig, wenn auch diabolisch und sündenhaft orientiert, dominiert Mephisto alle Szenen der dramatischen Handlung des *Faust*. Romantisch leidenschaftlich und irrational kämpferisch handelnd sind hingegen sowohl der junge, verliebte Stürmer und Dränger Werther als auch dessen kryptisch geheimnisvoller und schattenhafter Doppelgänger, der strebende Wissenschaftler Faust. Diese drei Figuren ergänzen sich so, dass man an Werther ohne Faust und Mephisto, und umgekehrt, nicht denken kann. Und das, weil sie nicht nur Symbole und Allegorien der Entmythisierung des traditionellen Paars Gut und Böse sind, sondern auch Vertreter der widersprüchlichen menschlichen Natur, deren Essenz zugleich teuflisch und göttlich, protestantisch und katholisch, nationalistisch und europäisch, provinziell und kosmopolitisch, kurz germanisch und lateinisch ist. Die Triade von Werther, Faust und Mephisto fasst metaphorisch nicht nur die drei literarischen Phasen von Goethes Produktion zusammen, das heißt Sturm und Drang, Klassik und romantische Neoklassik, sondern auch die ontologische Ur-Dimension des universellen Welt/Wert-orientierten Menschen, dessen ethische und politische Bildungsentwicklung nur dank der drei Phasen Verdammnis, Überwindung durch Reue und Sühne und schließlich zur ewigen Erlösung und Himmelfahrt möglich wird.

> Egli ha preso il genio dei romantici, e, attraverso le esperienze di Werther e di Faust, lo ha portato, intatto, eppure radicalmente mutato, al di là del romanticismo. Questo è pure ciò che i nostri tempi vogliono: riconoscere il culto romantico del genio, e correggerne le deficienze e gli errori; ricomporre la poesia nell'unità organica delle facoltà umane.[21] [Er hat den Genius der Romantik genommen und hat ihn intakt, jedoch radikal verändert durch Werthers und Fausts Erfahrungen jenseits der Romantik geführt. Das ist es gerade, was unsere Zeit will: Den romantischen Geniekult anerkennen und zugleich seine Mängel und Fehler korrigieren; die Dichtung in einer organischen Einheit der menschlichen Eigenschaften rekonstruieren. (Übersetzung E.S.)]

---

21 Borgese, Giuseppe Antonio: „L'eredità di Goethe". In: *La Lettura* (Supplemento mensile del Corriere della Sera) (1. Januar 1933), S. 29–35.

Werthers Selbstmord sowie Fausts Tod sind keine Niederlagen, sondern Erfolge des modernen Menschen, der so universal ist, dass seine innere Essenz sich vervielfältigt, in dem Sinne, dass er alle traditionellen Widersprüchlichkeiten des Ich durch die Umkodierung des Negativen ins Positive unter dem Zeichen des liberaldemokratischen neuen Humanismus überwunden und wieder versöhnt hat. Die Handlungen Werthers und Fausts sind im modernen Lebenssystem zu etwas Vitalem geworden:

> Die Freuden, die Schmerzen der Menschheit auf sich zu nehmen, indem er sich dem Leben hingibt, – nichts anderes ist es, was Faust dem Teufel verspricht. Aber dieses Streben, ‚der Menschheit Krone zu erringen', mag, grenzenlos wie immer, zwar sündlich im Sinne des Titanisch-Vermessenen sein, ist aber immer noch mehr gott- als teufelsverbunden, es hat Edelmut, Frömmigkeit und Güte und bietet bei allen natürlich damit verbundenen Fährlichkeiten dem Teufel von vornherein geringe Aussichten.[22]

Und dieses neue Leben ist im Sinne einer religiösen und ethischen sowie auch sozialen und politischen Perspektive zu verstehen. Es geht hier tatsächlich um eine deutliche christliche bzw. katholische Auferstehung der Sünder Werther und Faust.

> Und doch ist sein [i. e. Fausts] Protestantismus nicht ganz zuverlässig: er läßt zuweilen der Bewunderung Raum – nicht sowohl für die ästhetischen Vorteile, als vielmehr für die demokratisch gemeinschaftsbildenden Kräfte katholischen Lebens. Sie sind stärker, beglückender, findet er dann auf einmal, als die des protestantischen.[23]

Beide Figuren haben unter dem teuflischen Bösen so gelitten, dass sie keine Angst mehr haben, das Schicksal in seiner Bosheit herauszufordern, und autonome Entscheidungen als selbstständig agierende Individuen treffen können. Eine solche Entscheidung bedeutet die eigene seelische Befreiung und Rettung.

Werthers und Fausts Wiedergeburt als Freiheitshelden werden politisch und sozial interpretiert, sowohl in Manns rationalem und pragmatischen „Appell an die Vernunft" als auch in Borgeses futuristischer und idealistischer „The City of Man"-Utopie. Bei Mann heißt es:

> Aber bleibt nicht, trotz aller drastischen Abmahnung von übertriebenen Erwartungen, die uns die Machtpolitik zuteil werden läßt, die Hoffnung bestehen, daß zwangsläufig und notgedrungen nach dieser Katastrophe die ersten, versuchenden Schritte geschehen werden in der Richtung auf einen Weltzustand, in dem der nationale Individualismus des neunzehnten Jahrhunderts sich lösen, ja schließlich vergehen wird, und welcher der im deutschen

---

22 Ebd., S. 243.
23 Ebd., S. 301.

> Wesen beschlossenen ‚Masse des Guten', glücklichere Bewährungsmöglichkeiten bieten mag als der unhaltbare gewordene alte? Es könnte ja sein, daß die Liquidierung des Nazismus den Weg frei gemacht hat zu einer sozialen Weltreform, die gerade Deutschland innersten Anlagen und Bedürfnissen die größten Glücksmöglichkeiten bietet.[24]

In beiden Fällen bleiben die Motive des intellektuellen Engagements im Zeichen der Eigenverantwortung als Humanisten, Weltliteraten und Kulturprivilegierte – das heißt als exilierte Nationalvertreter ihrer europäischen, totalitaristisch versklavten Heimat im amerikanischen Adoptivland – verbunden mit der Notwendigkeit einer Bevölkerungssensibilisierung zu waffenloser Widerstandsaktion im Sinne einer Gegenpropaganda und der Begründung einer innovativen Wiederdemokratisierung der Gesellschaft, die den Konzepten des tradierten lutheranischen Deutschtums und des emotionalen katholischen Italienseins verpflichtet bleibt.

Folge dieser Argumentation rund um die Universalität Goethes ist, dass auch die ursprüngliche Gegenüberstellung von Deutschtum und Italianität, die Thomas Mann und Borgese zuvor proklamiert hatten, sich nun sowohl politisch als auch literarisch auflöst, da beide sich als vielschichtige Schriftsteller und Kulturkämpfer des neuen Humanismus, das heißt einer weltlichen, sozialen Demokratie in Position bringen.

> Das Deutsch-Volkhafte und das Mediterran-Europäische in vollkommen zwangloser und einleuchtender Synthese, in einer Verbindung, die im Wesen dieselbe ist, wie die des Geniehaften und des Vernunftvollen in ihm, des Geheimnisses und der Klarheit, des Tiefenlautes und des geschliffenen Wortes, des Dichters und des Schriftstellers, der Lyrik und der Psychologie – noch einmal, es ist ein Wunder![25]

Grund dafür ist eben die Neudefinition des Begriffs ‚Demokratie', diesmal im Sinne einer sozial elitären und politisch übernationalen Menschlichkeit, wie dieses Zitat Thomas Manns deutlich bestätigt:

> Demokratie ist ein labiles und vom Menschen wieder neu zu ordnendes Rechtsverhältnis von Freiheit und Gleichheit, von individualistischem und gesellschaftlichem Anspruch; und jeder lebendige Geist fühlt heute, daß in der Verbindung von Freiheit und Gleichheit das Schwergewicht sich nach der Seite der Gleichheit und der ökonomischen Gerechtigkeit, vom Individuellen also nach der Seite des Sozialen verlagert hat. Soziale Demokratie ist heute an der Tagesordnung; nur in dieser geistigen Form und Verfassung, als eine zum Sozialen gereifte Freiheit, welche durch freiwillige Zugeständnisse an die Gleichheit die individuellen Werte rettet, kann Demokratie überhaupt noch bestehen – innerhalb der Völker und zwi-

---

24 Mann, Thomas: „Deutschland und die Deutschen", S. 575.
25 Ebd., S. 327.

schen ihnen. [...] Nur durch den Sieg dieser Freiheitsidee, der Idee übernationaler Demokratie, ist Glück, Friede und Ordnung für Europa zu gewinnen – statt jener Anarchie, die wieder und wieder zu blutigen Kriegen führt und an der die Zivilisation zugrunde geht. Anarchie ist sozial uneingeschränkter Individualismus; und das Beharren auf schrankenloser Souveränität der Nationalstaaten ist eine die Existenz Europas gefährdende Anarchie, unmöglich gewordener Individualismus.[26]

Thomas Manns Worte betonen hier wie „die Demokratien ‚in einer unaufhörlich sich ändernden Welt' sich ändern, um nicht zu sagen: sich bessern, neue Notwendigkeiten der Zeit in ihren Willen aufnehmen müssen"[27], und folglich wie sie ihre ursprüngliche individualistische und nationalistische Naturdimension, die auch Thomas Mann und Borgese früher betont haben – „Ich bin nämlich, für meine Person, gar kein Kosmopolit, durchaus kein Weltmann, nichts weniger als polyglott. [...] Beschönigend ausgedrückt, ist mein Verhältnis zu ‚Europa' ein wenig das des achtzehnten Jahrhunderts oder gewisser Schöpfer der deutschen Klassik zur Antike"[28] – in Richtung eines immer stärker europäischen Kosmopolitismus gehen. Aufgrund dieser neuen sozialpolitischen Perspektive und insbesondere aufgrund der inneren Schwierigkeit, „das Problem der menschlichen Koexistenz, das soziale, das politische Problem"[29] zu koordinieren, ohne dass „Individualismus und Frivolität" dominieren und „einen individualistischen Müßiggang" hervorrufen, „dessen Unzeitgemäßheit ihn fast der Kategorie des Verbrecherischen zuordnet"[30], benötigt auch die Rolle und Funktion des Intellektuellen eine radikale geistige Revidierung, wie Thomas Manns allgemeine Kunstbeobachtung pointiert.

Wenn ich es unternehme, Ihnen die geistige Situation des europäischen Schriftstellers von heute, so kurz und gut ich kann, zu kennzeichnen, so habe ich freilich nicht das Gefühl, vor praktischen Männern vom Monde zu reden, ich meine von Phantastereien und Undingen, die zur Wirklichkeit des Lebens in keinem Bezuge stehen [...]. Geist ist nichts Abgezogenes, meiner Meinung nach. Es besteht zum mindesten die Möglichkeit, ihn als das gestaltende Prinzip zu betrachten, das allem Leben, aller Realität zugrunde liegt, und das Leben seine Ausprägung zu nennen. Gerade die lebendigste Erscheinungsform des Geistes, die Kunst, liefert mehr als ein Beispiel für seine prägende, bestimmende, normgebende Funktion. Nicht nur im ästhetisch-artistischen Sinne ist das Leben der Stoff des Dichters. Der Romancier formt das Leben nicht nur in seinem Buch, er hat es oft genug auch *durch* sein Buch geformt

---

26 Mann, Thomas: *Politische Schriften*, S. 100.
27 Ebd., S.101.
28 Ebd., S.146.
29 Ebd., S.181.
30 Ebd.

> [...]; denn der Dichter, der Schriftsteller ist ja derjenige, in dem das Geistige, das überall ist, sich sammelt, in dem es bewußt wird und der es ausspricht.[31]

Der moderne sozial und demokratisch orientierte, engagierte Intellektuelle versteht, dass die durch den Krieg[32] pluralistisch und dekadent gewordene Massengesellschaft rund um ihn nur eine unvernünftige, primitiv empathische und brutale, angstvolle Degeneration des damaligen romantisch kodierten Ich-zentrierten Helden ist.

> Der vom Ich und seiner Last befreiende Massenrausch ist Selbstzweck; damit verbundene Ideologien wie ‚Staat', ‚Sozialismus', ‚Größe des Vaterlandes' sind mehr oder weniger unterlegt, sekundär und eigentlich überflüssig: Der Zweck, auf den es ankommt, ist der Rausch, die Befreiung vom Ich, vom Denken, genaugenommen vom Sittlichen und Vernünftigen überhaupt; auch von der *Angst* natürlich, der Lebensangst, die dazu drängt, sich kollektivistisch zusammenzudrücken [...].[33]

> Der Massengeist, von rummelhafter Modernität wie er ist, redet dabei den Jargon der Romantik; er spricht von ‚Volk', von ‚Erde und Blut', von lauter alten und frommen Dingen und schimpft auf den Asphaltgeist, – mit dem er identisch ist. Das Ergebnis ist eine lügnerische, in roher Empfindsamkeit schwimmende Vermanschung von Seele und Massenmumpitz, – eine triumphale Mischung; sie charakterisiert und bestimmt unsere Welt.[34]

> Dagegen die Lüge als einzig lebenzeugende, einzig geschichtswirksame Macht zu inthronisieren; sich eine Philosophie daraus zu machen, daß man den Unterschied zwischen Wahrheit und Lüge überhaupt nicht mehr anerkennt; einen Schandpragmatismus in Europa aufzurichten, der den Geist selbst zugunsten des Nutzens leugnet, ohne Skrupel Verbrechen begeht oder gutheißt, wenn sie seinen Ersatz-Absolutheiten dienen [,] und vor dem Begriff der Fälschung nicht im mindesten zurückschreckt, sondern dem Fälschung ebensoviel gilt wie Wahrheit [...].[35]

Reaktion im Sinne einer liberalen, gleichberechtigten und brüderlich-solidarisch kämpferischen Widerstandsaktion im Zeichen einer kulturellen Erziehung, deren Priorität die Kontextualisierung des Individuums in einen lateinisch klassischen und gleichzeitig auch germanisch romantischen, humanistischen Sozialhorizont sein muss, ist das gemeinsame Motto von Thomas Mann und Borgese, das sie in ihren jeweiligen Kunstwerken und mit ihren kämpferischen Exiltätigkeiten pro-

---

31 Ebd., S. 180.
32 Vgl. ebd., S. 323.
33 Ebd., S. 317.
34 Ebd., S. 319.
35 Ebd., S. 323.

klamieren.³⁶ Die Rehabilitierung Deutschlands und Italiens vor den Augen der ganzen Welt, nämlich ihre faustische Rettung, geht den Weg einer selbstbewussten Anerkennung der eigenen Schuld. Instrument dafür ist die kulturelle De-Mythisierung der germanischen und lateinischen Vergangenheit einerseits und ihre Ersetzung durch die sozial-demokratische Europäisierung beider Nationen andererseits. Dieser Argumentation folgen sowohl Thomas Manns Invektive gegen den teutonischen, „etwas unangenehm[en] und beschämend[en]"³⁷ „Bruder Hitler" (1938) als auch Borgeses sarkastische Karikaturen Mussolinis, die man in vielen seiner Zeitungsartikel und Briefe finden kann.³⁸

> Der Bursche ist eine Katastrophe [...] Wie die Umstände es fügen, daß das unergründliche Ressentiment, die tief schwärende Rachsucht des Untauglichen, Unmöglichen, zehnfach Gescheiterten, es extrem faulen, zu keiner Arbeit fähigen Dauer-Asylisten und abgewiesenen Viertelskünstlers, des ganz und gar Schlechtweggekommenen sich mit den Minderwertigkeitsgefühlen eines geschlagenen Volkes verbindet; [...] wie er, der nichts gelernt hat, aus vagem und störrischem Hochmut nie etwas hat lernen wollen, der auch rein technisch und physisch nichts kann, was Männer können, kein Pferd reiten, kein Automobil oder Flugzeug lenken, nicht einmal ein Kind zeugen, das eine ausbildet, was not tut, um jene Verbindung herzustellen: eine unsägliche inferiore, aber massenwirksame Beredsamkeit, dies platt hysterisch und komödiantisch geartete Werkzeug, womit er in der Wunde des Volkes wühlt, es durch die Verkündigung seiner beleidigten Größe rührt, es mit Verheißungen betäubt und aus dem nationalen Gemütsleiden das Vehikel seiner Größe, seines Aufstiegs zu traumhaften Höhen, zu unumschränkter Macht, zu ungeheuren Genugtuungen und Über-Genugtuungen macht [...].'³⁹

Borgeses Mussolini-Porträts sind meistens durch stereotype Merkmale gekennzeichnet, die auf die deutsche Sagentradition Goethes, Schillers oder auch Wagners zurückgehen. Faust, Wilhelm Tell und Sigfried sind jene legendären Figuren aus der germanischen Mythologie, die sowohl Thomas Manns Hitler- als auch Borgeses Mussolini-Darstellungen inspirieren. Und das, weil diese drei Meister-

---

36 Vgl. sowohl die Radiosendungen von Thomas Mann (Mann, Thomas: *Deutsche Hörer! Radiosendungen aus dem Exil 1940–1945.* Zürich 1987) als auch diejenige von Giuseppe Antonio Borgese aus dem amerikanischen Exil. Die Sendungen Borgeses wurden nie aufgezeichnet und sind nur in dessen Florentiner Nachlass (Biblioteca Umanistica dell' Università degli Studi di Firenze, Schachtel VI/2.14) in einer Typoskript-Version überliefert.
37 Mann, Thomas: *Politische Schriften*, S. 56.
38 Vgl. auch Calvino, Italo: „I ritratti del Duce". In: *Saggi 1945–1985.* Mailand 1995, 2878–2891, sowie auch Franco Ciarlantinis an Giuseppe Gabetti gewidmetes Essay „L'uomo che ha vissuto vicino a Dio" aus dem Jahr 1930. Dieses unpublizierte Essay befindet sich in Giuseppe Gabettis Nachlass im Instituto Italiano di Studi Germanici in Rom.
39 Mann, Thomas: *Politische Schriften*, S. 54. Vgl. auch Borgese, Giuseppe Antonio: *Goliath*, S. 169–187.

werke deutscher Kultur der Inbegriff des Erhabenen sind, in dem Sinne, dass sie den Geist der modernen Zivilisation widerspiegeln. Goethes Faust, Schillers Wilhelm Tell und Wagners Siegfried[40] verkörpern ihre dämonische, aber gleichzeitig auch engelhafte kreative Genialität als eine faszinierende, ja perverse Einheit von apollinischem und dionysischem Prinzip, von Kapitulation vor der Dekadenz der Moderne und leidenschaftlich strebender Rebellion dagegen. Nicht nur geistige Dekadenz, sondern auch der Aspekt revolutionärer Schöpfung ist existentiell, damit die Auferstehung des sozial kollektiven bzw. demokratischen Geistes nur in reiner Kunstessenz, das heißt ohne Manipulierungen seitens der politischen Macht der totalitaristischen Geschichtsereignisse wirken kann.

Abschließend ist festzuhalten, dass diese Untersuchung versucht hat, jene isotopischen Berührungspunkte zu fokussieren, die Thomas Mann und Giuseppe Antonio Borgese jenseits ihrer schon viel beforschten Familienverbundenheit und ihres politischen Engagements für Demokratie und Antifaschismus als exilierte Intellektuelle charakterisiert.[41] Die hier berücksichtigten thematischen Gemeinsamkeiten bzw. Unterschiede, die zwar auch auf Thomas Manns und Giuseppe Antonio Borgeses sozialpolitischen, antitotalitaristischen Kampf als engagierte Intellektuelle verweisen, erwiesen sich vielmehr als literarischer und kultureller Natur. Kern der Argumentation war hier die neue Kodierung des Begriffs „Literat" im Sinne einer notwendigen Modernisierung der Rolle und Funktion der Intellektuellen in der sogenannten dekadenten und wertevergessenen Gesellschaft nach dem ersten Weltkrieg. Aus dieser Perspektive konnte gezeigt werden, wie die Kunst im Allgemeinen aus der passiven Beschreibungspose herausfinden sollte, da die moderne Gesellschaft eine aktive Mobilisierung aller Kulturbereiche brauchte. Ziel war es, die ethische Eigenverantwortung des Menschen wieder zu rehabilitieren und zu stärken; eine Selbstverantwortung, die der Erste Weltkrieg radikal in Frage gestellt hatte. Man spricht hier von einem neuen Humanismus,

---

40 Mann, Thomas, „Leiden und Größe Richard Wagners". In: *Leiden und Größe der Meister*. Frankfurt/Main 1957, S. 256. Vgl. auch Borgese, Giuseppe Antonio: *Peccato*, S. 131.
41 Vgl. Görtemaker, Manfred: *Thomas Mann und die Politik*. Frankfurt/Main 2005. Sontheimer, Kurt: „Thomas Mann als politischer Schriftsteller". In: *Vierteljahrshefte für Zeitgeschichte* 6 (1958) H.1. http://www.ifz-muenchen.de/heftarchiv/1958_1.pdf (Stand: 23. Januar 2019). Saletta, Ester: *The City of Man. The Political-ideological contribution of Giuseppe Antonio Borgese and Gaetano Salvemini to Hermann Broch's democratic Utopia*. Übers. v. Catherine Bolton. Rom 2015. Dies.: „Hermann Brochs und Giuseppe Antonio Borgese. Zwei Männer vor dem Spiegel". In: *Hermann Brochs literarische Freundschaften*. Hg. v. Endre Kiss u. a. Tübingen 2008, S. 229–245. Dies.: „Il New Deal di Giuseppe Antonio Borgese e Hermann Broch. Progettare l'utopia democratica". In: *Borgese e la diaspora intellettuale europea negli Stati Uniti*. Hg. v. Ilaria de Seta u. Sandro Gentili. Florenz 2016, S. 113–127. Mezzetti, Fernando: „Borgese e il fascismo". Palermo 1978. Librizzi, Gandolfo: ‚*No, io non giuro'. Il rifiuto di G. A. Borgese, una storia antifascista*. Marsala 2013.

der stark sozial und demokratisch orientiert ist und eine Pluralisierung der Individualität perspektiviert. Nicht mehr eine egoistische Selbstwahrnehmung, sondern eine kollektive Menschheitsperspektive soll eine Gemeinschaft ermöglichen, ohne die Einzigartigkeit des Individuums zugunsten der Masse zu annullieren. Der so neu konzipierte Intellektuelle ist sozial-politisch involviert, aber er ist kein Soziologe oder Politiker – „Die Politik macht roh, pöbelhaft und stupid. Neid, Frechheit, Begehrlichkeit ist alles, was sie lehrt. Nur seelische Bildung befreit"[42] –, eher ein distanzierter „unpolitischer Beobachter", der sich verantwortlich für die ethische Verbesserung seines aus der Bahn geratenen Volkes fühlt, und der die Aufgabe annimmt, die Massen aus der Sklaverei der nazifaschistischen Diktatur zu befreien, um Europa seine Würde zurückzugeben.

> Kunst, sofern sie bestehen, sofern sie in Betracht kommen will, hat ein Werkzeug des Fortschritts, humanitär-demokratischer Politik zu sein, sie hat ihre prinzipielle Verpflichtung entdeckt, bewußt, zielstrebig und getragen von politischer Verantwortlichkeit auf Weltverbesserung, auszugehen.[43]

> Liberale Reaktion: dieser scheinbare Selbstwiderspruch ist das Erlebnis unserer Tage, und er bedeutet wesentlich ‚Rehabilitierung' der Tugend, die Wiederherstellung und Neu-Inthronisierung der humanitär-demokratisch Ideologie, des Begriffs, – mit einer Art begeisterten Staunens stelle ich es fest.[44]

Genau diese kulturorientierte und ethisch markierte Verantwortung zur notwendigen Rettung der Zivilgesellschaft, die sowohl Thomas Mann als auch Giuseppe Antonio Borgese in ihrem Schreiben und Handeln aufzeigen, setzen beide Autoren durch die weltbekannte Figur von Johann Wolfgang von Goethe ins Bild. Goethe als Mensch und Dichter, als Europäer und universaler demokratischer Akteur personifiziert die Einheit zwischen Vergangenheit und Moderne, zwischen Klassik und Romantik, zwischen apollinischen und dionysischen Elementen, zwischen Protestantismus und Katholizismus. Seine literarischen Charaktere, namentlich Werther, Faust und Mephisto sind die metaphorische Verkörperung des menschlichen Lebensprozesses, der sowohl Sünde als auch Reue und Erlösung umfassen kann. Gerade die faustische Sündenerfahrung, die sowohl Thomas Mann als auch Giuseppe Antonio Borgese mit positiven Merkmalen konnotieren, wird funktional und propädeutisch zur Bedingung der Himmelfahrt. Ohne die Auseinandersetzung mit dem Teufel bzw. mit dem Tod hätte Faust seine Seele nicht retten können. Das ist die Endbotschaft beider Autoren der modernen Ge-

---

42 Mann, Thomas: *Politische Schriften*, S. 193.
43 Ebd., S. 231.
44 Ebd., S. 292.

sellschaft: Schuld und Reue helfen, eine bessere Selbstwahrnehmung zu bekommen und damit auch eine bessere Selbstentwicklung, aus der heraus eine bessere gemeinsame Welt aufgebaut werden kann.

III Deutsch-deutsche Aushandlungen

Anna Kinder
Thomas Mann und Schiller. ‚Deutscher Geist' 1955

Im Mai 1955 trat Thomas Mann aus dem schweizerischen Kilchberg seine, wie er im Tagebuch notierte, „Schiller- und Lübeck-Reise"[1] an. Nachdem sein erster Deutschlandbesuch nach Ende des Zweiten Weltkriegs im Goethe-Jahr 1949 schon beiden Deutschlands gegolten hatte, führte ihn auch diese Reise, die nun im Zeichen des 150. Todestages von Friedrich Schiller stand, nach Stuttgart und Weimar. An beiden Orten nahm er an den offiziellen Schillerfeierlichkeiten teil und hielt seine ‚Schillerrede', die in der Folge, in einer ausführlicheren Version, als *Versuch über Schiller* publiziert wurde.

Sieht man sich die Daten an, an denen Thomas Mann in West und Ost sprach, so wird der politische Kontext deutlich, in dem die Reden zu verorten sind. In Stuttgart sprach Thomas Mann am 8. Mai und damit nicht nur am zehnten Jahrestag des Endes des Zweiten Weltkriegs und am Vorabend von Schillers Todestag, sondern auch am Vorabend des Beitritts der Bundesrepublik zur NATO. Und just am 14. Mai, dem Tag der Weimarer Festrede, trat die Deutsche Demokratische Republik offiziell dem Warschauer Pakt bei. Die Schillerfeiern sind damit, ebenso wie die Rede Thomas Manns, im Kontext der Wiederbewaffnung und, wie Jan Eike Dunkhase ausführlicher in seiner Geschichte der Deutschen Schillergesellschaft zeigt, der „innerdeutschen Systemkonkurrenz"[2] zu verorten und stehen im Zeichen politischer Inanspruchnahme.

Die Deutsche Schillergesellschaft (DSG), die gemeinsam mit dem Süddeutschen Rundfunk für den offiziellen Festakt im Stuttgarter Staatstheater verantwortlich zeichnete, sah explizit eine „repräsentative Feier" vor, „die möglichst unter Mitwirkung des Bundespräsidenten stattfinden und in die ganze Bundesrepublik ausstrahlen solle"[3]. In der Einladung an Thomas Mann war es das erklärte Ziel, „die eigentliche Gedenkstunde aller Deutschen"[4] auszurichten. Auch die DDR-Führung stand in ihrem Anspruch, die *eine* zentrale Feier auszurichten,

---

[1] Mann, Thomas: *Tagebücher 1953–1955.* Hg. v. Inge Jens. Frankfurt/Main 2003, S. 342.
[2] Dunkhase, Jan Eike: *Provinz der Moderne. Marbachs Weg zum Deutschen Literaturarchiv.* Stuttgart 2021, S. 231. Vgl. zum Folgenden insbesondere S. 230–239.
[3] Protokoll zur „14. Sitzung des Ausschusses der Deutschen Schillergesellschaft am 11. Mai 1954", DLA, A:DSG. Die Publikation aus den Akten der DSG erfolgt mit freundlicher Genehmigung der DSG.
[4] Wilhelm Hoffmann an Thomas Mann, 20. Juli 1954, A:DSG.

den Anstrengungen im Westen nicht nach. So wurde im offiziellen Programmheft die „Deutsche Schiller-Ehrung"[5] in den Singular gesetzt, und Johannes R. Becher, der damalige Kulturminister der DDR, eröffnete seine Rede *Denn er ist unser: Friedrich Schiller, der Dichter der Freiheit* anlässlich des Staatsakts im Nationaltheater Weimar am 9. Mai 1955 mit den Worten:

> Das erste Mal in der Geschichte unseres Volkes ist ‚auferstanden aus Ruinen' ein deutscher Staat, der die Grundlage geschaffen hat, um Schillers Vermächtnis zu erfüllen. So bietet uns die Deutsche Demokratische Republik auch die beste Möglichkeit, unter Verzicht auf jedwede gewaltsame Konstruktion ein Bild Friedrich Schillers zu entwerfen, wie es der historischen Wirklichkeit gemäß ist.[6]

Schiller wird dabei explizit als Nationaldichter beansprucht, als, wie es im Programmheft heißt, „große[r] und zugleich volkstümlichste[r] deutsche[r] Nationaldichter"[7]. Hand in Hand mit dem nationalen Pathos gehen dabei Ideen der Wiedervereinigung, wird Schillers Freiheitsideal als Keimzelle des einen, freien Deutschlands gesetzt: „Friedrich Schiller ist unser, weil er unser ganzes Deutschland, unsere freie, wiedervereinigte deutsche Nation ist."[8]

Dieser Gedanke findet sich auch in einem Beschluss des Politbüros der SED im Januar 1955:

> Die deutsche Arbeiterklasse, geführt von der Sozialistischen Einheitspartei Deutschlands, verwirklicht die besten patriotischen und humanistischen Ideen des deutschen Freiheitsdichters Friedrich Schiller. Wie Schiller um die Wende des 18. und 19. Jahrhunderts für die Einheit Deutschlands und seine Umwandlung in ein demokratisches Land kämpfte, so begeistert heute sein dichterisches Werk alle deutschen Patrioten zum Kampf um die Überwindung der Spaltung und um die Wiedervereinigung unseres Vaterlandes auf demokratischer Grundlage.[9]

Dass man 1955 von einer Wiedervereinigung weit entfernt war, bezeugen auch die Worte Wilhelm Hoffmanns, des damaligen Direktors der Württembergischen

---

5 „Deutsche Schiller-Ehrung 1955, 8. bis 15. Mai, Weimar", Programmheft, DLA, A:DSG.
6 Becher, Johannes R.: „Denn er ist unser: Friedrich Schiller, der Dichter der Freiheit". In: *Schiller in unserer Zeit. Beträge zum Schillerjahr 1955.* Hg. v. Schiller-Komitee 1955. Weimar 1955, S. 43–58, hier S. 43.
7 „Deutsche Schiller-Ehrung 1955, 8. bis 15. Mai, Weimar", Programmheft, DLA, A:DSG.
8 Becher, Johannes R.: „Denn er ist unser", S. 58.
9 Zentralkomitee der Sozialistischen Einheitspartei Deutschlands (Hg.): *Dokumente der Sozialistischen Einheitspartei Deutschlands. Beschlüsse und Erklärungen des Zentralkomitees sowie seines Politbüros und seines Sekretariats, Band* V : *1954–1955.* Berlin 1956, S. 219 (https://www.gvoon.de/dokumente-sed-ddr-1954-1955/seite-219-589414.html (Zugriff am 18. August 2020).

Landesbibliothek und seit 1954 Präsident der DSG, der eine zentrale Rolle bei der Organisation der Stuttgarter Feierlichkeiten spielte und den Festakt im Staatstheater mit den Worten eröffnete:

> Im Zeichen der ersehnten und der errungenen Einheit unseres Vaterlandes standen die berühmten Schillerfeiern: 1859 die eine, 1905 die andere. Und heute?
> Die glückliche Sorglosigkeit und Selbstsicherheit der Feiern von 1905 ist uns heute nicht mehr geschenkt. Die heutige Schillerfeier ist ein Teil der Aufgabe, im Wandel unserer Zeit unser Wesen, unseren Weg zu finden.[10]

Thomas Manns Reise und Rede sind in einem komplexen politischen, ideologisch aufgeladenen Spannungsgefüge zwischen Ost und West zu verorten. Mit der Konstellation Schiller – Thomas Mann lässt sich dabei nicht nur über Fragen der politischen Ordnung nachdenken, sondern vor allem auch über das politische Klima der frühen Bundesrepublik, über Sprech- und Schreibweisen im Jahr 1955. Im vorliegenden Beitrag geht es daher auch nicht etwa um eine ausführliche Auseinandersetzung mit der Schillerrezeption der Zeit; vielmehr soll es – ausgehend von einem kurzen, archivgestützten Schlaglicht auf Thomas Manns Besuch in Stuttgart und Weimar – um das politisch-kulturelle Gefüge der 1950er Jahre gehen und um die Rollen, die Thomas Mann und auch Schiller hierbei zukamen beziehungsweise zugeschrieben wurden.[11] Beide können als Kristallisationspunkte für politische Inanspruchnahme – von Ost und West ebenso wie von Rechts und Links – betrachtet werden.

Den Polarisierungen und Differenzen, die in den offiziellen Reden im Mai 1955 zur Sprache kamen – Bundespräsident Heuss kritisierte etwa die Praxis, „den völlig wehrlosen Schiller posthum zum unbefragten Ehrenmitglied einer Partei zu machen"[12] –, gingen zunächst Einigungs- und Kooperationsversuche voraus; den Feiern und Reden um den 9. Mai herum war ein nicht ganz einfacher Aushandlungsprozess vorgeschaltet.

Bereits Ende April 1954 kam es zu einer ersten „Besprechung über Möglichkeiten einer Zusammenarbeit zwischen der BRD und der DDR bei der Vorberei-

---

10 „Begrüßung durch Direktor Hoffmann beim Festakt am 8. Mai 1955 im Großen Haus der Württ. Staatstheater", Typoskript Durchschlag, DLA, A:DSG.
11 Im Fokus des Beitrags stehen dabei die Akten der DSG, die unter der Signatur A:DSG im Deutschen Literaturarchiv Marbach (DLA) aufbewahrt werden. Die korrespondierenden Akten aus dem Weimarer Goethe- und Schillerarchiv sind zum gegenwärtigen Zeitpunkt leider noch nicht erschlossen.
12 Heuss, Theodor: „Schiller. Ansprache bei der Schiller-Gedenkfeier der Deutschen Schiller-Gesellschaft in Stuttgart am 8. Mai 1955". In: *Schiller. Reden im Gedenkjahr 1955*. Hg. v. Bernhard Zeller. Stuttgart 1955, S. 79–89, hier S. 81.

tung und Durchführung von Veranstaltungen und Publikationen im Schillerjahr 1955", an der neben Wilhelm Hoffmann und Bernhard Zeller, seit 1953 Archivar des Schiller-Nationalmuseums und ab 1956 der erste Direktor des neu gegründeten Deutschen Literaturarchivs Marbach, auch der Leipziger Germanist Hans Mayer und dessen Stuttgarter Kollege Fritz Martini teilnahmen.[13] Hans Mayer berichtete über die „Planungen in der Ostzone" und dass, so das Protokoll, „eine möglichst enge Zusammenarbeit zwischen Ost und West"[14] gewünscht sei. Im Mittelpunkt standen ferner vor allem die von der DSG geplante Schiller-Volksausgabe und die Möglichkeiten eines Vertriebs im Osten. Auch im Oktober 1954 scheinen Abstimmungsprozesse noch unproblematisch gewesen zu sein. Hoffmann berichtete von einem Gespräch, das er in Zürich mit Thomas Mann gehabt habe und in dem man sich darauf geeinigt habe, dass, „falls Vertreter der Ostzone an ihn die Bitte herantrügen, bei einer dortigen Schillerfeier – etwa in Weimar – zu sprechen," „dem nichts im Wege" stünde. Und auch der aus Berlin und Weimar vorgetragene Vorschlag einer „gesamtdeutsche[n] Schiller-Feier" wurde nicht grundsätzlich abgelehnt: „Voraussetzung für die Zustimmung der DSG sei, dass man die Dinge selbst in der Hand behalte."[15] Gleichwohl fanden sich auch schon Stimmen, die eine Beteiligung an offiziellen Feierlichkeiten der DDR als unmöglich ansahen. Trotzdem wurden die Gespräche fortgesetzt. Auf Arbeitsebene kam es am 15. Oktober 1954 zu einem internen Treffen in Marbach zwischen Hoffmann, Zeller und Vertretern der Akademie der Künste der DDR und des Weimarer Goethe- und Schillerarchivs. Im Mittelpunkt stand die Erörterung der Möglichkeit einer gesamtdeutschen Schillerfeier in Weimar, an der man vor allem im Osten Interesse signalisierte. Von Weimarer Seite wurde die Wichtigkeit betont, „unbedingt zu vermeiden, daß der Westen und der Osten nur *ihren* Schiller ehren, und der Welt dokumentiert würde, daß selbst auf diesem Gebiet keine Einheit mehr möglich sei".[16] Die Vertreter der DSG gaben hingegen klar zu verstehen,

> daß aufgrund der heutigen staatsrechtlichen Gegebenheiten die Zusammenarbeit große Schwierigkeiten bereite. Es sei für die Deutsche Schillergesellschaft, deren Ausschuß der Bundespräsident und Regierungsvertreter angehören, unmöglich, zusammen mit Regierungsvertretern und anderen staatlich gebundenen Persönlichkeiten der DDR einen ge-

---

13 Aktennotiz vom 3. Mai 1954, „Besprechung über Möglichkeiten einer Zusammenarbeit zwischen der BRD und der DDR bei der Vorbereitung und Durchführung von Veranstaltungen und Publikationen im Schillerjahr 1955 in der Landesbibliothek am 30.4.1954", DLA, A:DSG.
14 Ebd.
15 Protokoll zur „15. Sitzung des Ausschusses der Deutschen Schillergesellschaft am 14. Oktober 1954", DLA, A:DSG.
16 Aktennotiz „Betr.: Schillerfeier in Weimar. Besprechung in der Stuttgarter Zeitung am 15.10. 1954", DLA, A:DSG.

meinsamen Ausschuss zu bilden und sich offiziell an einem Staatsakt der DDR in Weimar zu beteiligen, da ja damit eine Anerkennung der Ostzonenregierung verbunden sei.[17]

Während sich auch im November 1954 die Weimarer und Berliner Seite „nachdrücklich für ein gemeinsames Komitee"[18] einsetzte, versuchten die Vertreter der DSG Abstand von einem offiziellen gemeinsamen Akt zu nehmen und stattdessen eine Art „Koordinierungsausschuß oder Arbeitsausschuß" einzusetzen, denn: „Ein gesamtdeutscher Ausschuß wird bei der gegenwärtigen politischen Lage ohne Zweifel politische Akzente tragen und daher hier wie dort auf Schwierigkeiten stoßen."[19]

Im Dezember folgte ein Besuch in Weimar, bei dem man sich auf einige wenige konkrete Punkte einigen konnte, so etwa auf die Erstellung eines gemeinsamen Programms, eines gemeinsamen Plakats und auf gemeinsame Publikationen. Am 21. Dezember 1954, wenige Tage nach dem Besuch, erfolgte in Berlin die Einsetzung eines offiziellen Komitees für die Feierlichkeiten, an dessen politischer Stoßrichtung man keine Zweifel hatte. Es wurden Bedenken laut, ob die Zusammenarbeit mit dem Komitee, in das „zahlreiche Vertreter des kulturellen und wissenschaftlichen, aber auch des politischen Lebens der Ostrepublik berufen wurden"[20], aufrechterhalten werden könne, da dessen „Anerkennung eine Unterstützung östlicher Kulturpropaganda bedeuten"[21] würde. Auch in Bonn wurde man hellhörig. Am 19. Januar 1955 reisten Bernhard Zeller und der Stuttgarter Stadtdirektor für Kultur, Hans Schumann, nach Bonn zu einem Gespräch mit den Ministerialräten aus dem Bundesministerium des Inneren und dem Bundesministerium für gesamtdeutsche Fragen, die „stärkste Bedenken" gegenüber der Einrichtung des gemeinsamen Arbeitsausschusses äußerten und sich über den Stand der Dinge beunruhigt zeigten. Im von Bernhard Zeller verfassten Protokoll heißt es: „Aus Pressenotizen der Sowjetzone gehe eindeutig hervor, daß die [...] Feiern in Weimar klare politische Akzente tragen, man wolle dort als Wahrer des deutschen Kulturerbes auftreten und den Eindruck erwecken, daß das Schwergewicht der Schillertradition im Osten liege."[22] Eine Zusammenarbeit der

---

17 Ebd.
18 Aktennotiz „Betr.: Schillerfeiern in Marbach und Weimar. Besprechung am 30.11.1954 im Direktorium der Landesbibliothek Stuttgart", DLA; A:DSG.
19 Ebd.
20 Zeller, Bernhard: *Marbacher Memorabilien. Vom Schiller-Nationalmuseum zum Deutschen Literaturarchiv, 1953–1972*. Marbach am Neckar 1995, S. 58.
21 Ebd., S. 59.
22 Protokoll, „Betr,: Zusammenarbeit mit dem Schiller-Komitee. Besprechung in Bonn am 19. Januar 1955", DLA, A:DSG. Vgl. auch Zeller, *Marbacher Memorabilien*, S. 59.

DSG entspräche einer „Haltung, die den seit Jahren verfolgten Zielen der Bonner Politik eindeutig widerspreche und nicht gebilligt werden könne. [...] durch diesen Arbeitsausschuss werde die Kulturpolitik und das Regime der Sowjetzone offiziell anerkannt [...]."[23] Einer Zusammenarbeit auf Ebene der Institutionen, also mit dem Goethe- und Schillerarchiv, stehe hingegen nichts entgegen, ja diese sei zu fördern. In der Folge wurden die Pläne eines gemeinsamen Programms und Plakats ebenso aufgegeben wie die Einladung offizieller Ehrengäste.

Bedauern wurde in Bonn auch darüber ausgedrückt, dass man sich den Festredner mit Weimar teilen musste: „Es sei auch außerordentlich bedauerlich, daß Thomas Mann seine Rede in Weimar wiederhole, denn dadurch ‚legalisiere er den ganzen Verein'."[24] In Stuttgart wie auch in Weimar war die Wahl zu diesem Zeitpunkt bereits auf Thomas Mann gefallen. Auf Widerstand stieß die DSG mit ihrer Entscheidung vor allem in den Reihen der eigenen Mitglieder.

In einer Ausschusssitzung der DSG im Mai 1954 wurde die Frage nach dem Festredner erstmals angesprochen, festgehalten ist ein vorgetragenes Plädoyer für den Tübinger Pädagogen Eduard Spranger, mit dem Argument: „Es sei notwendig, dass eine geistig geprägte Persönlichkeit zu Wort komme. Eine Aktualisierung sei in diesem Fall zu problematisch."[25] Hoffmann, der die Sitzung leitete, beendete diese Erörterung mit dem Hinweis auf den Arbeitsausschuss für die Feierlichkeiten, der im Juni 1954 zum ersten Mal zusammenkommen sollte. Auf dieser Sitzung im Juni kam dann schon der Name Thomas Mann ins Spiel – ein Vorschlag, der von verschiedenen Seiten angeregt worden sei,[26] – und den Wilhelm Hoffmann im Vorfeld der Sitzung bereits aufgegriffen hatte. Bereits Mitte Juni hatte er den Schriftsteller informell über die Verlegerin Emmy Oprecht anfragen lassen. Nach einem positiven Signal aus Zürich erfolgte Mitte Juli die persönliche Einladung, am 22. Juli 1954 sagte Thomas Mann zu. Wie Hoffmann in seinem Brief an Thomas Mann schrieb, würde die Rede damit einer „Persönlichkeit anvertraut werden, die das Ohr der Welt erreicht"[27]. Hoffmann schien sich der Relevanz der Rede und der Notwendigkeit, der Welt ein Signal der Offenheit und Zugewandtheit zu schicken, bewusst gewesen zu sein. Mit der Wahl von Thomas Mann war ein klares Richtungssignal verbunden, bei dem es vor allem auch um die Rolle ging, die Deutschland nach 1945 in der Welt spielen sollte.

---

23 Protokoll, „Betr,: Zusammenarbeit mit dem Schiller-Komitee. Besprechung in Bonn am 19. Januar 1955", DLA, A:DSG.
24 Ebd.
25 Protokoll zur „14. Sitzung des Ausschusses der Deutschen Schillergesellschaft am 11. Mai 1954", DLA, A:DSG.
26 Zeller, *Marbacher Memorabilien*, S. 47.
27 Wilhelm Hoffmann an Thomas Mann, 20. Juli 1954, DLA, A:DSG.

Ersten Widerspruch gabt es bereits Anfang Juli; dieser erreichte Wilhelm Hoffmann postalisch von einem Mitglied des Arbeitsausschusses, das im Nachgang an die Sitzung sein Unbehagen zum Ausdruck bringen wollte:

> Aber muß das gerade Th. Mann sein. [...] Aber hat er nicht gerade in neuester Zeit gezeigt, daß ihm zum Schillerverständnis von innen her – grob gesagt, das pectus fehlt, das, was Schiller selbst ‚das Herz' nennt? [...] Sie werden mich nicht mißverstehen: eine Festpredigt im Stil unseres lieben alten Günter oder etwa des biederen Buchwald wäre auch mir zuwider. Es muß schon jemand sein, der fühlt und spricht, wie wir es heute brauchen, etwa Emil Staiger oder Benno v. Wiese oder R. A. Schröder, wenngleich dieser ja bei der Hermann Hesse-Feier enttäuscht hat. Würde es genügen, einen der Unsern hinzustellen, so hielte ich Gerhard Storz oder Martini immer noch für viel besser als den – Dr. Faustus.[28]

Daneben findet sich im Archiv eine ganze Reihe an Protestschreiben von Mitgliedern der DSG, die ihrem Unmut über die Wahl Thomas Manns als Schiller-Redner freien Lauf ließen. Prominentestes Beispiel ist sicherlich der öffentliche und dann im Mai 1955 auch publizierte Brief von Hans Grimm vom 24. April 1955, der unter Protest seinen Austritt aus der Schillergesellschaft erklärte. Thomas Mann wird in dem Schreiben, das vor NS-Rhetorik strotzt, als „Zivilisationsliterat" gebrandmarkt, durch dessen „eigene Arbeit Übles und Ungeschicktes an Deutschen und Deutschland geschah in den Folgezeiten höchster deutscher Not"[29]. Zahlreiche weitere Mitgliederschreiben, aus denen exemplarisch zitiert sei, beziehen sich in der Folge explizit auf den Grimm'schen Brief:

> Deshalb freue ich mich so über Ihre Tat und wollte dies nur schlicht mit aller Verehrung für Sie, geehrter Meister, aussprechen.
>
> Wie recht hat Hans Grimm, aus der Schiller-Gesellschaft auszutreten !!! weil Thomas Mann die Festrede bei der Schillerfeier halten soll. Ausgerechnet Thomas Mann!
>
> Ich schließe mich der Auffassung von Hans Grimm an... Die Zahl der Stimmen wird nicht sehr groß sein – wir haben ja seit der Entnazifizierung so viel Angst.[30]

Hauptargument, sofern sich dies aus den Schreiben herauskristallisieren lässt, war die Überzeugung, dass es Thomas Mann – als Exilant und Nicht-Rückkehrer –

---

[28] Dieser Brief ebenso wie die folgenden zitierten Mitgliederschreiben stammen aus dem Briefkonvolut zur Schillerfeier 1955 in A:DSG und wurden bereits veröffentlicht in: Mann, Thomas: *Tagebücher 1953–1955*, S. 758–759.
[29] Hans Grimm an den Vorstand der Deutschen Schillergesellschaft, 24. April 1955, A:DSG. Der Brief wurde in *Nation Europa* im Mai 1955 veröffentlicht.
[30] Vgl. Anmerkung 28. Vgl. dazu auch die ausführlichen Anmerkungen von Inge Jens in: Mann, Thomas: *Tagebücher 1953–1955*, S. 758–759.

nicht zustehe, über Schiller, der hier im Kern als deutscher Nationalautor gefasst wird, zu sprechen.

> [...] haben wir keinen Dichter, etwa einen, der in unserem Lande ausgehalten hat, der bereit wäre, mit ernstem „Ja" zu Schiller zu sprechen? [...] Ich kann diese Art der Schillerfeier nicht mehr mit einer Schiller-Nationalgedenkstätte in Einklang sehen.
>
> [...] eine grosse Taktlosigkeit, dass man diesen Schriftsteller, der wegen seines Vaterländischen [sic] Benehmens während des letzten Jahrzehnts in weiten Kreisen mit gemischten Gefühlen angesehen wird, ausgerechnet für einen Schillerfestvortrag vorgesehen hat!!
>
> Haben Sie denn wirklich niemand anderen gefunden als diesen üblen Emigranten? Es ist wirklich eine Schande! Der kleinste Schulmeister, der eine nationale Gesinnung besitzt, wäre besser gewesen![31]

Dass 1955, immerhin zehn Jahre nach Ende des Zweiten Weltkriegs, ein anderes Schillerbild auf der Tagesordnung stehen sollte, schienen zumindest die Veranstalter klar erkannt zu haben – und die Wahl Thomas Manns scheint hierfür nicht unklug.

Im März 1955 schrieb dieser an Wilhelm Hoffmann mit Blick auf seine geplante Rede, dass seine Erwähnung der Schillerfeier von 1859, „die so ganz im Zeichen des Nationalen stand, ja nur dazu dient, den Gedanken vorzubereiten, dass heute dieses Vorzeichen nicht genügt, sondern dazu nur ein Universelleres den Umständen von heute völlig gerecht wird."[32]

Dieser Gedanke, so heißt es weiter, sei dann im Schlussteil der Rede wesentlich. Und in der Tat erteilte Tomas Mann mit Schiller dem engen Nationalismus eine Absage und hielt ein Plädoyer für das Universelle, Menschliche und – und hier sind wir bei einem wichtigen Anliegen Thomas Manns – die Humanität.

> [D]ie Epoche des Nationalismus. Es ist – die Sprache von gestern. [...] Wie steht es heute? Tief sinkt die nationale Idee, die Idee des ‚engern Raumes', ins Gestrige ab. Von ihr aus, jeder fühlt es, ist kein Problem, kein politisches, ökonomisches, geistiges mehr zu lösen. Der universelle Aspekt ist die Forderung der Lebensstunde und unseres geängstigten Herzens, und längst hat der Gedanke an die Ehre der Menschheit, das Wort Humanität, die weiteste Teilnehmung aufgehört, eine ‚schwache Verhaltensregel' zu sein. (GW IX, 449)

Schiller könne, so die vermutlich bekannteste Formulierung der Rede, „unserer kranken Zeit zum Seelenarzt werden [...], wenn sie sich recht auf ihn besänne!" (GW IX, 446)

---

31 Ebd.
32 Thomas Mann an Wilhelm Hoffmann, 23. März 1955, DLA, A:DSG. Die Publikation erfolgt mit freundlicher Genehmigung des S. Fischer Verlags, Frankfurt am Main.

Thomas Mann knüpft hiermit klar an frühere Reden an, setzt den Schlusspunkt unter eine Entwicklung, die man durch die Exilzeit verfolgen kann – und die sich kennzeichnen lässt als eine Abkehr vom ‚deutschen Geist' hin zu universellen, humanistischen Idealen.

So stand in den ersten Jahren des Exils noch die Rettung und Bewahrung eines spezifisch deutschen Geistes im Vordergrund von Thomas Manns Engagement. Die Idee der Gründung der American Guild for German Cultural Freedom und der Schaffung einer Deutschen Akademie in New York, hinter der gedanklich auch Hubertus Prinz von Loewenstein's Buch *After Hitler's Fall. Germany's coming Reich* (London, Faber & Faber 1934) stand, unterstützte er 1936 etwa ausdrücklich mit dem Argument, es als seine moralische Pflicht anzusehen, „außerhalb der Reichsgrenzen dem deutschen Namen zu dienen" (GW XIII, 639). Er betrachtete dies als klare Aufgabe der emigrierten Kulturträger*innen: „Sie sind es, die eigentlich das Werk aufbauen müssen, durch welches die Werte, die der Welt den deutschen Geist teuer gemacht haben, bewahrt, fortentwickelt, in die Zukunft geführt werden können" (GW XIII, 638). 1938, in einer Rede auf der Mitgliederversammlung der American Guild, lässt sich dann aber schon eine Öffnung hin ins Amerikanische, ja vielleicht Globale beobachten, die kennzeichnend für die amerikanischen Jahre Thomas Manns ist.[33] Es ist hier nun der „Rest der Welt", zu dem „die deutsche Kultur im Exil" reden soll; die „deutsche Emigration", so heißt es weiter, soll nicht nur von sich weisen, „was falsch und schlecht" ist, sondern auch „schöpferisch" sein und „allen Bedrohungen und Zerstörungen Hitler-Deutschlands etwas Produktives entgegensetzen, das die Welt bereichert und verschönt."[34] Diese Öffnung des Blicks erfolgte sicherlich unter der zunehmenden Verschärfung der politischen Lage und der Nachrichten aus Deutschland, die aus Thomas Mann zunehmend einen militanten Humanisten machten, der sich vehement für den Kriegseintritt der USA einsetzte.[35]

Der spezifisch deutsche Geist ist aber spätestens ab diesem Zeitpunkt aus den Reden verschwunden – und wurde 1955, bei Thomas Manns letzter Deutsch-

---

33 Vgl. dazu insgesamt ausführlich: Detering, Heinrich: *Thomas Manns amerikanische Religion: Theologie, Politik und Literatur im kalifornischen Exil.* Frankfurt/Main 2012; Vaget, Hans Rudolf: *Thomas Mann, der Amerikaner. Leben und Werk im amerikanischen Exil. 1938–1952.* Frankfurt/Main 2011; Raulff, Ulrich u. Ellen Strittmatter (Hg.): *Thomas Mann in Amerika.* Marbach/Neckar 2018.
34 Eckert, Brita und Frank Wende: *Deutsche Intellektuelle im Exil: ihre Akademie und die American Guild for German Cultural Freedom. Eine Ausstellung des Deutschen Exilarchivs 1933–1945 der Deutschen Bibliothek.* Frankfurt/Main 1993, S. 137.
35 Vgl. Richter, Sandra: *Eine Weltgeschichte der deutschsprachigen Literatur.* München 2017, S. 358–368.

landreise, nun auch unter Rekurs auf Schiller als vergangen abgelegt. In diesem Zeichen stand die Reise 1955, die Katia Mann nach Thomas Manns Tod als dessen „Abschied von Deutschland und von der Welt"[36] bezeichnete.

---

[36] Katia Mann an Wilhelm Hoffmann, 16.01.1956, DLA, A:DSG. Die Publikation erfolgt mit freundlicher Genehmigung von Frido Mann.

Claudio Steiger
„Ein Schriftsteller eben nur": Thomas Manns Sozialismus und ein Brief an Walter Ulbricht

1 Einleitung: Der ewige Bürger?

Bei Thomas-Mann-Kritiker*innen ist es üblich, einige unbestreitbare Aspekte der sogenannten bürgerlichen Fassade Manns (etwa die sorgfältige Kleidung) mit der ganzen Ideenwelt des Künstlers zu verwechseln. Exemplarisch sei auf Hanjo Kestings „Zehn polemische Thesen über einen Klassiker" von 1975 verwiesen, die mutwillig nicht zwischen Person, Autor und Werk unterschieden, als sie Mann zum reaktionären Biedermann stempelten.[1]

In der Thomas-Mann-Forschung im engeren Sinn herrscht hingegen Konsens darüber, dass sich Manns Texte zwar dem Thema ‚Künstler/Bürger' in vielen Facetten widmen,[2] ein über sechzig Schreibjahre sich entwickelndes Werk aber nicht darauf reduziert werden kann. In diesem Sinne ist denn auch hinter Analysen von

---

[1] Das Zerrbild, das Mann böswillig auf einen privilegierten Konservativen reduziert, kennt historische Konjunkturen. Unter Rückgriff auf alte Ressentiments wie schon etwa Döblins neidvolle Invektive von der Mann'schen „Bügelfaltenprosa" ist es etwa in den 1970ern besonders virulent. Kestings „zehn Thesen" erschienen unter dem Haupttitel „Thomas Mann oder der Selbsterwählte". In: *Der Spiegel* 22 (1975), S. 144–148. In Details so treffend wie im Ganzen entstellend, sind sie als Zeitdokument interessant: „Thomas Mann [...] liebt den intimen Umgang mit seiner Klasse. [...] Besitz und Bildung verklärt er als ‚angeborene Verdienste'. Schlechtes soziales Gewissen kommt gar nicht erst auf: Figuren aus dem Volk werden mit Leitmotiven abgespeist. [...] Seine Liebe gehört einzig den [...] Großbürgern, den Adligen, den Genies. Ihren Reichtum, ihren Erfolg und ihre Bildung interpretiert er nicht als das, was sie wirklich sind, nämlich Privilegien, sondern als Bürde [...] einschüchternde Bildungsprotzerei, eine mit zunehmendem Alter perfektionierte Rhetorik, manchmal pompös oder kitschig, oft prätentiös-selbstverliebt, immer beflissen. Ein umständlicher und dünner Klassizismus, dem durch ironische Menschenverachtung fragwürdige Reize hinzugefügt werden. Vom bürgerlichen Realismus hat Thomas Mann schon mit den ‚Buddenbrooks' Abschied genommen, sie bleiben sein wirkliches Haupt- und Meisterwerk, das aber ins 19. Jahrhundert gehört. Später hat er versucht, bürgerliche Humanität allein aus der Sprache neu zu begründen. Das mußte, in Abwesenheit realer Humanität, mißlingen. Der Versuch wurde zur Falschmünzerei, die Sprache zum Herrschaftsinstrument. Die Thomas Mann heute feiern, wissen, daß sie ihn brauchen." (ebd., S. 148)
[2] Unbestritten ist etwa die Bedeutung bestimmter Leitdifferenzen und Reflexionsfiguren zumal für das Frühwerk. Vgl. zur Einführung: Baier, Christian: „Künstler/Bürger". In: *Thomas-Mann-Handbuch*. Hg. v. Andreas Blödorn u. Friedhelm Marx. Stuttgart 2015, S. 285–287.

Mann-Spezialisten wie Hermann Kurzke dort ein Fragezeichen zu setzen, wo sie noch Manns eigentümliche und komplexe *Affinität zum Sozialismus*, die seit Mitte der 1920er Jahre an Fahrt gewinnt, einfach wieder dem Denkhorizont der ‚Bürgerlichkeit' subsumieren.[3] Mann selbst hat schon 1932 in einem Brief an Hans Gustav Erdmannsdörffer, der mit ihm eine neue bürgerliche Partei gründen wollte, deutlich geschrieben: „Man nennt mich wohl gern einen Bürger, aber meine Lebensform gehört zu denen, die zuweilen aus dem Bürgerlichen herauswachsen und dann nicht mehr bürgerlich sind." (GkFA 23.1, 655)[4]

Manns Bürgerlichkeit ist tatsächlich keine stabile Entität, sondern zeitlebens im Wandel, bis hin zur Selbstüberschreitung, begriffen: Vom Lübecker Senatorensohn und sich erfindenden Schriftsteller über den Kriegsbefürworter von ‚1914' zur Periode des Demokraten der *Joseph*-Romane bis hin zum Essayisten der späten Jahre erweist sie sich als proteisch, bisweilen gar paradox. So empfiehlt es sich, diese Bürgerlichkeit relational zu den zwischen 1914 (Augusterlebnis) und 1949 (Gründung der BRD und DDR) sich radikal ändernden Kontexten zu rekonstruieren. Auch kann die Blickrichtung umgekehrt werden.[5] Also nicht nur: „Was ist das Bürgerliche an Mann?", sondern auch: „Wann und von wem wird er als Bürger betrachtet?"[6] Und: „Wie hat er das selber wieder gesehen?" Um etwa Manns Verhältnis zur frühen DDR verstehen zu können, das im dritten Teil dieses Beitrages konkret anhand eines Briefes an Walter Ulbricht beleuchtet wird, muss erst Manns (Selbst-)Rezeptionskarriere als *Sozialist* betrachtet werden. Eines ist nämlich klar: Von seiner deutschen Öffentlichkeit ist Mann – anders als später Kritiker*innen wie Kesting, aber auch Literaturwissenschaftler*innen[7] nahelegen

---

3 „Als ‚Sozialist' ging Thomas Mann in seinen Formulierungen nie über das Allgemeinste hinaus, weil er sich auf diesem Terrain heimlich nicht am rechten Platze fühlte. Ganz anders im bürgerlich-individualistischen Bereich. Dort verfügt er über einen unerschöpflichen Reichtum an Nuancen und Subtilitäten. Seine Bedeutung liegt deshalb nicht in seinem Lippenbekenntnis zur Arbeiterbewegung, sondern darin, daß er die Selbstwidersprüche des Bürgertums bis in ihre feinsten psychologischen Verästelungen zu gestalten vermochte. Und wenn er Sozialistisches äußert, dann als Bürger, aus moralischem Pflichtgefühl." Kurzke, Hermann: *Thomas Mann: Epoche – Werk – Wirkung*. 3. Aufl. München 1997, S. 52.
4 An Hans Gustav Erdmannsdörffer, 8. September 1932.
5 Vgl. als bisher einzige umfassende chronologische Übersicht ihrer Art Goll, Thomas: *Die Deutschen und Thomas Mann. Die Rezeption des Dichters in Abhängigkeit von der politischen Kultur Deutschlands 1898–1955*. Baden-Baden 2000, S. 267–386.
6 Jüngst erfährt etwa die Einschätzung von Mann als „bürgerlichem Schriftsteller" durch die DDR neues Interesse. Vgl. insbes. Max, Katrin: „Das Erbe von Weimar und der Realismus des Bürgerlichen". In: *Thomas Mann Jahrbuch* 32 (2019), S. 37–56.
7 Manche Zugriffe suggerieren, von einer berechtigten Kritik an den Positionen des Thomas Mann des Ersten Weltkrieges ausgehend, eine jahrzehntelange Einmütigkeit von deutscher Öffentlichkeit und dem ‚konservativen Bürger' Thomas Mann, dessen ubiquitäre Anerkennung als Reprä-

– keineswegs stets als der nationale Repräsentant geschätzt worden. Nach 1945 steht Mann als kritischer Intellektueller mit der bürgerlichen Öffentlichkeit der Westzone/BRD auf Kriegsfuß. Bis zu seinem Tod 1955 ist er – trotz wichtiger Ehrungen im Goethejahr 1949 und Schillerjahr 1955 – vor allem eine umstrittene Figur, gegen die Medienkampagnen geführt werden. Denn Thomas Mann wird als Kommunistenfreund betrachtet.

Während Mann im Westen damals somit eher für ‚unbürgerlich' gilt, ist er in der entstehenden DDR der „bürgerliche Schriftsteller". Thomas Mann ist für die DDR, so Katrin Max, der „bürgerlich-humanistische Schriftsteller, der sich noch nicht von seiner Klasse gelöst hat, diese aber kritisch betrachtet und so das Neue vorbereitet."[8] Thomas Mann wird verehrt, weil er eine kritische Selbstrevision des Bürgertums geleistet habe. Georg Lukács betont solche ‚Selbstkritik' schon in den *Buddenbrooks*.[9] In der DDR-Literaturgeschichtsschreibung wird Mann eine Vorbildrolle zugewiesen.

Der reale DDR-Sozialismus und seine Vereinnahmungsversuche, denen Mann sich oft, aber nicht immer entzog, war nun freilich etwas sehr anderes, als was der Autor selbst seit Ende der 1920er-Jahre als „Sozialismus" beschrieben hatte – und was in der Mann-Forschung später kaum beachtet wurde. Genau deswegen soll es im Folgenden – bevor der bedeutende und trotz Inge Jens Verdiensten[10] bisher zu

---

sentant der Deutschen (von den Nationalsozialisten abgesehen) daher kritikwürdig sei. So machen sie den vermeintlichen Praeceptor Germaniae dann zum Ziel ikonoklastischer Gegenrede. Vgl. etwa die Mann-Schelte bei Schöning, Matthias: „Der deutsche Zauberberg. Thomas Manns *Betrachtungen eines Unpolitischen*, Hans Castorps romantisches Heldentum und das Prinzip Akkumulation". In: *Die Souveränität der Literatur. Zum Totalitären der klassischen Moderne 1900–1933*. Hg. v. Uwe Hebekus u. Ingo Stöckmann. München 2008, S. 289–310, besonders S. 289.
8 Vgl. dazu Max: *Realismus des Bürgerlichen*, S. 43: „Für die Rezeption Thomas Manns in der DDR ist insbesondere das hinter dem ‚bürgerlichen Realismus' stehende Konzept von Interesse. Im Sprachgebrauch der DDR steht der ‚bürgerliche Realismus' im Bezug zum historischen Materialismus. Er verweist auf die als ‚bürgerlich' aufgefassten historischen Epochen, die von der Frühen Neuzeit bis ins 20. Jahrhundert reichen (bis zur Ablösung des Kapitalismus durch den Sozialismus). Zugehörig zählte man all jene Autoren, die als Angehörige des Bürgertums einen Beitrag zur ‚gesellschaftlichen Entwicklung' leisteten. Bis ins 18. Jahrhundert galt das Bürgertum als progressive gesellschaftliche Kraft. Seit dem 19. Jahrhundert aber ist es laut DDR-Geschichtsauffassung durch das Erscheinen der Arbeiterklasse nicht mehr Träger des Fortschritts. Ein im 19. bzw. 20. Jahrhundert aktiver Schriftsteller bürgerlicher Herkunft konnte demzufolge nur dann zum Bestandteil des literarischen Erbes zählen, wenn sein Werk eine kritische Auseinandersetzung mit den bestehenden Verhältnissen und mit der eigenen Klasse erkennen lässt." (ebd.)
9 Vgl. etwa Lukács, Georg: ‚Auf der Suche nach dem Bürger'. Betrachtungen zum 70. Geburtstag von Thomas Mann. London 1945.
10 Vgl. neben Jens' Kommentaren zu Manns Tagebuch (hier: *Tagebücher 1951–1952*. Frankfurt 1993, S. 72–73 und entsprechende Kommentarseiten) auch den, soweit ich sehe, einzigen ganzen

wenig gewürdigte Brief Manns an Walter Ulbricht ins Zentrum rückt – zunächst im Sinne einer ‚langen Vorgeschichte' um jenen historisch rekonstruierbaren Sozialismusbegriff des Autors der *Buddenbrooks* gehen. Erst damit, so meine ich, lässt sich verstehen, warum Mann *trotz* Sympathien für die *Idee* des Sozialismus sich von dessen realexistierender Maske nicht täuschen ließ.

2 Thomas Mann, der ‚Sozialist': Kultur in ihrer sozialen Dimension

Eine Einschätzung von Manns politischem Standpunkt, die bei den *Betrachtungen eines Unpolitischen* (1918) stehenbleibt, verfehlt die stete Repositionierung Manns nach links, die sich ab Mitte der 1920er Jahre in Essays und Interviews zeigt.[11] Hier offenbart sich eine Fülle von Ideen und Aussagen, die dem linken und nicht dem rechten Spektrum zuzuordnen sind. Allerdings ist Mann trotz kapitalismuskritischen Äußerungen Künstler und nicht Politiker. Auch amalgamiert er differente Gehalte, was deren Brisanz teils übersehen lässt. Ironisch drückt er dies 1943 gegenüber seinem Privatsekretär aus: „Vielfach äussere ich erschreckend ‚linkse' Dinge, hoffe es aber durch das Darüberstreuen von ziemlich viel konservativem und traditionalistischem Puderzucker vor skandalöser Wirkung zu schützen."[12]

Was aber waren solche „linksen Dinge"? Für eine Antwort muss man bis in die 1920er Jahre zurückgehen. Vorauszusetzen sind Manns Bekenntnis zur Weimarer Republik (*Von deutscher Republik*, 1922) und die demokratiefreundlichen Positionen aus dem *Zauberberg* (1924), welche politische Romantik und konservative Revolution im Grunde bereits klar überwinden.[13] Als Angelpunkt erweist

---

Beitrag zum Brief Manns an Ulbricht ebenfalls von Jens: „Thomas Manns Brief an Walter Ulbricht, Vorgeschichte, Hintergründe, Nachspiel". In: *Wagner – Nietzsche –Thomas Mann, Festschrift f. Eckhard Heftrich*. Hg. v. Heinz Gockel u. a. Frankfurt/Main 1993, S. 343–356. Vgl. dies.: „‚…eingeholt von der Vergangenheit'. Der späte Thomas Mann und die Politik". In: *Thomas Mann Jahrbuch* 5 (1992), S. 171–187. Vgl. auch Rolf-Bernhard Essigs allgemeine Würdigung von Manns Brief. In: ders.: *Der offene Brief. Geschichte und Funktion einer publizistischen Form von Isokrates bis Günter Grass*. Würzburg 2000, S. 466–467.

11 Hier ist ein Bild Hermann Kurzkes sehr zutreffend: ders.: „Die Politisierung des Unpolitischen". In: *Thomas Mann Jahrbuch* 22 (2009), S. 61–70, hier S. 66: „Thomas Mann wächst wie ein schiefer Baum. Denkt man sich den Stamm eines schiefen Baums in Scheiben geschnitten, liegen sie übereinander und doch irgendwann nicht mehr über ihrem Ausgangspunkt." (ebd.)

12 Brief an Konrad Kellen, 19. August 1943. Vgl. Thomas Mann: *Essays*. Bd. 5. Hg. v. Hermann Kurzke u. Stephan Stachorski. Frankfurt/Main 1996, S. 413.

13 Vgl. aber die andere Einschätzung bei Lörke, Tim: „Thomas Manns republikanische Wende?". In: *Thomas Mann Jahrbuch* 29 (2016), S. 71–86.

sich dann ein Essay, der den „Sozialismus" schon im Titel trägt: *Kultur und Sozialismus* aus dem Jahr 1927. Von einem Autor, der zur Zeit des Weltkriegs die deutsche *Kultur* als der ‚westlichen' *Zivilisation* überlegen dargestellt hat,[14] liest man nun eine neue adversative Und-Verbindung.[15] Das Überraschende: Es soll nun die ‚Kultur' – und nicht etwa der ‚Sozialismus' – in sich gehen, sich entscheidend verändern. Zwar evoziert Thomas Mann zunächst noch einmal die deutsche Kultur im Zeichen von Goethe, Schopenhauer und Nietzsche, welche der Möglichkeit der Demokratie in Deutschland eigentlich entgegenstehe.[16] Und der Sozialismus wirkt zunächst abgewertet (und verkürzt):

> Der deutsche Sozialismus, Erfindung eines in Westeuropa erzogenen jüdischen Gesellschaftstheoretikers, ist von deutscher Kulturfrömmigkeit immer als landfremd und volkswidrig, als Teufelei pur sang empfunden und verflucht worden: mit Fug, denn er bedeutet die Zersetzung der kulturellen und anti-gesellschaftlichen Volks- und Gemeinschaftsidee durch die der gesellschaftlichen Klasse. (GW XII, 646)[17]

Nun aber kommt das Erstaunliche. Mann spricht sich *für* diesen Sozialismus aus. Ja, wahrhaftig nennt er den Kampf zwischen ihm und der ‚Kultur' bereits entschieden:

> Wirklich ist dieser Zersetzungsprozeß soweit fortgeschritten, daß man den kulturellen Ideenkomplex von Volk und Gemeinschaft heute als bloße Romantik anzusprechen hat und das Leben [...] ohne allen Zweifel auf Seiten des Sozialismus ist –, dergestalt, daß ein dem Leben zugewandter Sinn [...] gezwungen ist, es mit ihm und nicht mit der bürgerlichen Kulturpartei zu halten [...] die sozialistische Klasse, die Arbeiterschaft, [legt] einen unzweifelhaft besseren und lebendigeren Willen an den Tag als ihr kultureller Widerpart,

---

14 Vgl. zur Einführung: Stachorski, Stephan: „Kultur/Zivilisation". In: Blödorn u. Marx (Hg.): *Mann-Handbuch*, S. 315–317.
15 Vgl. zum allgemeinen Phänomen von Titeln, die zwei Wörter mit einem „und" verbinden, und damit nicht selten zugleich verbinden und kontrastieren, die informative jüngere Essaysammlung: Lepper, Marcel u. Hendrikje Schauer (Hg.): *Titelpaare. Ein philosophisches und literarisches Wörterbuch*. Stuttgart 2018.
16 „Hier ist nun festzustellen, daß die wirklichen, höheren Schwierigkeiten, die sich der ‚Demokratisierung' Deutschlands entgegenstellen, im Auslande kaum erkannt [...] werden. Indem man sich über ihr Fehlschlagen wundert und sich dadurch im politischen Mißtrauen bestärken läßt, übersieht man, daß fast alle seelischen Vorbedingungen zu ihrem Gelingen fehlen. Die Bildner und Erzieher deutscher Menschlichkeit, die Luther, Goethe, Schopenhauer, Nietzsche, George waren keine Demokraten – o nein. Wenn man sie draußen ehrt, so überlege man sich, was man tut. Sie waren es, welche die Kulturidee mit großem K schufen, die das Kraftzentrum der deutschen Kriegsideologie bildete." (GW XII, 643–644.)
17 Karl Marx „erfand" den „deutschen Sozialismus" nicht allein, wenn man etwa an Figuren wie Ferdinand Lasalle denkt.

handle es sich nun um die Gesetzgebung, die Rationalisierung des Staatslebens, die internationale Verfassung Europas oder um was immer. (GW XII, 647)

Nun wendet sich Mann nicht gegen die Bedeutung der Kultur, nur gegen die „Kulturidee mit großem K" (ebd., 644), der er zuvor selbst anhing. Er ist auf der Suche nach einer *neuen* Kultur und, mit einer Formulierung Sebastian Hansens, auch „auf der Suche nach einer neuen Bürgerlichkeit"[18]. In *Kultur und Sozialismus* bestätigt sich damit der Weg Manns weg vom rechtsbürgerlichen Nationalismus, der zunehmend zu jenem völkischen „Obskurantismus" geworden ist, „mit seinem politischen Namen Reaktion geheißen" (GkFA 15.1, 522)[19], von dem sich Mann 1922 distanziert hat.

Schwieriger für heutige Leser*innen ist der Begriff des „Sozialismus" selbst. Hier fragt man, was er eigentlich meint: Die Idee des Marxismus? Den russischen Bolschewismus? Die Sozialdemokratie? Um es vorwegzunehmen: Es geht Mann, wie sich in den Essays der nächsten Jahre bestätigen wird, tatsächlich vor allem um sozial*demokratische*, nicht um kommunistische Ideen. Diese nicht-revolutionären Positionen erachtet Mann als kompatibel mit seiner Idee einer „deutschen Mitte" (ebd., S. 535), einer neuen „Humanität" (ebd.).

Warum überhaupt der Begriff? Die Bezeichnung sozialdemokratischer Ideen als „Sozialismus", die heute – nach dem Ende der leidigen DDR – uns nur verwirren kann,[20] war damals nicht ungewöhnlich. Anders als heute berief sich in den 1920er Jahren die Sozialdemokratie stolz auf ihr „sozialistisches" Erbe. Und zwar, weil die Wurzeln der SPD auf den im 19. Jahrhundert entstandenen Sozialismus der Arbeitervereine und Vorgängerparteien zurückgingen.[21] Und auch, weil

---

18 Vgl. Hansen, Sebastian: „Auf der Suche nach einer neuen Bürgerlichkeit. Thomas Manns Überlegungen in der Weimarer Republik". In: *Bürgerlichkeit. Spurensuche in Vergangenheit und Gegenwart.* Hg. v. Wolfram Pyta u. Carsten Kretschmann. Stuttgart 2016 , S. 133–150.
19 *Von deutscher Republik.*
20 Andere Länder wie etwa Frankreich kennen die terminologische Differenzierung zwischen Sozialismus und Sozialdemokratie, die durch die historischen Ereignisse in Deutschland entstand, nicht in dieser Form.
21 Innerhalb der SPD-Frühgeschichte hatte für mehrere Jahrzehnte die marxistische Linie des Sozialismus die Oberhand (auch wenn es zu Lebzeiten viele Konflikte mit Marx und Engels gab); über die Phasen der SAP (Sozialistische Arbeiterpartei Deutschlands) 1875 und der jungen SPD nach den erfolgreichen Reichstagswahlen 1890 hinaus. Der sozialdemokratische Sozialismus der SPD Bebels umfasste noch Hoffnungen auf einen revolutionären Umsturz. Erst mit den Kriegskrediten 1914 und der sich abzeichnenden Spaltung der SPD gewann der (seinerseits noch marxistisch orientierte) Reformismus/Parlamentarismus innerhalb der SPD die Oberhand, die ‚revolutionär' orientierten Kräfte spalteten sich ab, über die Zwischenstationen von USPD und Spartakusbund entstand am Ende die KPD (Kommunistische Partei Deutschlands). Diese war nun

nach 1917, als sich die SPD spaltete und am Ende die KPD entstand, der Terminus des „demokratischen Sozialismus" von der staatstragenden SPD als bewusste Abgrenzung zur umstürzlerischen KPD verwendet wurde.

So versteht Mann Demokratie und Sozialismus 1927 quasi als Synonyme – und ist damit auf der Linie der Sozialdemokratie dieser Zeit.[22] Für Demokratie sein, bedeutet nun für die „sozialistische Gesellschaftsidee" sein, und heißt, die nationalen und europäischen Erfolge der Sozialdemokratie, man denke etwa an den 1925 verstorbenen Reichspräsidenten Friedrich Ebert, zu ehren. Schon in *Lübeck als geistige Lebensform* (1926) versucht er dabei sein Bürgertum mit dem Sozialismus zu integrieren, indem er beide vom Extremismus abgrenzt:

> Wenn wir ‚deutsch' sagen und ‚bürgerlich', so üben wir uns nicht im Partei-Jargon und reden nicht dem internationalen Bourgeois zum Munde. Hier werden die Deutschen nicht eingeteilt in Bürger und Sozialisten. Hier heißt Deutschtum selbst Bürgerlichkeit, Bürgerlichkeit größten Stils, Weltbürgerlichkeit, Weltmitte, Weltgewissen, Weltbesonnenheit, welche sich nicht hinreißen läßt und die Idee der Humanität, der Menschlichkeit, des Menschen und seiner Bildung nach rechts und links gegen alle Extremismen kritisch behauptet. (GW XI, 397)[23]

Auffällig ist schon hier, dass Thomas Mann zwar sein lübeckisches Erbe als *Bürger* gegen die Radikalen ins Feld führt, er sich andererseits aber eben auch vom „internationalen Bourgeois" distanziert. Damit aber hat er ein Verständnis des

---

Konkurrenz zur SPD und bald waren die Fronten verhärtet, mit den bekannten tragischen Folgen, als gleichzeitig der Nationalsozialismus immer stärker an die Macht drängte.

22 „Wer also in Deutschland der ‚Demokratie' das Wort redet, meint nicht eigentlich Pöbelei, Korruption und Parteienwirtschaft, wie es popülarerweise verstanden wird, sondern er empfiehlt damit der Kulturidee weitgehende zeitgemäße Zugeständnisse an die sozialistische Gesellschaftsidee, welche nämlich längst viel zu siegreich ist, als daß es nicht um den deutschen Kulturgedanken überhaupt geschehen sein müßte, falls er sich konservativ gegen sie verstockte." (GW XII, 648)

23 Vgl. auch Wißkirchen, Hans: „Die Gebrüder Mann und die Weimarer Republik", gehalten: *Thomas-Mann-Festival 2019*, Mann Kulturzentrum Nidden, Litauen, 17. März 2019: „Nun spielen sich auch die politischen Blütenträume eines Dichters vom Range eines Thomas Mann in der konkreten historischen Wirklichkeit ab. Die Utopie hatte sich in der Praxis zu bewähren. So versucht Thomas Mann, sein Ideal der Mitte in der geschichtlichen Wirklichkeit zu verankern. Den eindrucksvollsten Versuch einer solchen Verankerung unternimmt er 1926 mit seiner Rede *Lübeck als geistige Lebensform*. [...] Die ‚Mitte', von der Thomas Mann hier spricht, ist zwar noch die Mitte, die er ab 1921 entwickelt hat. Viel stärker ist jetzt aber die Bedrohung der Weimarer Republik von rechts und links durch die Angriffe faschistischer und kommunistischer Kräfte geworden. 1926 waren beide Feinde der Demokratie noch gleichstark, gegen Ende der Republik sind es vor allem die Hitler-Anhänger, die die Humanität bedrohen." https://www.mann.lt/de/nachrichten/die-gebruder-mann-und-die-weimarer-republik/132 (Stand: 5. März 2020).

Bürgerlichen entwickelt, das paradoxerweise von der *politisch-ökonomischen Klasse* des Bürgertums Abstand nimmt. ‚Bürgerlichkeit' ist ihm zunehmend Metapher für soziales Engagement. *Diese* Bürgerlichkeit gilt es nun vor zwei Extremen – Konservatismus wie Kommunismus – zu schützen:

> Der politische Radikalismus, das ist die Hingabe an die kommunistische Heilslehre, involviert einen Glauben an die rettende Macht der Gesellschaftsidee, der proletarischen Klasse, welcher dieser am Ende so wenig gebührt, wie der ‚Kultur'; einen Glauben nämlich an die Erlösungsfähigkeit des Menschen durch sich selbst, der nur im Zustande fanatischer Selbstbetäubung festzuhalten ist. (GW XII, 649)

Mann fordert nun ausgerechnet die *Verbindung* von Kulturtradition und sozialistischer Praxis:

> Was nottäte, was endgültig deutsch sein könnte, wäre ein Bund und Pakt der konservativen Kulturidee mit dem revolutionären Gesellschaftsgedanken, zwischen Griechenland und Moskau, um es pointiert zu sagen – schon einmal habe ich dies auf die Spitze zu stellen versucht. Ich sagte, gut werde es erst stehen um Deutschland, und dieses werde sich selbst gefunden haben, wenn Karl Marx den Friedrich Hölderlin gelesen haben werde –, eine Begegnung, die übrigens im Begriffe sei sich zu vollziehen. Ich vergaß, hinzuzufügen, daß eine einseitige Kenntnisnahme unfruchtbar bleiben müßte. (ebd.)

Bei aller schlagenden Ironie bleibt auffällig, wie Mann in Bezug zum Kommunismus mit Unschärfen arbeitet. Denn während der Verweis auf Marx in den 1920er Jahren für die Sozialdemokratie eben üblich ist, mutet die Verbindung „Griechenland und Moskau" schon seltsamer an, wenn man bedenkt, dass dort gerade Stalin die uneingeschränkte Herrschaft erlangt hatte. Problematisch war auch, dass Mann erneut die „konservative Kulturidee mit dem revolutionären Gesellschaftsgedanken" verknüpfte,[24] auch wenn die Aussagen in *Kultur und*

---

24 Breuer, Stefan: „Wie teuflisch ist die ‚konservative Revolution'". In: *Thomas Mann, Doktor Faustus, 1947–1997.* Hg. v. Werner Röcke. Bern 2004, S. 59–72, hier S. 67: „Was die [politische Semantik, C.S.] betrifft, so wird man ohne Bemäntelung und Gleisnerei sagen müssen: Thomas Mann hat die Konfusion, die er vorgefunden hat, noch gesteigert. So zutreffend er den Mißbrauch des Revolutionsbegriffs durch die extreme Rechte kritisiert, er selbst begeht den gleichen Mißbrauch, indem er von konservativer Revolution mit Blick auf einen Vorgang spricht, der in Wahrheit höchst friedlich, gradualistisch, evolutionär gedacht ist. In der so pathetisch verkündeten Allianz von Griechenland und Moskau lag der Akzent eindeutig auf Griechenland, versicherte Mann doch all denen, die sich durch das revolutionäre Element abgeschreckt fühlen könnten, er sei sehr relativ zu verstehen, dieser Revolutionismus [...]. Dagegen ist ja im Prinzip nichts einzuwenden, aber warum dann noch [...] an einer Rhetorik festhalten, die einen Systemwechsel, womöglich auch noch durch einen gewaltsamen Akt, postuliert, wenn es [...] um die Erhaltung der Bestände geht?"

Sozialismus gewiss nicht (mehr) als „Ideengut der konservativen Revolution" zu begreifen waren.²⁵ Denn der im *Preußischen Jahrbuch* veröffentlichte Text wurde als weitere Absage ans rechtsbürgerliche Milieu verstanden, so etwa in einer Rezension des rechten Bismarck-Historikers Wilhelm Schüßler in der *Historischen Zeitschrift*, die Manns Ideen einer „Kampffront gegen die deutsch-bürgerliche Geistigkeit"²⁶ zuordnete.

Nächste Zäsur ist die *Deutsche Ansprache. Ein Appell an die Vernunft* (1930), die Mann am 17. Oktober 1930 in Berlin hält. Mann reagiert auf die erschreckenden Stimmengewinne der NSDAP bei den Reichstagswahlen im September, die nun mit 18,3 Prozent die zweitstärkste Fraktion stellt. Vor allem anderen ist die Rede daher als Warnung vor dem „Radikal-Nationalismus" der Nazis, vor deren „primitiv massendemokratischer Jahrmarktsroheit" (GW XI, 878) berühmt geworden. Zugleich aber grenzt sich Mann in ihr auch gegen das kommunistische Ganz-Links ab, was hier aufschlussreich ist. So spricht er davon, wie überall in Europa Gewalt ausbreche, auch in Russland, wo „man den Hunger derjenigen, denen man die Lebensmittel entzog, um auf dem Weltmarkt Verwirrungsdumping damit zu treiben, mit dem Blute erschossener Gegenrevolutionäre zu stillen [denkt]" (ebd., 880). Und er zeigt historisch früh die Parallelen der totalitären Ideen der Nazis mit der schon realen Situation in der Sowjetunion auf: „Politik wird zum Massenopiat des Dritten Reiches oder einer proletarischen Eschatologie, und die Vernunft verhüllt ihr Antlitz." (ebd.) Davon grenzt Mann die Sozialdemokratie klar ab:

> Nun gibt es in Wirklichkeit keinen schärferen [...] Gegensatz als den zwischen der deutschen Sozialdemokratie und dem orthodoxen Marxismus moskowitisch-kommunistischer Prä-

---

25 Für Hermann Kurzke verbleibt Mann hier im „Ideengut der konservativen Revolution". Vgl. ders.: *Thomas Mann. Epoche – Werk – Wirkung*, S. 232.
26 Schüßler, Wilhelm: „Rezension: Die Hohenzollern von Herbert Eulenberg". In: *Historische Zeitschrift* 138 (1928) H. 3, S. 626–633, hier S. 632: „Ferner [gehört hierher] das Fortwirken der konservativen deutschen Kulturidee im Gegensatz zur westeuropäischen Zivilisation und dem sozialistisch-demokratischen Gesellschaftsbegriff, worüber jetzt Thomas Mann in den Preußischen Jahrbüchern gehandelt hat [...] kurz, jene Haltung müßte untersucht werden, die Thomas Mann zur Erklärung der Tatsache, daß ‚geistige Menschen' auf der Linken stehen, so ausdrückt: [Es folgt Manns Zitat vom begonnenen Zersetzungsprozeß der Kultur, C.S.]. Aus diesen Zusammenhängen wird nach des Dichters [Thomas Manns, C.S.] Meinung verständlich, warum das Künstlertum auf seiten der Demokratie und des Sozialismus steht. Und so gliedert sich E[ulenberg] mit seinem Buche in jene Kampffront ein, die gegen die deutsch-bürgerliche Geistigkeit, d. h. gegen die konservative Kulturidee besteht. Ist aber damit, daß ‚geistige' Menschen der Linken angehören und im Sozialismus die Zukunft sehen, schon etwas über den Wert dieser Linken und ihrer Ziele ausgesagt?" – Wilhelm Schüßler rezipiert mithin klar beide, Eulenberg und Thomas Mann, auf Seiten der Linken und Vertreter einer „Kampffront" gegen „die konservative deutsche Kulturidee". Schüßler kompromittierte sich im Nationalsozialismus.

gung. Der sogenannte Marxismus der deutschen Sozialdemokratie besteht heute in der Betreuung einer dreifachen Aufgabe: sie bemüht sich erstens, die soziale und wirtschaftliche Lebenshaltung der arbeitenden Klasse zu schützen und zu bessern, sie will zweitens die doppelt bedrohte demokratische Staatsform erhalten, und sie will drittens die aus dem demokratischen Staatsgeist sich ergebende Außenpolitik der Verständigung und des Friedens verteidigen. (ebd., 889)

Mit ihrer Hilfe erst habe auch die politische Persönlichkeit Gustav Stresemann (1878–1929, Deutsche Volkspartei) ihre eindrückliche Verständigungspolitik machen können. So verleiht Mann seiner Überzeugung Ausdruck, „daß der politische Platz des deutschen Bürgertums heute an der Seite der Sozialdemokratie ist" (ebd.).

Manns Hinwendung nach Links erreicht einen Höhepunkt 1932/1933, als die Weimarer Republik in höchster Gefahr ist. Außergewöhnlich und zu wenig rezipiert ist die Schlusspassage von *Goethe als Repräsentant des bürgerlichen Zeitalters* (1932), in der Mann im Geiste Goethes, der sich als Bürger selbst überwunden habe, dasselbe nun *in toto* vom deutschen Bürgertum fordert, da es sonst historisch untergehe. Das Bürgertum müsse sich für die „soziale Planwelt" (!) öffnen – aber im Rahmen der Demokratie. *Sozialismus* sei die letzte Chance, die Republik vor ihren Feind*innen zu retten.[27] Kurz darauf hält Thomas Mann seine *Rede vor Wiener Arbeitern* (22. Oktober 1932). Gegenüber seiner aufgeschreckten Archivarin Ida Herz bekräftigt er, was dies bedeutet. Der Brief vom 15.11.1932 sei wegen seiner Brisanz ausführlich wiedergegeben:

> Mein *Verhältnis zum Sozialismus, wie es sich mit den Jahren entwickelt hat*, habe ich schon in dem Aufsatz ‚Kultur und Sozialismus', dann in der Berliner ‚Deutschen Ansprache', auch im

---

27 „Wer war es, der gesagt hat, man müßte den Deutschen verbieten, in fünfzig Jahren das Wort Gemüt auszusprechen? Es war Deutschlands größter Dichter. Der Bürger ist verloren [...] wenn er es nicht über sich bringt, sich von den mörderischen Gemütlichkeiten [...] zu trennen, die ihn noch beherrschen, und sich tapfer zur Zukunft zu bekennen [...]. Die neue, die soziale Welt, die organisierte Einheits- und Planwelt, in der die Menschheit von untermenschlichen, unnotwendigen, das Ehrgefühl der Vernunft verletzenden Leiden befreit sein wird, diese Welt wird kommen, [...]. Die großen Söhne des Bürgertums, die aus ihm hinaus ins Geistige und Überbürgerliche wuchsen, sind Zeugen dafür, daß im Bürgerlichen grenzenlose Möglichkeiten liegen, Möglichkeiten unbeschränkter Selbstbefreiung und Selbstüberwindung. [...] Kein Zweifel, der Kredit, den die Geschichte der bürgerlichen Republik heute noch gewährt, dieser nachgerade kurzfristige Kredit, beruht auf dem noch aufrechterhaltenen Glauben, daß die Demokratie was ihre zur Macht drängenden Feinde zu können vorgeben, a u c h k a n n, nämlich eben diese Führung ins Neue und Zukünftige zu übernehmen. Nicht indem es sich nur festlich mit ihnen brüstet, erweist das Bürgertum sich seiner großen Söhne wert. Der größte von ihnen, Goethe, ruft ihm zu: ‚Entzieht euch dem verstorbenen Zeug, Lebend'ges laßt uns lieben!'" (Mann: *Goethe als Repräsentant des bürgerlichen Zeitalters*. In: Kurzke u. Stachorski (Hg.): *Essays*. Bd. 3, S. 341.)

Aufsatz über Freud und schließlich deutlich genug im Ausgang der ersten Goethe-Rede erläutert und festgelegt. [...] Wenn Sie die Interessen des Geistes, der Freiheit, der Zukunft beim heutigen Bürgertum besser aufgehoben glauben, als bei der Arbeiterschaft, so müssen Sie eben bürgerlich wählen. Ich habe in diesem Punkt schwere Zweifel, die durch alle bisherigen Erfahrungen nur zu sehr gerechtfertigt sind. *Meine politischen Überzeugungen sind heute sozialistisch unter Wahrung des demokratischen Prinzips*, und es war also durchaus folgerichtig, wenn ich *sozial-demokratischen Arbeitern* meine Sympathie für ihre Sache erklärte. Diese Menschen sind heute sehr verlassen, und darum hat es ihnen wohlgetan. Das hat wieder auf mich zurückgewirkt. Die Erinnerung an jenen Abend und jene Begegnung mit dem Volk ist mir lieb und wichtig, und ich möchte sie mir nicht trüben lassen. (GkFA 23.1, 665–666, Herv. C.S.)

Endlich lässt Mann sein *Bekenntnis zum Sozialismus* (Januar/Februar 1933) noch kurz vor der Besiegelung der Diktatur im untergehenden Deutschland verlesen.[28]

Zusammengefasst in einer Selbstaussage stellt sich Manns Position zur Zeitenwende ‚1933' somit eindeutig so dar: „Ich kann nur soviel sagen, dass ich heute nach meinen politischen Überzeugungen eher Sozialist als Bürger bin." (GkFA 23.1, 655)[29] Alle angeführten Zitate lassen die Ansicht, dass Mann nur „Vernunftrepublikaner" gewesen sei und sein Herz bei den *Betrachtungen eines Unpolitischen* geblieben wäre, als unhaltbar erscheinen.

Im Exil ab 1933, das seit 1936 dezidiert dem Kampf gegen den Nationalsozialismus gewidmet ist und intellektuelle Ereignisse wie den *Briefwechsel mit Bonn* (1937) oder die Radiosendungen *Deutsche Hörer* (1940–1945) zeitigt, bleibt Mann bei seinem ab Ende der 1920er Jahre entwickelten Sozial(demokrat)ismus. Dieser ist natürlich eher diffuse Hoffnung auf Verbesserung der spätkapitalistischen Gesellschaft als konkrete Analyse oder politisches Programm. Mann hat sich dann aber in Roosevelts „New Deal" wiedererkannt, wie Hans Vaget herausgearbeitet hat.[30]

Am Vorabend des Zweiten Weltkrieges zieht Mann noch einmal Bilanz. Der Text heißt nun *Kultur und Politik*:

---

28 In der Kroll-Oper wurde das von Mann zuvor schon im Januar zuhanden des Sozialistischen Kulturbundes eingereichte Manuskript bei der Anti-Nazi-Kundgebung „Das freie Wort" vom damaligen preußischen Kultusminister Adolf Grimme verlesen. Thomas Mann ist zu dieser Zeit mit seinem Wagner-Vortrag in Paris und Brüssel. Die denkwürdige Berliner Veranstaltung mit über 800 Teilnehmern kann am 19. Februar 1933 tatsächlich noch stattfinden, wird aber kurz vor Schluss von der Polizei aufgelöst. Gegenüber der Kroll-Oper brennt wenige Tage später der Reichstag.
29 Brief an Hans Gustav Erdmannsdörffer, 8. September 1932.
30 Vgl. Vaget, Hans Rudolf: *Thomas Mann der Amerikaner*. Frankfurt/Main 2011, S. 149–156.

> Mein persönliches Bekenntnis zur Demokratie geht aus einer Einsicht hervor, die gewonnen sein wollte und meiner *deutsch-bürgerlich-geistigen Herkunft ursprünglich fremd war:* der Einsicht, dass das Politische und Soziale ein Teilgebiet des Menschlichen ausmacht, dass es der Totalität des humanen Problems angehört, vom Geiste in sie einzubeziehen ist, und dass diese Totalität eine gefährliche, die Kultur gefährdende Lücke aufweist, wenn es ihr an dem politischen, dem sozialen Element gebricht. (GW XII, 853, Herv. C.S.)

Der Text kann neben seiner Aufforderung an die Demokratien, sozial(istisch)er zu werden und damit der NS-„Volksgemeinschaft" etwas entgegenzusetzen,[31] auch als Selbstoffenbarung Manns gelesen werden. Er enthält das Eingeständnis des weiten Weges, den der Bürger selbst gegangen war. Damit zielt der Text bereits in Richtung von *Deutschland und die Deutschen* von 1945, und dessen Selbstkritik Manns, was das deutsche Verhängnis betrifft.[32]

Vor diesem Hintergrund scheint es am Ende kaum entscheidend, ob man den Umschlagpunkt in Manns Denken wirklich schon in *Von deutscher Republik* sehen möchte. Entscheidend ist eher, *dass* es einen wie immer gearteten Wandel in diesem Denken gegeben hat. Und *mutatis mutandis* stimmt gar, was 1965 in einer DDR-Gedenkschrift zu Manns zehntem Todestag zu lesen war:

> Dieses Bekenntnis zum Sozialismus bedeutet nicht, daß Thomas Mann Sozialist im Sinne des wissenschaftlichen Sozialismus geworden sei. [...] Den Platz des Bürgers in der modernen Gesellschaft [...] sah er [...] an der Seite der Arbeiterklasse und des Sozialismus. Er identifizierte sich nicht mit ihm; doch er [...] rief als Bürger das Bürgertum auf, sich selbst zu

---

[31] Kuhlmann, Andreas: „Thomas Mann und der lange Abschied vom Bürgertum". In: *West End* 2 (2005), S. 27–45, hier S. 38: „Insbesondere in jenen zeitdiagnostischen Abhandlungen, mit denen er Ende der dreißiger, Anfang der vierziger Jahre ausgedehnte Vortragsreisen durch die USA bestritt, versucht er seine Vorstellung von ‚sozialer Demokratie', ‚christlichem Sozialismus' bzw. ‚sozialem Humanismus' zu präzisieren. Es sind zwei komplementäre Gefahren, auf die Thomas Mann mit seinem wiederholten, dringlichen Appell an das soziale Gewissen des Bürgertums zu reagieren versucht: Zum einen der Anspruch der deutschen Diktatur, selbst eine Form des Sozialismus, das heißt einen befriedenden Interessenausgleich im Inneren zu verwirklichen; und zweitens eine Form der Besitzstandswahrung der westlichen Bourgeoisie, die sich, aus Manns Sicht, Hitler zum Bündnisgenossen im Kampf gegen den Bolschewismus erkoren hat."

[32] In *Deutschland und die Deutschen* ist es auch, wo Mann gleichsam eine persönliche Mitverantwortung für bestimmte Fehlentwicklungen andeutet, die aus der Politikferne der Romantik und der machtgeschützten Innerlichkeit des Wilhelminismus erwuchsen. „Nichts von dem, was ich Ihnen über Deutschland zu sagen versuchte, kam aus fremdem, kühlem, unbeteiligtem Wissen; ich habe es auch in mir, ich habe es alles am eigenen Leibe erfahren." (GW XI, 1146) Noch drastischer formuliert Mann den Gedanken für sich persönlich in einem Tagebucheintrag von 16. Januar 1945. Er gibt eine absurde Aussage von Goebbels wieder – über das angeblich von aller Welt gequälte deutsche Volk – und notiert dahinter trocken: „Ungefähr, wie ich vor 30 Jahren geschrieben habe." Zu Recht hat Fritz J. Raddatz dies als sensationellen Satz Thomas Manns bezeichnet.

überwinden [...]. Diese Revolutionierung im Denken Thomas Manns hat selbstverständlich auch sein künstlerisches Werk tiefgreifend beeinflußt. Ein äußeres Kennzeichen für die neuen Dimensionen seines Schaffens ist bereits das wachsende Gewicht, das die Essayistik – Aufsatz, Rede, Polemik – erhält. Sie wird jetzt zu einem unabtrennbaren Bestandteil seines Gesamtwerks – bedeutsam nicht nur wegen der Zeitzeugenschaft, die in ihm abgelegt wird; bedeutsam [...] auch als Sprachwerk. Denn gewisse Partien gerade aus seinen Essays gehören zum Mustergültigsten, was die moderne deutsche Prosa hervorgebracht hat.[33]

In den Grenzen des damals Opportunen fasst der Text des DDR-Germanisten Klaus Hermsdorf konzise, wie Manns ‚Sozialismus' als spezifisch-eigenwilliger Zugang eines sprachmächtigen Autor-Essayisten zu verstehen ist. Die entschiedene geistige Wachheit Thomas Manns erwies sich bei alledem darin, dass er im Gegensatz zu seinem Bruder Heinrich oder etwa Lion Feuchtwanger nie den Stalinismus verklärt hat. Beides wird sich gleich im Brief an Walter Ulbricht zeigen.

3 Der Brief an Walter Ulbricht

Wie eingangs angedeutet, ist Manns Presse in seinem letzten Lebensjahrzehnt in Amerika und Westdeutschland nach 1945 insgesamt negativ. Einerseits wird er in seiner Noch-Wahlheimat Amerika als *fellow traveller* – als kommunistischer Mitläufer – beschimpft und von den McCarthy-Bürokraten observiert.[34] Andererseits entspinnt sich in der Westzone und dann BRD eine Reihe von Polemiken. Zuerst die *Große Kontroverse*, gleich 1945, weil Mann nicht Walter von Molos Aufforderung zum moralischen Wiederaufbau bei den ‚inneren Emigranten' Folge leistet.[35] Molo vertritt eine Kollektiv-*Un*schuldsthese.[36] Manns Abneigung ist verständlich.

---

33 Hermsdorf, Klaus: „Einleitung". In: *Thomas Mann. 1875–1955*. Berlin 1965, S. 11–24, hier S. 17.
34 Die Sachlage hat Stephan, Alexander: *Im Visier des FBI*. Berlin 1998, erstmals näher aufgearbeitet. Bezüglich Thomas Mann muss nicht von einer extremen FBI-Überwachungstätigkeit ausgegangen werden. Zwar erhält Mann Routinebesuche von FBI-Leuten, die Erkundigungen über andere Personen betreffende Sachverhalte einholen (vgl. auch Manns Tagebuch, 25.7.1948), doch wird er selbst nicht umfassend – oder gar offiziell – vom FBI observiert.
35 Mann hat sich schon am 18. Mai 1945 zur deutschen Schuld geäußert (*Die Lager*). Der Schriftsteller Walter von Molo schreibt ihm daraufhin Anfang August einen Offenen Brief, der in verschiedenen Zeitungen gedruckt wird: Mann solle nach Deutschland zurückkehren, um die Deutschen in der Zeit des Wiederaufbaus moralisch zu unterstützen. Thomas Mann reagierte in seiner Antwort auf Molo im September 1945 höflich, aber entschieden ablehnend: *Warum ich nicht nach Deutschland zurückgehe* (GW XII, 956 ff.). Zwischenzeitlich hatte sich auch in gehässigerem Ton der Autor Frank Thieß eingeschaltet, am Ende stand die ‚Große Kontroverse'. – Am umfassendsten hat Marcus Hajdu diese Polemiken aufgearbeitet: ders.: „*Du hast einen anderen Geist als wir!*" *Die „große Kontroverse" um Thomas Mann 1945–1949*. Dissertation. Gießen 2002.

Die Polemiken halten wie bei keinem*keiner Autor*in an. Hermann Hesse wird in einem Nachruf auf seinen Freund feststellen, dieser sei vom „großen deutschen Publikum" „jahrzehntelang völlig unbegriffen" geblieben.³⁷ Meist nimmt man Anstoß an Manns (vermeintlicher) Akzeptanz des kommunistischen Regimes. Dass er seine Bücher auch in Ostdeutschland erscheinen lässt, ist vielen in Westdeutschland schon zuviel.

1947 reist Thomas Mann nach Europa, nach England und in die Schweiz, fühlt sich zu einer Fahrt nach Deutschland aber noch nicht bereit. An die Deutschen wendet er sich in einem Grußwort. (GKFA 19.2, 341)³⁸ 1949 zum Goethe-Jubiläum ist Mann erstmals nach 1933 in der Heimat. Und zwar in Ost und West, er trägt dieselbe Rede zunächst in Frankfurt und dann in Weimar vor. Sagt, dass er keine Zonen kenne. Schon vor der Reise wird er dafür angefeindet.³⁹ Noch in Zürich schreibt er ins Tagebuch: „Der Tag der Abreise gekommen. [...] Gefühl, alsob es in den Krieg ginge." (23.7.1949) Tatsächlich halten viele Westdeutsche Manns Besuch in Weimar für einen Skandal. Auch berechtigte, aber schwer einzulösende Forderungen werden erhoben. So verlangt der NS-Überlebende Eugen Kogon, Mann solle in Weimar „öffentlich und hörbar" schweigen.⁴⁰ Auch solle er das von den Kommunist*innen betriebene schlimme Lager auf dem Gelände des früheren KZ Buchenwald besuchen. Mann reagiert ausweichend. „Im Rahmen dieses Besuches Forderungen zu stellen, die die einladenden deutschen Behörden nicht erfüllen können, ist offensichtlich unmöglich, und die interpellierende Gesellschaft weiß das so gut wie ich." (GkFA 19, 692)⁴¹ Kurt Sontheimer schreibt dazu:

---

36 „Das deutsche Volk hat – ungeachtet recht zahlreicher und lebhafter Aufforderungen von der Frühe bis in die Nacht – vor dem Kriege und im Kriege nicht gehaßt, und es haßt nicht, es ist dazu nicht fähig, [...] Ihr Volk, das nunmehr seit einem Dritteljahrhundert hungert und leidet, hat im innersten Kern nichts gemein mit den Missetaten und Verbrechen [...]." (Hessische Post, 4. August 1945, abgedruckt in Wysling, Hans: *Thomas Mann. Sein Leben in Bildern.* Zürich 1994, S. 411.)
37 Abgedruckt in Michels, Volker (Hg): *Briefwechsel Hermann Hesse-Thomas Mann.* Frankfurt/Main 2011, S. 261.
38 [*Botschaft an das deutsche Volk*], Mai 1947.
39 Vgl. aber auch die Reaktionen darauf *pro* Mann, so etwa die Artikel vom 14. und 21. Juni 1949 in der Münchner Neuen Zeitung, die eine subtile Würdigung Thomas Manns entfalten. Ihr Verfasser Arnold Bauer hat zuvor die bis heute anregende Schrift *Thomas Mann und die Krise der bürgerlichen Kultur* (Berlin 1946) publiziert, die erste maßgebliche Studie zu Mann nach dem Zweiten Weltkrieg.
40 Kogon, Eugen: „Thomas Mann vor Weimar-Buchenwald". In: *Frankfurter Neue Presse* (30. Juli 1949).
41 Vgl. dazu Jens: *Manns Brief an Walter Ulbricht*, S. 344: „Im Thomas Mann Archiv befindet sich der Entwurf für die Erklärung, mit der Thomas Mann auf diesen über UP verbreiteten Brief reagierte. Sie trägt auf ihrer Rückseite von fremder Hand den Vermerk: ‚Diese für die Presse bestimmte Notiz schrieb, wie Dr. Hermann Fischer mitteilte, [Thomas Mann] in großer Erregung und

Damit hatte er freilich recht. Wenn man sich überhaupt schon entschloß, die Ostzone zu besuchen, und Thomas Mann hielt es für wichtig, dann konnte man als geladener Gast schlecht Forderungen erheben, deren Erfüllung die Gastgeber in Verlegenheit hätte stürzen müssen.[42]

Zweifellos kann man Mann hier kritisieren, dass er es hinsichtlich Buchenwalds bei „artigen Nachfragen über das Schicksal der dort Inhaftierten [beließ]" und „sich wohl oder übel mit den verharmlosenden Auskünften [abfand], die man ihm erteilte"[43], wie auch Manns eigener „Reisebericht" (vgl. GW XI, 507–508) nahelegt. Zugleich gilt: In seiner Weimarer *Rede* aber sagt er 1949 Sätze, die als klare Kritik an den Machthabern zu verstehen sind:

> Die Bemühung und Anstrengung, von der ich spreche, ist überall heute in der Welt vorhanden, in Ost und West, in sehr verschiedenen Formen und Erscheinungen. Aber über all diesen Unterschieden, lassen Sie mich das aussprechen, *muß die Erkenntnis stehen, daß gewisse schwer erkämpfte und unveräußerliche Errungenschaften der Menschheit, daß Freiheit, Recht und die Würde des Individuums dabei nicht untergehen dürfen, sondern daß sie, sei es auch in gebundener Form, bedingt durch verstärkte soziale Verpflichtung, aufgenommen, heilig bewahrt und in die Zukunft überführt werden müssen.*[44]

Seine Mahnung bekräftigt Mann zwei Jahre später in erweiterter Form. Am 10. Juni 1951 notiert er in sein Tagebuch: „– Brief prinzipieller Art an den Ministerpräsidenten Ulbrich [sic!] begonnen." Fünf Tage darauf: „Schloß gestern Nachmittag den über 8 Quartseiten langen Brief an den stellvertr. Ministerpräsidenten Ulbrich[t] ab, der mir in den letzten Tagen so große Mühe machte." (Tb, 15.6.51)

Warum machte das Schreiben Mühe? Der Brief ist nicht weniger als ein Bravourstück politischer Prosa und beleuchtet zugleich Manns Verhältnis zur frühen DDR. Hier offenbart sich, wie nun zu zeigen ist, dass Manns Affinität zum ‚Sozialismus' keine politische Blindheit gegenüber den realen Verhältnissen nach

---

in Hut und Mantel [bereit zur Abreise nach Weimar] im Gästehaus der Stadt Frankfurt.' Die ‚Erklärung zu der Aufforderung der ‚Gesellschaft zur Bekämpfung der Unmenschlichkeit', Buchenwald zu besuchen', wurde am 28.7.49 zunächst in der Neuen Zeitung, später in anderen Blättern gedruckt und löste vor allem durch die konventionelle Begründung der Ablehnung, daß es nämlich für einen Gast unmöglich sei, Forderungen zu stellen, die der Gastgeber nicht erfüllen könne, Befremden, ja Empörung aus."
42 Sontheimer, Kurt: *Thomas Mann und die Deutschen.* Überarbeitete Neuauflage des 1961 in der Nymphenburger Verlagshandlung erschienenen Titels. München 2002, S. 182.
43 Ebd.
44 Thomas Mann: Ansprache im Goethejahr 1949. Mit Genehmigung des Suhrkamp Verlages, vorm. S. Fischer. Thüringer Volksverlag GMBH Weimar. Veröffentlicht unter Lizenz Nr. 220 der Sowjetischen Militärverwaltung in Deutschland. Jena 1949, S. 5–6. [Hervorhebung C.S.]

sich zog. Der bedeutende Brief tritt an die Seite von Manns *Briefwechsel mit Bonn* (1937). Doch im Gegensatz zu diesem rhetorischen Lehrstück des Kampfs gegen den Nationalsozialismus (durch die welthistorische Situation 1937 gewiss noch wichtiger) ist Manns Brief an Ulbricht wenig bekannt. Zwar ist er der Mann-Forschung nach Inge Jens Verdiensten um seine Aufarbeitung im Zuge ihrer Arbeit an den Tagebüchern Manns[45] erschlossen, doch hat er bisher nicht die Beachtung gefunden, die er verdient.[46] Der Brief zeigt Mann mit 76 Jahren als so brillanten wie mutigen Intellektuellen in einem im Vergleich zum Kampf gegen den Nationalsozialismus geopolitisch noch komplexeren Kontext.

Doch der Reihe nach. Wie kommt es zu dem Brief? Plausibel ist zunächst, dass, wie Inge Jens annimmt, Mann die Ereignisse von 1949 und die Causa ‚Buchenwald' nicht losließen und er nun im Brief an Ulbricht nachholte, was zuvor nicht (alles) möglich gewesen war.[47] 1951 gelangen immer wieder Hilfsanfragen an ihn. Im April hat sich Mann bei Johannes R. Becher, mit dem er seit Exilzeiten korrespondiert und der nun in der Funktion als DDR-Kulturrepräsentant ständig bei ihm vorspricht,[48] für den verhafteten Verleger Joachim Langewiesche eingesetzt.

Datiert auf den 10. Mai ist nun ein Schreiben aus Stuttgart. Verfasser: Ein Walter Bacmeister, Oberstaatsanwalt im Ruhestand, und, nach Selbstauskunft in einem weiteren Brief an Theodor Heuss, schon 1939 pensioniert und zuvor „über 40 Jahre im württembergischen Justizdienst", im Nationalsozialismus „Parteigenosse ohne Amt, Mitläufer"[49]. Bacmeister schreibt verzweifelt an Mann und bittet

---

45 Vgl. FN 10.
46 Der Brief ist u. a. auch abgedruckt in der von Stachorski u. Kurzke herausgegebenen Essay-Edition Thomas Manns (Bd 6: *Meine Zeit 1945–1955*, S. 211–218, S. 518–521 [Kommentar]).
47 Jens: *Brief an Ulbricht*, S. 346.
48 Johannes Robert Becher (1891–1958), der einstige Expressionist, war seit 1923 KPD-Mitglied und später Herausgeber der Zeitung „Rote Fahne". Im Exil seit 1935 in der Sowjetunion. Von Stalin nach 1945 nach Berlin geschickt, wurde er in der Ostzone Präsident des „Kulturbunds zur demokratischen Erneuerung Deutschlands", der zunächst noch verhältnismäßig liberal aufgestellt war (und Emigranten wie die Brüder Mann, Brecht, Feuchtwanger usw. nach Deutschland zurückzuholen suchte). In der DDR wurde der Bund zunehmend zum reinen Propagandainstrument, wogegen Becher letztlich nicht opponierte. 1954–1958 war Becher Kulturminister der DDR.
49 Bacmeister wandte sich zwei Jahre, bevor er an Mann gelangte, wegen seines Sohnes schon an Theodor Heuss. Vgl. Walter Bacmeister an Theodor Heuss, 13. Oktober 1949 In: Werner, Wolfram (Hg.): *Hochverehrter Herr Bundespräsident! Der Briefwechsel mit der Bevölkerung 1949–59*. Berlin u. New York 2010, S. 83–84, – Heuss antwortete wie folgt: „Das furchtbare Schicksal, daß in den KZs in der Ostzone Deutsche noch festgehalten werden, ist mir aus einer Reihe von Einzelfällen bekannt. Die prekäre Situation der Bundesrepublik Deutschland zu der Neubildung von Mittel- und Ostdeutschland macht konkrete Auseinandersetzungen politisch sehr heikel. Der Protest

um eine Aktion zugunsten verschiedener Männer, darunter sein Sohn, die zu Unrecht inhaftiert schon mehrere Jahre in sowjetischen Lagern („KZs") inhaftiert seien. Sie seien in Schnellprozessen ohne alle rechtsstaatlichen Verfahren verurteilt worden; mehrere von ihnen hätten sich in den Lagern mit Tuberkulose angesteckt usw.[50] Dabei gibt der Brief eine Aufstellung zu den Betroffenen, beginnend mit Bacmeisters Sohn, und den ihnen vorgeworfenen Taten bei.

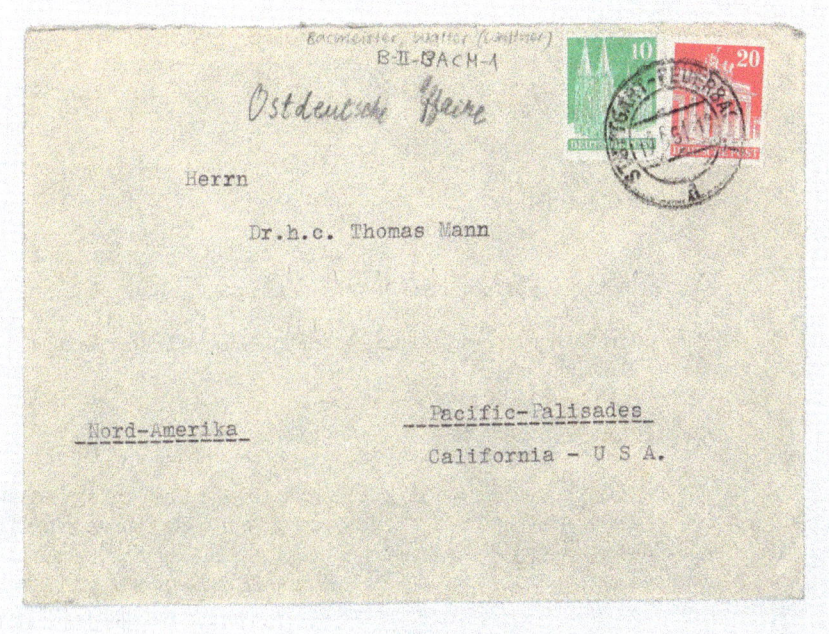

Abbildung 1: Briefumschlag mit Manns eigenhändigem Zusatz: „Ostdeutsche Affaire", 10.5.1951, TMA

gegen den Zustand ist ja von allen Parteien schon erhoben worden. Ich werde aber Ihren Brief gern zum Anlaß nehmen, mit Herrn Minister Kaiser diese Frage zu besprechen." (Ebd., S. 84)
50 „Diese Gerichtsverfahren und Urteile sprechen Hohn jedem ordentlichen Verfahren. Kein Verteidiger wurde zugelassen, kein Entlastungszeuge gehört. Gefesselt wurden die Angeklagten dem ‚Gericht' vorgeführt. Etwa 10 Verhandlungen fanden in einer Stunde statt. Die Urteile standen schon im Voraus fest. Das Ergebnis dieser Verhandlungen war 6 bis 25 Jahre Zuchthaus, auch lebenslängliche Zuchthausstrafen wurden ausgesprochen. [...]" Walter Bacmeister an Thomas Mann, 10. Mai 1951. Der Brief befindet sich im Thomas-Mann-Archiv der ETH Zürich.

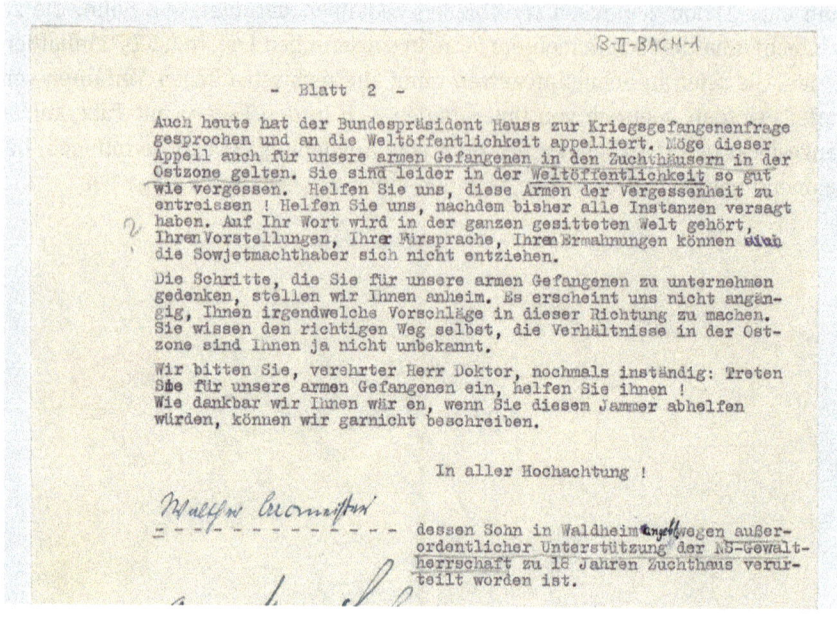

Abbildung 2: Bacmeisters Sohn unter den Betroffenen, Walter Bacmeister an Thomas Mann, 10.5.1951, TMA

Eindringlich formuliert Bacmeister in seinem Schreiben:

[Der] Bundespräsident Heuss hat zur Kriegsgefangenenfrage gesprochen [...]. Möge dieser Appell auch für unsere armen Gefangenen in den Zuchthäusern in der Ostzone gelten. [...] Helfen Sie uns, diese Armen der Vergessenheit zu entreissen! Helfen Sie uns, nachdem bisher alle Instanzen versagt haben. *Auf Ihr Wort wird in der ganzen gesitteten Welt gehört, Ihren Vorstellungen, Ihrer Fürsprache, Ihren Ermahnungen können die Sowjetmachthaber sich nicht entziehen.*[51] [...] Sie wissen den richtigen Weg selbst, die Verhältnisse in der Ostzone sind Ihnen ja nicht unbekannt.

Wir bitten Sie, verehrter Herr Doktor, nochmals inständig: Treten Sie für unsere armen Gefangenen ein, helfen Sie ihnen! Wie dankbar wir Ihnen wären, wenn Sie diesem Jammer abhelfen würden, können wir garnicht beschreiben.[52] (Herv. C.S.)

Weder heute noch damals kann aus der Ferne entschieden werden, ob die Verurteilten tatsächlich nur denunziert worden waren oder Schuld auf sich geladen

---

51 Auf Höhe dieser Aussage Bacmeisters ist am Rand des durch Mann erhaltenen Briefes, höchstwahrscheinlich von Mann selbst, am Rande handschriftlich ein „?" angebracht.
52 Walter Bacmeister an Thomas Mann, 10. Mai 1951. Brief und Rechte im TMA Zürich.

hatten. Klar aber scheint für Mann gewesen zu sein, dass solche Aburteilungen der historischen Gerechtigkeit nicht Genüge tun, sondern unter neuen politischen Vorzeichen neues Unrecht schaffen. Und offenbar fühlte er sich von Bacmeisters persönlichem Appellieren an seine beispiellose Stellung geschmeichelt und animiert, sein politisches Gewicht in die Waagschale zu werfen.[53] Erhellt wird dies heute auch durch einen bisher unbekannten Brief – die direkte Antwort Thomas Manns an Walter Bacmeister vom 10. Juni 1951:

> Unzweifelhaft überschätzen Sie meinen Einfluss, aber Sie und die Mit-Unterzeichner Ihres Briefes sollen Ihren Appell nicht umsonst an mich gerichtet haben. Jeder öffentliche Schritt wäre nutzlos. Ich wende mich in einem Schreiben, worin ich die Sache in grösste Zusammenhänge zu stellen suche und einen Rat ausspreche, persönlich und privat an die einflussreichste Stelle in Ost-Deutschland und bin nicht ganz ohne Hoffnung auf Erfolg. Natürlich ist streng zu vermeiden, dass über unsere Korrespondenz und meinen Versuch oeffentlich irgend etwas bekannt wird.[54]

Thomas Mann hält Wort. Er hat sich am gleichen Tag an einen Brief an den de facto mächtigsten Mann der jungen DDR gesetzt.[55] Der Brief an Ulbricht (aus dem dann Wendungen im Schreiben an Bacmeister wiederkehren) beginnt:

> Herr Ministerpräsident![56]
>
> Das gewiß bezeichnende Ansehen, das in Ihrer politischen und ideologischen Sphäre der Beruf des Schriftstellers genießt, überhebt mich der Besorgnis, Sie möchten es als Unbe-

---

53 Vgl. auch Jens: *Ulbricht-Brief*, S. 348: „Hier liegt, denke ich, der Grund dafür, daß Thomas Mann in diesem einen Fall nicht, wie gewöhnlich, mit einer Bittschrift an den einflußreichen Kollegen Becher, sondern durch die Abfassung eines ‚Fürstenspiegels' reagierte. Die [...] Petition nahm ihn moralisch in die Pflicht: sowohl durch die Wucht der in ihr enthaltenen Fakten, als auch durch ihren Appell an den Mann, auf dessen Wort die ganze gesittete Welt höre und der durch seine Kenntnis der Verhältnisse vor Ort wie kein anderer berufen sei, für die Erniedrigten und Vergessenen seine Stimme zu erheben."
54 Thomas Mann an Walter Bacmeister, 10. Juni 1951. Der Brief befindet sich in Privatbesitz der Erben von Walter Bacmeister. Diese, namentlich sein Enkel Fritz Walter Hofmann, haben ihn mir freundlicherweise zugänglich gemacht. Er wird hier erstmals veröffentlicht.
55 Kurz vor Kriegsende, am 30. April 1945, war Ulbricht nach Deutschland zurückgekehrt. Als Kopf der nach ihm benannten Gruppe Ulbricht trieb er dann in der Sowjetischen Besatzungszone die Neugründung der KPD voran. 1946 organisierte er die faktische Zwangsvereinigung der SPD mit der KPD zur SED in Berlin. Von 1946 bis 1951 war Ulbricht Abgeordneter des Landtages Sachsen-Anhalt. Nach der Gründung der DDR am 7. Oktober 1949 war er stellvertretender Vorsitzender im Ministerrat. Vorsitzender war Otto Grotewohl. Grotewohl und Staatspräsident Wilhelm Pieck aber standen de facto im Schatten der Macht Ulbrichts. Am 25. Juli 1950 wurde Ulbricht vom Zentralkomitee der SED zu seinem Generalsekretär gewählt.
56 Ulbricht war stellvertretender Ministerpräsident.

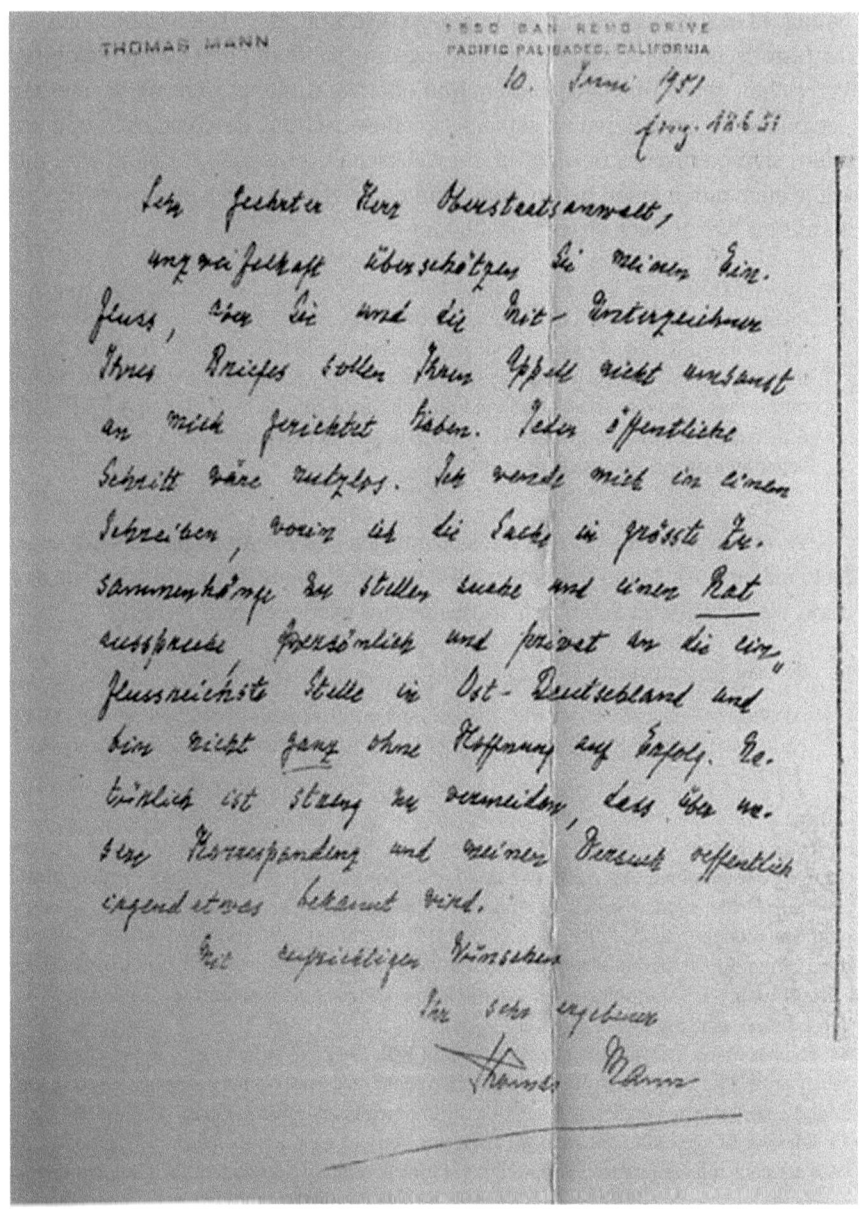

Abbildung 3: Thomas Manns Antwort an Walter Bacmeister, 10.6.1951

scheidenheit und Ungebühr auffassen, wenn ich, ein Schriftsteller eben nur, ein in der Welt des Wirklichen macht- und einflußloser Diener der Sprache und des freien Gedankens, sich persönlich und privat an den mächtigen Staatsmann, der Sie sind, mit einer Bitte wendet, die sogar den Charakter eines Rates annehmen könnte.[57]

Der Anfang ist, auch für Thomas Mann, außergewöhnlich. Er gehört zum Brillanteren, was als politischer ‚Brief' in deutscher Sprache verfasst wurde. Mann steigt mit einer Demutsformel als *captatio benevolentiae* ein: Gegenüber dem „mächtigen Staatsmann" Ulbricht sei er „nur ein" Schriftsteller, völlig „macht und einflusslos[]" in der *wirklichen* Welt. Da in der DDR die Profession der Schriftsteller ein hohes Ansehen genieße, sei es wohl doch legitim, dass er sich an ihn wende. Interessant daran ist nun, dass diese scheinbar so demütige Eingangspassage auf mehreren Ebenen funktioniert. Einerseits ist sie auf der ersten Sinnebene in sich stimmig. Zugleich aber sind weitere Deutungen möglich. So erscheinen viele Wendungen eigentlich ambivalent. Das „gewiss bezeichnende Ansehen", das in den kommunistischen Staaten der „Beruf des Schriftstellers" genieße, kann auch als Verweis auf die ideologische Vereinnahmung der Kunst durch den Staat gelesen werden. „In Ihrer politischen und ideologischen Sphäre" (DDR) hat dann einen technisch-blechernen Klang, zumal es mit dem eleganten „Diener des freien Gedankens" (Mann) kontrastiert ist. Oder der „macht- und einflußlose Diener der Sprache" versus der „mächtige Staatsmann" – die Bescheidenheit verkehrt sich in ihr Gegenteil: Hier der weltberühmte Nobelpreisträger und einer der weltweit geachtetsten Deutschen überhaupt, der wie keiner mit Worten umgehen kann, und der sich nun zu Ulbricht, einer von vielen beargwöhnten ‚grauen Eminenz' hinablässt. Die ganze Passage kann also auch ironisch gelesen werden – auch wenn Mann dies so austariert hat, dass es nicht überdeutlich wird.

Aber auch abgesehen davon wird Mann kritisch genug, so etwa damit, dass er tatsächlich keine „Bitte" stellt. Tatsächlich weist der weitere Briefverlauf (in Form wie Inhalt) immer mehr in Richtung jenes „Rates", den Ulbricht beherzigen sollte. So etwa in Sachen Frieden: „Wenn ich vom Frieden spreche, so meine ich den einen, unteilbaren, der das Gebot der Weltstunde ist, und unter dem allein die Völker die Aufgaben erfüllen können, die ihnen heute gestellt sind." (211)

Und Mann urteilt über Kommunismus und bürgerliche Welt:

> Der Kommunismus – oder wie man das zeitliche Ergebnis der großen russischen Revolution nennen soll – ist ein harscher und opferreicher Versuch, aus der Auflösung neue und feste Ordnung erstehen zu lassen, der Wende gerecht zu werden, die er als solche besonders scharf und einwilligend erkennt, während sein Gegenpart, die sich noch bürgerlich nennende Welt nicht wissen zu wollen scheint, wie weit sie sich selbst schon von dem Lebensstil

---

57 Kurzke u. Stachorski: *Mann-Essays*. Bd. 6, S. 211. Künftig mit Seitenzahl im Fließtext.

der klassischen Bürgerwelt entfernt hat [...] und wie entbürgerlicht in jeder Beziehung, geistig, ökonomisch, moralisch, politisch, sie selber schon ist. Ich bin nach meiner Erziehung und Überlieferung, nach meiner ganzen geistigen Formung kein Kommunist. Daß ich kein Anti-Kommunist bin, nimmt man mir in meiner Sphäre, der bürgerlichen, bitter übel. (212)

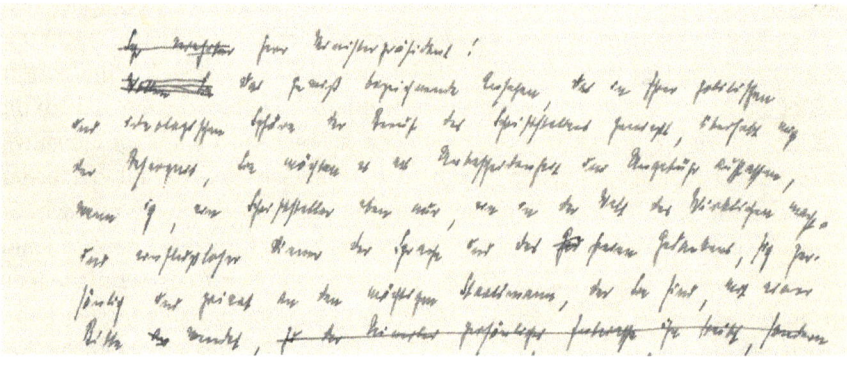

Abbildung 4: Beginn des Manuskriptes, Thomas Mann an Walter Ulbricht, TMA. (c) S. Fischer Verlag GmbH, Frankfurt am Main

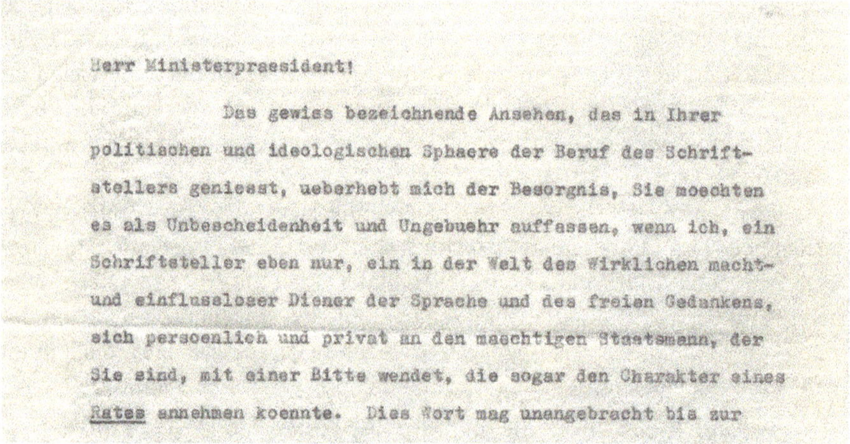

Abbildung 5: Beginn des Typoskriptes, Thomas Mann an Walter Ulbricht, TMA. (c) S. Fischer Verlag GmbH, Frankfurt am Main

So wird hier noch einmal verdichtet das aufgerufen, was ich zur Entwicklung von Manns Bürger- und Sozialismusbegriff skizziert habe. Mann zieht Bilanz. Er verweist auf sein Problem mit dem fanatischen Antikommunismus nicht nur in den USA. Die Zeilen greifen auf, was er daran seit 1943 kritisch benennt. (GW XI, 934–

935)[58] Zugleich bekennt er erneut, dass er eben nach seiner „ganzen geistigen Formung kein Kommunist" ist und lässt deutlich Kritik anklingen an der Geschichte des Staatskommunismus *seit 1917* („harscher und opferreicher Versuch" – der Begriff „Versuch" bedeutet noch nicht einmal, dass hier etwas wirklich gelungen ist!). Thomas Mann bezieht bewusst eine Position des *Dazwischen*, gleichsam zwischen beiden Großmächten, die er *beide* in die Pflicht nimmt.

In einer Mischung aus Bauchpinselung und Entlarvung des Gegenübers zieht er rhetorisch die Schlinge zu.:

> Mein ‚Pro' – ein ‚Für' vor allen anderen – ist der Friede [...] Wenn auch der Kommunismus den Frieden will – und ich glaube, daß er ihn will –, so sollte er alles tun, um [dem] Humanismus Vorschub zu leisten und Rechtfertigung zu gewähren [...]. Der Kommunismus, sage ich, sollte alles tun, diesem friedenswilligen Humanismus Hilfe zu leihen und so weit nur immer möglich alles vermeiden, was seinen Einfluß lähmen könnte. (213)

So kommt es zum ersten Highlight des Schreibens. Mann zieht alle Register:

> Der Kommunismus hat – das ist die Wahrheit – mit dem Faschismus die totalitäre Staatsidee gemeinsam, aber er will doch wahrhaben, und wir möchten es mit ihm wahrhaben, daß sein Totalitarismus sich von dem faschistischen himmelweit unterscheidet, einen ganz anderen ideologischen Hintergrund, ganz andere Beziehungen zum Menschheitsgedanken hat, und darum sollte er Sorge tragen, jede Möglichkeit der Gleichsetzung und geflissentlichen Verwechselung auszuschließen, sollte – so lange nach vollendeter Revolution – Kruditäten und formlose Grausamkeiten meiden, die ihn äußerlich, für das Auge, aber das heißt: praktisch, auf das Niveau des Faschismus herabsetzen, und nach ihrer innersten Natur, ihrer psychologischen Wirkung nicht dem Frieden dienen, sondern nur helfen, eine ohnehin schon weitgehend demoralisierte, seelisch abgestumpfte und verhärtete Menschheit zum Kriege vorzubereiten. (213)

Zunächst legt Mann wörtlich die „totalitäre" Struktur des kommunistischen Staates offen. Dann konzediert er, dass dieser sich trotzdem „himmelweit" unterscheide vom Nationalsozialismus. Tatsächlich war es Mann ernst mit dieser Unterscheidung. Sie kommt auch im großen Essay *Meine Zeit* von 1950 vor. Dort bekennt Mann seine „Ehrerbietung vor dem meiner Zeit angehörigen historischen Ereignis der Russischen Revolution" (GW XI, 319). Diese werde wie die Revolution von 1789 „ihre Spuren zurücklassen in allem menschlichen Zusammenleben",

---

58 Vgl. etwa die Stelle: „Sie sehen, daß ich in einem Sozialismus, in dem die Idee der Gleichheit die der Freiheit vollkommen überwiegt, nicht das menschliche Ideal erblicke, und ich glaube, ich bin vor dem Verdacht geschützt, ein Vorkämpfer des Kommunismus zu sein. Trotzdem kann ich nicht umhin, in dem Schrecken der bürgerlichen Welt vor dem Wort Kommunismus, diesem Schrecken, von dem der Faschismus so lange gelebt hat, etwas Abergläubisches und Kindisches zu sehen, die Grundtorheit unserer Epoche." – *Schicksal und Aufgabe* [1943].

weil sie eine „Beziehung zur Idee der Menschheit und ihrer Zukunft" habe (ebd.). Zugleich aber macht Mann schon hier klar, dass diesem *Erstereignis* des Kommunismus dessen weitere Realisierung, als autokratische, ein „tragisches Gepräge" verliehen habe. (ebd.)[59] In seinem Brief nun hebt Mann erneut die Differenz des Kommunismus zum Nationalsozialismus hervor, aber mit einer neuen Wendung. Wenn die Machthaber der Sowjetunion bzw. in diesem Fall der DDR solche Unmenschlichkeiten verübten wie jene Prozesse, die Anlass dieses Briefes sind, so sinke der Kommunismus eben „äußerlich, für das Auge, aber das heißt: praktisch, auf das Niveau des Faschismus" hinab. Das heißt: Was nützen womöglich hehre Ziele, wenn die Praxis nichts besser ist als der menschenverachtende Zynismus der Nazi-Gerichte? Die Passage trifft in den Kern von Problematik und Tragik von Leninimus/Stalinismus (und später Maoismus) im 20. Jahrhundert.

Thomas Mann geht nun zum konkreten Fall und zur Mangelhaftigkeit der Prozesse über. („Volksgerichte also, deren Verfahren das summarischste war. Zehn Verhandlungen etwa fanden in einer Stunde statt. Kein Verteidiger wurde zugelassen, kein Entlastungszeuge gehört", 214). Und *bekräftigt noch* den Vergleich mit Nazi-Methoden, den er aber wiederum so einführt, dass man erst beim zweiten Lesen seine eigentliche Schärfe erkennt.

> Dieses [...] seelisch zerbrochene und blutspuckende [...] Menschengewürm war angeklagt – und damit auch schon überführt – der Kollaboration mit dem nationalsozialistischen Herrschaftssystem, – und wie ich über den Nationalsozialismus [...] denke, brauche ich hier nicht zu wiederholen. Ich tauge schlecht zum Verteidiger derer, die [...] ihm zur Hand gingen, – was übrigens mehr oder weniger, mit ehrenvollen Ausnahmen, das ganze deutsche Volk getan hat. Aber ich frage Sie, Herr Ministerpräsident [...]: Hat es einen Sinn, diese armen Teufel, schwache, anpassungsbedürftige Durchschnittsmenschen, die es nicht anders wußten, als daß man den Mantel nach dem Winde hängen muß und zweifellos heute wieder bereit wären, ihn nach dem neuen Winde zu hängen – hat es einen Sinn, sie ganz im wilden Stil des Nazismus und seiner ‚Volksgerichte', ganz im Stil jenes zur Hölle gefahrenen Roland

---

59 „Was [der Revolution] das tragische Gepräge verleiht, ist, daß sie sich eben in Rußland vollzog und das spezifische Signum russischen Schicksals und Charakters trägt. Durch lange Jahrzehnte haben in dem ungeheuren Lande Autokratie und Revolution einen erbarmungslosen Kampf gegen einander geführt, einen Kampf mit allen Mitteln – es gab keinen Terror, den sie verschmähten. In diesem Kampf waren die Sympathien der Demokratie, auch der amerikanischen, stets aufseiten der Revolution; denn von ihrem Siege erwartete man ein freies Rußland, frei im Sinne der Demokratie. Das Resultat war anders, es war russisch. Autokratie und Revolution haben, im Ergebnis, einander gefunden, und was uns vor Augen steht, ist die autokratische Revolution, die Revolution im byzantinischen Kleide und als Welterlösungsanspruch, welcher dem westlichen Anspruch auf Weltgewinnung und geistiger wie materieller Weltherrschaft in einem historischen Wettstreit größten Stils gegenübersteht."

Freisler, der genau so seine Zuchthaus- und Todessprüche verhängte, aburteilen zu lassen [...]? (214)

Thomas Mann geht nun, eng an Bacmeisters Schilderungen, auf die einzelnen Fälle ein. Nach seiner ausführlichen Darlegung schließt er: „Ich entschuldige und verteidige überhaupt niemanden von diesen armen Schächern, deren Namen mir ja nur zufällig, durch ein Bittschreiben, bekannt geworden sind, sondern ich bitte um Gnade." (217) Mann scheint davon auszugehen, dass sie vielleicht schuldig sind, aber Gnade verdienen.

Ohne die Causa der Unglücklichen zu vergessen, gelingt es Mann am Ende, den Blick noch auf das Alle-Betreffende zu lenken. Er scheut sich nicht, Ulbricht vor einem Dritten Weltkrieg zu warnen und ihn aktiv als Mitverantwortlichen in die Pflicht zu nehmen. Um den argumentativen Höhepunkt des Briefs abzubilden, sei noch einmal ausführlich zitiert:

In einer Welt, deren intellektuelles und moralisches Niveau, [...] seit Jahrzehnten schon im Absinken begriffen ist [...] auf die die Nacht der Barbarei sich herniedersenken will – in dieser unserer Welt stehen zwei geballte Machtkomplexe, der kommunistisch revolutionierte Weltteil und der bürgerlich halbrevolutionierte, sich in einer das Herz einschnürenden Spannung von Haß [...] gegenüber. Jeden Augenblick kann diese Spannung sich in einer Katastrophe entladen, wie unser Planet sie noch nicht gesehen hat [...] und der der Menschheit selbst ans Leben gehen kann. Glauben Sie nicht mit mir, daß alles, was auch nur indirekt dazu beitragen könnte, diese verhängnisgeladene Spannung herabzusetzen, [...] daß jede Geste der Milde und Menschlichkeit heute eine Tat für den Frieden, Trost und Unterstützung für alle wäre, die den Frieden wollen? Sie wissen vielleicht nicht, welches Grauen und welche Empörung, geheuchelt oft, aber oft tief aufrichtig, jene Prozesse mit ihren Todesurteilen – denn es sind lauter Todesurteile – auf dieser Weltseite hervorgerufen haben, wie nutzbar sie sind dem bösen Willen und wie abträglich dem guten. Ein Gnadenakt, großzügig und summarisch, wie diese Massenaburteilungen von Waldheim [Sachsen] es in nur zu hohem Grade waren, das wäre eine solche gesegnete, der Hoffnung auf Entspannung und Versöhnung dienende Geste, eine Friedenstat. Nutzen Sie Ihre Macht, um diesen Gnadenakt herbeizuführen! (218)

Thomas Mann greift also noch einmal den Gnadenbegriff auf, den er in Bezug auf die Verurteilten eingeführt hat („Ich bitte um Gnade"), und kann nun seinen viel fundamentaleren religiös-philosophischen Gnadenbegriff einsetzen, der ihn seit Langem beschäftigt.[60] Das Überraschende ist aber, wie von der Gnade, die Mann

---

60 „Der Gnade, deren Deutschland so dringend bedarf, bedürfen wir alle." (*Deutschland und die Deutschen* [1945], GW XI, 1148.) Und im *Doktor Faustus*: „Ein einsamer Mann faltet seine Hände und spricht: Gott sei euerer armen Seele gnädig, mein Freund, mein Vaterland." (GkFA 10.1, 738)

für die Gefangenen fordert, zu jener übergeleitet wird, deren Ulbricht und die Seinen in ihrer ideologischen Verbohrtheit bedürfen. Mann schließt:

> Darum bittet, das rät Ihnen ein alter Mann, in dessen Denken und Dichten die Idee der Gnade längst bestimmend hineinwirkt. Das deutsche Wort ‚gnadenlos' hat einen eigentümlich doppelten Sinn. Es bedeutet zugleich ‚unbarmherzig' und ‚unbegnadet'. Unbegnadet ist der starre Wahn, allein die ganze Wahrheit und das Recht auf unerbittliche Grausamkeit zu besitzen. Wer aber Gnade übt, der wird Gnade finden. (218)

Mit der Wendung vom „starre[n] Wahn, allein die ganze Wahrheit und das Recht auf unerbittliche Grausamkeit zu besitzen" ist noch einmal eine deutliche Kritik an den ideologischen Verengungen des realexistierenden Sozialismus formuliert. So wird der Schluss des Briefes zu einer Mahnung an Ulbricht, in seinem Staat menschlicher zu handeln. Der Fall „Waldheim" wird zum Menetekel einer ganzen Politik. Ulbricht muss selbst Sorge tragen, nicht vor der Welt „unbegnadet" dazustehen.

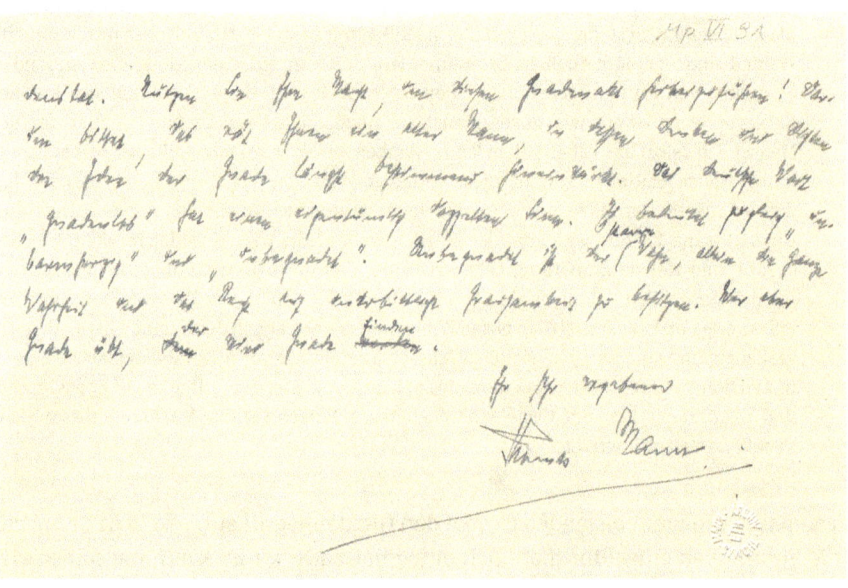

Abbildung 6: „Der wird Gnade finden". Änderung Manns des Schlusses im Brief an Walter Ulbricht. Manuskript im TMA. (c) S. Fischer Verlag GmbH, Frankfurt am Main

---

Ähnliche Gedanken finden sich unter anderem auch in *Meine Zeit* [1950]; GW XI, 302, sowie in der *Ansprache vor Hamburger Studenten* [1953]; GW X, 400.

Soweit Manns Brief. Der Autor feilte an ihm bis zuletzt, wie die Formulierungsänderung im letzten Satz beweist (vgl. Abb. 6).

Am 26. Juni 1951 bedankte sich Bacmeister persönlich bei Thomas Mann, der ihn von seinem Brief unterrichtet hatte. „Sie haben mit ihm mir und meinen Leidensgefährten ein Geschenk gemacht."[61] Ulbricht nahm die Sache ernst. Er schrieb an Erich Mielke, den späteren berüchtigten Stasi-Leiter. „In der Anlage Abschrift eines Briefes von Thomas Mann. Ich bitte um genaue Angaben, damit ich Herrn Thomas Mann antworten kann. Mit sozialistischem Gruß! Walter"[62] Zugleich schrieb Ulbricht noch am selben Tag der sowjetischen Schutzmacht. Er werde „eine gründliche Antwort ausarbeiten."[63] Inge Jens hat herausgefunden, dass Mielke Erkundigungen über die Betroffenen anstellte; einige waren nicht mehr auffindbar, über die anderen wurde nur Spärliches berichtet. Die meisten Gefangenen, so sie noch lebten, wurden vermutlich erst später in den 1950er-Jahren freigelassen.[64] Walter Bacmeisters Sohn Arnold kam 1955 frei. Mit Thomas Manns Schreiben scheint dies nichts zu tun gehabt zu haben.[65] Sicher ist, dass nach dem Sommer 1951 nicht unmittelbar etwas geschah. Vom 15. August 1952 ist ein weiterer Brief Manns an Walter Bacmeister aus St. Wolfgang erhalten (bei den Bacmeister-Erben); Bacmeister hatte sich zuvor gemeldet. In seiner Antwort, auch sie hier erstmals zitiert, schreibt Mann:

> Leider haben mich ihre Mitteilungen nicht überrascht, es war mir schon bekannt, dass alle Bemühungen um die Erleichterung des Schicksals der unglücklichen Gefangenen vergeblich geblieben sind. Mit dem grössten Nachdruck bin ich bei der höchsten Stelle für sie eingetreten, die sich aber als völlig unzugänglich erwies.

---

61 Bacmeister erzählt nochmals vom Schicksal seines Sohnes Arnold, der im Volkssturm nach Berlin gerufen worden und 1945 in russische Gefangenschaft geraten sei. Im Juni 1950 erst sei die erste Nachricht von ihm aus dem Gefängnis gekommen. Von einem deutschen Gericht sei er zu 18 Jahren verurteilt worden (vgl. erstes Schreiben an Mann). Bis jetzt hätten sie keine Möglichkeit, den Sohn zu besuchen. Einmal im Monat könnten sie 15 Zeilen schreiben und ein Paket über 3 Kilogramm schicken. – Brief von Walter Bacmeister an Thomas Mann vom 26. Juni 1951. Bisher nicht ediert. Archivrecht im Thomas-Mann-Archiv Zürich, Dank an Fritz Walter Hofmann.
62 Zitiert nach Jens: *Ulbricht-Brief*, S. 354.
63 Ebd.
64 Vgl. ebd.
65 „Arnold Bacmeister wurde am 31.12.1955 völlig überraschend ‚vorzeitig' entlassen, wohl nicht wegen T.M.s Brief an Ulbricht, sondern vermutlich infolge finanzieller Gegenleistungen seitens der deutschen Bundesregierung." Freundliche Auskunft von Fritz Walter Hofmann.

Mann schließt mit einigen persönlichen warmen Worten an Bacmeister, der von weiteren Schicksalsschlägen berichtet hatte und fürchten musste, seinen Sohn nicht wiederzusehen.

Inge Jens hat, ohne Kenntnis des weiteren Bacmeister-Briefwechsels, also wohl zurecht vermutet,

> daß Walter Ulbricht – entgegen seiner ursprünglichen Absicht – Thomas Manns Brief nicht beantwortet hat. Weder im Zürcher noch im Berliner Archiv existieren [...] Hinweise auf eine Antwort; und auch das Tagebuch erwähnt mit keiner Zeile den Empfang eines Schreibens [...]. Die Staatssicherheit schwieg; Ulbricht fand keine Argumente, und Thomas Mann – ? Wahrscheinlich hatte er nie eine Antwort erwartet, denn es findet sich kein Wort – weder im Tagebuch noch in Briefen – über das Ausbleiben einer Reaktion aus Ostberlin.[66]

Mann ließ seinen Brief für sich privat ins Englische übersetzen, wohl für den Fall, dass er ihn gegen die Antikommunist*innen noch brauchen könnte. Die Handschrift des deutschen Briefs befindet sich – zusammen mit dem Durchschlag des abgesandten maschinenschriftlichen Schreibens – im Zürcher TMA. Ulbricht ließ Kopien von Manns Schreiben anfertigen. Eine von ihnen landete im Thomas-Mann-Archiv der Akademie der Künste in Berlin. Dies alles blieb der Öffentlichkeit zunächst unbekannt. Alfred Kantorowicz aber, bedeutender Publizist und Leiter des Ostberliner Mann-Archivs, floh 1957 in die BRD und nahm offensichtlich eine Abschrift des Briefes mit.[67] Er veröffentlichte ihn in Auszügen am 15. Juni 1963 in der „Welt" (vgl. Abb. 7).

4 Fazit und Ausblick

Lange galt der politische Denker Mann wenig.[68] Seit der Jahrtausendwende zeigt sich ein neues Interesse. Jüngst auch an den „linken Dingen". So findet eben Manns Verhältnis zu DDR und UdSSR Beachtung. Alexander Baskakov hat

---

66 Ebd., S. 356.
67 Alfred Kantorowicz kehrte aus der Emigration in den USA nach 1945 nach Deutschland zurück. Er wurde Professor für deutsche Literatur an der Humboldt Universität. In Ostberlin gründete er das Heinrich- und Thomas-Mann-Archiv und arbeitete mit an der Werkausgabe Heinrich Manns. Obgleich er lange an die DDR glaubte, war er kein Parteigänger. 1957, nach jahrelangen Auseinandersetzungen mit der SED, verließ Kantorowicz die DDR und trennte sich damit auch von der KPD.
68 Konzis hat dies 2002 Kurt Sontheimer beschrieben, der 1961 mit seinem Buch *Thomas Mann und die Deutschen* zum Thema selbst Maßstäbe gesetzt hatte: „Diese Seite seines Werks [die politische, C.S.], die zu seinen Lebzeiten so viel Aufsehen und Erregung hervorgerufen hatte, [schien] obsolet, unzeitgemäß geworden." Vgl. ders.: *Thomas Mann und die Deutschen*. S. 7.

Abbildung 7: Die Welt, 15. Juni 1963. Der exilierte Kantorowicz macht Manns Brief öffentlich

sowjetische Akten ausgewertet und zeigt die Rolle Manns als Galionsfigur.⁶⁹ Studien beleuchten Manns ‚Bürgerlichkeit' in der DDR⁷⁰ oder DEFA-Verfilmungen.⁷¹ In vorliegendem Kontext ist auch bedeutsam, was Paul Kahl nach-

---

69 Bezüglich Manns Meinung zum Staatskommunismus kommt Baskakov zu einem kritischen Urteil, mit anderer Akzentuierung als in vorliegendem Beitrag. Zwar betont Baskakov bezüglich der Gretchenfrage seiner Studie, die schon im Titel aufscheint – ob Thomas Mann ein Mitläufer gewesen sei – zurecht, dass Mann im Gegensatz zu Feuchtwanger keine peinlichen Elogen auf den Stalinismus geschrieben habe oder wie Bernard Shaw den Terror gebilligt habe. Doch Baskakov findet auch, dass Mann bei den Taten des kommunistischen Systems ein Auge zugedrückt oder sogar beide verschlossen habe (S. 186). Dies weil die „Sowjetunion in seiner Begriffswelt seit Mitte der Zwanzigerjahre stets mit einer zukunftsweisenden Idee assoziiert" worden sei. (Ebd.) – Baskakov, Alexej: *Ich bin kein Mitläufer*. Berlin 2018.
70 Max, Katrin: *Bürgerlichkeit und bürgerliche Kultur in der Literatur der DDR*. Paderborn 2018.
71 Blödorn, Andreas: „Imitatio und Inszenierung Goethes in Egon Günthers DEFA-Verfilmung *Lotte in Weimar*". In: *Thomas-Mann-Jahrbuch* 32 (2019), S. 17–36.

weist:[72] Thomas Mann widerstand Anfang der 50er Jahre den DDR-Kulturbehörden, als er es ablehnte, groß in einem Museum der deutschen Literatur präsentiert zu werden.[73] Zurecht weist Kahl darauf hin, dass Mann „gewiss nicht [auswich], weil er sich über seinen ‚Rang' unsicher gewesen wäre", sondern weil er „zunehmende Vorbehalte" der DDR gegenüber hatte, „deren totalitäre Staatsidee er durchschaute"[74].

Zusammenfassend können mehrere Problemfelder als produktiv offen gelten. Dies wurde hier am Beispiel des Mannschen ‚Sozialismus' beleuchtet. Weiterer Forschung bedarf neben Manns Beziehung zu DDR und UdSSR – wo auch auf wichtige Vorarbeiten aus der DDR-Germanistik, etwa Georg Wenzels,[75] zurückgegriffen werden kann – auch sein Reflex des US-Antikommunismus.[76]

Thomas Mann war nach 1945 nicht davor gefeit, Einzelnes in Sachen „Ostzone" falsch zu deuten. Einige wenige Fehlurteile, bei begrenztem Wissensstand, hat er sich geleistet.[77] Seine Behandlung in der West-Presse hat befördert, dass

---

[72] Kahl, Paul: „Die gescheiterte Heimholung des Thomas Mann nach Weimar". In: *NZZ* (23. Januar 2018), https://www.nzz.ch/feuilleton/die-gescheiterte-heimholung-des-thomas-mann-nach-weimar-ld.1348400 (Stand: 20. Mai 2020).

[73] Seit Beginn der 1950er Jahre sollte in Weimar zur Ergänzung des Goethe-Hauses eine allgemeines „Museum der deutschen Literatur" errichtet werden. Die Pläne dazu wurden bis Ende der 60er verfolgt, zu dem Museum ist es allerdings nie gekommen, was Weimar von Marbach unterscheidet, wo heute das Schillerhaus und ein Literaturmuseum der Moderne stehen. Helmut Holtzhauer als Gründungsdirektor der Weimarer Forschungs- und Gedenkstätten wollte Thomas Manns Erlaubnis einholen, diesen als den „grössten deutschen Dichter[] unseres Jahrhunderts" auszustellen. Thomas Mann antwortete am 8. April 1955 abschlägig: „Was aber mich persönlich betrifft, so widerstrebt es mir, schon zu Lebzeiten Gegenstand musealer Betreuung zu werden[,] viel zu unsicher bin ich mir über den Rang, den die Nachwelt meiner Lebensarbeit zuerkennen mag, und ihre Einordnung in das geplante Museum betrachte ich als eine posthume Angelegenheit." (Beide Zitate nach Kahl: *Gescheiterte Heimholung*) –Weiterer Forschung bedarf, inwiefern das Weimarer Museumsprojekt zur Zeit des Briefs mit den Ost-Berliner Bemühungen um Thomas Mann (Mann-Archiv der DDR usw.) verknüpft gewesen sein mag.

[74] Ebd.

[75] Wenzel, Georg: *Gab es das überhaupt? Thomas Mann und die DDR.* Berlin 2011.

[76] Vgl. etwa Vaget, Hans Rudolf: *Thomas Mann, der Amerikaner.* Frankfurt/Main 2011, sowie jüngst Boes, Tobias: *Thomas Mann's War: Literature, Politics, and the World Republic of Letters.* Ithaca 2019, S. 201–230, 239–268.

[77] Ein Beispiel: Eher naiv nimmt sich Manns Tagebuchnotat vom 19. Juni 1953 aus. Zwei Tage nach dem heute berühmten 17. Juni, dem Tag des Volkaufstandes, dem Protest gegen das politische System in der DDR, schreibt er: „– Arbeiter-Revolte in Ost-Berlin, gewiß provoziert, wenn auch nicht ohne Spontanität, von russischen Truppen schonend niedergehalten. Panzer und Schüsse in die Luft." Woher nimmt Mann das Wissen von Schüssen in die Luft? Nach heutigem Wissen starben damals mindestens 55 Menschen durch Schussverletzungen und Todesurteile.

Adenauer-Deutschland nie sein Fall wurde.[78] Verständlich aber auch der Ekel vor der Selbstgerechtigkeit jener, die auf die Emigranten schimpften und von den Verbrechen in der ‚Ostzone' sprachen, nicht aber von denen zwischen 1933–1945 und eigener Verantwortung. Nicht zuletzt hat Thomas Mann wohl Hoffnungen gehabt, was die *Entwicklung* der DDR betraf. Erst wir Nachgeborene kennen den Fortgang bis 1989: dass nach Ulbricht auch noch ein Honecker kam.

Bei allen Schmeicheleien seitens etwa eines Johannes R. Becher, die ihn nicht ganz unbeeindruckt ließen, ist Mann der DDR-Kultur nicht auf den Leim gegangen. Eine Übersiedlung stand im Gegensatz zu Bruder Heinrich nie zur Debatte. Generell betrachtete Mann es als seine Aufgabe, die *eigene* Lebenssphäre, das war die westliche Welt, zu kritisieren. Das hat er etwa bei einem Dinner beim englischen PEN-Club in London 1949 deutlich gemacht.[79] Die Auseinandersetzung währte bis zu seinem Tod. Die Besuche in Stuttgart und (abermals) Weimar zu den Schillerfeiern sowie insbesondere die Reise nach Lübeck 1955 können dabei als versöhnliche Lebensrundung verstanden werden.

Der Brief an Ulbricht zeigt: Thomas Mann war weder auf dem linken Auge blind, noch war er ein ‚unwissender Magier', wie Golo Mann[80] und Joachim Fest[81] behauptet haben. Dass Golo auch über den Ulbricht-Brief des Vaters „in seinem

---

[78] So spricht er etwa spöttisch von „Adenauers blühendem Deutschland" (Brief an C.-H. Borchardt vom 11. 3. 1954). Vgl. beispielhaft auch im Tagebuch, 27. April 1952: „Adenauer kämpft gegen die russische Einheitsförderung um sein vatikanisch-amerikanisches Westdeutschland."

[79] „I am very much cognizant of the critical complexity of the present world situation, and know that we are incapable of exercising any influence on the state and development of affairs, say, in Eastern Europe. All the more seriously, it would seem, ought we to consider ourselves the attentive and vigilant guardians of spiritual freedom and independent thinking and writing in our own sphere. Whenever and wherever in our part of the world, the free spirit is being infringed upon, whenever and wherever it is being reprimanded, punished, and spied upon, we should promptly raise our voice in protest and in warning." [*Ansprache im englischen „Pen-Club"*]; GkFA 19.1, S. 661–664, hier S. 663. Möglicherweise wurde der englische Text nach Anweisung des Vaters von Erika Mann verfasst.

[80] Golo hat diese Auffassung später revidiert. – Vgl. auch Mehring, Reinhard: „Ehekomödie als Deutschlandplan? Thomas Manns letzte politische Dichtung". In: *Düsseldorfer Beiträge zur Thomas-Mann-Forschung* 1 (2011), S. 37–53, hier S. 37: „Thomas Mann war nicht nur ein großer Schriftsteller, der sein Publikum unterhalten wollte, sondern dabei auch in einem einigermaßen präzisen Sinne ein Politischer Philosoph. Das wird in der Forschung meist bestritten. Man betrachtet ihn nicht als ernst zu nehmenden Philosophen und politischen Denker. Gerne wird er mit einer verführerisch einfachen Formel von Golo Mann als ‚unwissender Magier' bezeichnet. Das war er aber nicht. Er war in wesentlichen Fragen weder politisch blind noch ein unwissender Magier [...]."

[81] Vgl. Fest, Joachim: *Die unwissenden Magier. Über Thomas und Heinrich Mann.* Berlin 1985.

Urteil reserviert" geblieben ist,[82] scheint nicht nachvollziehbar. Manns politische Haltung ist auch nach 1945 unbestechlich.[83] In einer Zeit totaler Polarisierung empfiehlt sich der ‚Sozialist' keinem der Blöcke als Parteigänger. Letztlich, so zeigt es auch Manns ehrliche Betroffenheit im Tagebuch, geht es ihm um den Weltfrieden, der nach 1945 neuerlich bedroht war. Als „Schriftsteller eben nur" spricht er zu den Menschen in West und Ost. Schonungslos kritisiert Mann, bei subtilen rhetorischen Mitteln des *understatements*, dabei auch einen beginnenden Unrechtsstaat, der sich „demokratische Republik" nennt. So ist der Brief, mit den Worten Paul Kahls, als „Nachhall auf Thomas Manns öffentliche Zurückhaltung gegenüber Buchenwald [...] sprachlich wie politisch ein Meisterwerk und belegt, blickt man von den ‚Betrachtungen' aus, die ganz ungeheure Weite der Biografie und des Denkens Thomas Manns"[84].

Tatsächlich wirft Manns Brief ein Schlaglicht auf seine Position nach 1945 zwischen den Stühlen,[85] zwischen Ost und West, gleichsam an und auf der symbolischen Zonengrenze. Manns demokratisch-bürgerlicher ‚Sozialismus' mag Utopie geblieben sein, seine *Praxis* aber, immer schon vom einen, unteilbaren Deutschland auszugehen, ist 1989/90 ins Recht gesetzt worden. Möge Manns Weitsicht nun aber bürgerlich oder sozialistisch genannt werden: Sicher ist, dass sie noch heute, wo manche ihn wieder zum braven Literaturpatriarchen verzerren, Beachtung verdient.

---

82 „Mit Golo Mann hatte ich mich während dieser Zeit, die ich größtenteils in Berlin verbrachte, fast nur brieflich unterhalten. Er kannte das Schreiben, das als humanitären Versuch natürlich seine Zustimmung fand, blieb aber in seinem Urteil reserviert. Waren ihm die Form, das hohe stilistische Raffinement peinlich? Das elaborierte und doch so eindrucksvolle Pathos? Ich wagte nicht, ihn genauer zu befragen. Auf jeden Fall aber war es auch jetzt unverkennbar, dass er dem Verhalten seines Vaters der DDR und ‚dem Osten' gegenüber mit Skepsis begegnete, es gelegentlich sogar für falsch hielt." Jens, Inge: „Erinnerungen an Golo Mann". In: *Offener Horizont. Jahrbuch der Karl Jaspers-Gesellschaft* 1 (2014), S. 181–194, hier S. 191.
83 Vgl. dazu jüngst der ebenfalls dieser Ansicht verpflichtete Sammelband von Oberreuter, Heinrich (Hg.): *Praeceptor Germaniae. Thomas Mann und die politische Kultur der Deutschen*. Baden-Baden 2019. Vgl. dort ders.: „Der Humanist. Thomas Mann in den politischen Kulturen der Deutschen. Eine Einführung", S. 9–18.
84 Persönliche E-Mail von Paul Kahl, Göttingen, an den Verfasser vom 18. April 2018.
85 Die Formulierung leihe ich mir von Pochadt, Evelyne: „Zwischen den Stühlen. Thomas Mann nach 1945", in: *Blätter der Thomas-Mann-Gesellschaft Zürich* 25 (1993/1994), S. 5–31.

Abbildungsverzeichnis

Abbildung 1: **Briefumschlag mit Manns eigenhändigem Zusatz: „Ostdeutsche Affaire",
10.5.1951, TMA**
Briefumschlag, Walter Bacmeister an Thomas Mann, 10. Mai 1951, Thomas-Mann-Archiv der ETH Zürich, B-II-BACM-1. Abdruck mit freundlicher Genehmigung von Fritz Walter Hofmann, Buckenhof.

Abbildung 2: **Bacmeisters Sohn unter den Betroffenen, Walter Bacmeister an Thomas Mann, 10.5.1951, TMA**
Briefbeilage, Walter Bacmeister an Thomas Mann, 10. Mai 1951, Thomas-Mann-Archiv der ETH Zürich, B-II-BACM-1. Abdruck mit freundlicher Genehmigung von Fritz Walter Hofmann, Buckenhof.

Abbildung 3: **Thomas Manns Antwort an Walter Bacmeister, 10.6.1951**
Handschriftlicher Brief, Thomas Mann an Walter Bacmeister, 10. Juni 1951, Privatbesitz der Erben von Walter Bacmeister. Abdruck mit freundlicher Genehmigung von Fritz Walter Hofmann sowie von Frido Mann.

Abbildung 4: **Beginn des Manuskriptes, Thomas Mann an Walter Ulbricht, TMA. (c) S. Fischer Verlag GmbH, Frankfurt am Main**
Handschriftlicher Brief, Thomas Mann an Walter Ulbricht, ohne Datum, Thomas-Mann-Archiv der ETH Zürich, A-I-Mp VI 91 grün. Abdruck mit freundlicher Genehmigung des S. Fischer Verlags, Frankfurt am Main.

Abbildung 5: **Beginn des Typoskriptes, Thomas Mann an Walter Ulbricht, TMA. (c) S. Fischer Verlag GmbH, Frankfurt am Main**
Typoskript, Thomas Mann an Walter Ulbricht, ohne Datum, Thomas-Mann-Archiv der ETH Zürich, A-I-Mp VI 91b grün. Abdruck mit freundlicher Genehmigung des S. Fischer Verlags, Frankfurt am Main.

Abbildung 6: **„Der wird Gnade finden". Änderung Manns des Schlusses im Brief an Walter Ulbricht. Manuskript im TMA. (c) S. Fischer Verlag GmbH, Frankfurt am Main**
vgl. Abb 4.

Abbildung 7: **Die Welt, 15. Juni 1963. Der exilierte Kantorowicz macht Manns Brief öffentlich**
Alfred Kantorowicz: „„Nur wer Gnade übt, wird Gnade finden". Ein unbekannter Brief von Thomas Mann an Walter Ulbricht". In: Die Welt, 15. Juni 1963, Beilage: Die geistige Welt. S. 3.

Holger Pils
Im Zeichen von Erbe und Bündnis. Zum Thomas-Mann-Bild in der Presse der DDR und seiner theoretischen Grundlage

„Mit Thomas Mann und seinem Werk wird die deutsche Arbeiterklasse und ihre Partei immer tief verbunden sein",[1] ließ das Zentralkomitee der SED nach Thomas Manns Tod im *Neuen Deutschland* verkünden. Diese Verbundenheit war offizielle Kulturpolitik, und das „immer" galt tatsächlich, solange die DDR bestand. Die Rezeption Thomas Manns in den Zeitungen der DDR, die hier für die Zeit von 1955 bis 1975 betrachtet wird, ist in ihren Urteilen auffallend statisch. Formelhaft werden die Bekenntnisse zu Thomas Mann über die Jahrzehnte in der Presse, die sich ihm gemäß der offiziellen Parteilinie widmete, wiederholt. Ihre Aufgabe sei es, so Georg Wenzel 1972 in einem Aufsatz über die Thomas-Mann-Rezeption in der DDR, „daß sie das Werk Thomas Manns regelmäßig verfolg[e] und dem Leser die ästhetischen und politischen Positionen Thomas Manns erklär[e]"[2]. In den Zeitungen kamen neben den Redakteuren auch Hochschulgermanisten zu Wort. Häufig waren es außerdem die Träger kulturpolitischer Ämter selbst, die diese Erklärungen beisteuerten. Letztere sind damit direkt der kulturpropagandistischen Publizistik zuzuordnen. Allein das auf solchem Wege veröffentlichte, linientreue Thomas-Mann-Bild in seiner spezifischen Ausprägung – das die Unterschiede zu Auffassungen im Westen hervorhebt – sowie seine Spiegelungen in der westlichen Presse lassen sich hier vor dem Hintergrund seiner theoretischen Fundierung nachzeichnen.[3] Davon abweichende, private, und mit Blick auf die offizielle Interpretation potenziell subversive Lesarten müssen undokumentiert bleiben. Zweifellos hat es sie gegeben.[4]

---

[1] Beileidstelegramm des Zentralkomitees der SED an Katia Mann, abgedruckt in: *Neues Deutschland* (14. August 1955).
[2] Wenzel, Georg: „Zu einigen Problemen der Thomas-Mann-Rezeption in der Deutschen Demokratischen Republik". In: *Német Filológiai Tanulmányok* 6 (1972), S. 87–101, hier S. 91.
[3] Eine systematische Analyse, die sich vorwiegende auf Unterrichtsmaterialien, Lexika, Literaturgeschichten und populärwissenschaftliche Quellen stützt, bietet: Max, Katrin: „Das Erbe von Weimar und der Realismus der Bürgerlichen. Zur Rezeption Thomas Manns in der DDR". In: *Thomas Mann Jahrbuch* 32 (2019), S. 37–56.
[4] Ebenso wenig geht es um die Verdienste der Thomas-Mann-Forschung in der DDR insgesamt, insbesondere der sammelnden Institutionen, und die editorischen Leistungen. Einen Rückblick (ohne Berücksichtigung des Pressediskurses) gibt: Wenzel, Georg: *Gab es das überhaupt? Thomas Mann in der Kultur der DDR*. Gransee 2011.

1 Rezeptionsvoraussetzungen: Der Charakter von Erbe und Bündnis

Voraussetzung für die Vermittlung der offiziellen Wertschätzung Thomas Manns in der DDR war „parteiliche Einschätzung", das heißt die Sicherheit einer fundierten theoretischen Rezeptionsposition. Das Wissen um diese theoretische Vorleistung erscheint nötig, um zu verstehen, warum das Andenken an Thomas Manns Leben und Werk – weithin Inbegriff eines bürgerlichen Künstlertums – und mit ihm die bürgerliche Kulturtradition derart intensiv von denjenigen gepflegt wurde, die sich als Revolutionär verstanden. Es waren Kommunisten, die Thomas Mann, eben noch einen die ‚bürgerliche Endzeit' repräsentierenden Schriftsteller, besonders gegenüber Anfeindungen aus dem bürgerlichen Westen verteidigten.[5] Die überaus polemische, marxistische Thomas-Mann-Kritik aus der Vorkriegszeit war nicht nur verstummt, sie wurde damit endgültig widerrufen: 1925 hatte Johannes R. Becher, späterer Kulturminister der DDR, Thomas Mann „bornierteste Klassenblindheit" vorgeworfen, sowie „Auserwählten-Dünkel, contemplative hundertprozentige Trottelhaftigkeit allen politischen Problemen gegenüber"[6]. Mitte der 1950er Jahre soll er zu Hans Mayer gesagt haben: „Wenn das Volk auf den Straßen von Leipzig den ‚Zauberberg' von Thomas Mann als Volkslied pfeift, dann sehe ich meine Kulturpolitik als erfüllt an."[7]

Zwischen diesen Aussagen lagen nicht nur die Herrschaft des Nationalsozialismus und Thomas Manns Exil, sondern auch ein „radikaler Umschlag der kommunistischen Thomas-Mann-Rezeption",[8] die vor dem Hintergrund der Wende zur Volksfrontpolitik der Kommunistischen Internationale zur Zeit des Nationalsozialismus stattgefunden hatte. Der Übergang zur Bündnispolitik im Jahr 1936 hatte eine positive Bewertung Thomas Manns nicht nur, wie Manfred Jäger feststellt,[9] begünstigt, sondern war ihre Voraussetzung gewesen.[10] Die ent-

---

[5] Jäger, Manfred: „Thomas Manns Werk in der DDR". In: *Thomas Mann*. Hg. v. Heinz Ludwig Arnold. 2. Aufl. Ort? 1982, S. 180–194, hier S. 180.
[6] Zitiert nach: Wenzel, Georg: „Johannes R. Becher und Thomas Mann. Einige Bemerkungen zum Bündnis zwischen sozialistischer und bürgerlich-humanistischer Literatur". In: *Johannes R. Becher als sozialistischer Kulturpolitiker. Werk und Wirken. Sein Beitrag zur marxistisch-leninistischen Kulturpolitik der Arbeiterklasse*. Berlin (Ost) 1972, S. 143–156, hier S. 147.
[7] Zitiert nach: Hermand, Jost: *Deutsche Kulturgeschichte des 20. Jahrhunderts*. Darmstadt 2006, S. 241.
[8] Trapp, Frithjof: „Thomas Mann und sein Werk im Spiegel der marxistischen Literaturkritik des Exils". In: *Internationales Thomas-Mann-Kolloquium 1986*. Hg. v. Eckhard Heftrich u. Hans Wysling. Bern 1987, S. 329–350, hier S. 340.
[9] Vgl. Jäger: „Thomas Manns Werk", S. 185.

scheidende Vermittler-Gestalt für die marxistische Thomas-Mann-Rezeption, die das Thomas-Mann-Bild über die Fachwissenschaft hinaus nachhaltig prägen sollte, war Georg Lukács.[11] Zwei seiner Aufsätze zu Thomas Mann, die in der von Johannes R. Becher geleiteten und in Moskau erscheinenden *Internationalen Literatur* veröffentlicht wurden, besitzen in dieser Hinsicht programmatischen Charakter. Sie erschienen 1936 und 1945, mithin zu zwei entscheidenden Zeitpunkten kommunistischer Bündnispolitik.[12] Ihre Titel benennen zugleich zentrale Punkte kommunistischer Literaturtheorie, die bei der Herausbildung einer theoretischen Rezeptionsposition zu Thomas Mann eine Rolle spielen:[13] die Funktion des literarischen Erbes (*Thomas Mann über das literarische Erbe*, 1936[14]) und das Problem der Bürgerlichkeit (*Auf der Suche nach dem Bürger*, 1945[15]). In den hier ausgesprochenen literarischen Urteilen über Thomas Mann, so Frithjof Trapp, spiegele sich die Zielsetzung der Bündnispolitik wider, mit der auch eine Annäherung an das Bürgertum angestrebt wurde.[16] „Sachlich-thematisch" handelte es sich bei der „Ent-Relativierung" des literarischen Ranges Thomas Manns um nicht

---

10 Karl Robert Mandelkow stellt bereits für den Unionskongress der Sowjetschriftsteller im Sommer 1934 die Erbediskussion als „integrale[n] Bestandteil der nun einsetzenden antifaschistischen Bündnispolitik" fest. Mandelkow, Karl Robert: „Die literarische und kulturpolitische Bedeutung des Erbes". In: *Hansers Sozialgeschichte der deutschen Literatur vom 16. Jahrhundert bis zur Gegenwart*. Bd. 11: *Die Literatur der DDR*. Hg. v. Hans-Jürgen Schmidt. München 1983, S. 78–119, hier S. 85.
11 Er habe, so Hans Rudolf Vaget 1977, die „unerwartet fruchtbaren Rezeptionsvoraussetzungen erweckt, die Thomas Mann im östlichen und teilweise auch im westlichen Lager des Marxismus heute noch genießt". Vaget, Hans Rudolf: „Georg Lukács und Thomas Mann". In: *Neue Rundschau* 88 (1977) H. 4, S. 656–663, hier S. 656. Vgl. zu Lukács' Bedeutung in diesem Zusammenhang allgemein: Mandelkow: „Die literarische und kulturpolitische Bedeutung", S. 92–97, und: Saadhoff, Jens: *Germanistik in der DDR. Literaturwissenschaft zwischen „gesellschaftlichem Auftrag" und disziplinärer Eigenlogik*. Heidelberg 2007, S. 209–216. Saadhoff spricht für die frühe DDR von einer „diskursiven Hegemoniestellung" Lukács', die „hinsichtlich grundlegender literarhistorischer bzw. literaturtheoretischer Positionen einen tendenziellen Gleichklang zwischen fachinternen und fachexternen Debatten nach sich [zog]". Ebd., S. 210.
12 Zum Beginn der aktiven Volksfrontpolitik nach dem VII. Weltkongress der Komintern im Juli/August 1935, und mit dem Ende der Exilpolitik und dem Beginn der Nachkriegspolitik 1945.
13 Trapp: „Thomas Mann und sein Werk", S. 330.
14 Lukács, Georg: „Thomas Mann über das literarische Erbe". In: *Internationale Literatur* 6 (1936) H. 5, S. 56–66.
15 Lukács, Georg: „Auf der Suche nach dem Bürger. Betrachtungen zum siebzigsten Geburtstag von Thomas Mann". In: *Internationale Literatur* 15 (1945) H. 6/7, S. 58–75.
16 Ebd. Wolfram Schlenker spricht von der „Revision der marxistischen Staatstheorie" als der „gemeinsamen theoretischen Basis" sowohl der Parteilinie als auch der Theorie Lukács'. Schlenker, Wolfram: *Das „Kulturelle Erbe" in der DDR. Gesellschaftliche Entwicklung und Kulturpolitik 1945–1965*. Stuttgart 1977, S. 103.

weniger als eine „Konkretisierung der Parteilinie, also der offiziellen Literaturpolitik".[17] Die programmatisch-literarische Umbewertung Thomas Manns bedeutete implizit auch eine politische, das heißt sie setzte eine entsprechende politische Autorisierung voraus. Die so gewonnene Rezeptionsposition wurde 1945, als sich die Situation innerhalb der Volksfront zugunsten der Kommunisten geklärt hatte, vor dem Hintergrund der ‚Neugeburt Deutschlands' noch einmal untermauert und ausgebaut: Die literarische wurde um eine gesellschafts- und kulturpolitische Dimension erweitert, wenn Lukács den Erfolg dieser „Neugeburt" in seinem Thomas-Mann-Aufsatz auch davon abhängig macht, inwieweit „es den deutschen Arbeitern und Bürgern gelingen wird, die in ihrer Geschichte vorhandenen freiheitlichen und fortschrittlichen Reserven für das kommende nationale Leben zu mobilisieren"[18]. In der Literatur waren solche „Reserven" vor allem im Werk der Weimarer Klassiker Goethe und Schiller, aber auch bei Thomas Mann aufzuspüren.[19] Es gelte, ihr Erbe anzutreten.[20] Nicht allein, um es sich dienstbar zu machen, sondern auch, weil das „humanistische Erbe [...] der revolutionären Arbeiterklasse" bedürfe,[21] nicht zuletzt um es „vor dem Missbrauch durch den deutschen Imperialismus [im Westen] zu schützen", wie Willi Bredel 1962 in der *Berliner Zeitung* mit Blick auf Thomas Mann schrieb.[22] Deutlich wird hier, warum bis in die Tagespresse der DDR hinein der Begriff der „Tradition" durch den des „Erbes" ersetzt wurde:[23] „Erbe", als Terminus der Rechtssprache, schließt im Gegensatz zu „Tradition" ein Subjekt des Beerbens ein, in diesem Fall die Arbeiterklasse. Ihr ist das Erbe als Verpflichtung in die Hand gelegt, es ist ein Be-

---

17 Trapp: „Thomas Mann und sein Werk", S. 330–331.
18 Lukács: „Auf der Suche nach dem Bürger", S. 74.
19 „Fortschrittliche Reserven" bezog sich auf Lukács' binäres Schema von „Fortschritt und Reaktion" in der Literaturgeschichte. Auf der Seite des Fortschritts fanden sich Aufklärung, Sturm und Drang, Klassik, Vormärz und kritischer Realismus des ausgehenden 19. und 20. Jahrhunderts. Saadhoff: *Germanistik in der DDR*, S. 210–211. Zu Thomas Mann vgl. ebd., S. 211, Anm. 16.
20 Zum „Erbe- und Sachwalteranspruch der Arbeiterklasse" vgl. ebd., S. 67–71. Saadhoff weist darauf hin, dass die „diskursive Präsenz bildungsbürgerlicher Deutungsmuster" in der DDR-Germanistik – und das gilt für die Publizistik in noch höherem Maße – nicht ausschließlich mit bündnis- und machtstrategischen Überlegungen zu erklären ist, sondern ebenso durch die Beharrungskraft bildungsbürgerlicher Mentalitäten auch der kulturellen und politischen Elite. Vgl. ebd., S. 67–68.
21 Haase, Horst: „Das humanistische Erbe als Bestandteil der kulturpolitischen Bestrebungen Johannes R. Bechers". In: *Johannes R. Becher als sozialistischer Kulturpolitiker. Werk und Wirken. Sein Beitrag zur marxistisch-leninistischen Kulturpolitik der Arbeiterklasse*. Berlin (Ost) 1972, S. 157–162, hier S. 159.
22 Bredel, Willi [Präsident der Deutschen Akademie der Künste]: „Thomas Mann reist nicht für Bonn!". In: *Berliner Zeitung* (18. Juni 1962).
23 Vgl. Mandelkow: „Die literarische und kulturpolitische Bedeutung", S. 78.

sitztitel. Der Westen war das zu enterbende Kind, des Erbes nicht würdig, da nicht in der Lage, es zu bewahren. Die Aneignung des Erbes war dabei, das zeigt der Artikel Bredels, durchaus kämpferisch, es durfte der Bourgeoisie nicht kampflos überlassen werden.[24]

Primär stand das Erbe in der DDR im Dienste der „antifaschistischen Erneuerung", die sich in der Hauptsache auf das „fortschrittliche bürgerliche Kulturerbe" berief.[25] Im Interesse des allgemeinen gesellschaftlich-politischen Fortschritts war es in kultureller Hinsicht zunächst das Ziel, auf alte bürgerliche Ideale zurückzugehen.[26] Dahinter steht eine Konzeption, welche die Notwendigkeit einer bürgerlich-demokratischen Vorstufe auf dem Weg zum Sozialismus anerkennt und eine eher evolutionäre Kulturentwicklung als realistisch akzeptiert.[27] Häufig unausgesprochen vernachlässigte die DDR-Kulturpolitik dagegen vor dem „Bitterfelder Weg" die Förderung eigentlich proletarischer Kultur.[28]

Das Verhältnis der DDR-Kulturpolitik zu Thomas Mann wurde somit in kultureller und speziell in literarhistorischer Perspektive durch die Kategorie des Erbes strukturiert. Die Erbe-Beziehung wiederum hatte zahlreiche konkrete Funktionsbestimmungen: neben der Bündnispolitik – die, wie erwähnt, zugleich politische Voraussetzung war – die Inanspruchnahme für die Umerziehung nach dem Nationalsozialismus,[29] die Instrumentalisierung im Dienste der Einheitspolitik und -rhetorik[30] sowie allgemein die Legitimation gesteuerter gesellschaftli-

---

24 Vgl. ebd., S. 85.
25 Vgl. Das „Kulturelle Erbe", S. 57.
26 Vgl. ebd., S. 59.
27 Vgl. ebd., S. 59 und 101.
28 Vgl. ebd., S. 74, und Saadhoff: Germanistik in der DDR, S. 213.
29 Diese Funktion Thomas Manns wurde auch in der Presse betont: „Im langwierigen Prozeß der demokratischen Umerziehung des deutschen Volkes nach 1945 spielten sein Werk und sein Auftreten eine bedeutende Rolle." Gdt.: „Thomas Manns Erbe". In: Neue Zeit (6. Juni 1975). Kulturminister Hans-Joachim Hoffmann würdigte sie ebenfalls zu Thomas Manns 100. Geburtstag: Thomas Mann habe „bei der Überwindung des faschistischen Ungeistes, bei der geistigen und moralischen Umerziehung unseres Volkes eine so überaus wichtige Rolle [gespielt]". Hoffmann, Hans-Joachim: „Ehrung für einen großen Humanisten". In: Der Morgen (7. Juni 1975). Unter dem Titel „Als Meister der Sprache Repräsentant streitbaren humanistischen Geistes" auch in: Neues Deutschland (7. Juni 1975). Vgl. auch Wenzel: „Zu einigen Problemen", S. 87, und Schlenker: Das „Kulturelle Erbe", S. 66–73.
30 Vgl. zum Beispiel: Volkskammerpräsident Johannes Dieckmann an Katia Mann, in: Neues Deutschland (14. August 1955): „In seiner Persönlichkeit überwand Thomas Mann die unselige Spaltung unseres Volkes, dem er auf dem Wege zu einem neuen Leben des sozialen Fortschritts und wahrer Völkerfreundschaft der große Helfer bleiben wird."

cher und kultureller Umwälzungen: Hier bot Thomas Mann „Bestätigungspotential"[31].

Ausgangspunkt blieb die literaturtheoretische Einordnung Thomas Manns durch Lukács. Hatte Thomas Mann früher durch seine Nähe zu ‚Ideologien der Dekadenz', die die marxistische Kritik in den Werken Schopenhauers, Nietzsches, Freuds und Wagners fand, als verdächtig und künstlerisch als ein Vertreter der als ‚formalistisch' herabgesetzten Moderne gegolten, nahm Lukács die Umwertung Thomas Manns zum „kritischen Realisten" vor. Die Charakterisierung als „kritischer Realist" ermöglichte die Annahme seiner Literatur als Erbe, war sie so gesehen doch Vorstufe des „sozialistischen Realismus", den die Kulturpolitik der sozialistischen Staaten nach 1945 zur Anforderungsnorm für Gegenwartsautoren erhob. 1934 hatte Maxim Gorkij ihn auf dem ersten Schriftstellerkongress der Sowjetunion als Doktrin verkündet, der „sozialistische" löste den „kritischen" oder „bürgerlichen Realismus" ab, da die neu geschaffene Sozialordnung keine Angriffsfläche für Kritik an den bestehenden Zuständen mehr bot.[32]

Für die Analyse der vorangegangenen Epoche boten die Arbeiten von Lukács nun die Möglichkeit, so Wenzel 1972, „die Position von Thomas Manns Realismus in der Periode des Verfalls der bürgerlich-imperialistischen Welt zu bestimmen und seine schriftstellerische Individualität, deren Epochenverständnis und ‚Zusammengehen mit den Problemen der Epoche' zu erkennen"[33]. Lukács berief sich auf Friedrich Engels, wenn er zu dem Schluss kam, gesellschaftliche Einsichten, die das literarische Werk vermittle, könnten höher gewertet werden als nichtfiktional geäußerte Ansichten seines Autors.[34] Das war auch auf Thomas Mann anwendbar: „Aber der Dichter Thomas Mann ist, unbewußt, vielleicht sogar ungewollt, ein tieferer und richtigerer Gesellschaftskritiker als der Denker."[35] Hatte ihm einer der nachmalig einflussreichsten Literaturfunktionäre der DDR, Alfred Kurella, 1934 in dem Aufsatz *Die Dekadenz Thomas Manns* noch bescheinigt, er habe mit dem Mythos des *Joseph*-Romans „einen Beitrag zur Rückführung des deutschen Volkes in die Barbarei" geleistet und mit seiner Ideenwelt (in die schon der

---

31 Kurzke, Hermann: „Thomas Mann verstehen. Zu Geschichte und Gegenwart seiner Inanspruchnahme". In: *Vom Nachruhm. Beiträge zur Lübecker Thomas-Mann-Festwoche 2005 aus Anlass des 50. Todesjahres von Thomas Mann*. Hg. v. Ruprecht Wimmer u. Hans Wißkirchen. Frankfurt/Main 2007, S. 95–112, hier S. 99.
32 Zum Sozialistischen Realismus allgemein vgl. zum Beispiel: Schulte-Sasse, Jochen: *Literarische Wertung*. 2., völlig neu bearbeitete Aufl. Stuttgart 1976, S. 144–149.
33 Wenzel: „Zu einigen Problemen", S. 91.
34 Vgl. Jäger: „Thomas Manns Werk", S. 188.
35 Lukács, Georg: *Deutsche Literatur im Zeitalter des Imperialismus. Eine Übersicht ihrer Hauptströmungen*. Berlin 1947, S. 43.

Zauberberg gehörte) „Hitler möglich gemacht"[36] – betonte Paul Rilla 1950, die in den *Buddenbrooks* oder dem *Zauberberg* angewandten Mittel seien eben nicht dekadent, sondern legten kritisch-realistisch die Verfallssymptome der bürgerlichen Welt offen: Sie rekapitulierten mit „vollkommener Meisterschaft die realistische Kunst des europäischen Gesellschaftsromans"[37]. „Die positive Beurteilung eines Schriftstellers als realistisch", bemerkt Herbert Lehnert dazu, „bewahrt in der marxistischen Welt vor der Verurteilung als Dekadenten. Der Dekadent in diesem Sinne genießt die Dekadenz, der Realist, wenn er noch Bürger ist, stellt sie dar."[38] Noch weiter gehend wurde festgestellt, dass für Thomas Manns „Stellung in der Geschichte des kritischen Realismus" vor allem „seine Gesamtsicht auf die Erscheinungen des gesellschaftlichen Lebens und dessen Perspektive im Sozialismus wesentlich" sei.[39] Der geschichtliche Gang werde von Thomas Mann nicht nur in kritischer Perspektive abgebildet, sondern auch in seinen historischen Gesetzmäßigkeiten durchschaut. So erkannte Rilla bei der Untersuchung des Verhältnisses von Gesamtwerk und Wirklichkeit, dass Thomas Mann „den bürgerlichen Untergang nicht als Weltuntergang an die Wand malte, sondern als die Vollstreckung eines historischen Urteilsspruchs" erkannt habe, „der zugleich die ‚neu heraufkommende Welt' in ihr geschichtliches Recht einsetzt"[40]. Es war mehr als nur eine Akzentverschiebung, wenn es nunmehr galt, in Thomas Manns Werk allein progressive Traditionen und Einsichten aufzuspüren und es damit in eine „fortschrittliche" Tradition zu stellen, um es für den „Entwicklungsprozeß der Kunst in der sozialistischen Gesellschaft produktiv zu machen"[41] und die dem Werk gleichzeitig ablesbaren anderen, rückwärtigen Bindungen zu marginalisieren, oder aber sie als irrtümlich, gleichsam als Deviation von dem linear-progressiven Programm abzutun. Einige Verrenkungen waren notwendig: Die Verfallsthematik in den *Buddenbrooks* beispielsweise wurde von Lukács zur Bürger-Suche umgedeutet, die *Betrachtungen eines Unpolitischen* sind gar bis 1983 überhaupt nicht in der DDR erschienen.

---

36 Kurella, Alfred: „Die Dekadenz Thomas Manns". In: *Internationale Literatur* 4 (1934) H. 2, S. 155–158, hier S. 156–157. Zu dem Aufsatz vgl. auch: Goll, Thomas: *Die Deutschen und Thomas Mann. Die Rezeption des Dichters in Abhängigkeit von der politischen Kultur Deutschlands 1898–1955*. Baden-Baden 2000, S. 250.
37 Rilla, Paul: „Thomas Mann und sein Zeitalter". In: ders.: *Literatur. Kritik und Polemik*. Berlin 1950, S. 162–181, hier S. 165.
38 Lehnert, Herbert: „Thomas-Mann-Forschung. Ein Bericht. Zweiter Teil". In: *Deutsche Vierteljahresschrift für Literaturwissenschaft und Geistesgeschichte* 41 (1967), S. 599–653, hier S. 623.
39 Wenzel: „Zu einigen Problemen", S. 91.
40 Rilla: „Thomas Mann und sein Zeitalter", S. 177.
41 Wenzel: „Zu einigen Problemen", S. 92.

Auch nachdem Lukács 1956 nach seiner Beteiligung am Ungarn-Aufstand in Ungnade gefallen war[42] und fortan ob seiner nun als „unmarxistisch" geltenden Literaturtheorie als „Revisionist" kritisiert wurde,[43] blieben die von ihm gelegten Grundlagen der Thomas-Mann-Rezeption in der DDR aktuell und im Dienste der „Klassiker-Verehrung" aktualisierbar. Grund dafür ist, dass das Hauptgewicht der Lukács-Kritik, „nicht auf seiner Traditionsauffassung [...] realistischer Literatur" lag, sondern auf seiner Geringschätzung der jungen proletarischen Literatur.[44] Seine „literaturhistorische Methode und ihre Ergebnisse" wurden hingegen „an keinem Beispiel exemplarisch und ausführlich kritisiert".[45] So wurden sie auch nicht am Beispiel Thomas Manns widerlegt. Als Resultat der Debatten nach 1956 lässt sich im Hinblick auf das „Erbe" allein festhalten, dass sich die Proportionen der umstrittenen Bereiche veränderten und der proletarischen Tradition mehr Raum gegeben werden sollte.[46] Doch verdrängt hat sie die Klassiker-Verehrung nicht, sie blieb für das kulturelle Selbstverständnis konstitutiv.[47]

Geprägt wurde die praktische kulturpolitische Propagierung der offiziellen und theoretisch abgesicherten Thomas-Mann-Rezeption nach 1945 und in der Anfangszeit der Republik maßgeblich von Johannes R. Becher in seinen vielfältigen Funktionen: als Präsident des Kulturbundes zur demokratischen Erneuerung Deutschlands, als Präsident der Deutschen Akademie der Künste und schließlich als Kulturminister der DDR.

Bereits im Moskauer Exil hatte Becher der „Arbeitsgemeinschaft für Theorie" den Auftrag gegeben, sich mit dem „Erbeproblem" zu beschäftigen und entsprechende literarhistorische Argumentationen bereitzustellen. Über einen Be-

---

42 Vgl. Hermand: *Deutsche Kulturgeschichte*, S. 247, und Schlenker: *Das „Kulturelle Erbe"*, S. 141.
43 Ebd., S. 59. Zur Kampagne der SED gegen Lukács und die Reaktion der Hochschulgermanistik darauf vgl. Saadhoff: *Germanistik in der DDR*, S. 217–228.
44 Vgl. Schlenker: *Das „Kulturelle Erbe"*, S. 142. Zu dieser Geringschätzung vgl. auch Saadhoff: *Germanistik in der DDR*, S. 213.
45 Schlenker: *Das „Kulturelle Erbe"*, S. 141.
46 Vgl., ebd., S. 160. Zu den Versuchen, zwischen beiden eine Synthese herzustellen, wie sie etwa Alexander Abusch in seiner Rede „Weimar und Bitterfeld" 1960 programmatisch formulierte, vgl. Mandelkow: „Die literarische und kulturpolitische Bedeutung", S. 98.
47 Ab den Sechzigerjahren wurde dieser Klassiker-Kult in der DDR dann von der linken Kritik aus der Bundesrepublik scharf angegriffen. Ihr, die zum selben Zeitpunkt mit dem „Kult der Weimarer Klassik" die „Adenauersche Restaurationsepoche" aburteilte, wurde die DDR wegen ihres „durch ihr Erbeverständnis bedingte[n] Festhalten[s] an spezifisch bürgerlichen Normen und Vorstellungen", das ihre „genuin sozialistisch-revolutionären Impulse" abblockte, zur Zielscheibe der Kritik (Mandelkow: „Die literarische und kulturpolitische Bedeutung", S. 80). Die DDR lief damit Gefahr, „links überholt" zu werden und reagierte nach 1970 mit einer Revision der Erbeauffassung, wie Mandelkow darlegt (vgl. ebd., S. 104–116). Die Verehrung Thomas Manns als Klassiker in der Tagespresse blieb davon allerdings – zum zweiten Mal nach 1956 – unberührt.

such bei Thomas Mann berichtete er: „Es zeigt sich, dass wir auch bei solchen Leuten wie Th[omas] Ma[nn] die Möglichkeit haben, sie bis zu einem gewissen Teil zu überzeugen und mit uns in Verbindung zu bringen."[48] An dieser „Verbindung" arbeitete Becher hart. Der Anfang der ostdeutschen Kulturpolitik im engeren Sinne war gleichbedeutend mit Bündnispolitik gegenüber der Intelligenz.[49] Als Bechers wichtigstes Verdienst sah denn auch die DDR-Germanistik „die Gewinnung bürgerlich-humanistischer Intellektueller für das Bündnis mit der Arbeiterklasse"[50] an. Rückschauend auf den Besuch Thomas Manns anlässlich der Schillerfeiern 1955 in Weimar, sprach Walter Ulbricht 1958 über die Begegnung mit Becher davon, dass hier „die zwei bedeutendsten Repräsentanten der deutschen Literatur der Übergangsperiode vom Kapitalismus zum Sozialismus zusammentrafen, von denen jeder auf verschiedene Weise diesen Übergang in seinem Werk widerspiegelte"[51]. Für Becher war Mann ein Bundesgenosse in diesem Übergangsprozess, unermüdlich warb er zu Manns Lebzeiten um ihn, fortdauernd machte er ihn zum Kronzeugen der eigenen literarhistorischen Entwicklungsidee und schließlich seiner Kulturpolitik sowie der Idee der ostdeutschen Staatsgründung überhaupt. Der Beziehung von Johannes R. Becher und Thomas Mann wurde gar „paradigmatische Bedeutung" zugesprochen „für das Bündnis zwischen sozialistischer und bürgerlich-humanistischer Literatur und für die Möglichkeiten des Zusammengehens der deutschen Arbeiterklasse mit progressiven demokratischen Kräften aus dem Bürgertum"[52]. Drückte sich die Erbe-Idee auch in der Aufforderung an die zeitgenössischen Autor*innen aus, sich den „großen Erfahrungsschatz künstlerischer Meisterschaft" Thomas Manns produktiv anzueignen,[53] war sie also in diesem Sinne ästhetisch definiert, so steht bei Bechers Vermittlungsbemühungen die inhaltliche Bestimmung des ‚humanistischen Erbes' im Vordergrund, eines Erbes, das über Thomas Manns Werk und sein streitbares Wirken ‚im Übergang' transportiert wird. Dass die Aufforderung zur Erbe-Annahme eine politische war, stand außer Frage. So sah Georg Wenzel in der Rede Johannes R. Bechers auf Thomas Mann bei den Goethe-Feiern 1949 „unmittelbar" die Grundsätze ausgedrückt, die die SED durch ihren Parteivorstand verkündet hatte und die davon ausgingen, dass

---

48 Zitiert nach Trapp: „Thomas Mann und sein Werk", S. 335.
49 Vgl. Schlenker: Das „Kulturelle Erbe", S. 73.
50 Wenzel: „Johannes R. Becher und Thomas Mann", S. 143.
51 Zitiert nach ebd., S. 144.
52 Ebd., S. 143.
53 Wenzel: „Zu einigen Problemen", S. 94.

die deutsche Arbeiterklasse [...] dazu berufen [ist], die Pflege unseres kulturellen Erbes in ihre Hände zu nehmen und gegen alle Verfälschungen und Entstellungen zu verteidigen, die Güter und Schätze unserer Kultur zu mehren, ein neues, einheitliches demokratisches Deutschland aufzubauen.[54]

Alle Bemühungen in der DDR um Thomas Mann seien dieser Parteilinie verpflichtet gewesen.[55]

Neben die literarhistorische Erbe-Definition im Sinne des Übergangs vom kritischen zum sozialistischen Realismus und den Auftrag, das „humanistische" Erbe Thomas Manns für die Entwicklung der sozialistischen Gesellschaft fruchtbar zu machen, trat drittens schließlich die Würdigung des konkreten Engagements Thomas Manns gegen den Nationalsozialismus. In dieser rein politischen Hinsicht war es das Verhältnis der Bundesgenossenschaft, das die DDR zwischen der Arbeiterklasse und Thomas Mann konstatierte. Thomas Mann war, so die immer wiederkehrenden Paraphrasen, ein „den faschistischen Ungeist unnachgiebig bekämpfender Patriot",[56] ein „aktiver Bundesgenosse der den Faschismus und Imperialismus bekämpfenden Arbeiterklasse und ihrer Verbündeten",[57] „ein aktiver, wirksamer Antifaschist", der das „faschistische Geschmeiß" gnadenlos „entlarvt" hatte,[58] ein „Verbündeter im Kampf gegen die faschistische Barbarei."[59] Wo sonst hätte er „eine feste Heimstatt"[60] finden sollen, wenn nicht im „ersten antifaschistischen Staat auf deutschem Boden"?

2 Er ist Unser: Bekräftigung des Bündnisses in offiziellen Ehrungen 1955 – 1975

Intoniert wurde der literarisch-kulturell-politische Dreiklang, wenn es Thomas Mann von staatlicher Seite zu ehren galt. Thomas-Mann-Ehrungen sind Kulminationspunkte der Rezeptionsgeschichte, an denen in der DDR das offizielle

---

54 Zur Goethe-Feier der deutschen Nation. Manifest des Parteivorstandes der SED vom 28. August 1949, zitiert nach Wenzel: „Zu einigen Problemen", S. 89. Die Rede Bechers ist abgedruckt in: Johannes R. Becher: *Über Literatur und Kunst*. Hg. v. Marianne Lange. Berlin (Ost) 1962, S. 872–873.
55 Wenzel: „Zu einigen Problemen", S. 89.
56 Pohle, Ulrich: „Ein großer Schriftsteller und Humanist. Zum 100. Geburtstag von Thomas Mann am 6. Juni 1975". In: *Weg und Zeit* (31. Mai 1975).
57 Wenzel, Georg: „Unser Zeitgenosse Thomas Mann". In: *Schweriner Volkszeitung* (6. Juni 1975).
58 Pohle: „Ein großer Schriftsteller und Humanist".
59 Hoffmann: „Ehrung für einen großen Humanisten".
60 Pohle: „Ein großer Schriftsteller und Humanist".

Thomas-Mann-Bild am deutlichsten (und zugleich am wenigsten differenziert) hervortrat. Die Ehrungen wurden hier zu kulturpolitischen Großkundgebungen, die den Autor und zugleich die DDR selbst würdigten. Eine erste Gelegenheit mit einer solchen Ehrung zugleich offizielle Stellen der Bundesrepublik zu überbieten, bot die Trauerfeier für Thomas Mann in Kilchberg 1955, von der die kommunistische *Hamburger Volkszeitung* berichtete, „Regierungen beider Teile Deutschlands" hätten „ihre Bewegung" ausgedrückt, ebenso wie

> der Parteivorstand der KPD, das Zentralkomitee der SED, der sowjetische Schriftstellerverband, der Zentralrat der FDJ, der Bundesvorstand des FDGB, der Nationalrat der nationalen Front des demokratischen Deutschlands, das Komitee der antifaschistischen Widerstandskämpfer in der DDR.[61]

In Westdeutschland wurde ein solches Aufgebot teils argwöhnisch, teils belustigt kommentiert – zuweilen mit der kritischen Feststellung, die Bundesrepublik räume bei der „Totenehrung der Sowjetzone bereitwillig den Vortritt"[62] ein. Erich Pfeiffer-Belli monierte in der *Welt* das Fortbleiben von Bundespräsident Heuß, insbesondere weil die „deutsche Ostzone" in „wirkungsvoller Propagandakompagnie" vertreten gewesen sei, angeführt von Johannes R. Becher: „Die ostzonalen Kränze glichen überdimensionierten Wagenrädern, sie ersetzten durch Größe die Glaubwürdigkeit der auf roten Schleifen goldgedruckten Inschriften"[63], befand Pfeiffer-Belli. Ähnlich beschrieb die *Frankfurter Rundschau* den Kranz Wilhelm Piecks als einen „totalitären Riesenkranz", so groß, dass er nicht durch die Kirchentür gepasst habe. „Das war das einzige, was nicht zu der schlichten Trauerfeier passen wollte. Die politische Absicht schimmerte allzu deutlich durch dieses Kranzmassiv hindurch."[64] Thomas Mann müsse „schon jetzt in Schutz genommen werden gegen die Vorspanndienste, die er der Staatspartei in der sowjetischen Zone Deutschlands leisten soll"[65], forderte Thilo Koch, während Hellmut Jaesrich im *Monat* meinte, nur „mit einem Lächeln" könne man „über die

---

61 Anonym: „Ganz Deutschland verlor Thomas Mann". In: *Hamburger Volkszeitung* (18. August 1955). Einen Überblick über die Nachrufe auf Thomas Mann in der DDR gibt Goll: *Die Deutschen und Thomas Mann*, S. 383–386.
62 Anonym: „Am Grabe Thomas Manns". In: *Trierischer Volksfreund* (17. August 1955).
63 Pfeiffer-Belli, Erich: „Sein Werk und Andenken leben weiter über unseren verworrenen Zeiten". In: *Die Welt* (17. August 1955).
64 Anonym: „Politischer Kranz". In: *Frankfurter Rundschau* (20. August 1955).
65 Rundfunkbeitrag vom August 1955, veröffentlicht unter dem Titel „Die List der Vernunft", in: Koch, Thilo: *Berliner Luftballons*. München 1958, S. 38.

Versuche des anderen Lagers hinweggehen, den Dichter zu einem der Ihren, ausschließlich der Ihren zu stempeln"[66].

Nach Thomas Manns Tod wurden die Ehrungen seiner Person häufig mit der Gründungsgeschichte der DDR verbunden. Einen Anlass boten die signifikanten Daten seiner Besuche in Weimar 1949 und 1955. Zurückzuweisen war zunächst jeder Verdacht einer Inszenierung der seinerzeitigen enthusiastischen Empfänge: „Er hat sich aufrichtig gefreut über die Verehrung, die ihm aus Tausenden Herzen in der DDR entgegenschlug."[67] Sodann war es möglich, wie im *Neuen Deutschland* 1969 unter der Überschrift *Unsere Republik – im Kampf geboren*, den Aufenthalt Thomas Manns in Weimar und die Gründung der DDR im selben Jahr *zugleich* zu feiern.[68] Parallel zum politischen wurde der Besuch Thomas Manns zum geistigen Gründungsakt der Republik stilisiert. Dankbar wurden Aussagen Thomas Manns paraphrasiert, „in Westdeutschland hätte man in ihm die Wiederkehr alter Zeiten gefeiert, sozusagen den letzten Repräsentanten des bürgerlichen Zeitalters." Im Osten hingegen „sei ihm ein Neues entgegengetreten, ein Bild der Zukunft." Man habe ihn hier als jemanden begrüßt, „der beim Bau der neuen Welt ein wenig behilflich sein könnte"[69].

1975, dreißig Jahre nach Kriegsende, war zu lesen, der Prozess der gesellschaftlich-politischen Umwälzungen in den Jahren 1945 bis 1955 habe Thomas Mann den „jungen Staat der Arbeiter und Bauern zu einem Stück geistiger Heimat" werden lassen.[70] Er „bejahte schließlich den menschenwürdigen Staat, der [...] mit unserer sozialistischen Republik entstand."[71] Selbst in der Frage der

---

66 Jaesrich, Hellmut: „Der Tod des Zauberers. In memoriam Thomas Mann". In: *Der Monat* 7 (1955) H. 84, S. 506–508, hier S. 507.
67 Stedell, Margarete: „Die große Angelegenheit der Menschen". In: *Volksstimme* [Chemnitz] (12. August 1960). Vgl. auch die nachdrückliche Feststellung, es sei „liebende Verehrung und Anerkennung" gewesen, mit der man Thomas Mann 1955 in Weimar begegnet sei, keine „Inszenierung", wie es in der Besprechung von Erika Manns Bericht „Das letzte Jahr" 1956 hieß, an der allein moniert wurde, dass Erika Mann dem „Besuch in Weimar nicht die gleiche Aufmerksamkeit schenkt wie seinem [Thomas Manns] Auftreten in anderen Städten". Anonym: „Das letzte Jahr Thomas Manns". In: *National-Zeitung* [Berlin (Ost)] (22. September 1956).
68 Anonym: „Thomas Mann zur Goethe-Ehrung in Weimar" [Kopfzeile: „Unsere Republik – im Kampf geboren"]. In: *Neues Deutschland* (2. August 1969). Zehn Jahre später erscheint im *Sonntag* der ganzseitige Artikel „Thomas Mann in Weimar" im Rahmen des „Sonntag-Wettbewerb zum 30. Jahrestag der DDR". Horst Rabetge, „Mitglied des Goetheausschusses zur Centenarfeier 1949", erinnert auch hier daran, dass Thomas Mann „nach seiner Rückkehr aus Weimar [...] in den Westgazetten mit wahren Schmutzkübeln wegen seines Besuchs in der Ostzone überschüttet" wurde. Rabetge, Horst: „Thomas Mann in Weimar". In: *Sonntag* (26. August 1979).
69 Anonym: „Thomas Mann zur Goethe-Ehrung in Weimar".
70 Gdt: „Thomas Manns Erbe".
71 Flatau, Joachim: „Lebensnotwendige Antworten für uns". In: *Der Morgen* (6. Juni 1975).

Wiederbewaffnung im Kalten Krieg habe Thomas Mann Hilfestellung geleistet: Die „Abscheu gegen das Waffentragen" sei nach 1945 „unendlich groß gewesen". Thomas Mann aber habe „uns aus der unfruchtbaren Negation zum konstruktiven Beitrag zur Friedenssicherung" geholfen, als er 1947 mit der Rede *Nietzsches Philosophie im Lichte unserer Erfahrung* davon gesprochen habe, dass „es um den unbedingten Pazifismus eine mehr als fragwürdige, eine lügenhafte und niederträchtige Sache sein"[72] (vgl. GkFA 19.1, 211) könne, so Fritz R. Greuner zu Thomas Manns 100. Geburtstag. Das Jubiläumsjahr 1975 bot demnach Möglichkeiten, die Thomas-Mann-Feiern „fern jeder vordergründigen Aktualisierung, sondern organisch aus den Prozessen heraus" in den Kontext politischen Gedenkens zu stellen: Naheliegend sei die „Verbindung der Thomas-Mann-Ehrung der DDR mit dem 30. Jahrestag der Befreiung vom Faschismus", so Fritz Dorn über die zweitägige Konferenz des Kulturbundes der DDR, die im Februar 1975 in Berlin stattfand und auf der unter dem Titel *Thomas Mann und wir* im Festjahr „Anregungen und Interpretationshilfen" für die „unmittelbare literaturpropagandistische Praxis" gegeben werden sollten.[73] Es komme darauf an, zitierte die in Chur erscheinende *Bündner Zeitung* Fritz-Georg Voigt,

> die kulturpolitische Relevanz und Beispielhaftigkeit von Thomas Manns Persönlichkeitsentwicklung voll zu erschließen und zu erkennen, dass ‚zwischen einem welthistorischen Vorgang wie der Zerschlagung des Faschismus und der weltanschaulichen Reife des grossen Romanciers und Essayisten durchaus eine Verbindung besteht'. Im Klartext: man könne in der DDR eine Thomas-Mann-Ehrung nur in Verbindung mit dem 30. Jahrestag der Befreiung vom Faschismus begehen, weil – so Dr. Voigt – der Kampf gegen Faschismus und Krieg im Leben des Schriftstellers jene Wandlung herbeiführen half, die ihn zum humanistisch-politischen Dichter und streitbaren Antifaschisten machte'.[74]

Der Anlass einer zweiten Tagung unter dem Titel *Thomas Manns Werk und Wirkung in unserer Epoche*, die auf Einladung der Friedrich-Schiller-Universität Jena und des Zentralinstituts für Literaturgeschichte der Akademie der Wissenschaften im Mai in Weimar stattfand, stehe gleichfalls, schrieb Mathilde Dau, in einem Kontext, der von vornherein „weit hinausführt über ein zu begehendes Dichterjubiläum."

---

[72] Greuner, Fritz R: „Beispiel und Hilfe durch Thomas Manns Schaffen". In: *Der Morgen* (6. Juni 1975).
[73] Dorn, Fritz: „Thomas Mann und wir. Ein Bericht von der Konferenz des Kulturbundes der DDR". In: *Börsenblatt für den Deutschen Buchhandel* [Leipzig] 142 (1975) H. 10, S. 10.
[74] Ke.: „DDR-Mühen um Thomas Mann". In: *Bündner Zeitung* [Chur] (6. Juni 1975). Fritz-Georg Voigt (1925–1995), war Leiter des Aufbau-Verlags und Vorsitzender der Zentralen Kommission Literatur des Kulturbundes.

> Daß wir im gleichen Jahr auch im Zeichen eines unmittelbar politischen Ereignisses stehen, des 30. Jahrestages der Befreiung vom Faschismus, läßt einen beziehungsreichen Zusammenhang deutlich werden, der Wesen und Ziel dieser Dichterehrung bestimmen mußte: welthistorische Ereignisse des Epochenwandels vom Kapitalismus zum Sozialismus, von der Oktoberrevolution zum zweiten Weltkrieg und dem Sieg über den Faschismus gingen als erlebte Erfahrung in das Werk Thomas Manns ein und prägten es so wesentlich, daß es nur in solchen internationalen Dimensionen [...] zu erschließen ist.[75]

Im politischen Kontext bleibe das Werk weiterhin relevant, weil es ein „Teilstück der antifaschistischen Literatur" sei und somit auch ein wichtiger Teil des fortgesetzten internationalen „antiimperialistischen Kampfes".[76]

Für die Feierlichkeiten 1975 gaben der zuständige Minister Hans-Joachim Hoffmann und sein Stellvertreter Klaus Höpcke die offizielle Linie vor:

> Sinn der diesjährigen Thomas-Mann-Ehrung der DDR ist es, die humanistischen Werte im Werk des Dichters tiefer zu erschließen und für die Herausbildung sozialistischer Persönlichkeiten wirksamer zu machen. [...] Die DDR ehrt in dem Dichter eine Persönlichkeit, die in einem widerspruchsvollen Prozeß aus wahrer humanistischer Gesinnung und Verantwortung vor der Zukunft der menschlichen Gesellschaft und ihren Werten sich mehr und mehr von der Inhumanität der kapitalistischen Gesellschaft distanziert. Im Ringen um eine Gesellschaft des realen Humanismus näherte er sich Zielen und Idealen der Arbeiterklasse. Die Romane und Erzählungen Thomas Manns sind seit langem fester Bestandteil der Weltliteratur und unserer sozialistischen Kultur. Seine den tiefen Glauben an Humanität und Fortschritt bekundenden Werke und sein persönliches Engagement gegen imperialistische Reaktion und faschistische Barbarei machten ihn zum Verbündeten aller progressiven Kräfte.[77]

Bereits im Vorfeld der Feiern hatte das *Neue Deutschland* einen Brief Hoffmanns an Katia Mann veröffentlicht, in dem er ihr versicherte, dass man „selbstverständlich" den 100. Geburtstag Thomas Manns gebührend würdigen werde. Sein „Werk und Erbe" wirkten in der DDR, in deren sozialistischer Gesellschaft er „für immer eine Heimat gefunden" habe.[78] Sie freue sich, so Katia Mann in dem

---

75 Dau, Mathilde: „Thomas-Mann-Konferenz, Weimar 1975". In: *Weimarer Beiträge* 21 (1975) H. 9, S. 166–171, hier S. 166. Harry Matter nannte die Tagung 1980 einen „Höhepunkt in der Erforschung und kritischen Würdigung von Leben und Werk des Dichters". Matter, Harry: „Thomas Mann. Streiter wider die Unvernunft". In: *DDR-Revue. Zeitschrift aus der Deutschen Demokratischen Republik* 8/1980, S. 41–42, hier S. 42. Anders die ausführlichere Wertung bei: Bilke, Jörg Bernhard: „Thomas Mann in der DDR. Nachbemerkungen zum 100. Geburtstag". In: *Deutsche Studien* 13 (1975), H. 52, S. 411–420, hier S. 418.
76 Dau: „Thomas-Mann-Konferenz", S. 171.
77 Höpcke, Klaus: „Wir lesen und ehren ihn". In: *Berliner Zeitung am Abend* (6. Juni 1975). Klaus Höpcke, geboren 1933, war 1973--1989 stellvertretender Kulturminister der DDR.
78 „Dem Erbe Thomas Manns verpflichtet. Ein Briefwechsel zwischen DDR-Kulturminister Hans-Joachim Hoffmann und Frau Katja Mann". In: *Neues Deutschland* (24./25. Mai 1975).

ebenfalls abgedruckten Antwortbrief kühl, dass „so viele Ehrungen" geplant seien.

Bei der Feier des DDR-Ministerrates in der Berliner Staatsoper am 6. Juni 1975 hielt Hoffmann dann die Festansprache, die tags darauf in mehreren Zeitungen der DDR abgedruckt wurde.[79] Sie begann mit der Feststellung, die DDR repräsentiere unter der Führung der Arbeiterklasse „alle sozialen und kulturellen Kräfte, die aus der fluchbeladenen Geschichte des deutschen Imperialismus die Lehren gezogen und den Weg grundlegender Erneuerung beschritten" hätten. Vor diesem Hintergrund gewönnen Leben und Werk Thomas Manns „exemplarische Bedeutung", gerade weil er eine „lange und komplizierte Entwicklung" zurückzulegen hätte, sich einreihte und die soziale Verpflichtung der Kunst im Interesse des gesellschaftlichen Fortschritts bejahte. „Wer heute auf der Höhe der Erkenntnisse unserer Zeit und unserer Epoche steht, dem Fortschritt der Menschheit und einer Kunst, die mit ihm ‚auf du und du' steht, dienen will", könne sich dem Vermächtnis Thomas Manns nicht verschließen. Die Entwicklungen der Kriegszeit, wie „die Einheits- und Volksfrontpolitik, die internationale antifaschistische Solidarität" hätten „das politische Engagement und die Einsicht des Dichters [...] auf eine höhere Stufe" gehoben. Im Exil hätte Thomas Manns Geschichtskonzeption „eine neue Höhe" erreicht. Mit wachsendem Alter sei „sein geschichtlicher Sinn, sein Interesse an der Zeitenwende, der Revolution, dem Neubeginn zur Geltung" gekommen. Überraschen mag die Aussage Hoffmanns, dass die „marxistische Wissenschaft" die „Einsichten", zu denen Thomas Mann dabei gekommen sei, „dankbar akzeptieren" könne. Schließlich resümierte der Minister noch einmal die beiden grundsätzlichen Kategorien des Verhältnisses zum Geehrten:

> Das Verhältnis der revolutionären Arbeiterbewegung zu Thomas Mann ist, politisch gesehen, das des im antifaschistischen Kampf entstandenen *Bündnisses*, unter geistig-kulturellem und ästhetischem Aspekt das des *Erbes*. Beides sind für uns prinzipielle Probleme: Praxis und Theorie der revolutionären Arbeiterbewegung weisen der ganzen Menschheit den Weg aus den Fesseln der Klassengesellschaft, und sie kann diesen Weg mit Erfolg nur gehen, wenn sie sich im Laufe der Entwicklung alles Wertvolle der menschlichen Kultur aneignet.[80]

Neben den Tagungen und der zentralen Feierstunde erschien zum 100. Geburtstag im Aufbau-Verlag außerdem die zehnbändige kommentierte Ausgabe der Romane

---

79 Im Folgenden zitiert nach: *Der Morgen* (7. Juni 1975). Zu weiteren Abdrucken vgl.: „Millionenfache Liebe und Verehrung". In: *Junge Welt* (7. Juni 1975); „DDR-Ministerrat ehrt Thomas Mann". In: *Tribüne* (6. Juni 1975); Speder, Isa: „Thomas-Mann-Ehrung der DDR". In: *Berliner Zeitung* (7. Juni 1975); „Als Meister der Sprache Repräsentant streitbaren humanistischen Geistes". In: *Neues Deutschland* (7. Juni 1975). Zu der Rede vgl. auch Jäger: „Thomas Manns Werk", S. 193.
80 Eigene Hervorhebung.

und Erzählungen. Die DEFA produzierte – als „Visitenkarte der DDR-Kulturpolitik", wie die *Frankfurter Rundschau* schrieb[81] – eine Adaption von *Lotte in Weimar*,[82] das DDR-Fernsehen strahlte die Dokumentation *Klug zu sorgen, was vonnöten auf Erden*[83] aus, die die Eingemeindung Thomas Manns massenwirksam inszenierte. Die Schlussworte des Sprechers lauteten:

> [...] weil er zutiefst erkannte, dass das Ende des bürgerlichen Zeitalters nicht das Ende der Menschheit ist, dass da etwas Neues in die Welt kam, wofür es lohnt, das Beste zu bewahren, was die Generationen zuvor schufen. Das Werk Thomas Manns gehört dazu. Für immer. In diesem Sinne ist es aufgehoben in unserer sozialistischen deutschen Nationalkultur. In diesem Sinne sagen wir, dass er der Unsere ist.

Die Tagespresse der DDR berichtete über all die Gedenkaktivitäten ausführlich, deren Sinn sie nachdrücklich vor Augen führte: Thomas Manns Werk berge „lebensnotwendige Antworten für uns", so die Überschrift eines großen Artikels im *Morgen*.[84] Einerseits, weil das Werk Thomas Manns schlicht „Weltliteratur" sei. Andererseits seien die Feiern „ein Beweis", dass Thomas Mann zum „tragenden Fundament unseres sozialistischen Staates" zähle.

> Wie seinen Bruder Heinrich, seinen Freund Lion Feuchtwanger, wie Bertolt Brecht rechnen wir ihn zu den unseren. Nicht nur, weil er aus der geistigen Sympathie für unseren Staat kein Hehl gemacht hat, sondern weil geistig-politische Anforderungen seines Lebens sich mit dem Ausgangspunkt unserer gesellschaftlichen Wirklichkeit decken.

Es sei „folgerichtig", Thomas Mann als „deutschen Humanisten" zu ehren, „dessen Werk in unserem Land bewahrt und gepflegt wird", so Ulrich Pohle in der Zeitung *Weg und Zeit*. Sein Werk sei „fester Bestandteil der sozialistischen Kultur geworden und zum Nutzen unseres ganzen Volkes"[85].

Westliche Medien sparten nicht mit Kritik an den ostdeutschen Thomas-Mann-Feiern. Die Aktivitäten zum Geburtstag 1975 zusammenfassend, stellte die *Frankfurter Allgemeine Zeitung* fest, es gehe der DDR um nichts weniger als um die

---

81 Die gleichzeitige Premiere in Weimar und Lübeck bewertete sie als „ein beispielloses gesamtdeutsches Ereignis in neuerer Zeit". Engel, Willem P.: „Sehr viel Mann, ein bisschen Rilke. Unternehmungen zum 100. Geburtstag zweier deutscher Dichter". In: *Frankfurter Rundschau* (2. Januar 1975).
82 Zu den kulturpolitischen Hintergründen des Projekts und ihren Spuren im Film vgl.: Elsaghe, Yahya: *Thomas Mann auf Leinwand und Bildschirm. Zur deutschen Aneignung seines Erzählwerks in der langen Nachkriegszeit*. Berlin 2019, S. 277–326.
83 Der Titel greift ein Zitat aus Thomas Manns *Doktor Faustus* auf (GkFA 10.1, 723).
84 Flatau: „Lebensnotwendige Antworten".
85 Pohle: „Ein großer Schriftsteller und Humanist".

„Vereidigung" Thomas Manns „auf die herrschenden gesellschaftlichen Grundsätze".⁸⁶ Joachim Kaiser sah als eine Ursache der Kritiklosigkeit im Osten, dass hier „der Realismus und Thomas-Mann-Kult von Georg Lukács nachwirkt"⁸⁷. Thomas Mann werde, so Heinz Ritter im Westberliner *Abend*, von „den Medien der DDR widerspruchslos einverleibt", sein „moralisches Ansehen als Repräsentant eines besseren Deutschland" reklamiere die DDR für sich: „Die glatte, fugenlose Einverleibung Thomas Manns in das literarische und ideologische Weltbild der DDR ist ein erstaunlicher Vorgang. Denn man weiß natürlich, daß Thomas Mann nie die soziale Frage gestellt hat."⁸⁸ Die DDR mache es sich leicht, so Peter Wapnewski im *Spiegel*, sie „vereinnahmt den Dichter als Klassiker, konserviert ihn auf solche Weise und legt ihn ab, und vom Hundersten ins Tausendste feiert sie ihn in einem Film"⁸⁹. Ähnlich kritisch beurteilte Bernhard Bilke das Jubiläum in der DDR: So habe „nun auch Thomas Mann seine Statue im DDR-Pantheon ‚nationales Kulturerbe' erhalten" und besitze jetzt, mit Max Frisch gesprochen, „die durchschlagende Wirkungslosigkeit eines Klassikers"⁹⁰.

3 Thomas Manns „weltanschauliche Entwicklung" und die Einheit von Kunst und Politik

Mit Blick auf diese Gedenkfeiern ist bereits angedeutet, wie wichtig es der DDR war, auf die „staunenswerte Entwicklung"⁹¹ Thomas Manns hinzuweisen. Ihre Bewertung unterschied sich signifikant von der im Westen. Auf pointierte Weise versinnbildlicht dies der Bericht von Gottfried Just über ein Gespräch der PEN-Zentren in München über *Thomas Mann und die Politik* im Jahre 1966:

---

86 Anonym: „Staatsakt in der DDR". In: *Frankfurter Allgemeine Zeitung* (10. Juni 1975).
87 Kaiser, Joachim: „Ästhet und Prophet im eigenen Land". In: *Süddeutsche Zeitung* (7./8. Juni 1975).
88 Ritter, Heinz: „Ein gläubiger Thomas Mann? Leverkühn zwischen Leipzig und Lübeck". In: *Der Abend* (6. Juni 1975).
89 Wapnewski, Peter: „Ein gigantisches Beinhaus" [Rez. zu: Peter de Mendelssohn: Der Zauberer]. In: *Der Spiegel* 29 (1975) H. 22, S. 150–153, hier S. 153.
90 Bilke: „Thomas Mann in der DDR", S. 419.
91 Liersch, Werner: „Aufgabe der Werte". In: *Neue deutsche Literatur* 7 (1959) H. 7, S. 114–119, hier S. 116.

Inge Diersen und Heinz Kamnitzer[92] vertraten das PEN-Zentrum Ost, Gerhard Storz[93] und Horst Rüdiger[94] das Deutsche PEN-Zentrum der Bundesrepublik. Janheinz Jahn leitete. Nun war niemand der Meinung, Thomas Mann habe keine Entwicklung durchgemacht und den ersten unreflektierten Äußerungen zur Politik bis zu jener Spätphase seines Lebens, da er unverhohlen mit dem Sozialismus sympathisierte [...]. Inge Diersen und Heinz Kamnitzer versuchten diese Entwicklungslinie entschieden zu betonen, während Storz und Rüdiger [...] auf die Polyvalenz des künstlerischen Werkes abhoben, weil es ‚politikunweiser' sei.[95]

Auch in der DDR wurde nur selten behauptet, Thomas Mann sei „zeit seines Lebens für die Demokratie" eingetreten.[96] Vielmehr galt es, ihn über ausgesuchte Äußerungen seines späteren Lebens festzulegen und diesen Kommentaren alle früheren in einer Entwicklungslinie vorzuordnen. Thomas Mann habe eben „lange zu den Suchenden" gehört, deren „Hoffnung auf ein neues Menschenglück" erst durch das Bündnis mit „der Klasse der Arbeiter und Bauern" eine Aussicht auf Erfüllung erhalten habe.[97] Der Bogen wird groß geschlagen und – wie von Wilhelm Girnus auf der Thomas-Mann-Ehrung der Akademie der Künste – mit demonstrativem Respekt bedacht: Es sei, so zitiert ihn Ehrentraut Novotny, gewiss „kein leichter Weg gewesen für Thomas Mann von der großbürgerlichen Kinderstube" bis zu dem Besuch in Weimar, wo er „das Glas erhob, um ‚auf meine sowjetischen Freunde' zu trinken".[98] Gewiss, so auch Helga Bemmann, habe Thomas Mann einen Weg mit „manch einem Irrtum" zurücklegen müssen,[99] schließlich jedoch füge sich seine Biografie in den Lauf der Geschichte. Seine politische und weltanschauliche Entwicklung bezeichne, so schließlich Georg Wenzel, exemplarisch „die Schwierigkeiten im gesellschaftlichen Erkenntnisprozeß eines bürgerlichen Künstlers"[100]. Diese Schwierigkeiten ergeben sich

---

92 Der Schriftsteller, Germanist und Herausgeber des Werkes von Arnold Zweig, Heinz Kamnitzer (1917–2001), war von 1970–1989 Präsident des PEN-Zentrums der DDR.
93 Der Schriftsteller und Literaturwissenschaftler Gerhard Storz (1898–1983) war von 1958–1964 Kultusminister des Landes Baden-Württemberg.
94 Horst Rüdiger (1908–1984) war Professor für Komparatistik und vergleichende Literaturwissenschaften an der Universität Bonn.
95 Just, Gottfried: „Thomas Mann und die Politik. Gespräch der PEN-Zentren in München". In: *Stuttgarter Zeitung* (14. November 1966).
96 Gdt.: „Thomas Manns Erbe".
97 Wenzel, Georg: „Mit dem Willen zu rettender Ehrfurcht. Werk und Vermächtnis Thomas Manns". In: *Neue Zeit* (5. Juni 1965).
98 Novotny, Ehrentraut: „Viel junges Publikum mit intensiver Aufmerksamkeit. Von der Thomas-Mann-Ehrung in der Akademie der Künste". In: Berliner Zeitung (6. Juni 1975). Der Germanist Wilhelm Girnus (1906–1985) war von 1964–1981 Chefredakteur der Zeitschrift *Sinn und Form*.
99 Bemmann, Helga: „Wenn das Lied politisch ist". In: *Berliner Zeitung* (12. August 1960).
100 Wenzel: „Unser Zeitgenosse Thomas Mann".

freilich vor dem Hintergrund einer Gesetzmäßigkeit der historischen Entwicklung, sodass Thomas Manns „Lebensgang [...] ein Beispiel für die Zwangsläufigkeit zu immer weiter gesteckten progressiven Zielen" bietet.[101]

In Analogie zur „weltanschaulichen Entwicklung" Thomas Manns wurde seinem Gesamtwerk eine fortschrittliche Tendenz unterlegt. Dass sich diese im literarischen Werk nicht allein unbewusst entfalte, sondern auf Thomas Manns „Auffassung von der Kunst überhaupt" zurückgehe, behauptet beispielsweise Hans Giesecke in der *Neuen Zeit* unter der Überschrift „Thomas Mann und die Kunst der Zukunft". Diese Kunstauffassung, die auf eine „neue Kunst" hinstrebe, sei nämlich die „Idee einer *volksverbundenen* Kunst"[102] gewesen, die Giesecke aus der Vision Adrian Leverkühns im *Doktor Faustus* ableitet: „Wem der Durchbruch gelänge aus geistiger Kälte in die Wagniswelt des neuen Gefühls, den sollte man wohl den Erlöser der Kunst nennen." (vgl. GkFA 10.1, 468)[103] Die von Thomas Mann anvisierte Erlösung geschehe nun – auch wenn der Begriff nicht fällt – durch die Ästhetik des sozialistischen Realismus, einer Kunst „auf Du und Du", die die „Volksverbundenheit" als wichtigstes Kriterium postuliert.[104] „Volksfremde[r] Ästhetizismus" sei für Thomas Mann „nie das Ziel der Kunst" gewesen. Dieses falle vielmehr mit der „nationalen Aufgabe des Sozialismus" zusammen. Beides hätte Thomas Mann erkannt, daher rühre seine Größe.

Deutlich wird bei der Betonung der Entwicklung Thomas Manns, dass Werk und Wirken, Kunst und Politik, in dieser Sichtweise eine untrennbare Einheit

---

101 Flatau: „Lebensnotwendige Antworten". Vgl. dazu auch Pischel, Joseph: „Bezüge zu Thomas Mann in der aktuellen theoretischen Selbstverständigung der DDR-Schriftsteller". In: *Werk und Wirkung Thomas Manns in unserer Epoche. Ein internationaler Dialog*. Hg. v. Helmut Brandt u. Hans Kaufmann. Berlin u. Weimar 1978, S. 380–395, hier S. 392: „Die Größe Thomas Manns, die Konsequenz seiner politisch-weltanschaulichen und künstlerischen Biographie wäre nicht denkbar ohne seine unablässigen Bemühungen, seine Zeit als Stufe einer großen historischen Kontinuität zu begreifen".
102 Giesecke, Hans: „Thomas Mann und die Kunst der Zukunft. Zum 5. Todestag". In: *Neue Zeit* (12. August 1960). Eigene Hervorhebung.
103 Dort: „Wem also der *Durchbruch* gelänge [...]". Vgl. zu dieser Faustus-Deutung durch Georg Lukács auch: Vaget, Hans Rudolf: „Fünfzig Jahre Leiden an Deutschland: Thomas Manns ‚Doktor Faustus' im Lichte unserer Erfahrung". In: *Thomas Mann. Doktor Faustus 1947–1997*. Hg. von Werner Röcke. Bern u.a. 2001, S. 11–34, hier S. 19–20.: „Ihm [Georg Lukács] gelang so das Kunststück, praktisch um eines einzigen Passus willen – Leverkühns dunkle Rede von einem Durchbruch der Kunst [...] – den ganzen, problematischen Roman zu rechtfertigen. Gleichzeitig ignorierte er den Umstand, daß dieses Buch geradezu gesättigt ist von Nietzsche und Wagner, den einst vehement verteufelten ‚Mystagogen des Irrationalismus'. Lukács Exegese sollte sich als bahnbrechend erweisen für die weitgehende Akzeptanz von Thomas Manns Œuvre in der marxistischen Welt, einschließlich der DDR."
104 Zur Kategorie der „Volksverbundenheit" vgl. Schulte-Sasse: *Literarische Wertung*, S. 153–156.

bilden. Auch hierin ist ein Unterschied zur westlichen Beurteilung offensichtlich. Insbesondere in Westdeutschland sei bisweilen zu beobachten, so Georg Wenzel aus Anlass einer Thomas-Mann-Ausstellung in Ost-Berlin, dass viele Leser bei der Lektüre seiner Werke „die Ungewöhnlichkeit der Sprache Thomas Manns erregt" aufnähmen, sich aber weigerten, „die weltanschauliche Grundhaltung dieser Werke, ihre politische und soziale Verbindlichkeit [...] zu akzeptieren. [...] Künstlerische und weltanschauliche Entwicklung Thomas Manns bilden eine Einheit"[105].

Doch nicht allein wechselseitige Beziehungen zwischen Werk und Weltanschauung werden konstatiert. Der Geschäftsführer des Thomas-Mann-Archivs der Deutschen Akademie der Künste, Gerhard Steiner, sah vielmehr die Politisierung Thomas Manns als Voraussetzung der literarischen Bedeutung. Seine „künstlerischen Leistungen" wären ihm nicht möglich gewesen, wenn er nicht den Weg zum „politisch verantwortungsbewußten Schriftsteller gegangen wäre".[106] Die „Wirkung" Thomas Manns sei aus „der politisch-moralischen Einheit von persönlichem Verhalten und künstlerischen Schaffen" erwachsen. Gerade das literarische Werk vermittle „Einsichten und Erkenntnisse in gesellschaftliche Prozesse"[107], schrieb Wenzel an anderer Stelle in der Tradition Lukács'. Dieser hatte bereits 1955 festgestellt, dass es sich bei Thomas Manns Engagement für den Frieden, gegen den Atomkrieg und für die Einheit Deutschlands

> nicht um gesellschaftliche Auftritte eines weltberühmten Menschen handelte, die neben dem schriftstellerischen Lebenswerk, von diesem verhältnismäßig unabhängig, als Ausbrüche seines menschlichen Gewissens stattfanden. [...] Thomas Manns Entwicklung gipfelte gerade darin, dass das Zentrum seines schriftstellerischen Lebenswerks mit diesem Mittelpunkt seiner weltanschaulichen und politischen Kämpfe zusammenfällt. [...] Die Fragestellung und die Antworten in seinem Werken sind am ehesten geeignet, diese Menschen vor die Alternative von Krieg oder Frieden, Kultur oder Barbarei und – letzten Endes – Kapitalismus oder Sozialismus zu stellen.[108]

Genau gelesen war das nebenbei auch eine frühe Warnung, das Werk nicht hinter der allzu starken Betonung der nichtfiktionalen Äußerungen und dem politischen Wirken Thomas Manns durch die kulturpolitische Propaganda, die es zudem schlagwortartig verkürzte, zurücktreten zu lassen. Dass diese Gefahr zumindest

---

105 Wenzel, Georg: „Nachlese zur Thomas-Mann-Ausstellung in Berlin". In: *Spektrum* 11 (1965) H. 10, S. 393–398, hier S. 394.
106 Ebd., S. 393.
107 Wenzel: „Unser Zeitgenosse Thomas Mann".
108 Lukács, Georg: „Die bürgerlichen Widersprüche". In: *Berliner Zeitung* (15. September 1955). Vgl. dazu Goll: *Die Deutschen und Thomas Mann*, S. 384–385.

gesehen wurde, mag der Aufruf „an die Jugend" bei der Thomas-Mann-Ehrung in der Akademie der Künste zwanzig Jahre später zeigen: Um Thomas Mann zu „erfassen", müsse man „auch seine Romane" lesen.[109]

4 Die Vollstreckung von Thomas Manns Vermächtnis: Die DDR als „reale Entsprechung"

So beispielhaft Thomas Manns „weltanschauliche Entwicklung" in der DDR auch bewertet wurde, so sicher sie ihn an der „Seite der fortschrittlichen Menschheit"[110] zum Bewusstsein einer Epochenwende geführt habe – so musste er doch auch an ihrer Schwelle stehen bleiben; den letzten Schritt habe er nicht zu tun vermocht. Einerseits war es gerade diese persönliche Unfähigkeit der letzten Konsequenz, andererseits die Tatsache, dass die Einsichten in historische Notwendigkeiten, die man seinem Werk ablas, noch nicht, oder nur unvollständig in gesellschaftliche und politische Realität umgesetzt worden waren, die der Arbeiterklasse nun die Aufgabe stellten, das ihnen in die Hände gelegte Erbe im Sinne der revolutionären Praxis wirksam werden zu lassen. Thomas Manns Vermächtnis war zukunftsoffen,[111] die Offenheit war Aufforderung zur Tat, ein Appell. In literaturwissenschaftlicher Sicht folgte man damit der so genannten „Vollstreckertheorie".[112]

Thomas Manns Erkenntnisprozess, schrieb Georg Wenzel 1975, schöpfte „die Möglichkeiten eines *bürgerlichen* Künstlers voll" aus.[113] Thomas Mann habe „die Grenzen seiner Klasse" gesehen, „ohne sie selbst entschieden überschreiten zu können." Dabei, so hatte Joachim Flatau 1960 geschrieben, glitt sein Blick „über das Ende der bürgerlichen Epoche hinaus. Um der unverlierbaren Werte des Humanismus willen, die von der verfallenden bürgerlichen Epoche tödlich gefährdet wurden, muß die Entwicklung zum Sozialismus weiterschreiten"[114]. Fünfzehn Jahre später ergänzte er, Thomas Mann habe sich von seiner bürgerli-

---

109 Novotny: „Viel junges Publikum".
110 Pohle: „Ein großer Schriftsteller und Humanist".
111 „Zahlreiche Äußerungen Thomas Manns zum Sozialismus und Kommunismus dokumentieren, bei allen Vorbehalten, die Zukunftsoffenheit seines Werkes im Sinne dieser Epochenwende." H.N.: „Thomas Mann – Werk und Wirkung in unserer Epoche". In: *Thüringische Landeszeitung* (6. Juni 1975).
112 Vgl. dazu Schlenker: Das „Kulturelle Erbe", S. 71.
113 Wenzel: „Unser Zeitgenosse Thomas Mann". Eigene Hervorhebung.
114 Flatau, Joachim: „Rückblick auf ein Lebenswerk. Zum 85. Geburtstag Thomas Manns". In: *Der Morgen* (4. Juni 1960).

chen Welt distanziert, um sich „einer Zukunft zu nähern, die unsere Gegenwart ist."

> Er erkennt, daß ein neues Zeitalter kommen wird. Und daß neue gesellschaftliche Kräfte den Gedanken der Humanität retten müßten. [...] Die Schlußfolgerung ist unmißverständlich. Alle progressiven Kräfte, die an den humanistischen Ideen festhalten, müssen sich mit der Arbeiterklasse verbünden. Nur so kann eine menschliche Zukunft gesichert werden. Der tiefgründigste und hellste Kopf der bürgerlichen Epoche weist auf die unausweichbare Zeitforderung hin. [...] Unsere sozialistische Zeit ist gründlich vorbereitet, das Wesentliche, was er sagt, aufzunehmen, weil sein Werk hinzielt zu dem, was heute und hier Erfüllung gefunden hat. [...] Sein Bekenntnis zu Humanität, die in unserem sozialistischen Staat realisiert worden ist, verknüpft uns mit ihm.[115]

Hans Kaufmann stellte fest, Thomas Mann habe zwar die Einsicht, „daß Kultur und Humanität sich mit imperialistischer Wirtschafts- und Gesellschaftsform nicht vertrugen", besessen, gleichwohl sei „Kultur" bei ihm immer mit „Bürgerlichkeit" verbunden geblieben. So „mochte er aus seiner Einsicht nicht alle Konsequenzen ziehen. Das tun wir."[116] Man handelte beim Aufbau der sozialistischen Gesellschaft somit gewissermaßen stellvertretend – und im Sinne Thomas Manns: „Dem Vermächtnis Thomas Manns aber wird jeder gerecht, der, nach Maßgabe seiner Kräfte, sein eigenes Streben auf das Ziel unserer sozialistischen Gesellschaft orientiert und es mit dem Willen des Dichters verbindet", so wiederum Wenzel 1965, der an anderer Stelle feststellte: „Längst ist in unserem Teil Deutschlands politische Wirklichkeit, was der Dichter prophezeite." Ähnlich hieß es in der *Neuen Zeit:* „Seine Überzeugung von der Notwendigkeit, die bürgerliche Ordnung zu überwinden, fand hier ihre reale Entsprechung", zugleich werde Thomas Manns Vermächtnis „unter sozialistischen Bedingungen mit jedem Tag mehr erfüllt"[117].

5 Erbstreitigkeiten: Das Thomas-Mann-Bild in der Systemkonkurrenz

Bei der Betrachtung des ostdeutschen Thomas-Mann-Bildes, insbesondere wenn es die Einheit von künstlerischem Werk und politischer Entwicklung vehement verteidigte, ist zu berücksichtigen, dass es – eben Verteidigung ist und immer

---

115 Flatau: „Lebensnotwendige Antworten".
116 Kaufmann, Hans: „Thomas Mann zum 100. Geburtstag". In: *Neues Deutschland* (6. Juni 1975).
117 Gdt.: „Thomas Manns Erbe".

auch auf gegensätzliche Urteile aus dem Westen reagierte. Als theoretischer Hintergrund dieser Verteidigungshaltung sei die die oben dargestellte Erbekonzeption in Erinnerung gerufen, die im Gegensatz zur Tradition einen Besitzanspruch formuliert und gleichsam andere Erbansprüche zurückweist: Die gängige West-Interpretation sei, so der übliche Vorwurf, eine entstellende, da sie den politischen Thomas Mann unterdrücke und ihn damit verfälschend interpretiere.[118] Der stellvertretende Vorsitzende des Ministerrates und vormalige Kulturminister Alexander Abusch bemängelte 1965, in westdeutschen Zeitungen werde das „Werk des Essayisten, politischen und kulturkritischen Redners" zu wenig gewürdigt.[119] Hinter der Konzentration der westdeutschen Germanistik auf das literarische Werk Thomas Manns sah er „die Reaktion" wirken und eine „Manipulierung des Geisteslebens durch die Macht des Imperialismus"[120]. Entsprechend war in der CDU-Zeitung *Neue Zeit* 1975 zu lesen, die „Apologeten der gegenwärtigen imperialistischen Gesellschaft" legten das „Werk des großen Humanisten" so aus, „daß sie es ihren Zielen dienstbar machen können"[121].

Der von Hoffmann hervorgehobene Kampf gegen „Verfälschung und Entstellung"[122] des Thomas-Mann-Bildes bezog sich nicht nur auf das Ineinander von Kunst und Politik, sondern auf die politische Bewertung allgemein. Er war bewusst wahrgenommener politischer Auftrag, der bereits zu Lebzeiten Thomas Manns begonnen hatte, deutlich während der „Großen Kontroverse", der Auseinandersetzung zwischen Thomas Mann und der so genannten „Inneren Emigration". Mit der „bewussten Verteidigung des humanistischen Dichters" habe Johannes R. Becher seinerzeit, so schrieb Georg Wenzel 1972, eine „politische Orientierung" ausgedrückt und „irrtümliche Einstellungen" gegenüber Thomas Mann „korrigiert". Die „*prinzipielle* Verteidigung Thomas Manns gegenüber Reaktion, Missverständnissen, Unduldsamkeit und dogmatischer Auslegung" habe „der kulturpolitischen Orientierung der Arbeiterklasse" entsprochen, „das Werk großer Humanisten zu pflegen"[123]. Die Verteidigung gegen „eine Flut westlicher Verleumdungen, Missverständnisse, böswilliger Angriffe und haltloser Verdäch-

---

118 In einigen Fällen wurde die Unterdrückung von vermeintlich inopportunen Äußerungen Thomas Manns im Sinne direkter Einflussnahme der Bundesregierung selbst unterstellt, wie etwa von Rudolf Reinhardt, der ihr 1955 vorwarf, die dpa angewiesen zu haben, „die Verbreitung der Bekenntnisse Thomas Manns zum einheitlichen Deutschland zu unterbinden." Reinhardt, Rudolf: „Dichter des ganzen Deutschlands". In: *Neues Deutschland* (14. August 1955).
119 Abusch, Alexander: „Thomas Mann und das ‚Freie Deutschland'". In: *Sinn und Form. Sonderheft Thomas Mann* 1965, S. 61–73, hier S. 64.
120 Ebd., S. 72–73. Zu Abuschs Kritik vgl. auch Jäger: „Thomas Manns Werk", S. 180.
121 *Neue Zeit* (31. Mai 1975), zitiert nach Bilke: „Thomas Mann in der DDR", S. 417.
122 Ebd.
123 Wenzel: „Zu einigen Problemen", S. 88. Hervorhebung im Original.

tigungen" drücke „einen Grundzug der Kulturpolitik der Arbeiterklasse aus"[124] – sie ist also fortgesetzte Bündnispolitik.

Diese Form der Thomas-Mann-Rezeption in Ostdeutschland wurde wiederum von einer kontinuierlichen Kritik aus dem Westen begleitet. Beispielhaft ist dies bereits anhand einiger Reaktionen auf offizielle Feiern, Würdigungen und Tagungen angeklungen. Neben schlichter Empörung und offenem Unverständnis gab es – auch dort, wo man Sympathiekundgebungen Thomas Manns für den Sozialismus nicht übersah – zuweilen Versuche, den Vereinnahmungsbemühungen differenzierte Positionen entgegenzuhalten, um der Gefahr zu entgehen, mit der eigenen Kritik selbst zu vereinfachen:[125]

> Die DDR beansprucht auch den letzten gesamtdeutschen Schriftsteller als klassisches Erbe für sich, sieht ihn gar als einen ‚Bündnispartner der Arbeiterklasse'. Hier wird eine ideologische Position besetzt, die mit der ‚letzten kostbaren Blüte bürgerlicher Kultur und Humanität' (der Komponist und Brecht-Freund Hanns Eisler) nicht zu verteidigen ist. [...] Trotz einiger Sozialismus-Partikel in Reden des späten Mann. Doch diese Abwehr naiv-blinder parteiischer Vereinnahmung gehorcht ja dem unsinnigen Mechanismus unserer Zeit. [...] Die Partei des eigentlich sehr unpolitischen Politischen hieß überall und stets: Thomas Mann.[126]

Außerdem war es der Kritik darum zu tun, die Vereinnahmung Thomas Manns schon deswegen als unzulässig darzustellen, da bestimmte Schriften – wie lange Zeit die *Betrachtungen eines Unpolitischen* –, bestimmte Kontexte oder Briefe Thomas Manns unterdrückt wurden und somit die philologische Grundlage des öffentlichen Thomas-Mann-Bildes einer Zensur unterlegen habe. Nur vereinzelt ging es allerdings darum, den Gegenbeweis dafür anzutreten, dass Thomas Mann *kein* Kommunist gewesen sei.[127] Die DDR-Kulturpolitik zu attackieren, war das eine – Thomas Mann vor dem Kommunismusverdacht zu schützen, ein anderes. Eine Position mit der Absicht, ihn von diesem freizusprechen, wurde im Westen kaum je mit derselben Sicherheit vorgetragen wie die östliche, die Thomas Mann für sich reklamierte, denn, so fragten sich Viele: War Thomas Mann ganz unschuldig an der Vereinnahmung im Osten? Hatte er nicht mit vielen seiner späten Äußerungen den Kulturpolitikern der DDR, die sich später als Alleinvertreter

---

124 Wenzel: „Johannes R. Becher und Thomas Mann", S. 150–151.
125 Vgl. zum Beispiel.: Leick, Romain: „Ein Schöngeist, der sich zum Sozialismus bekannte". In: *Vorwärts* (5. Juni 1975).
126 Kill, Reinhard: „Weltbürger Mann". In: *Rheinische Post* (6. Juni 1975).
127 Wohlrab, Hella: „Thomas Mann – Leben, Umwelt und Werk". In: *Lübecker Nachrichten* (19. Mai 1962): „Thomas Mann war kein Kommunist".

seines Erbes sahen, entsprechende Steilvorlagen geliefert?[128] Diese Fragen kamen von konservativer und rechter Seite. Auf der anderen Seite hingegen verschob sich der Fokus: Mit den *Betrachtungen eines Unpolitischen* gehöre Thomas Mann immerhin „in die Vorgeschichte des deutschen Faschismus", so war 1975 im *Spiegel* zu lesen. Und, hier allerdings als Defizit bemängelt: „Wörter wie Klassenkampf, Ausbeutung, Profitmaximierung hat er nie ausgesprochen."[129]

In der Presse der Bundesrepublik wurde jahrzehntelang heftig über den politischen Thomas Mann gestritten. Das ist der wichtigste Unterschied zum statischen ostdeutschen Thomas-Mann-Bild, das – so sollte hier gezeigt werden – mit wiederkehrender Terminologie eine theoretisch fundierte, ideologisch abgesicherte Rezeptionsposition mit ihren zentralen Kategorien spiegelt. In Westdeutschland blieb das Verhältnis zu Thomas Mann gespannt. Im Gegensatz zu den ostdeutschen Medien, so sehr deren Position abgelehnt wurde, war es hier nicht auf einen Nenner zu bringen. Aber das ist ein anderes Thema.

---

128 Vgl. zum Beispiel: „Es missfiel manches an ihm, nicht zuletzt seine Haltung gegen Deutschland. [...] Viele seiner Freunde empfanden es gewiss als peinlich, dass die erste Deutschland-Reise des Dichters gleich bis in die Sowjetzone ging, wo durch sein Benehmen Thomas Mann von den Kommunisten als große Propaganda ausgenutzt werden konnte." Nobel, Alphons: „Nachruf auf Thomas Mann". In: *Trierische Landeszeitung* (15. August 1955). Oder: „Der Kommunismus als ‚restaurative Kraft' zur Wiederherstellung des 19. Jahrhunderts, das ist das Wunschbild der linken Intellektuellen, als deren vornehmster Prototyp Thomas Mann seit 1937 gelten konnte. [...] Mit dem Nationalsozialismus ‚kollaboriert' zu haben, wurde als Verbrechen statuiert, ohne daß nach den Gründen, den Umständen und dem Zweck oder der Kollaboration gefragt wurde. Mit dem Kommunismus zu kollaborieren ist dagegen Ehrensache. [...] Thomas Mann hat viel dazu beigetragen, diese Haltung, wenn nicht zu kreieren, so doch zu legitimieren." Franzel, Emil: „Thomas Mann und das 20. Jahrhundert". In: *Deutsche Tagespost* [Würzburg] (29. August 1955).
129 Kesting, Hanjo: „Thomas Mann oder der Selbsterwählte. Zehn polemische Thesen über einen Klassiker". In: *Der Spiegel* 29 (1975) H. 22, S. 144–148, hier S. 146

Yahya Elsaghe
Die Verfilmung des *Doktor Faustus*. Zur populärkulturellen Aneignung des Thomas Mann'schen Exilwerks

Zählt man zu Thomas Manns Exilwerk nur diejenigen Texte, die im eigentlichen, erzwungenen Exil konzipiert oder zumindest zum größeren Teil geschrieben wurden – und sieht man also von einem Roman wie *Felix Krull* ab –, so hatte es dieses Exilwerk in den deutschen Massenmedien der Nachkriegszeit viel schwerer als die früheren Romane und Novellen des Autors. Dieser wurde damals häufiger verfilmt als irgendein*e andere*r Deutsche*r. Schon in den Fünfzigerjahren kamen nicht weniger als drei seiner Romane ins deutsche Kino: 1953 *Königliche Hoheit*;[1] 1957 die *Bekenntnisse des Hochstaplers Felix Krull*;[2] 1959 die *Buddenbrooks*.[3]

Die Romane des Exils dagegen mussten sehr viel länger warten – mehr als zwei, ja fast drei Jahrzehnte länger –, bis sie auf die deutschen Leinwände gelangten: *Lotte in Weimar* 1975;[4] *Doktor Faustus* 1982.[5] Diese Verspätungen sind schnell und leicht erklärt. Man hat sie als Kollateralphänomen der einst so großen Beliebtheit zu verstehen, die Manns *frühere* Texte im Medium Film genossen. Dazu zählten durchaus nicht nur literaturkritisch und literaturwissenschaftlich besonders gut rezipierte Romane und Novellen. Zur B-Klasse gehörten schon der zuallererst verfilmte Roman und genau die Hälfte der ersten sechs verfilmten Texte: *Königliche Hoheit*, *Wälsungenblut*[6] und, als erste Fernsehproduktion, *Herr und Hund*[7]; neben *Felix Krull*, *Buddenbrooks* und *Tonio Kröger*.[8]

Bei allen auch qualitativen Unterschieden war den zuerst verfilmten Texten eines gemeinsam. Schon aus entstehungsgeschichtlichen Gründen konnten sie nicht an die schlimmen Zeiten gemahnen, die zu vergessen Film und Kino den Deutschen mit allen Mitteln zu helfen hatten. Und wo sie sich, von wie fern auch immer, dennoch mit der Vor- oder Vorvorgeschichte dieser schlimmen Zeiten

---
1 *Königliche Hoheit* (R: Harald Braun, BRD 1953).
2 *Bekenntnisse des Hochstaplers Felix Krull* (R: Kurt Hoffmann, BRD 1957).
3 *Buddenbrooks* (R: Alfred Weidenmann, BRD 1959, 2 Teile).
4 *Lotte in Weimar* (R: Egon Günther, DDR 1976).
5 *Doktor Faustus* (R: Franz Seitz, BRD 1982).
6 *Wälsungenblut* (R: Rolf Thiele, BRD 1965).
7 *Herr und Hund* (R: Cas van den Berg, BRD 1963, TV-Film).
8 *Tonio Kröger* (R: Rolf Thiele, BRD 1964).

https://doi.org/10.1515/9783110706116-013

berührten, wurden solche Berührungsstellen gezielt retuschiert. Ein paar Beispiele:

Am Verlauf der Entstehungsgeschichte des Films *Königliche Hoheit* kann man *in actu* beobachten, wie alle Erinnerungen an das deutsche Judentum Schritt für Schritt getilgt wurden: vom ersten *treatment* und dem in seinem Zusammenhang *expressis verbis* gefassten Vorsatz, das „nationale Unterbewusstsein"[9] der Deutschen zu schonen; über die schrittweise Elimination des stereotyp jüdischen Textilnamens Dr. *Sammet* in den verschiedenen Fassungen des Drehbuchs[10]; bis zur endgültigen Aufnordung des nunmehr anonymen Doktors durch die Besetzung der Rolle mit einem Schauspieler, welcher der größeren Hälfte des damaligen Kinopublikums aus der nationalsozialistischen Unterhaltungsfilmindustrie in guter Erinnerung geblieben sein musste, somit keinerlei irgendwie jüdisch belastete Konnotationen mit sich führen konnte und keines der wiederum stereotypen Merkmale aufwies, die Thomas Mann in den physiognomischen Steckbrief seines Dr. Sammet eingetragen hatte.[11]

Oder: Die Abtretung der Verfilmungsrechte an *Wälsungenblut* war zum vornherein vertraglich an die Bedingung geknüpft, dass alle Anspielungen auf das Judentum des Hauptpersonals zu unterbleiben hätten.[12] Und auch noch in Heinrich Breloers *Buddenbrooks*[13] werden die Rivalitäten zwischen den Protagonist*innen und der Familie Hagenström *alias* Kohn von allen antisemitischen Implikationen saniert und sind insbesondere Hermann Hagenströms übergriffig-lüsterne Attacken auf Tony Buddenbrook ins Liebesnarrativ vom versagten Paar umgeschrieben oder, genau genommen, reintegriert.[14] Denn das sentimental-tragische Narrativ ist vom Roman her ja schon einmal besetzt. Vergeben wird es dort an Tony Buddenbrook und Morten Schwarzkopf, wie er mit ironischem Nachnamen heißt: „so blond *wie möglich*" (GkFA 1.1, 132; im Original keine Hervorhebungen), „außerordentlich heller Teint" (ebd., 141), Enkel eines „halbe[n] Norweger[s]" (ebd.) – kurz ein Hypergermane und somit eigentlich, soll heißen

---

9 Huth, Jochen: Anmerkungen zum Blueprint *Königliche Hoheit* VI, Seiten 44–56 vom 24. Januar 1953, S. 1. Filminstitut Hannover, Signatur FAB 101. *Königliche Hoheit*. Treatment von Jochen Huth.
10 Vgl. Elsaghe, Yahya: *Thomas Mann auf Leinwand und Bildschirm. Zur deutschen Aneignung seines Erzählwerks in der langen Nachkriegszeit*. Berlin u. Boston 2019, S. 81–87.
11 Vgl. ebd., S. 87.
12 Vgl. Seitz, Gabriele: *Film als Rezeptionsform von Literatur. Zum Problem der Verfilmung von Thomas Manns Erzählungen „Tonio Kröger", „Wälsungenblut" und „Der Tod in Venedig"*. München 1979, S. 463; Zander, Peter: „,Man muss sich auch dem Autor nähren, nicht nur dem Werk'. Ein Gespräch mit Franz Seitz". In: ders.: *Thomas Mann im Kino*. Berlin 2005, S. 226–235, hier S. 229.
13 *Buddenbrooks* (R: Heinrich Breloer, D 2008); *Buddenbrooks* (R: Heinrich Breloer, D 2010, zweiteilige TV-Fassung).
14 Vgl. Elsaghe: *Thomas Mann auf Leinwand und Bildschirm*, S. 210–216.

vom Roman aus gedacht, das exakte Gegenteil eines jeden Kohn oder Hagenström. Dem entsprechend wurde seine Rolle jeweils mit stereotyp teutonisch wirkenden Schauspielern besetzt: 1959 mit Horst Janson (in einem Kriegsfilm *Murphy's War*[15] auch ein deutscher U-Boot-Kapitän); 1979 mit Rainer Goernemann (der danach im Dokudrama *Die Wehrmacht*[16] wiederum einen deutschen Militär spielen sollte); 2008 mit Alexander Fehling (in Quentin Tarantinos *Inglourious Basterds*[17] ein Oberfeldwebel Wilhelm).

All die Kosmetik, die bei den Verfilmungen an den Antisemitismen zumal des Frühwerks vorgenommen wurde, war offensichtlich Teil und Ausdruck eines ganz bestimmten Bedürfnisses. Sie diente dazu, den Nationalschriftsteller von einem gewissen Strang der deutschen Geschichte säuberlich zu dissoziieren. Sie hatte damit denselben Zweck wie die gegenwärtige Verkultung Thomas Manns und neuerdings seiner ganzen Familie, ja selbst ihrer Wohnstätten – nämlich nach James George Frazers Klassifikation des primitiven Denkens so etwas wie einer „contagious magic"[18]. Sie war Arbeit an einem Mythos oder Mitarbeit an einem Erinnerungsort. Nur der Familie Mann war es denn vergönnt, als solche in einem eigenen Kapitel in das berühmte Kompendium der *Deutschen Erinnerungsorte* einzugehen[19] – hier wie anderwärts übrigens um den Preis einer *damnatio memoriae*, nämlich unter Aussparung bezeichnenderweise des jüngeren Bruders, Viktor Manns, eines Mitläufers und Mitmachers, dem Exil und Ausbürgerung erspart blieben.[20]

Aber zurück zur *kurzen* Nachkriegszeit. Solange das deutsche Kino- und später das Fernsehpublikum zu einem größeren Teil aus solchen bestand, die an ihre unmittelbare Vergangenheit nicht erinnert sein wollten, war es wenig ratsam, es mit Thomas Manns Exilwerken zu konfrontieren. Denn diese waren im Exil nicht nur eben entstanden; sondern sie alle, ausnahmslos, etwa *Das Gesetz*[21],

---

15 *Murphy's War* (R: Peter Yates, GB/USA 1971).
16 *Die Wehrmacht. Eine Bilanz* (R: Ingo Helm et al., D 2007, fünfteiliger TV-Film).
17 *Inglourious Basterds* (R: Quentin Tarantino, USA/D 2009).
18 Frazer, James George: *The Golden Bough. A Study in Magic and Religion.* New York 1922, S. 37.
19 Vgl. von der Lühe, Irmela: „Die Familie Mann". In: *Deutsche Erinnerungsorte.* Bd. 1. Hg. v. Etienne François u. Hagen Schulze. München 2001, S. 254–271.
20 Vgl. Elsaghe, Yahya: [Rezension zu:] „Tilmann Lahme: Die Manns. Geschichte einer Familie; und Manfred Flügge: Das Jahrhundert der Manns". In: *Abitrarium* 35 (2017) H. 1, S. 128–134, hier S. 133.
21 Vgl. Catani, Stephanie: „Das Gesetz". In: *Thomas Mann-Handbuch. Leben – Werk – Wirkung.* Elsaghe, Yahya: „Hebräer?" *Das Gesetz*, der Nationalsozialismus und Thomas Manns Bachofen-Rezeption. In: *Thomas Mann Jahrbuch* 33 (2020), S. 159–176, hier S. 159, 161, 175 f.

aber selbst noch eine so abgehobene „Legende" wie *Die vertauschten Köpfe*[22], reflektieren das Exil auch und machen dessen Bedingungen zum Thema.

Die beiden Exil*romane* eigneten sich also denkbar schlecht zur nationalen Selbstvergewisserung, der die deutschen Thomas Mann-Verfilmungen schon seit der Stummfilmzeit zu dienen hatten und bis in die Gegenwart zu dienen haben, von Gerhard Lamprechts *Buddenbrooks*[23] bis zu den *Buddenbrooks* Breloers. Deren Premiere beehrte der Bundespräsident höchstselbst mit seiner Gegenwart. Er nutzte die Gelegenheit prompt zu kollektiv-selbstgratulatorischen Auslassungen über „uns Deutsche" und „unser[] Wesen[]". „Für uns Deutsche", gab er zu Protokoll, „ist dieses Buch immer noch wie ein Spiegel unseres Wesens und unserer Kultur – wenn auch aus einer vergangenen Zeit."[24]

Auch fast ein Jahrhundert zuvor sollten bereits *Die* [sic!] *Buddenbrooks* Lamprechts dem durch Krieg und Hyperinflation gedemütigten Nationalstolz wiederaufhelfen. Das verraten schon nur die Lobpreisungen der Presse, die besonders auch *in puncto sex* und *gender* für sich sprechen. „Es ist ein Meisterwerk"[25]; „ein neuer Mann"[26] sei an diesem „urdeutsche[n] Stoff"[27] – seinenteils ein „Manneswerk" – „feinfühliger geworden"[28]. Darauf könne man „stolz sein", und nochmals: „mit Recht stolz sein"[29]; und so fort.

Jeder Versuch, auch die Exilromane in so einem selbstgefälligen und selbstgerechten Sinn zu vereinnahmen, hätte zwangsläufig in eine dilemmatische Situation geführt, nämlich zwischen Werktreue und einer nicht zuletzt durch die Verfilmungsgeschichte erzeugten Publikumserwartung entscheiden, lavieren, vermitteln zu müssen. Insofern ist es nicht weiter erstaunlich, sondern für dieses

---

22 Vgl. Hamacher, Bernd: „Die vertauschten Köpfe". In: *Thomas Mann-Handbuch* (2015), S. 140–142, hier S. 141; Elsaghe, Yahya, „*Die vertauschten Köpfe* und Thomas Manns politische Bachofen-Rezeption". In: *Matriarchatsfiktionen. Johann Jakob Bachofen und die deutsche Literatur des 20. Jahrhunderts*. Hg. v. dems., Ulrich Boss u. Florian Heiniger. Basel 2018, S. 221–245, hier S. 243–245.
23 *Die Bruddenbrooks* (R: Gerhard Lamprecht, D 1923).
24 Köhler, Horst: „Grußwort [...] anlässlich der Welturaufführung des Filmes *Buddenbrooks*. Essen, 16. Dezember 2008". http://www.bundespraesident.de/SharedDocs/Reden/DE/Horst-Koehler/Reden/2008/12/20081216_Rede2.html (Zugriff am 10. September 2018); Vogler, Jörg: „Breloers *Buddenbrooks* uraufgeführt". In: *Der Tagesspiegel* (16. Dezember 2008), https://www.tagesspiegel.de/kino-breloers-buddenbrooks-uraufgefuehrt/1397816.html (Zugriff am 10. September 2018).
25 Anonymus [Th.]: „Die Buddenbrooks". In: *Der Film* 8 (1923) H. 36–37, S. 23.
26 Gr[oßmann], St[efan]: „Der Buddenbrook-Film". In: *Das Tage-Buch* 4 (1923) H. 36, S. 1279.
27 Anonymus [F. O.]: „*Buddenbrooks*. Nach dem gleichnamigen Roman von Thomas Mann". In: *Neue Illustrierte Filmwoche* 1 (1923) H. 10, S. 148–149, hier S. 149. Weitere Belege in: Belach, Helga et al. (Hg.): *Das Kino und Thomas Mann. Eine Dokumentation*. Berlin 1975, S. 27–30.
28 Gr[oßmann]: „Der Buddenbrook-Film", S. 1279.
29 Anonymus [Th.]: „Die Buddenbrooks", S. 23.

Dilemma vielmehr bezeichnend, dass Jahrzehnte vergehen mussten, bis ein erster Exilroman verfilmt wurde, *Lotte in Weimar*. Und noch einmal Jahre länger sollte es dauern, bis auch das *opus potissimum* des Exilwerks an die Reihe kam, der *Doktor Faustus*, der die Bedingungen des Exils zum Thema machte wie sonst kein Roman und keine Novelle des Autors.

Die bald einmal so genannte ‚deutsche Katastrophe'[30] steckt bekanntlich nicht nur den fiktional-erzählzeitlichen Rahmen des *Doktor Faustus* ab; sondern in ihr besteht in gewissem Sinn auch der thematische Perspektivpunkt seiner Binnenhandlung. Dieser gewisse oder vielmehr ungewisse Sinn bildet das *punctum saliens* des Romans: In welchem Verhältnis steht die genialische Lebens- und Krankengeschichte Adrian Leverkühns zu dem, was erst nach dessen Zusammenbruch mit Deutschland passieren sollte?

Wie auch immer man die Frage beantwortet oder ob man sie auf sich beruhen lässt: Auf jeden Fall wird entlang von Leverkühns Künstlerbiographie immer schon die unmittelbare Vorgeschichte des Nationalsozialismus miterzählt. Und auf der Ebene der fiktiven Erzählzeit sind nicht nur die Kriegsereignisse thematisch; sondern Thema sind notgedrungen auch die Verhältnisse unter der nationalsozialistischen Diktatur. Das beginnt bei der „Kartenabgabe" (GkFA 10.1, 16) des Erzählers, der bei dieser ersten Gelegenheit nicht umhinkann, seine „befremdete Stellung zu den vaterländischen Gewalten" (ebd., 21) zu erwähnen. Auf seine „Resignation vom Lehramte" sei „nicht ohne Einfluß" gewesen, dass er „in der Judenfrage" oder, seit einer Einfügung in die Handschrift, „*gerade* in der Judenfrage und ihrer Behandlung unserem Führer und seinen Paladinen niemals", seit einer nochmaligen handschriftlichen Erweiterung, „niemals *voll* habe zustimmen können" (ebd., 17, im Original keine Hervorhebungen; vgl. ebd., 10.2, 183). Und es endet mit einer Erwähnung der „Bevölkerung von Weimar [...], die in scheinbaren Ehren ihren Geschäften nachging[] und nichts zu wissen versuchte[]" (ebd., 10.1, 696), bis sie General George S. Patton mit ihrer kollektiven Mitschuld konfrontierte und sie dazu zwang, sich dem Anblick und den Gerüchen des Lagers Buchenwald auszusetzen.

Der Erzähler ruft hier Bilder ab, wie sie dem Autor aus einer Photoreportage des *Time Magazine* vom April 1945 bekannt waren und wie sie im kollektiven Gedächtnis bis heute gut eingespeichert sind (vgl. ebd., 10.2, 855), heute am ehesten in Form des Dokumentarfilms, der bei derselben Gelegenheit gedreht wurde. Damit sind wir jetzt zwar schon beim Medium der „optische[n] Erzähl-

---

30 Vgl. Meinecke, Friedrich: *Die deutsche Katastrophe. Betrachtungen und Erinnerungen*. Zürich und Wiesbaden 1946.

form"[31], aber noch nicht oder gerade nicht bei der Verfilmung des Romans durch Franz Seitz. Denn in der Verfilmung würden die notorischen Aufnahmen von 1945 keinen Platz finden. Das ist sehr bezeichnend für die Antwort, die Seitz dem Kinopublikum auf jene bohrende Frage gab; und umso bezeichnender, als er bei seiner Verfilmung ansonsten sehr wohl auf dokumentarisches Film- oder Fotomaterial zurückgriff. Und zwar tat er das im Rahmen seines Versuchs, das Verhältnis von Binnenhandlung und Rahmenerzählung medial umzusetzen, indem er nämlich die eine in Farbe, die andere schwarz-weiß verfilmte:

In Farbe wird die eigentliche Künstlervita gespielt, annalistisch einigermaßen treu zur Vorlage von 1885 bis 1940 – nur mit anderen Monatsdaten: Leverkühn, wie sein offenkundiges ‚Modell' Friedrich Nietzsche[32], soll am „15. Oktober 1885"[33] zur Welt gekommen sein und nicht, wie der Leverkühn des Romans (oder dessen Autor), „zur Zeit der Lindenblüte" (GW VIII, 886; vgl. GkFA 10.1, 22). Und aus geradeso gut nachvollziehbaren Überlegungen heraus muss er im Film zwei Monate früher sterben als im Roman. Im Roman erhält Zeitblom die Nachricht vom Tod seines Freundes am „25. August 1940" (vgl. GkFA 10.1, 738). Im Film jedoch datiert die Einladung zu seinem Begräbnis vom 25. *Juni*. Das war der Tag, an dem der am 22. Juni geschlossene Waffenstillstand von Compiègne in Kraft trat. So kann der Film-Zeitblom auf seiner Zugfahrt zu Leverkühns Bestattung den siegreich heimkehrenden Wehrmachtssoldaten begegnen.

Auch bei dieser festlichen Gelegenheit aber ist nicht *ein* Hakenkreuz zu sehen oder sozusagen kaum ein halbes und ohnedies nur ganz kleines. Dieses gerät nur so in den Blick – oder entgeht ihm so vielmehr –, dass es, Teil eines Uniformabzeichens und hinter Blumen verborgen, bis zur Unkenntlichkeit verstellt bleibt.[34] Selbst unter den Angehörigen der Hitlerjugend, die zuletzt im Hintergrund sichtbar sind, scheint nur ein einziger eine Kampfbinde zu tragen; und die ist so gedreht, dass man das verpönte Emblem nicht zu Gesicht bekommt (nachdem es zuvor sehr flüchtig durch die Zugsscheibe zu sehen war).[35]

Innerhalb der in Farbe erzählten beziehungsweise gespielten Zeit, mit anderen Worten, werden Evokationen des Nationalsozialismus so ‚gut' wie voll-

---

31 Seitz, Franz: „Teufelslachen löst Lawinen aus". In: *Doktor Faustus. Ein Film von Franz Seitz nach dem Roman von Thomas Mann*. Hg. v. Gabriele Seitz. Frankfurt/Main 1982, S. 113–131, hier S. 113.
32 Freundlicher Hinweis von Elias Zimmermann, Bern, vom 21. Dezember 2018.
33 Seitz, Franz: „Doktor Faustus. Lesefassung des Drehbuches". In: *Doktor Faustus. Ein Film von Franz Seitz nach dem Roman von Thomas Mann* (1982), S. 31–112, hier S. 42; ders.: Doktor Faustus, 00:16:12.
34 Vgl. Seitz: Doktor Faustus, 01:52:33.
35 Vgl. Seitz: Doktor Faustus, 01:52:15, 01:52:31.

ständig unterbunden. Und auch die Voraussetzungen der nationalsozialistischen Diktatur, ganz anders als im Roman, bleiben hier unerzählt. In der Binnenhandlung des *Films* gibt es keine erkennbar jüdischen Figuren mehr und erst recht keine Antisemit*innen. Ein Saul Fitelberg, ein Chaim Breisacher oder eine Kunigunde Rosenstiel kommen nicht mehr vor. Gestrichen wurde auch die Rolle des völkisch gesinnten Gilgen Holzschuher. Rüdiger Schildknapp setzt im Film keine seiner judenfeindlichen Äußerungen mehr ab; und schon gar nicht lässt er sich noch von „jüdischen Verlegersfrauen und Bankiersdamen" aushalten, um so die „tiefgefühlte[] Bewunderung ihrer Rasse für deutsches Herrenblut und lange Beine" (GkFA 10.1, 249) skrupellos auszunutzen.

Die Verleugnungsstrategie, durch die Seitz seine Verfilmung von unguten Erinnerungen an den Nationalsozialismus so weit als möglich freigehalten hat, obwohl es im Roman daran so wenig fehlt wie in keinem anderen Spätwerk Thomas Manns, – solches Vermeidungsverhalten erstreckt sich über die farbige Binnenhandlung des Films hinaus und naturgemäß eben auch auf den Rahmen, innerhalb dessen Leverkühns Biographie erzählt wird. Diesen Erzählrahmen hat Seitz nun in Form von fünf, sechs Schwarz-Weiß-Sequenzen umgesetzt. Und hierzu eben verwandte er meist das *found footage* zeitgenössischer Dokumentaraufnahmen.

Die Schwarz-Weiß-Sequenzen decken ziemlich genau die fiktive Erzählzeit des Romans ab, von Mai 1942, als der Krieg für Deutschland noch gewinnbar schien, bis Frühjahr 1945, als er verloren wurde oder war: In der ersten Sequenz sind ein „britischer Bomberverband" und ein deutscher „Kellerraum"[36] zu sehen (je nach Fassung dazwischen „Das Schlachtfeld von Charkow 1942", wo die Wehrmacht, einen Tag nachdem der Zeitblom des Romans zu schreiben begonnen haben soll, einen vorläufigen Sieg errang); in der zweiten Sequenz die Versenkung eines Zivilschiffs durch die deutsche Kriegsmarine („1942"[37]); in der dritten ein in Brand gebombtes Haus in Zeitbloms Nachbarschaft („1942"[38]); in der vierten „die Niederlage von Stalingrad"[39] (1943); in der letzten, einem *still* oder einer Photographie, „verlassene Ruinenlandschaften"[40], wahrscheinlich Berlins[41], wahrscheinlich mit dem März oder April 1945 als *terminus post quem*. Von der einst fünften und vorletzten, die und weil sie in der heute vertriebenen Fassung des Films entfallen wird, erst später etwas mehr.

---

36 Seitz: „Doktor Faustus. Lesefassung", S. 31.
37 Ebd., S. 41; ohne Hervorhebungen des Originals.
38 Ebd., S. 55; ohne Hervorhebungen des Originals.
39 Ebd., S. 78; ohne Hervorhebungen des Originals.
40 Ebd., S. 112; ohne Hervorhebungen des Originals.
41 Freundliche Auskunft von Stig Förster, Bern, vom 22. August 2018.

Die Schwarz-Weiß-Bilder aus der fiktiven Erzählzeit (einschließlich dieser dann herausgeschnittenen Szene) gelten also alle dem Krieg und keineswegs den Schandtaten, die in seinem Windschatten verübt wurden und auf die sich der Romantext mit sehr deutlichen Worten bezieht. Drei der (in der heute zugänglichen Fassung) fünf realisierten Schwarz-Weiß-Einlagen zeigen den Luftkrieg gegen die deutschen Städte. Dazwischen eingerückt, ebenfalls mit Verwendung historischen Filmmaterials, erscheinen je eine Episode aus dem See- und dem Landkrieg. Deren eine, erste, gilt einem taktischen Sieg der Wehrmacht und die andere *der* strategischen Niederlage derselben, dem deutschen „Erinnerungsort" Stalingrad[42] – wo übrigens auf einer liegengebliebenen Soldatenleiche auch, integriert wiederum in das Brustabzeichen einer Wehrmachtsuniform, ein weiteres Hakenkreuzchen kurz in den Blick kommt. Dass damit auch hier wieder die ideologische Urheberschaft des Kriegs marginalisiert oder vertuscht bleibt, von Kriegsverbrechen und Vernichtungslagern ganz zu schweigen, liegt auf der Trajektorie eines ganz bestimmten und genau bestimmbaren Viktimisierungsnarrativs, dem die Schwarz-Weiß-Bilder unterliegen. Der Zweite Weltkrieg erscheint in ihnen mit nur einer Ausnahme so, dass die Deutschen die Stelle der Opfer oder doch der Geschlagenen besetzen. Und die eine Ausnahme, die zweite Schwarz-Weiß-Sequenz, verharmlost die deutsche Täter*innenschaft.

Diese zweite Schwarz-Weiß-Sequenz ist in eine Jugendepisode aus dem Jahr „1898"[43] eingelassen. Der junge Serenus Zeitblom sieht Tränen in die Augen seines Freunds treten, der dann, nach dem Schwarz-Weiß-Einschub, vollends weinen wird. Adrian rezitiert wie im Roman Verse, in denen sein eigenes „unabwendbare[s] Einsamkeitsverhängnis" zu „höchstem Ausdruck" (GkFA 10.1, 117) findet:

> Was vermeid' ich denn die Wege, wo die andren Wandrer gehn
> [...]
> Habe ja doch nichts begangen,
> Daß ich Menschen sollte scheu'n –
> [...]
> Welch ein törichtes Verlangen,
> Treibt mich in die Wüstenei'n? (ebd., 117–118)

Im Film nun geht die Einspielung des eigentlichen Schubert-Lieds über in dessen Ausstrahlung durch ein „Radiogerät (Volksempfänger Modell 1938)"[44]. Diese hört

---

42 Vgl. Ulrich, Bernd: „Stalingrad". In: *Deutsche Erinnerungsorte*. Bd. 2, S. 332–348.
43 Seitz: „Doktor Faustus. Lesefassung", S. 41; ohne Hervorhebung des Originals.
44 Seitz: „Doktor Faustus. Lesefassung", S. 41; ohne Hervorhebungen des Originals.

Zeitblom in dem Schwarz-Weiß-Einschub am Schreibtisch, bis sie durch eine Sondermeldung unterbrochen wird:

> ADRIAN: ... was vermeid' ich denn die Wege, wo die anderen Wanderer gehn ...
> ... habe ja doch nichts begangen, daß ich Menschen sollte scheun ...
> *Serenus blickt um* [sic!], *sieht, daß Adrian Tränen in den Augen hat.*
> [...]
> *Dr. Serenus Zeitblom sitzt an seinem Schreibtisch [...].*
> LIEDGESANG: ... was vermeid' ich denn die Wege, wo die anderen Wanderer gehn ...
> ... suche mir versteckte Stege auf verschneiten Felsenhöh'n ...
> *Eine Sondermeldungsfanfare unterbricht die Übertragung von Schuberts „Winterreise".*
> [...]
> NACHRICHTENSPRECHER: Das Oberkommando der Wehrmacht gibt bekannt: Deutsche U-Boote haben im Nordatlantik einen feindlichen Geleitzug angegriffen und dabei vierzehn Schiffe mit neunundsechzigtausendachthundertdreiundneunzig Bruttoregistertonnen versenkt.
> *Deutsche U-Boote greifen den Konvoi ON 154 an. Detonationen von Torpedos. Ein Volltreffer reißt die Bordwand eines Handelsschiffes auf. Tote schwimmen auf der bewegten See [...].*
> *Die Musiksendung geht weiter.*[45]

Dieser Passus des Drehbuchs wurde im Film nicht ganz so umgesetzt, wie es dasselbe vorgegeben hätte. Die Versenkung des Zivilschiffs ist zwar zu sehen (eines ägyptischen Handelsschiffs namens *Radames*, das freilich kein Teil des *Convoy ON 154* war und nicht erst „1942" versenkt wurde). Jedoch sind die Opfer der deutschen Aggression alle noch am Leben. „Tote schwimmen" hier keine „auf der [...] See" und *könnten* hier auch gar nicht ins Bild kommen. Denn bei der Versenkung der Radames gab es überhaupt nur ein einziges Todesopfer. Und auch dieses eine hätte nicht gefilmt respektive nicht gezeigt werden dürfen in dem mutmaßlichen Quellenpool, aus dem Seitz hier geschöpft hat, indem er seine fiktionale mit einer dokumentarischen Inszenierungsform mischte.[46] Allem Anschein nach hat sich Seitz hier nämlich bei den deutschen Wochenschauen bedient,[47] deren propagandistisch-systematische Beschönigungen des Aggressionskriegs so gewissermaßen komplizenhaft fortgesetzt sind[48].

---

45 Ebd., S. 41–42.
46 Vgl. Koch, Gertrud: „Nachstellungen. Film und historischer Moment". In: *Die Gegenwart der Vergangenheit. Dokumentarfilm, Fernsehen und Geschichte.* Hg. v. Eva Hohenberger u. Judith Keilbach. Berlin 2003, S. 216–229, hier S. 219.
47 Vgl. Klimitschek, Lotte: „Das Spiel der Ebenen". In: *Doktor Faustus. Ein Film von Franz Seitz nach dem Roman von Thomas Mann* (1982), S. 152–157, hier S. 155.
48 Vgl. Kracauer, Siegfried: *Von Caligari zu Hitler. Eine psychologische Geschichte des deutschen Films.* Frankfurt/Main 1984, S. 323, 356–362.

Ansonsten aber wird in den Schwarz-Weiß-Einschüben dieser hier also bloß aufgeschönte Aggressionskrieg als solcher systematisch und nach allen Regeln der Kunst verschleiert. Schon deren erster, indem er erst einen „britische[n] Bomberverband" in Fern- und dann in Nahaufnahme einen deutschen „Kellerraum" ins Bild rückt, appelliert an das Mitgefühl mit den deutschen Opfern der alliierten Fliegerangriffe:

> [...] viermotorige Maschinen vom Typ ‚Halifax' [...]. In einem Kellerraum [...] ein paar ältere Männer, ein paar Frauen und Kinder [...]. Etwas abseits [...] der sechzigjährige [...] Zeitblom. Sein Gesicht spiegelt tiefe Betroffenheit wider. Einschläge in unmittelbarer Nähe [...].[49]

Die im Drehbuch vorgegebene Reihenfolge der Zivilist*innen, die hier im Luftschutzkeller unter den in unmittelbarer Nähe einschlagenden Luftminen oder Brandbomben leiden („ältere Männer" – „Frauen und Kinder" – „Zeitblom"), wurde bei der Realisation der Szene in minimer, aber dennoch Bände sprechender Weise abgeändert. Im realisierten Film beginnt die Szene mit einer Einstellung auf zwei liegende Kinder. Sie werden so liebevoll gehätschelt, wie man nun einmal sein Kind im Wunsch oder zu dem Zweck zudeckt, es zu schützen – eine rührende und unter den gegebenen Umständen bemitleidenswert hilflose Geste elterlicher Liebe und Fürsorge. Die ersten Deutschen also, die einem hier zu Gesicht kommen, sind geradezu topisch schuldlose Wesen – so oder so ähnlich wie die nächste Schwarz-Weiß-Aufnahme den Seekrieg mit den Schubert'sch untermalten Leiden eines Knaben zusammenziehen wird.

Der *über*nächste („1942"), also nach Schubert und Sondermeldung nächstfolgende Schwarz-Weiß-Einschub schließt an Leverkühns fatalen Bordellbesuch an, zwischen „1906"[50] und „1907"[51]. Zeitblom hat soeben den Brief angezündet, den ihm Leverkühn im Roman „sofort" (GkFA 10.1, 211; ohne Hervorhebung des Originals) zu vernichten nur (und eben vergeblich) befiehlt. Die Aufnahme des verbrennenden Papiers geht – via eine um ein Feuer tanzende Teufelsmarionette – in eine Schwarz-Weiß-Aufnahme über, in der Flammen aus den Fenstern eines in Brand gebombten Wohnhauses schlagen, und zwar, wie schon angedeutet, in Deutschland. Denn in dem hier nur *pseudo*historischen Schwarz-Weiß-Material kommt auch Zeitblom ins Bild:[52]

---

49 Seitz: „Doktor Faustus. Lesefassung", S. 31.
50 Ebd., S. 45–54.
51 Ebd., S. 55–62.
52 Seitz: *Doktor Faustus*, 00:29:34.

> Ein brennendes Mietshaus. Männer des zivilen Luftschutzes versuchen, der Flammen Herr zu werden. Die Bewohner sind dabei, eilig ein paar Habseligkeiten zu retten. Während die Sirenen Entwarnung heulen, kommt Dr. Serenus Zeitblom die Straße herauf, bleibt angesichts der vergeblichen Löscharbeiten stehen, sinnt nach.[53]

Die nächste Schwarz-Weiß-Einblendung, unter Verwendung nun wieder authentisch-historischen Filmmaterials, ist in eine Szene integriert, „Abtszimmer (1915)"[54], die mit der Konzeption eines Requiems endet, wie es dem zynischen Roman-Leverkühn eines zu komponieren freilich nie in den Sinn käme:

> Ein mit Eisblumen bedecktes Fenster. In die kristallischen Niederschläge ist das magische Quadrat
> 8 1 6
> 3 5 7
> 4 9 2
> eingeritzt.
> Adrian schmilzt mit dem Handballen die Ziffer Fünf heraus, löscht sie. Dann fährt er mit dem Zeigefinger von der Eins zur Neun, von der Neun zur Vier, von der Vier zur Drei, und bildet so eine Verbindungslinie.
> ADRIAN: ... eins ... neun ... vier ... drei ...
> In den Vegetatives vorgaukelnden Phantasmagorien erscheint nunmehr [...] die Wirklichkeit der deutschen Niederlage in Stalingrad, an deren Ende sich der elende, riesige Gefangenenzug durch die russische Schneewüste schleppt.[55]

Leverkühn ist hier nicht nur ein genialer Komponist, dem seine Werke in seiner Phantasie gleich endgültig zufallen. Er mutiert auch noch zum Propheten. In einer numerologisch-annalistischen Spekulation, die er mit einem magischen Quadrat anstellt, wie es im Roman über Dürers *Melencolia I* vorgegeben ist (vgl. GkFA 10.1, 138), sieht er ein Vierteljahrhundert weit in die Zukunft. Schon im Winter 1915, also in den ersten, für Deutschland ja noch siegreichen Monaten des Ersten Weltkriegs, hat er eine Vision von einer entscheidenden Schlacht des Zweiten, deren Datum er im Film auch noch auszubuchstabieren hat: „eintausendneunhundertdreiundvierzig"[56].

Zu einer Zeit, da der kollektive Pakt der Deutschen mit dem Bösen noch längst nicht geschlossen war und für jemanden ohne divinatorische Begabung auch beim besten Willen nicht absehbar gewesen wäre, erscheint der Anfang vom Ende des Zweiten Weltkriegs wie dieser selbst als etwas unabwendbar Vorherbe-

---

53 Seitz: „Doktor Faustus. Lesefassung", S. 55.
54 Ebd., S. 78; ohne Hervorhebungen des Originals. Vgl. Seitz: *Doktor Faustus*, 01:04:07.
55 Seitz: „Doktor Faustus. Lesefassung", S. 78.
56 Seitz: *Doktor Faustus*, 01:04:36.

stimmtes. In einer Art alltagsmythologischer Verschiebung wird der von den Nationalsozialisten geplante und angezettelte Krieg zu etwas fatal Verhängtem umstilisiert – womit natürlich alle weiteren Erörterungen von Schuld und Verantwortung obsolet wären.

Dieselbe Entlastungsfunktion kommt im Übrigen den Erzählerkommentaren zu, mit denen die Schwarz-Weiß-Sequenzen zu ihrem größeren Teil unterlegt sind. Die erste und die letzte kommentiert der ‚tief betroffene' Zeitblom so:

> … ist aber die Hölle gleichgesetzt mit dem Diesseits unserer Gegenwart, so gehen Nation und Teufel, Faust und Mephisto ineinander über und Jedermann [sic!] kann beides sein oder werden.[57]

Jede*r soll beides sein oder werden können – oder eigentlich dreierlei –: „Nation und Teufel, Faust und Mephisto". Womöglich noch geschraubter und jedenfalls noch verräterischer ist, was dem ‚nachsinnenden' Zeitblom „angesichts der vergeblichen Löscharbeiten" zu den Deutschen einfällt. Diese erscheinen auch in diesen Ruminationen wieder als Opfer oder doch als das *Objekt* der Gefahr. Die Deutschen seien „bedroht"[58]. So jedenfalls wollte es das Drehbuch. Bedroht sind sie oder ihre „Durchbruchsbegierde […] von neurotischer Verstrickung und stillem Satanismus"[59]. Dann (auch im realisierten Film) werden sie in ihrer „Durchbruchsbegierde" obendrein noch mit „Puppe", „Schmetterling" und „Hetaera esmeralda …" verglichen;[60] mag dieser exotische Tiername im Roman auch für eine dezidiert un- oder nichtdeutsche Frau reserviert bleiben:[61]

> Der Deutsche liebt das Schicksal, wenn es nur eines ist, und sei es der Untergang, unersättlich seine Durchbruchsbegierde, bedroht von neurotischer Verstrickung und stillem Satanismus. Wie kommt man ins Freie? Wie sprengt man die Puppe und wird zum Schmetterling? Hetaera esmeralda …[62]

Was auch immer das feierliche Geschwurbel von „Durchbruchsbegierde, […] neurotischer Verstrickung und stillem Satanismus" besagen will – die wahrhaft gordische Antwort, welche die Verfilmung auf die vom Roman aufgeworfene Frage gibt, lautet etwa so: Leverkühn gleich „Jedermann" gleich jede*r Deutsche.

---

57 Seitz: „Doktor Faustus. Lesefassung", S. 31.
58 Ebd., S. 55.
59 Ebd.
60 Ebd.
61 Vgl. Elsaghe, Yahya: *Die imaginäre Nation. Thomas Mann und das ‚Deutsche'*. München 2000, S. 21, 62–70.
62 Seitz: „Doktor Faustus. Lesefassung", S. 55.

Die Deutschen sind gefährdet, und *qua* Gefährdung appellieren sie an Emotionen wie Sympathie und Mitleid. Sie sind halt vor allem einmal Opfer. In den Schwarz-Weiß-Einlagen geraten denn auch die Deutschen ans *receiving end* des Kriegs. Die *in personis* sichtbaren Zivilist*innen sind ausschließlich Deutsche.

Jede*r, und hätte sich der Pakt mit dem Bösen in Tat und Wahrheit auch ganz anders ausgewirkt als in genialen Kunstwerken, sei es in schwerkrimineller Täter*innenschaft oder auch nur in feigem Mitläufer*innentum, darf sich nun mit der heroischen Figur eines Adrian Leverkühn und der Medikalisierung ihres Schicksals identifizieren;[63] ein Angebot, das manch einem*einer zur Nobilitierung seiner*ihrer Vergangenheit oder zur Entlastung wie gerufen gekommen sein dürfte. Und da der Romanprotagonist obendrein zusehends christushafte Züge annimmt[64] (vgl. GkFA 10.1, 699–700), impliziert die Gleichsetzung mit ihm zugleich wieder einen Anspruch auf den Status eines Opfers, und zwar eines ganz und gar unschuldigen. Desto sinniger erscheint es, wenn Seitz den Entschluss zu seinem Film mit dem „8. April 1979" auf ein Fest datiert haben wollte, „Ostern"[65], das dem Gedenken an dieses unschuldige Opfer und an dessen Erhöhung dient; wobei diese heilsgeschichtliche Hochstilisierung der „Initialzündung"[66] umso verräterischer ist, als sie gegen die leidigen Tatsachen des Kirchenjahrs erfolgte. Denn der 8. April fiel 1979 auf gar keinen Osterfeier-, sondern ‚nur' auf den Palmsonntag.[67]

Und ebenso sinnig ist es, dass die kirchenkalendarisch so bedeutsam wie unglaubwürdig datierte „Initialzündung" in einem Einfall zur Realisation der „Begegnung mit dem Leibhaftigen"[68] bestanden haben soll. Denn die Existenz des Leibhaftigen gibt die einzig bündige Erklärung ab, die der Film für die hier wahrhaft *deutsche* Katastrophe oder die „deutsche Daseinsverfehlung"[69] bereithält, wie Franz Seitz diese Katastrophe mit Ernst Niekisch zu nennen beliebte. Schuld an allem hat der gute alte Teufel, wie er im Film in der kindgerechten Form eines Puppentheaters eingespielt wird. Der Teufel darf hier indessen nicht nur als Marionette, sondern dem Helden auch höchstpersönlich erscheinen. Und zwar tritt er als buchstäblich Leibhaftiger auf, das heißt ohne die wahrnehmungs-

---

63 Vgl. Kapczynski, Jennifer: *The German Patient. Crisis and Recovery in Postwar Culture.* Ann Arbor 2008, S. 120, S. 147–156.
64 Elsaghe, Yahya: *Thomas Mann und die kleinen Unterschiede. Zur erzählerischen Imagination des ‚Anderen'.* Köln, Weimar u. Wien 2004, S. 59–60.
65 Seitz: „Teufelslachen löst Lawinen aus", S. 113.
66 Ebd.
67 Freundlicher Hinweis von Elias Zimmermann, Bern, vom 21. Dezember 2018.
68 Seitz: „Teufelslachen löst Lawinen aus", S. 113.
69 Niekisch, Ernst: *Deutsche Daseinsverfehlung.* Berlin 1946.

physio- oder -pathologischen Vorbehalte, unter denen sein Erscheinen in den Fiebergesichten des Romanprotagonisten steht.

In welcher konkreten Gestalt *die Deutschen* mit dem Bösen *ihren* Pakt eingingen, bleibt dagegen unklar oder doch verschwiegen. Daher auch die konsequenten Aussparungen oder dann verschämten Camouflagen des Hakenkreuzes sowohl in den farbigen wie in den Schwarz-Weiß-Sequenzen, wo denn auch weit und breit noch nicht einmal mittlere oder untere Parteichargen zu sehen sind, von den Nazigranden ganz zu schweigen, – jedenfalls in der heute zugänglichen Fassung des Films. Denn nach dem Drehbuch war ja gegen Ende eine weitere Schwarz-Weiß-Einfügung vorgesehen und in der Langfassung der Verfilmung sogar einmal realisiert worden. Das dafür herangezogene Filmmaterial, geradeso bekannt wie die Aufnahmen der Weimarer Bevölkerung im Lager Buchenwald, zeigt nun doch noch einen jener „Paladine[]" *in full action*; und dass die ganze Sequenz endlich wieder herausgeschnitten wurde, spricht natürlich für sich:

> Zeitblom sitzt im Kino. [...]
> GOEBBELS: Ich frage euch: wollt ihr den totalen Krieg?
> *Im Taumel des Selbstvergessens schreit die Menge frenetisch:*
> Ja!!
> GOEBBELS: Wollt ihr ihn, wenn nötig, totaler und radikaler, als wir ihn uns heute überhaupt vorstellen können?
> *Und wieder brüllen die Verführten:*
> Ja!!
> *Tosende Treuebekundungen [...].*
> ZEITBLOM (Monologue Intérieur): ... wir sind verloren ... von Dämonen umschlungen stürzen wir in die Tiefe ... verloren unsere Sache und Seele, unser Glaube, unsere Geschichte ... verloren ... verloren ...[70]

Die also dann eben doch wieder entfernte „Einfügung [...] (1943)" führte einen besonders verrufenen Nationalsozialisten und die kriegsbegeisterte „Menge" der Deutschen vor. Diese allerdings soll den Handlungsbeschreibungen zufolge aus „Selbstvergessen[en]" bestanden haben und aus lauter Opfern, aus ausdrücklich so genannten „Verführten".

Der Nebentext des Drehbuchs partizipiert hier also einmal mehr an einer Selbstviktimisierung der Deutschen. Dementsprechend kommentiert der Redetext zur gefilmten Szene diese denn auch alsogleich als einen Höllensturz armer Seelen. In seinem inneren Monolog, mit gebührend hochgedrehter Rhetorik, stilisiert der Erzähler den obendrein auch noch leicht schleppfüßigen Verführer zu einem der „Dämonen", die „uns" umschlingen und in die Tiefe stürzen.

---

70 Seitz: „Doktor Faustus. Lesefassung", S. 95.

Selbst ein Filmdokument also, das als Zeugnis für die deutsche Kollektivverantwortung berüchtigt und hierfür noch einschlägiger ist als jene Aufnahmen der Weimarer Bürger*innen „vor den Krematorien des [...] Konzentrationslagers" (GkFA 10.1, 696), wurde von Seitz wieder ohne Rest in ein Narrativ eingespeist, das die Deutschen zu Opfern macht und sie insofern moralisch gerade wieder entlastet. Die Verführungsopfer, die der Nebentext *expresso hoc verbo* als solche ausweist, erscheinen obendrein nur noch mittelbar, nämlich in einer Beobachtung nur mehr zweiter Ordnung: *„Zeitblom sitzt im Kino."* Unter dem besonderen Arrangement dieser *mise en abîme* sind sie durchaus nicht mehr der integrale Teil „des ganzen deutschen Volkes"[71], als der sie in der eingespielten Wochenschau einst paradiert wurden. Vielmehr werden sie im Kino von einem anderen Teil dieses Volks beobachtet, von einem der passiven Stillen im Lande, zu denen eben auch der gute Zeitblom gehört, der nach Manns Dafürhalten einzig sympathische Mann unter seinen Romanfiguren.[72]

---

71 *Die Deutsche Wochenschau* Nr. 651 (24. Februar 1943), 00:01:37.
72 Vgl. Mann, Thomas: Brief vom 7. September 1948 an Agnes E. Meyer. In: *Thomas Mann und Agnes E. Meyer. Briefwechsel 1937–1955*. Hg. v. Hans Rudolf Vaget. Frankfurt/Main. 1992, S. 710–711, hier S. 711.

Informationen zu den Beiträger*innen

Bischoff, Doerte, Prof. Dr., Studium der Germanistik, Geschichte, Philosophie und Publizistik in Münster, Tübingen und St. Louis. Promotion im Konstanzer Graduiertenkolleg „Theorie der Literatur und Kommunikation" über die Prosa Else Lasker-Schülers. Wissenschaftliche Mitarbeiterin im Forschungsprojekt „Weibliche Rede – Rhetorik der Weiblichkeit" (Bochum) und an der Universität Münster, dort Habilitation über Fetischismus-Diskurse und Literatur im 19. Jahrhundert. Professur in Siegen, seit 2011 Professorin an der Universität Hamburg mit Leitung der Walter A. Berendsohn Forschungsstelle für deutsche Exilliteratur. Mitherausgeberin des internationalen Jahrbuchs *Exilforschung* und des Newsletters *Exilograph*.
Arbeits- und Forschungsschwerpunkte: Literatur und Exil, transhistorische und transnationale Fluchtgeschichten, Deutsch-jüdische Literatur, Literatur und Shoah, Literatur und materielle Kultur, Gender und Rhetorik.

Boes, Tobias, Ph.D., Studium der Anglistik und Komparatistik in Portland, Oregon und New Haven, Connecticut. Promotion mit einer Arbeit zur Theorie des Bildungsromans aus komparatistischer Perspektive. Von 2007 bis 2013 Assistant Professor, von 2013 bis 2021 Associate Professor, seit 2021 Full Professor für Neuere deutsche Literaturwissenschaft an der University of Notre Dame in South Bend, Indiana. Seit 2021 außerdem Leiter des Department of German and Russian Languages and Literatures.
Arbeits- und Forschungsschwerpunkte: Literatur des 19. u. 20. Jahrhunderts, Gegenwartsliteratur, Literatur u. Ökologie.

Elsaghe, Yahya, Prof. Dr., Studium der klassischen und deutschen Philologie in Zürich, München, Basel und Freiburg i. Br. Promotion 1990 an der Universität Zürich, Habilitation 1997 ebenfalls an der Universität Zürich. Seit 2001 Ordinarius für Neuere deutsche Literatur an der Universität Bern.
Arbeits- und Forschungsschwerpunkte: Gender und Postcolonial Studies, Literatur der Moderne, Literaturverfilmungen.

Hacke, Jens, PD Dr., Studium der Geschichte, Politikwissenschaft und Philosophie. Promotion über Politische Philosophie in der Bundesrepublik, Habilitation mit einer Arbeit über die Krise des Liberalismus in der Zwischenkriegszeit. Seit 2020 Vertretungsprofessur für Vergleichende Politische Kulturforschung an der Universität der Bundeswehr München.
Arbeits- und Forschungsschwerpunkte: Politische Theorie und Ideengeschichte des 20. Jahrhunderts, Demokratietheorie, Intellectual History, Liberalismus, Konservatismus.

Kemper, Dirk, Prof. Dr. Dr., Studium der Philosophie, Germanistik und Latinistik an der RUB Bochum. Leiter des Thomas Mann-Lehrstuhls an der Russischen Staatsuniversität für Geisteswissenschaften (RGGU) in Moskau; Direktor des Instituts für russisch-deutsche Literatur- und Kulturbeziehungen.
Arbeits- und Forschungsschwerpunkte: Neuere deutsche Literaturwissenschaft, Kulturwissenschaft, Komparatistik.

Kinder, Anna, Dr. phil., Studium der Germanistik und Politischen Wissenschaft in München und Heidelberg. Promotion mit einer Arbeit zum Ökonomischen im Romanwerk Thomas Manns. Seit 2019 Leiterin des Forschungsreferats am Deutschen Literaturarchiv Marbach. Arbeits- und Forschungsschwerpunkte: Neuere deutsche Literatur, Literatur und Ökonomie, Leserforschung, globale Literatur- und Kulturgeschichte.

Lenhard, Philipp, Dr. phil., Studium der Judaistik, Philosophie und Anglo-Amerikanischen Geschichte in Köln. Promotion mit der Arbeit *Volk oder Religion? Die Entstehung moderner jüdischer Ethnizität in Frankreich und Deutschland, 1782–1848* (Vandenhoeck & Ruprecht, 2014). 2019 erschien die Biographie *Friedrich Pollock. Die graue Eminenz der Frankfurter Schule* (Suhrkamp, 2019). Seit 2014 Akademischer Rat a. Z. am Lehrstuhl für Jüdische Geschichte und Kultur an der Ludwig-Maximilians-Universität München. 2015/16 DAAD-Visiting Scholar am Institute of European Studies der UC Berkeley, 2016/17 Vertretung der Professur für Mittelalter und Neuzeit am Martin-Buber-Institut für Judaistik in Köln. Zurzeit Fellow der Gerda Henkel Stiftung am Historischen Kolleg München.
Arbeits- und Forschungsschwerpunkte: Jüdische Geschichte der Neuzeit, Intellectual History, Kritische Theorie.

Lörke, Tim, Dr. phil., Studium der Germanistik und Anglistik an den Universitäten Heidelberg und Warwick (UK). Promotion mit einer Arbeit über Thomas Mann und den politischen Kulturbegriff. 2016 Distinguished Max Kade Visiting Professor an der University of Notre Dame (USA). Seit 2018 wissenschaftlicher Mitarbeiter im SFB 1171: Affective Societies an der Freien Universität Berlin.
Arbeits- und Forschungsschwerpunkte: Literatur und Religion, Kultur- und Ideengeschichte.

Löwe, Matthias, PD Dr. phil., Studium der Germanistik, Geschichte und Kulturwissenschaften an der Universität Leipzig. Promotion mit einer Arbeit über die literarische Utopie im späten 18. Jahrhundert. Habilitation mit einer Arbeit zum Gegensatz von Mythos und Monotheismus in Philosophie, Wissenschaft und Kunst des frühen 20. Jahrhunderts. Seit 2019 Akademischer Rat auf Zeit am Institut für Germanistische Literaturwissenschaft der Friedrich-Schiller-Universität Jena.
Arbeits- und Forschungsschwerpunkte: Literatur der Aufklärung, Romantik und Moderne, Literatur und Politik, Literatur und Religion, Literatur und Anthropologie.

Müller, Matthias, Ph.D., Studium der Germanistik, Politikwissenschaft und Pädagogik in Mainz und Kingston (Kanada). Von 2011 bis 2014 Wissenschaftlicher Mitarbeiter an der Johannes Gutenberg-Universität Mainz. 2020 Promotion an der Cornell University (USA) mit einer Arbeit zum epistemologischen und ästhetischen Potenzial der Niederlage. Seit 2021 Referent für Berufungsverfahren an der Universitätsmedizin Mainz.
Arbeits- und Forschungsschwerpunkte: Literatur des 20. und 21. Jahrhunderts, insbesondere Exilliteratur; Literatur und Historiographie; Life Writing; Barockliteratur und Barockrezeption; Wissenschaftsgeschichte.

Pils, Holger, Dr. phil., Studium der Germanistik und Geschichte in Heidelberg. Promotion mit einer Arbeit zur Rezeption von Thomas Manns „Bekenntnisse des Hochstaplers Felix Krull". Von 2009 bis 2013 Leiter des Buddenbrookhauses in Lübeck. Seit 2014 Geschäftsführer der Stiftung Lyrik Kabinett in München, seit 2018 Geschäftsführender Vorstand. Lehrbeauftragter an der Universität Bamberg.
Arbeits- und Forschungsschwerpunkte: Gegenwartslyrik, Thomas Mann und Familie Mann, Literaturvermittlung und Literaturbetrieb.

Saletta, Ester, Dr. phil., Studium der Germanistik und Anglistik in Bergamo (Italien). Promotion an der Universität Wien mit einer Arbeit über Arthur Schnitzlers *Fräulein Else* und die Imagination des Weiblichen in der Wiener Moderne. Lektorin für Italienisch am Sprachenzentrum der Universität Wien und Forscherin an verschiedenen europäischen und amerikanischen Institutionen. Post-Doc Stipendiatin am „Istituto Italiano di Studi Germanici" (Rom) und Mitarbeiterin der rechtswissenschaftlichen Fakultät der Universität Bergamo für den Bereich „Equal Opportunities: Gender-Studies in Law & Literature". Seit 2015 DAF-Lehrerin an verschiedenen italienischen Gymnasien sowie Sprachexpertin für Deutsch bei der Wirtschaftskammer Bergamo.
Arbeits- und Forschungsschwerpunkte: Gender und PostGender Studies, Frauenliteratur der Wiener Moderne, Exilliteratur, Hermann Broch, Friedrich Hebbel und die österreichische Frauenliteratur der Gegenwart im Rahmen der Komparatistik.

Sina, Kai, Prof. Dr., Studium der Germanistik und Philosophie in Kiel und Göttingen. Habilitiert mit einer Studie zum Verhältnis von Literatur und offener Gesellschaft im transatlantischen Zusammenhang (Goethe, Emerson, Whitman, Thomas Mann). Seit 2020 Professor für Neuere deutsche Literatur und Komparatistik (mit dem Schwerpunkt Transatlantische Literaturgeschichte) an der Universität Münster.
Arbeits- und Forschungsschwerpunkte: Literatur- und Kulturtransfer zwischen den USA und Deutschland im 19. und 20. Jahrhundert (unter besonderer Berücksichtigung der politischen Essayistik Thomas Manns).

Steiger, Claudio, lic. phil., Studium der Allgemeinen Geschichte, Neueren deutschen Literatur und Philosophie in Zürich und Berlin. 2005 bis 2012 Mitarbeiter im Thomas-Mann-Archiv, Zürich. Wiss. Assistent an der Universität Neuchâtel 2014 bis 2019. Laufende Promotion zu Thomas Manns „Zauberberg". Seit 2020 wissenschaftlicher Mitarbeiter am Buddenbrookhaus / Heinrich-und-Thomas-Mann-Zentrum in Lübeck.
Arbeits- und Forschungsschwerpunkte: Thomas Mann, Literatur 1880 bis 1960, Exil in der Schweiz.

Zilles, Sebastian, Dr. phil., Studium der Anglistik/Amerikanistik und Germanistik an der Universität Mannheim. Promotion mit einer Arbeit über Männerbünde in der Wissenschaft und erzählender Literatur um 1900. Wissenschaftlicher Mitarbeiter an den Universitäten Mannheim, Siegen und Bamberg. Seit 2020 im Schuldienst.
Arbeits- und Forschungsschwerpunkte: Gender und Queer Studies, Literatur um 1900 sowie Gegenwartsliteratur.

www.ingramcontent.com/pod-product-compliance
Lightning Source LLC
Chambersburg PA
CBHW050522170426
43201CB00013B/2048